Alexander von Humboldt

Gesammelte Werke

8. Band

Alexander von Humboldt

Gesammelte Werke
8. Band

ISBN/EAN: 9783744676410

Hergestellt in Europa, USA, Kanada, Australien, Japan

Cover: Foto ©ninafisch / pixelio.de

Weitere Bücher finden Sie auf **www.hansebooks.com**

Gesammelte Werke

von

Alexander von Humboldt.

Achter Band.

———

Reise IV.

Stuttgart.

Verlag der J. G. Cotta'schen Buchhandlung

Nachfolger.

Alexander von Humboldts

Reise in die Aequinoktial-Gegenden

des neuen Kontinents.

In deutscher Bearbeitung

von

Hermann Hauff.

Nach der Anordnung und unter Mitwirkung des Verfassers.

Einzige von A. von Humboldt anerkannte Ausgabe in deutscher Sprache.

———

Vierter Band.

Stuttgart.

Verlag der J. G. Cotta'schen Buchhandlung
Nachfolger.

Reise in die Aequinoktial=Gegenden.

Vierundzwanzigstes Kapitel.

Der Cassiquiare — Gabelteilung des Orinoko.

Am 10. Mai. In der Nacht war unsere Piroge ge=
laden worden, und wir schifften uns etwas vor Sonnenauf=
gang ein, um wieder den Rio Negro bis zur Mündung des
Cassiquiare hinaufzufahren und den wahren Lauf dieses Flusses,
der Orinoko und Amazonenstrom verbindet, zu untersuchen. Der
Morgen war schön; aber mit der steigenden Wärme fing auch der
Himmel an sich zu bewölken. Die Luft ist in diesen Wäldern
so mit Wasser gesättigt, daß, sobald die Verdunstung an der
Oberfläche des Bodens auch noch so wenig zunimmt, die
Dunstbläschen sichtbar werden. Da der Ostwind fast niemals
zu spüren ist, so werden die feuchten Schichten nicht durch
trockenere Luft ersetzt. Dieser bedeckte Himmel machte uns
mit jedem Tage verdrießlicher. Bonpland verdarben bei der
übermäßigen Feuchtigkeit seine gesammelten Pflanzen und ich
besorgte auch im Thal des Cassiquiare das trübe Wetter des
Rio Negro anzutreffen. Seit einem halben Jahrhundert zwei=
felte kein Mensch in diesen Missionen mehr daran, daß hier
wirklich zwei große Stromsysteme miteinander in Verbindung
stehen; der Hauptzweck unserer Flußfahrt beschränkte sich also
darauf, mittels astronomischer Beobachtungen den Lauf des
Cassiquiare aufzunehmen, besonders den Punkt, wo er in den
Rio Negro tritt, und den anderen, wo der Orinoko sich gabelt.
Waren weder Sonne noch Sterne sichtbar, so war dieser Zweck
nicht zu erreichen und wir hatten uns vergeblich langen,
schweren Mühseligkeiten unterzogen. Unsere Reisegefährten
wären gern auf dem kürzesten Wege über den Pimichin und
die kleinen Flüsse heimgekehrt; aber Bonpland beharrte mit
mir auf dem Reiseplane, den wir auf der Fahrt durch die
großen Katarakte entworfen. Bereits hatten wir von San
Fernando de Apure nach San Carlos (über den Apure,

Orinoko, Atabapo, Temi, Tuamini und Rio Negro) 810 km zurückgelegt. Gingen wir auf dem Cassiquiare in den Orinoko zurück, so hatten wir von San Carlos bis Angostura wieder 1440 km zu machen. Auf diesem Wege hatten wir zehn Tage lang mit der Strömung zu kämpfen, im übrigen ging es immer den Orinoko hinab. Es wäre eine Schande für uns gewesen, hätte uns der Aerger wegen des trüben Himmels oder die Furcht vor den Moskiten auf dem Cassiquiare den Mut benommen. Unser indianischer Steuermann, der erst kürzlich in Mandavaca gewesen war, stellte uns die Sonne und „die großen Sterne, welche die Wolken essen", in Aussicht, sobald wir die schwarzen Wasser des Rio Negro hinter uns haben würden. So brachten wir denn unser erstes Vorhaben, über den Cassiquiare nach San Fernando am Atabapo zurückzugehen, in Ausführung, und zum Glück für unsere Arbeiten ging die Prophezeiung des Indianers in Erfüllung. Die weißen Wasser brachten uns nach und nach wieder heiteren Himmel, Sterne, Moskiten und Krokodile.

Wir fuhren zwischen den dichtbewachsenen Inseln Zaruma und Mini oder Mibita durch, und liefen, nachdem wir die Stromschnellen an der Piedra de Uinumane hinaufgegangen, 15 km weit von der Schanze San Carlos in den Rio Cassiquiare ein. Jene Piedra, das Granitgestein, das den kleinen Katarakt bildet, zog durch die vielen Quarzgänge darin unsere Aufmerksamkeit auf sich. Die Gänge waren mehrere Zoll breit, und ihren Massen nach waren sie augenscheinlich nach Alter und Formation untereinander sehr verschieden. Ich sah deutlich, daß überall an den Kreuzungsstellen die Gänge, welche Glimmer und schwarzen Schörl führten, die anderen, welche nur weißen Quarz und Feldspat enthielten, durchsetzten und verwarfen. Nach Werners Theorie waren also die schwarzen Gänge von neuerer Formation als die weißen. Als Zögling der Freiberger Bergschule mußte ich mit einer gewissen Befriedigung beim Fels Uinumane verweilen und in der Nähe des Aequators Erscheinungen beobachten, die ich in den heimischen Bergen so oft vor Augen gehabt. Ich gestehe, die Theorie, nach welcher die Gänge Spalten sind, die mit verschiedenen Substanzen von oben her ausgefüllt worden, behagt mir jetzt nicht mehr so ganz wie damals; aber dieses sich Durchkreuzen und Verwerfen von Gestein- und Metall- adern verdient darum doch, als eines der allgemeinsten und gleichförmigsten geologischen Phänomene, die volle Aufmerksamkeit des Reisenden. Ostwärts von Javita, längs des ganzen Cassiquiare, besonders aber in den Bergen von Duida vermehren sich die Gänge im Granit. Dieselben sind voll von Drusen, und ihr häufiges Vorkommen scheint auf ein nicht sehr hohes Alter des Granites in diesem Landstriche hinzudeuten.

Wir fanden einige Flechten auf dem Felsen Unumane, der Insel Chamanare gegenüber, am Rande der Stromschnellen; und da der Cassiquiare bei seiner Mündung eine rasche Wendung von Ost nach Südwest macht, so lag jetzt zum erstenmal dieser majestätische Arm des Orinoko in seiner ganzen Breite vor uns da. Er gleicht, was den allgemeinen Charakter der Landschaft betrifft, so ziemlich dem Rio Negro. Wie im Becken dieses Flusses laufen die Waldbäume bis ans Ufer vor und bilden ein Dickicht: aber der Cassiquiare hat weißes Wasser und ändert seine Richtung öfter. Bei den Stromschnellen am Unamare ist er fast breiter als der Rio Negro und bis über Vasiva hinauf fand ich ihn überall 490 bis 545 m breit. Ehe wir an der Insel Garigave vorbei kamen, sahen wir gegen Nordosten beinahe am Horizont einen Hügel mit halbkugeligem Gipfel. Diese Form ist in allen Himmelsstrichen den Granitbergen eigentümlich. Da man fortwährend von weiten Ebenen umgeben ist, so hängt sich die Aufmerksamkeit des Reisenden an jeden freistehenden Fels und Hügel. Zusammenhängende Berge kommen erst weiter nach Ost, den Quellen des Pacimoni, Siapa und Mavaca zu. Südlich vom Raudal von Caravine bemerkten wir, daß der Cassiquiare auf seinem gekrümmten Laufe San Carlos wieder nahe kommt. Von der Schanze in die Mission San Francisco, wo wir übernachteten, sind es zu Lande nur 11 bis 12 km, während man auf dem Flusse 30 bis 36 km rechnet. Ich verweilte einen Teil der Nacht im Freien in der vergeblichen Hoffnung, die Sterne zum Vorschein kommen zu sehen. Die Luft war nebelig trotz der weißen Wasser, die uns einem allezeit sternenhellen Himmel entgegenführen sollten.

Die Mission San Francisco Solano auf dem linken Ufer des Cassiquiare heißt so zu Ehren eines der Befehlshaber bei der „Grenzexpedition", Don Joseph Solano, von dem wir in diesem Werke schon öfter zu sprechen Gelegenheit gehabt. Dieser gebildete Offizier ist nie über das Dorf San Fernando am Atabapo hinausgekommen; er hat weder die Gewässer

des Rio Negro und des Cassiquiare, noch den Orinoko ost=
wärts vom Einflusse des Guaviare gesehen. Infolge eines
Mißverständnisses, das aus der Unkenntnis der spanischen
Sprache entsprang, meinten manche Geographen auf La Cruz
Olmedillas berühmter Karte einen 1800 km langen Weg an=
gegeben zu finden, auf dem Don Joseph Solano zu den
Quellen des Orinoko, an den See Parime oder das Weiße
Meer, an die Ufer des Cababury und Uteta gekommen sein
sollte. Die Mission San Francisco wurde, wie die meisten
christlichen Niederlassungen südlich von den großen Katarakten
des Orinoko, nicht von Mönchen, sondern von Militärbehör=
den gegründet. Bei der Grenzexpedition legte man Dörfer
an, wo ein Subteniente oder Korporal mit seiner Mann=
schaft Posto gefaßt hatte. Die Eingeborenen, die ihre Un=
abhängigkeit behaupten wollten, zogen sich ohne Gefecht zurück,
andere, deren einflußreichste Häuptlinge man gewonnen, schlossen
sich den Missionen an. Wo man keine Kirche hatte, richtete
man nur ein großes Kreuz aus rotem Holze auf und baute
daneben eine Casa fuerte, das heißt ein Haus, dessen Wände
aus starken, wagerecht übereinander gelegten Balken bestanden.
Dasselbe hatte zwei Stockwerke; im oberen standen zwei Stein=
böller oder Kanonen von kleinem Kaliber; zu ebener Erde
hausten zwei Soldaten, die von einer indianischen Familie
bedient wurden. Die Eingeborenen, mit denen man im Frieden
lebte, legten ihre Pflanzungen um die Casa fuerte an. Hatte
man einen feindlichen Angriff zu fürchten, so wurden sie von
den Soldaten mit dem Horn oder einem Botuto aus ge=
brannter Erde zusammengerufen. So waren die neunzehn
angeblichen christlichen Niederlassungen beschaffen, die Don
Antonio Santos auf dem Wege von Esmeralda bis zum
Everato gegründet. Militärposten, die mit der Civilisation
der Eingeborenen gar nichts zu thun hatten, waren auf den
Karten und in den Schriften der Missionäre als Dörfer
(pueblos) und redicciones apostolicas angegeben. Die Mili=
tärbehörde behielt am Orinoko die Oberhand bis zum Jahre
1785, mit dem das Regiment der Franziskaner seinen Anfang
nimmt. Die wenigen Missionen, die seitdem gegründet oder
vielmehr wiederhergestellt worden, sind das Werk der Obser=
vanten, und die Soldaten, die in den Missionen liegen, stehen
jetzt unter den Missionären, oder die geistliche Hierarchie maßt
sich doch dieses Verhältnis an.

Die Indianer, die wir in San Francisco Solano trafen,

gehörten zwei Nationen an, den Pacimonales und den Cheru-
vichahcnas. Da letztere Glieder eines ansehnlichen Stammes
sind, der am Rio Tomo in der Nachbarschaft der Manivas
am oberen Rio Negro haust, so suchte ich von ihnen über den
oberen Lauf und die Quellen dieses Flusses Erkundigung
einzuziehen; aber mein Dolmetscher konnte ihnen den Sinn
meiner Fragen nicht deutlich machen. Sie wiederholten nur
zum Ueberdruß, die Quellen des Rio Negro und des Jnirida
seien so nahe beisammen, „wie die Finger der Hand". Jn
einer Hütte der Pacimonales kauften wir zwei schöne, große
Vögel, einen Tukan (Piapoco), der dem Ramphastos erythro-
rynchos nahe steht, und den Ana, eine Art Ara, 45 cm
lang, mit durchaus purpurrotem Gefieder, gleich dem Psittacus
Macao. Wir hatten in unserer Piroge bereits sieben Papageien, zwei Felshühner, einen Motmot, zwei Guane oder
Pavas de Monte, zwei Manaviri (Cercoleptes oder Viverra
caudivolvula) und acht Affen, nämlich zwei Atelen (die
Marimonda von den großen Katarakten, Brissots Simia
Belzebuth), zwei Titi (Simia sciurea, Buffons Saïmiri),
eine Viudita (Simia lugens), zwei Douroucouli oder Nachtaffen (Cusicusi oder Simia trivirgata), und den Cacajao mit
kurzem Schwanz (Simia melanocephala).[1] Pater Zea war
auch im stillen sehr schlecht damit zufrieden, daß sich unsere
wandernde Menagerie mit jedem Tage vermehrte. Der Tukan
gleicht nach Lebensweise und geistiger Anlage dem Raben;
es ist ein mutiges, leicht zu zähmendes Tier. Sein langer
Schnabel dient ihm als Verteidigungswaffe. Er macht sich
zum Herrn im Hause, stiehlt, was er erreichen kann, badet
sich oft und fischt gern am Ufer des Stromes. Der Tukan,
den wir gekauft, war sehr jung, dennoch neckte er auf der
ganzen Fahrt mit sichtbarer Lust die Cusicusi, die trübseligen,
zornmütigen Nachtaffen. Jch habe nicht bemerkt, daß, wie
in manchen naturgeschichtlichen Werken steht, der Tukan infolge des Baues seines Schnabels sein Futter in die Luft
werfen und so verschlingen müßte. Allerdings nimmt er dasselbe etwas schwer vom Boden auf; hat er es aber einmal
mit der Spitze seines ungeheuren Schnabels gefaßt, so darf
er nur den Kopf zurückwerfen und den Schnabel, solange er
schlingt, aufrecht halten. Wenn er trinken will, macht der

---

[1] Die drei letztgenannten Arten sind neu.

Vogel ganz seltsame Gebärden. Die Mönche sagen, er mache das Zeichen des Kreuzes über dem Wasser, und wegen dieses Volksglaubens haben die Kreolen dem Tukan den sonderbaren Namen Diostedè (Gott vergelt's dir) geschöpft.

Unsere Tiere waren meist in kleinen Holzkäfigen, manche liefen aber frei überall auf der Piroge herum. Wenn Regen drohte, erhoben die Ara ein furchtbares Geschrei, und der Tukan wollte ans Ufer, um Fische zu fangen, die kleinen Titiaffen liefen Pater Zea zu und krochen in die ziemlich weiten Aermel seiner Franziskanerkutte. Dergleichen Auftritte kamen oft vor und wir vergaßen darüber der Plage der Mos= titen. Nachts im Biwak stellte man in die Mitte einen ledernen Kasten (petaca) mit dem Mundvorrat, daneben unsere Instrumente und die Käfige mit den Tieren, ringsum wurden unsere Hängematten befestigt und weiterhin die der Indianer. Die äußerste Grenze bildeten die Feuer, die man anzündet, um die Jaguare im Walde ferne zu halten. So war unser Nachtlager am Ufer des Cassiquiare angeordnet. Die Indianer sprachen oft von einem kleinen Nachttier mit langer Nase, das die jungen Papageien im Neste überfalle und mit den Händen fresse wie die Affen und die Manaviri oder Kin= kaju. Sie nannten es Guachi; es ist wahrscheinlich ein Coati, vielleicht Viverra nasua, die ich in Mexiko im freien Zustande gesehen, nicht aber in den Strichen von Südamerika, die ich bereist. Die Missionäre verbieten den Eingeborenen alles Ernstes, das Fleisch des Guachi zu essen, da sie einen weit verbreiteten Glauben teilen und diesem Fleische stimulie= rende Eigenschaften zuschreiben, wie die Orientalen dem Fleische der Skinke (Lacerta scincus) und die Amerikaner dem der Kaimane.

Am 11. Mai. Wir brachen ziemlich spät von der Mission San Francisco Solano auf, da wir nur eine kleine Tagereise machen wollten. Die untere Dunstschicht fing an, sich in Wolken mit festen Umrissen zu teilen, und in den oberen Luftregionen ging etwas Ostwind. Diese Zeichen deuteten auf einen bevorstehenden Witterungswechsel, und wir wollten uns nicht weit von der Mündung des Cassiquiare entfernen, da wir hoffen durften, in der folgenden Nacht den Durchgang eines Sternes durch den Meridian beobachten zu können. Wir sahen südwärts den Caño Daquiapo, nordwärts den Guacha= paru und einige Seemeilen weiterhin die Stromschnellen von Cananivacari. Die Strömung betrug 2,05 m in der Sekunde, und so hatten wir im Raudal mit Wellen zu kämpfen, die ein ziemlich starkes Scholken verursachten. Wir stiegen aus und Bonpland entdeckte wenige Schritte vom Ufer einen Almandron (Juvia), einen prachtvollen Stamm der Bertholletia excelsa. Die Indianer versicherten uns, in San Francisco Solano, Vasiva und Esmeralda wisse man nichts davon, daß dieser kostbare Baum am Cassiquiare wachse. Sie glaubten übrigens nicht, daß der Baum, der über 20 m hoch war, aus Samen aufgewachsen, die zufällig ein Reisender verstreut. Nach Versuchen, die man in San Carlos gemacht, weiß man, daß die Bertholletia wegen der holzigen Fruchthülle und des leicht ranzig werdenden Oeles der Mandel sehr selten zum Keimen zu bringen ist. Vielleicht war dieser Stamm ein Anzeichen, daß tiefer im Lande gegen Ost und Nordost eine Waldung von Bertholletia besteht. Wir wissen wenigstens bestimmt, daß dieser schöne Baum unter dem 3. Grade der Breite in den Cerros von Guyana wild vorkommt. Die gesellig lebenden Gewächse haben selten scharf abgeschnittene Grenzen, und häufig stößt man, bevor man zu einem Palmar oder einem Pinal [1] gelangt, auf einzelne Palmen oder Fichten. Dieselben gleichen Kolonisten, die in ein mit anderen Gewächsen bevölkertes Land sich hinausgewagt haben.

Sieben bis acht Kilometer von den Stromschnellen von Cananivacari stehen mitten in der Ebene seltsam gestaltete Felsen. Zuerst kommt eine schmale, 26 m hohe senkrechte Mauer, und dann, am südlichen Ende derselben, erscheinen zwei Türmchen mit fast horizontalen Granitschichten. Diese Felsen von Guanari sind so symmetrisch gruppiert, daß sie wie die Trümmer eines alten Gebäudes erscheinen. Sind es Ueberbleibsel von Eilanden in einem Binnenmeere, das einst das völlig ebene Land zwischen der Sierra Parime und der Sierra dos Parecis bedeckte, [2] oder wurden diese Felswände, diese Granittürme von den elastischen Kräften, die noch immer im Inneren unseres Planeten thätig sind, emporgehoben? Von selbst

---

[1] Zwei spanische Worte, die, entsprechend einer lateinischen Form, Palmwälder (palmetum) und Fichtenwälder (pinetum) bedeuten.

[2] Ich nenne hier die zwei von Osten nach Westen streichenden Bergketten, welche zwischen 3° 30′ nördlicher und 14° südlicher Breite die Thäler oder Becken des Cassiquiare, Rio Negro und Amazonenstromes begrenzen.

grübelt der Gedanke über die Entstehung der Berge, wenn man in Mexiko Vulkane und Trachytgipfel auf einer langen Spalte stehen, in den Anden von Südamerika Urgebirgs= und vulkanische Bildungen in einer Bergkette lang hingestreckt sah, wenn man der ungemein hohen Insel von 5,6 km Umfang gedenkt, die in jüngster Zeit bei Unalaschka vom Boden des Weltmeeres aufgestiegen.

Eine Zierde der Ufer des Cassiquiare ist die Chiriva= palme mit gefiederten, an der unteren Fläche silberweißen Blättern. Sonst besteht der Wald nur aus Bäumen mit großen, lederartigen, glänzenden, nicht gezahnten Blättern. Diesen eigentümlichen Charakter erhält die Vegetation am Rio Negro, Tuamini und Cassiquiare dadurch, daß in der Nähe des Aequators die Familien der Guttiferen, der Sapotillen und der Lorbeeren vorherrschen. Da der heitere Himmel uns eine schöne Nacht verhieß, schlugen wir schon um fünf Uhr abends unser Nachtlager bei der Piedra de Culimacari auf, einem freistehenden Granitfelsen, gleich allen zwischen Atabapo und Cassiquiare, deren ich Erwähnung gethan. Da wir die Flußkrümmungen aufnahmen, zeigte es sich, daß dieser Fels ungefähr unter dem Parallel der Mission San Francisco Solano liegt. In diesen wüsten Ländern, wo der Mensch bis jetzt nur flüchtige Spuren seines Daseins hinterlassen hat, suchte ich meine Beobachtungen immer an einer Flußmündung oder am Fuße eines an seiner Gestalt leicht kenntlichen Felsens anzustellen. Nur solche von Natur unverrückbare Punkte können bei Entwerfung geographischer Karten als Grundlagen dienen. In der Nacht vom 10. zum 11. Mai konnte ich an α des südlichen Kreuzes die Breite gut beobachten; die Länge wurde, indessen nicht so genau, nach den zwei schönen Sternen an den Füßen des Kentauren chronometrisch bestimmt. Durch diese Beobachtung wurde, und zwar für geographische Zwecke hinlänglich genau, die Lage der Mündung des Rio Pacimoni, der Schanze San Carlos und des Einflusses des Cassiquiare in den Rio Negro zumal ermittelt. Der Fels Culimacari liegt ganz genau, unter 2° 0′ 42″ der Breite und wahrschein= lich unter 69° 33′ 50″ der Länge. In zwei spanisch ge= schriebenen Abhandlungen, die ich dem Generalkapitän von Caracas und dem Minister Staatssekretär d'Urquijo überreicht, habe ich den Wert dieser astronomischen Bestimmungen für die Berichtigung der Grenzen der portugiesischen Kolonieen auseinandergesetzt. Zur Zeit von Solanos Expedition setzte

man den Einfluß des Cassiquiare in den Rio Negro einen
halben Grad nördlich vom Aequator, und obgleich die Grenz-
kommiffion niemals zu einem Endresultate gelangte, galt in
den Kommiffionen immer der Aequator als vorläufig anerkannte
Grenze. Aus meinen Beobachtungen ergibt sich nun aber,
daß San Carlos am Rio Negro, oder, wie man sich hier
vornehm ausdrückt, die Grenzfestung keineswegs unter 0° 20',
wie Pater Caulin behauptet, noch unter 0° 53', wie La Cruz
und Surville (die offiziellen Geographen der Real Expedicion
de limites) annehmen, sondern unter 1° 53' 42" der Breite
liegt. Der Aequator läuft also nicht nördlich vom portugiesischen Fort San Jose de Marabitanos, wie bis jetzt alle
Karten mit Ausnahme der neuen Ausgabe der Arrowsmitschen
Karte angeben, sondern 112 km weiter gegen Süd zwischen
San Felipe und der Mündung des Rio Guape. Aus der
handschriftlichen Karte Requenas, die ich besitze, geht hervor,
daß diese Thatsache den portugiesischen Astronomen schon im
Jahre 1783 bekannt war, also 35 Jahre bevor man in Europa
anfing, dieselbe in die Karten aufzunehmen.

Da man in der Capitania general von Caracas von
jeher der Meinung war, der geschickte Ingenieur Don Gabriel
Clavero habe die Schanze San Carlos del Rio Negro gerade
auf die Aequinoktiallinie gebaut, und da in der Nähe der-
selben die beobachteten Breiten, nach La Condamine, gegen
Süd zu groß angenommen waren, so war ich darauf gefaßt,
den Aequator 1° nördlich von San Carlos, demnach an den
Ufern des Temi und Tuamini zu finden. Schon die Beobachtungen in der Miffion San Baltasar (Durchgang dreier
Sterne durch den Meridian) ließen mich vermuten, daß diese
Annahme unrichtig sei; aber erst durch die Breite der Piedra
Culimacari lernte ich die wirkliche Lage der Grenze kennen.
Die Insel San Jose im Rio Negro, die bisher als Grenze
zwischen den spanischen und portugiesischen Besitzungen galt,
liegt wenigstens unter 1° 38' nördlicher Breite, und hätte
Jturiagas und Solanos Kommiffion ihre langen Verhand-
lungen zum Abschluß gebracht, wäre der Aequator vom Hofe
zu Liffabon definitiv als Grenze beider Staaten anerkannt
worden, so gehörten jetzt sechs portugiesische Dörfer und das
Fort San Jose selbst, die nördlich vom Rio Guape liegen,
der spanischen Krone. Was man damals mit ein paar genauen astronomischen Beobachtungen erworben hätte, ist von
größerem Belang, als was man jetzt besitzt; es ist aber zu

hoffen, daß zwei Völker, welche auf einer ungeheuren Land=
strecke Südamerikas ostwärts von den Anden die ersten Keime
der Kultur gelegt haben, den Grenzstreit um einen 148 km
breiten Landstrich und um den Besitz eines Flusses, auf dem
die Schiffahrt frei sein muß, wie auf dem Orinoko und dem
Amazonenstrom, nicht wieder aufnehmen werden.

Am 12. Mai. Befriedigt vom Erfolge unserer Beobach=
tungen, brachen wir um halb zwei Uhr in der Nacht von der
Piedra Culimacari auf. Die Plage der Moskiten, der wir
jetzt wieder unterlagen, wurde ärger, je weiter wir vom Rio
Negro wegkamen. Im Thale des Cassiquiare gibt es keine
Zancudos (Culex), aber die Insekten aus der Gattung Si=
mulium und alle anderen aus der Familie der Tibula sind
um so häufiger und giftiger. Da wir, ehe wir in die Mission
Esmeralda kamen, in diesem nassen, ungesunden Klima noch
acht Nächte unter freiem Himmel zuzubringen hatten, so war
es der Steuermann wohl zufrieden, die Fahrt so einzurichten,
daß wir die Gastfreundschaft des Missionärs von Mandavaca
in Anspruch nehmen und im Dorfe Vasiva Obdach finden
konnten. Nur mit Anstrengung kamen wir gegen die Strö=
mung vorwärts, die 2,9 m, an manchen Stellen, wo ich sie
genau gemessen, 3,78 m in der Sekunde, also gegen 15 km
in der Stunde betrug. Unser Nachtlager war in gerader
Linie schwerlich 3 qkm von der Mission Mandavaca ent=
fernt, unsere Ruderer waren nichts weniger als unfleißig, und
doch brauchten wir 14 Stunden zu der kurzen Strecke.

Gegen Sonnenuntergang kamen wir an der Mündung
des Rio Pacimoni vorüber. Es ist dies der Fluß, von dem
oben bei Gelegenheit des Handels mit Sarsaparille die Rede
war und der in so auffallender Weise (durch den Baria) mit
dem Cababuri verzweigt ist. Der Pacimoni entspringt in
einem bergigen Landstriche und aus der Vereinigung dreier
kleiner Gewässer, die auf den Karten der Missionäre nicht
verzeichnet sind. Sein Wasser ist schwarz, doch nicht so stark
als das des Sees bei Vasiva, der auch in den Cassiquiare
mündet. Zwischen diesen beiden Zuflüssen von Ost her liegt
die Mündung des Rio Idapa, der weißes Wasser hat. Ich
komme nicht darauf zurück, wie schwer es zu erklären ist, daß
dicht nebeneinander verschieden gefärbte Flüsse vorkommen; ich
erwähne nur, daß uns an der Mündung des Pacimoni und
am Ufer des Sees Vasiva die Reinheit und ungemeine Durch=
sichtigkeit dieser braunen Wasser von neuem auffiel. Bereits

alte arabische Reisende haben die Bemerkung gemacht, daß der aus dem Hochgebirge kommende Nilarm, der sich bei Halfaja mit dem Bahr el Abiad vereinigt, grünes Wasser hat, das so durchsichtig ist, daß man die Fische auf dem Grunde des Flusses sieht. [1]

Ehe wir in die Mission Mandavaca kamen, liefen wir durch ziemlich ungestüme Stromschnellen. Das Dorf, das auch Quirabuena heißt, zählt nur 60 Eingeborene. Diese christlichen Niederlassungen befinden sich meist in so kläglichem Zustande, daß längs des ganzen Cassiquiare auf einer Strecke von 225 km keine 200 Menschen leben. Ja die Ufer des Flusses waren bevölkerter, ehe die Missionäre ins Land kamen. Die Indianer zogen sich in die Wälder gegen Ost, denn die Ebenen gegen West sind fast menschenleer. Die Eingeborenen leben einen Teil des Jahres von den großen Ameisen, von denen oben die Rede war. Diese Insekten sind hierzulande so stark gesucht wie in der südlichen Halbkugel die Spinnen der Sippe Epeira, die für die Wilden auf Neuholland ein Leckerbissen sind. In Mandavaca fanden wir den guten alten Missionär, der bereits „seine zwanzig Moskitojahre in den Bosques del Cassiquiare" zugebracht hatte und dessen Beine von den Stichen der Insekten so gefleckt waren, daß man kaum sah, daß er eine weiße Haut hatte. Er sprach uns von seiner Verlassenheit, und wie er sich in der traurigen Notwendigkeit sehe, in den beiden Missionen Mandavaca und Vasiva häufig die abscheulichsten Verbrechen straflos zu lassen.

---

[1] Es ist auffallend, daß der Blaue Nil (Bahr el azrek) bei manchen arabischen Geographen der Grüne Nil heißt, und daß die persischen Dichter zuweilen den Himmel grün (akhzar), sowie den Beryll blau (zark) nennen. Man kann doch nicht annehmen, daß die Völker vom semitischen Namen in ihren Sinneseindrücken grün und blau verwechseln, wie nicht selten ihr Ohr die Vokale o und u, e und i verwechselt. Das Wort azrek wird von jedem sehr klaren, nicht milchigen Wasser gebraucht, und abirank (wasser= farbig) bedeutet blau. Abd=Allatif, wo er vom klaren grünen Arm des Nil spricht, der aus einem See im Gebirge südöstlich von Sennaar entspringt, schreibt bereits die grüne Farbe dieses Alpensees „vegetabilischen Substanzen zu, die sich in den stehen= den Wassern in Menge finden". Weiter oben habe ich die ge= färbten, unrichtig aguas negras genannten Wasser ebenso erklärt. Ueberall sind die klarsten, durchsichtigsten Wasser gerade solche, die nicht weiß sind.

Vor wenigen Jahren hatte im letzteren Ort ein indianischer
Alkade eines seiner Weiber verzehrt, die er in seinen Conuco[1]
hinausgenommen und gut genährt hatte, um sie fett zu
machen. Wenn die Völker in Guyana Menschenfleisch essen,
so werden sie nie durch Mangel oder durch gottesdienstlichen
Aberglauben dazu getrieben, wie die Menschen auf den Süd-
seeinseln; es beruht meist auf Rachsucht des Siegers und —
wie die Missionäre sagen — auf „Verirrung des Appetites".
Der Sieg über eine feindliche Horde wird durch ein Mahl
gefeiert, wobei der Leichnam eines Gefangenen zum Teil verzehrt wird. Ein andermal überfällt man bei Nacht eine
wehrlose Familie oder tötet einen Feind, auf den man zufällig
im Walde stößt, mit einem vergifteten Pfeil. Der Leichnam
wird zerstückt und als Trophäe nach Hause getragen. Erst
die Kultur hat dem Menschen die Einheit des Menschengeschlechtes zum Bewußtsein gebracht und ihm offenbart, daß
ihn auch mit Wesen, deren Sprache und Sitten ihm fremd
sind, ein Band der Blutsverwandtschaft verbindet. Die Wilden kennen nur ihre Familie, und ein Stamm erscheint
ihnen nur als ein größerer Verwandtschaftskreis. Kommen
Indianer, die sie nicht kennen, aus dem Walde in die Mission,
so brauchen sie einen Ausdruck, dessen naive Einfalt mir oft
aufgefallen ist: „Gewiß sind dies Verwandte von mir, denn
ich verstehe sie, wenn sie mit mir sprechen." Die Wilden
verabscheuen alles, was nicht zu ihrer Familie oder ihrem
Stamme gehört, und Indianer einer benachbarten Völkerschaft,
mit der sie im Kriege leben, jagen sie, wie wir das Wild.
Die Pflichten gegen Familie und Verwandtschaft sind ihnen
wohl bekannt, keineswegs aber die Pflichten der Menschlichkeit,
die auf dem Bewußtsein beruhen, daß alle Wesen, die geschaffen sind wie wir, ein Band umschlingt. Keine Regung
von Mitleid hält sie ab, Weiber oder Kinder eines feindlichen
Stammes ums Leben zu bringen. Letztere werden bei den
Mahlzeiten nach einem Gefecht oder einem Ueberfall vorzugsweise verzehrt.

Der Haß der Wilden fast gegen alle Menschen, die eine
andere Sprache reden und ihnen als Barbaren von niedrigerer Rasse als sie selbst erscheinen, bricht in den Missionen

---

[1] Eine Hütte auf einem angebauten Grundstücke, eine Art
Landhaus, wo sich die Eingeborenen lieber aufhalten als in den
Missionen.

nicht selten wieder zu Tage, nachdem er lange geschlummert. Wenige Monate vor unserer Ankunft in Esmeralda war ein im Walde[1] hinter dem Duida geborener Indianer allein unterwegs mit einem anderen, der von den Spaniern am Ventuario gefangen worden war und ruhig im Dorfe, oder, wie man hier sagt, „unter der Glocke", „debaxo de la campaña", lebte. Letzterer konnte nur langsam gehen, weil er an einem Fieber litt, wie sie die Eingeborenen häufig befallen, wenn sie in die Missionen kommen und rasch die Lebensweise ändern. Sein Reisegefährte ärgerlich über den Aufenthalt, schlug ihn tot und versteckte den Leichnam in dichtem Gebüsch in der Nähe von Esmeralda. Dieses Verbrechen, wie so manches dergleichen, was unter den Indianern vorfällt, wäre unentdeckt geblieben, hätte nicht der Mörder Anstalt gemacht, tags darauf eine Mahlzeit zu halten. Er wollte seine Kinder, die in der Mission geboren und Christen geworden waren, bereden, mit ihm einige Stücke des Leichnams zu holen. Mit Mühe brachten ihn die Kinder davon ab, und durch den Zank, zu dem die Sache in der Familie führte, erfuhr der Soldat, der in Esmeralda lag, was die Indianer ihm so gerne verborgen hätten.

Anthropophagie und Menschenopfer, die so oft damit verknüpft sind, kommen bekanntlich überall auf dem Erdballe und bei Völkern der verschiedensten Rassen vor;[2] aber besonders auffallend erscheint in der Geschichte der Zug, daß die Menschenopfer sich auch bei bedeutendem Kulturfortschritt er-

---

[1] En el monte. Man unterscheidet zwischen Indianern, die in den Missionen, und solchen, die in den Wäldern geboren sind. Das Wort monte wird in den Kolonieen häufiger für Wald (bosque) gebraucht als für Berg, und dieser Umstand hat auf unseren Karten große Irrtümer veranlaßt, indem man Bergketten (sierras) einzeichnete, wo nichts als dicker Wald, monte espeso, ist.

[2] Einige Fälle, wo von Negern auf Cuba Kinder geraubt wurden, gaben in den spanischen Kolonieen Anlaß zum Glauben, als gäbe es unter den afrikanischen Völkerschaften Anthropophagen. Einige Reisende behaupten solches, es wird aber durch Barrows Beobachtungen im inneren Afrika widerlegt. Abergläubische Gebräuche mögen Anlaß zu Beschuldigungen gegeben haben, die wohl so ungerecht sind als die, unter denen in den Zeiten der Intoleranz und der Verfolgungssucht die Juden zu leiden hatten. [Die Existenz von Kannibalenvölkern in Afrika ist durch die neueren Forschungen jeglichem Zweifel entrückt. — D. Herausg.]

halten, und daß die Völker, die eine Ehre darin suchen, ihre Gefangenen zu verzehren, keineswegs immer die versunkensten und wildesten sind. Diese Bemerkung hat etwas peinlich Ergreifendes, Niederschlagendes; sie entging auch nicht den Missionären, die gebildet genug sind, um über die Sitten der Völkerschaften, unter denen sie leben, nachzudenken. Die Cabres, die Guipunavis und die Kariben waren von jeher mächtiger und civilisierter als die anderen Horden am Orinoko, und doch sind die beiden ersteren Menschenfresser, während es die letzteren niemals waren. Man muß zwischen den verschiedenen Zweigen, in welche die große Familie der karibischen Völker zerfällt, genau unterscheiden. Diese Zweige sind so zahlreich, wie die Stämme der Mongolen und westlichen Tataren oder Turkomannen. Die Kariben auf dem Festlande, auf den Ebenen zwischen dem unteren Orinoko, dem Rio Branco, dem Essequibo und den Quellen des Oyapoc verabscheuen die Sitte, die Gefangenen zu verzehren. Diese barbarische Sitte[1] bestand bei der Entdeckung von Amerika nur bei den Kariben auf den antillischen Inseln. Durch sie sind die Worte Kannibalen, Kariben und Menschenfresser gleichbedeutend geworden, und die von ihnen verübten Grausamkeiten veranlaßten das im Jahre 1504 erlassene Gesetz, das den Spaniern gestattet, jeden Amerikaner, der erweislich karibischen Stammes ist, zum Sklaven zu machen. Ich glaube übrigens, daß die Menschenfresserei der Bewohner der Antillen in den Berichten der ersten Seefahrer stark übertrieben ist. Ein ernster, scharfsinniger Geschichtschreiber, Herrera, hat sich nicht gescheut, diese Geschichten in die Decades historicas

---

[1] Kardinal Bembo sagt: „Insularem partem homines incolebant feri trucesque, qui puerorum et virorum carnibus, quos aliis in insulis bello aut latrociniis coepissent, vescebantur; a feminis abstinebant, Canibales appellati.“ Ist das Wort Kannibale, das hier von den Kariben auf den Antillen gebraucht wird, aus einer der Sprachen dieses Archipels (der haytischen), oder hat man es in einer Mundart zu suchen, die in Florida zu Hause ist, das nach einigen Sagen die ursprüngliche Heimat der Kariben sein soll? Hat das Wort überhaupt einen Sinn, so scheint es vielmehr „starke, tapfere Fremde“ als Menschenfresser zu bedeuten. Garcia in seinen etymologischen Phantasieen erklärt es geradezu für phönizisch. Annibal und Cannibal können nach ihm nur von derselben semitischen Wurzel herkommen.

aufzunehmen; er glaubte sogar an den merkwürdigen Fall, der die Kariben veranlaßt haben soll, ihrer barbarischen Sitte zu entsagen. „Die Eingeborenen einer kleinen Insel hatten einen Dominikanermönch verzehrt, den sie von der Küste von Portorico fortgeschleppt. Sie wurden alle krank, und mochten fortan weder Mönch noch Laien verzehren."

Wenn die Kariben am Orinoko schon zu Anfang des 16. Jahrhunderts andere Sitten hatten als die auf den Antillen, wenn sie immer mit Unrecht der Anthropophagie beschuldigt worden sind, so ist dieser Unterschied nicht wohl daher zu erklären, daß sie gesellschaftlich höher standen. Man begegnet den seltsamsten Kontrasten in diesem Völkergewirre, wo die einen nur von Fischen, Affen und Ameisen leben, andere mehr oder weniger Ackerbauer sind, mehr oder weniger das Verfertigen und Bemalen von Geschirren, die Weberei von Hängematten und Baumwollenzeug als Gewerbe treiben. Manche der letzteren halten an unmenschlichen Gebräuchen fest, von denen die ersteren gar nichts wissen. Im Charakter und in den Sitten eines Volkes wie in seiner Sprache spiegeln sich sowohl seine vergangenen Zustände als die gegenwärtigen; man müßte die ganze Geschichte der Gesittung oder der Verwilderung einer Horde kennen, man müßte den menschlichen Vereinen in ihrer ganzen Entwickelung und auf ihren verschiedenen Lebensstufen nachgehen können, wollte man Probleme lösen, die ewig Rätsel bleiben werden, wenn man nur die gegenwärtigen Verhältnisse ins Auge fassen kann.

„Sie machen sich keine Vorstellung davon," sagte der alte Missionär in Mandavaca, „wie verdorben diese familia de Indios ist. Man nimmt Leute von einem neuen Stamme im Dorfe auf; sie scheinen sanftmütig, redlich, gute Arbeiter; man erlaubt ihnen einen Streifzug (entrada) mitzumachen, um Eingeborene einzubringen, und hat genug zu thun, zu verhindern, daß sie nicht alles, was ihnen in die Hände kommt, umbringen und Stücke der Leichname verstecken." Denkt man über die Sitten dieser Indianer nach, so erschrickt man ordentlich über diese Verschmelzung von Gefühlen, die sich auszuschließen scheinen, über die Unfähigkeit dieser Völker, sich anders als nur teilweise zu humanisieren, über diese Uebermacht der Bräuche, Vorurteile und Ueberlieferungen über die natürlichen Regungen des Gemütes. Wir hatten in unserer Piroge einen Indianer, der vom Rio Guaisia entlaufen war und sich in wenigen Wochen so weit civilisiert hatte, daß er uns

beim Aufstellen der Instrumente zu den nächtlichen Beobach=
tungen gute Dienste leisten konnte. Er schien so gutmütig
als gescheit und wir hatten nicht übel Lust, ihn in unseren
Dienst zu nehmen. Wie groß war unser Verdruß, als wir
im Gespräch mittels eines Dolmetschers von ihm hören
mußten, „das Fleisch der Manimodasaffen sei allerdings
schwärzer, er meine aber doch), es schmecke wie Menschen=
fleisch". Er versicherte, „seine Verwandten (das heißt
seine Stammverwandten) essen vom Menschen wie vom Bären
die Handflächen am liebsten". Und bei diesem Ausspruch äußerte
er durch Gebärden seine rohe Lust. Wir ließen den sonst sehr
ruhigen und bei den kleinen Diensten, die er uns leistete, sehr
gefälligen jungen Mann fragen, ob er hie und da noch Lust
spüre, „Cheruvichahenafleisch zu essen"; er erwiderte ganz un=
befangen, in der Mission werde er nur essen, was er los
padres essen sehe. Den Eingeborenen wegen des abscheulichen
Brauchs, von dem hier die Rede ist, Vorwürfe zu machen,
hilft rein zu nichts; es ist gerade, als ob ein Brahmane
vom Ganges, der in Europa reiste, uns darüber anließe, daß
wir das Fleisch der Tiere essen. In den Augen des Indianers
vom Rio Guaisia war der Cheruvichahena ein von ihm selbst
völlig verschiedenes Wesen; ihn umzubringen war ihm kein
größeres Unrecht, als die Jaguare im Walde umzubringen.
Es war nur Gefühl für Anstand, wenn er, solange er in
der Mission war, nur essen wollte, was los padres genossen.
Entlaufen die Eingeborenen zu den Ihrigen (al monte), oder
treibt sie der Hunger, so werden sie alsbald wieder Menschen=
fresser wie zuvor. Und wie sollten wir uns über diesen Un=
bestand der Völker am Orinoko wundern, da uns aufs glaub=
würdigste bezeugt ist, was sich in Hungersnot bei civilisierten
Völkern schon Gräßliches ereignet hat? In Aegypten griff im
13. Jahrhundert die Sucht, Menschenfleisch zu essen, unter
allen Ständen um sich; besonders aber stellte man den Aerzten
nach. Hatte einer Hunger, so gab er sich für krank aus und
ließ einen Arzt rufen, aber nicht, um sich bei ihm Rats zu
erholen, sondern um ihn zu verzehren. Ein sehr glaub=
würdiger Schriftsteller, Abd=Allatif, erzählt uns, „wie eine
Sitte, die anfangs Abscheu und Entsetzen einflößte, bald gar
nicht mehr auffiel".[1]

---

[1] Abd-Allatif, Médecin, de Bagdad, Relation de l'Égypte,
traduite par Silvestre de Sacy. — „Als die Armen anfingen

So leicht die Indianer am Caſſiquiare in ihre barbari-
ſchen Gewohnheiten zurückfallen, ſo zeigen ſie doch in den
Miſſionen Verſtand und einige Luſt zur Arbeit, beſonders
aber große Fertigkeit, ſich ſpaniſch auszudrücken. Da in den
Dörfern meiſt drei, vier Nationen beiſammen leben, die einander nicht verſtehen, ſo hat eine fremde Sprache, die zugleich
die Sprache der bürgerlichen Behörde, des Miſſionärs iſt, den
Vorteil, daß ſie als allgemeines Verkehrsmittel dient. Ich
ſah einen Poignaveindianer ſich ſpaniſch mit einem Guahibo-
indianer unterhalten, und doch hatten beide erſt ſeit drei Monaten ihre Wälder verlaſſen. Alle Viertelſtunden brachten ſie
einen mühſelig zuſammengeſtoppelten Satz zu Tage, und dabei
war das Zeitwort, ohne Zweifel nach der Syntax ihrer eigenen
Sprachen, immer im Gerundium geſetzt. (Quando io mirando
Padre, Padre, me diciendo, ſtatt: als ich den Pater ſah,
ſagte er mir.) Ich habe oben erwähnt, wie verſtändig mir
die Idee der Jeſuiten ſchien, eine der kultivierten amerikani-
ſchen Sprachen, etwa das Peruaniſche, die Lingua del Inca,
zur allgemeinen Sprache zu machen und die Indianer in einer
Mundart zu unterrichten, die wohl in den Wurzeln aber nicht

Menſchenfleiſch zu eſſen, war der Abſcheu und das Entſetzen über ſo
gräßliche Gerichte ſo groß, daß von nichts als von dieſen Greueln
geſprochen wurde; man gewöhnte ſich aber in der Folge dergeſtalt
daran und man fand ſo großen Geſchmack an der entſetzlichen
Speiſe, daß man reiche und ganz ehrbare Leute ſie für gewöhnlich
genießen, zum Feſteſſen machen, ja Vorräte davon anlegen ſah.
Es kamen verſchiedene Zubereitungsarten des Fleiſches auf, und
da der Brauch einmal beſtand, verbreitete er ſich auch über die
Provinzen, ſo daß allerorten in Aegypten Fälle vorkamen. Und da
verwunderte man ſich gar nicht mehr darüber; das Entſetzen, das
man zu Anfang darob empfunden, ſchwand ganz und gar, und man
ſprach davon und hörte davon ſprechen als von etwas ganz Gleich-
gültigem und Alltäglichem. Die Sucht, einander aufzueſſen, griff
unter den Armen dergeſtalt um ſich, daß die meiſten auf dieſe
Weiſe umkamen. Die Elenden brauchten alle möglichen Liſten, um
Menſchen zu überfallen oder ſie unter falſchem Vorgeben zu ſich
ins Haus zu locken. Von den Aerzten, die zu mir kamen, ver-
fielen drei dieſem Loſe, und ein Buchhändler, der Bücher an mich
verkaufte, ein alter, ſehr fetter Mann, fiel in ihre Netze und kam
nur mit knapper Not davon. Alle Vorfälle, von denen wir als
Augenzeugen berichten, ſind uns zufällig vor Augen gekommen,
denn meiſt gingen wir einem Anblicke aus dem Wege, der uns mit
ſolchem Entſetzen erfüllte.“

im Bau und in den grammatischen Formen von den ihrigen abweicht. Man that damit nur, was die Inka oder die priesterlichen Könige von Peru seit Jahrhunderten zur Aus- führung gebracht, um die barbarischen Völkerschaften am oberen Amazonenstrom unter ihrer Gewalt zu behalten und zu humanisieren, und solch ein System ist doch nicht ganz so seltsam als der Vorschlag, der auf einem Provinzialkonzil in Mexiko alles Ernstes gemacht worden, man solle die Einge- borenen Amerikas lateinisch sprechen lehren.

Wie man uns sagte, zieht man am unteren Orinoko, besonders in Angostura, die Indianer vom Cassiquiare und Rio Negro wegen ihres Verstandes und ihrer Rührigkeit den Bewohnern der anderen Missionen vor. Die in Mandavaca sind bei den Völkern ihrer Rasse berühmt, weil sie ein Curare- gift bereiten, das in der Stärke dem von Esmeralda nicht nachsteht. Leider geben sich die Eingeborenen damit weit mehr ab als mit dem Ackerbau, und doch ist an den Ufern des Cassiquiare der Boden ausgezeichnet. Es findet sich da- selbst ein schwarzbrauner Granitsand, der in den Wäldern mit dicken Humusschichten, am Ufer mit einem Thon bedeckt ist, der fast kein Wasser durchläßt. Am Cassiquiare scheint der Boden fruchtbarer als im Thale des Rio Negro, wo der Mais ziemlich schlecht gerät. Reis, Bohnen, Baumwolle, Zucker und Indigo geben reichen Ertrag, wo man sie nur anzubauen versucht hat. Bei den Missionen San Miguel de Davipe, San Carlos und Mandavaca sahen wir Indigo wild wachsen. Es läßt sich nicht in Abrede ziehen, daß mehrere amerikanische Völker, namentlich die Mexikaner, sich lange vor der Eroberung zu ihren hieroglyphischen Malereien eines wirk- lichen Indigos bedienten, und daß dieser Farbstoff in kleinen Broten auf dem großen Markte von Tenochtitlan verkauft wurde. Aber ein chemisch identischer Farbstoff kann aus Pflanzen gezogen werden, die einander nahe stehenden Gat- tungen angehören, und so möchte ich jetzt nicht entscheiden, ob die in Amerika einheimischen Indigofera sich nicht generisch von Indigofera anil und Indigofera argentea der Alten Welt unterscheiden. Bei den Kaffeebäumen der beiden Welten ist ein solcher Unterschied wirklich beobachtet.

Die feuchte Luft und, als natürliche Folge davon, die Masse von Insekten lassen hier wie am Rio Negro neue Kulturen fast gar nicht aufkommen. Selbst bei hellem, blauem Himmel sahen wir das Delucsche Hygrometer niemals unter

52° stehen. Ueberall trifft man jene großen Ameisen, die in gedrängten Haufen einherziehen und sich desto eifriger über die Kulturpflanzen hermachen, da dieselben krautartig und saftreich sind, während in den Wäldern nur Gewächse mit holzigen Stengeln stehen. Will ein Missionär versuchen, Salat oder irgend ein europäisches Küchenkraut zu ziehen, so muß er seinen Garten gleichsam in die Luft hängen. Er füllt ein altes Kanoe mit gutem Boden und hängt es 1,3 m über dem Boden an Chiquichiquistricken auf; meist aber stellt er es auf ein leichtes Gerüste. Die jungen Pflanzen sind dabei vor Unkraut, vor Erdwürmern und vor den Ameisen geschützt, die immer geradeaus ziehen, und da sie nicht wissen, was über ihnen wächst, nicht leicht von ihrem Wege ablenken, um an Pfählen ohne Rinde hinaufzukriechen. Ich erwähne dieses Umstandes zum Beweise, wie schwer es unter den Tropen, an den Ufern der großen Ströme dem Menschen anfangs wird, wenn er es versucht, in diesem unermeßlichen Naturgebiete, wo die Tiere herrschen und der wilde Pflanzenwuchs den Boden überwuchert, einen kleinen Erdwinkel sich zu eigen zu machen.

Am 13. Mai. Ich hatte in der Nacht einige gute Sternbeobachtungen machen können, leider die letzten am Cassiquiare, Mandavaca liegt unter 2° 47′ der Breite und, nach dem Chronometer, 69° 27′ der Länge. Die Inklination der Magnetnadel fand ich gleich 25° 25′. Dieselbe hatte also seit der Schanze San Carlos bedeutend zugenommen. Das anstehende Gestein war indessen dasselbe, etwas hornblendehaltige Granit, den wir in Javita getroffen, und der syenitartig aussieht. Wir brachen von Mandavaca um 2½ Uhr in der Nacht auf. Wir hatten noch acht ganze Tage mit der Strömung des Cassiquiare zu kämpfen, und das Land, durch das wir zu fahren hatten, bis wir wieder nach San Fernando de Atabapo kamen, ist so menschenleer, daß wir erst nach 13 Tagen hoffen durften, wieder zu einem Obervanten, zum Missionär von Santa Barbara zu gelangen. Nach sechsstündiger Fahrt liefen wir am Einflusse des Rio Idapa oder Siapa vorbei, der ostwärts auf dem Berge Unturan entspringt und zwischen dessen Quellen und dem Rio Mavaca, der in den Orinoko läuft, ein Trageplatz ist. Dieser Fluß hat weißes Wasser; er ist nur halb so breit als der Pacimoni, dessen Wasser schwarz ist. Sein oberer Lauf ist auf den Karten von La Cruz und Surville, die allen späteren als Vorbild gedient haben, seltsam entstellt. Ich werde, wenn von den Quellen des Orinoko die Rede ist, Gelegenheit finden, von den Voraussetzungen zu sprechen, die zu diesen Irrtümern Anlaß gegeben haben. Hätte Pater Caulin die Karte sehen können, die man seinem Werke beigegeben, so hätte er sich nicht wenig gewundert, daß man darin die Fiktionen wieder aufgenommen, die er mit zuverlässigen, an Ort und Stelle eingezogenen Nachrichten widerlegt hat. Dieser Missionär sagt lediglich, der Idapa entspringe in einem bergigen Lande, bei dem die Amuisanasindianer hausen. Aus diesen Indianern wurden Amoizanas oder Amazonas gemacht, und den Rio Idapa ließ man aus einer Quelle entspringen, die am Flecke selbst, wo sie aus der Erde sprudelt, sich in zwei Zweige teilt, die nach gerade entgegengesetzten Seiten laufen. Eine solche Gabelung einer Quelle ist ein reines Phantasiebild.

Wir übernachteten unter freiem Himmel beim Raudal des Cunuri. Das Getöse des kleinen Kataraktes wurde in der Nacht auffallend stärker. Unsere Indianer behaupteten, dies sei ein sicheres Vorzeichen des Regens. Ich erinnerte mich, daß auch die Bewohner der Alpen auf dieses Wetterzeichen[1] sehr viel halten. Wirklich regnete es lange vor Sonnenaufgang. Uebrigens hatte uns das lange anhaltende Geheul der Araguaten, lange bevor der Wasserfall lauter wurde, verkündet, daß ein Regenguß im Anzug sei.

---

[1] „Es gibt Regen, weil man die Gießbäche näher rauschen hört," heißt es in den Alpen wie in den Anden. Delue hat die Erscheinung dadurch zu erklären versucht, daß infolge eines Wechsels im barometrischen Druck mehr Luftblasen an der Wasserfläche platzen. Diese Erklärung ist so gezwungen als unbefriedigend. Ich will ihr keine andere Hypothese entgegenstellen, ich mache nur darauf aufmerksam, daß die Erscheinung auf einer Modifikation der Luft beruht, welche auf die S ch a l l w e l l e n und auf die L i ch t w e l l e n zumal Einfluß äußert. Wenn die Verstärkung des Schalles als Wetterzeichen gilt, so hängt dies ganz genau damit zusammen, daß man der geringeren Schwächung des Lichtes dieselbe Bedeutung beilegt. Die Aelpler behaupten mit Zuversicht, das Wetter ändere sich, wenn bei ruhiger Luft die mit ewigem Schnee bedeckten Alpen dem Beobachter auf einmal nahe gerückt scheinen und sich ihre Umrisse ungewöhnlich scharf vom Himmelsblau abheben. Was ist die Ursache, daß in den vertikalen Luftschichten der Mangel an Homogeneität so rasch aufgehoben wird?

Am 14. Mai. Die Moskiten und mehr noch die Ameisen jagten uns vor 2 Uhr in der Nacht vom Ufer. Wir hatten bisher geglaubt, die letzteren kriechen nicht an den Stricken der Hängematten hinauf; ob dies nun aber unbegründet ist, oder ob die Ameisen aus den Baumgipfeln auf uns herabfielen, wir hatten vollauf zu thun, uns dieser lästigen Insekten zu entledigen. Je weiter wir fuhren, desto schmäler wurde der Fluß und die Ufer waren so sumpfig, daß Bonpland sich nur mit großer Mühe an den Fuß einer mit großen purpurroten Blüten bedeckten Carolinea princeps durcharbeiten konnte. Dieser Baum ist die herrlichste Zierde der Wälder hier und am Rio Negro. Wir untersuchten mehrmals am Tage die Temperatur des Cassiquiare. Das Wasser zeigte an der Oberfläche nur 24° (in der Luft stand der Thermometer auf 25,6°), also ungefähr so viel als der Rio Negro, aber 4 bis 5° weniger als der Orinoko. Nachdem wir westwärts die Mündung des Caño Caterico, der schwarzes, ungemein durchsichtiges Wasser hat, hinter uns gelassen, verließen wir das Flußbett und landeten an einer Insel, auf der die Mission Vasiva liegt. Der See, der die Mission umgibt, ist 4,5 km breit und hängt durch drei Kanäle mit dem Cassiquiare zusammen. Das Land umher ist sehr sumpfig und fiebererzeugend. Der See, dessen Wasser bei durchgehendem Lichte gelb ist, trocknet in der heißen Jahreszeit aus und dann können es selbst die Indianer in den Miasmen, welche sich aus dem Schlamme entwickeln, nicht aushalten. Daß gar kein Wind weht, trägt viel dazu bei, daß diese Landstriche so ungemein ungesund sind. Ich habe die Zeichnung des Grundrisses von Vasiva, den ich am Tage unserer Ankunft aufgenommen, stechen lassen. Das Dorf wurde zum Teil an einen trockeneren Platz gegen Nord verlegt, und daraus entspann sich ein langer Streit zwischen dem Statthalter von Guyana und den Mönchen. Der Statthalter behauptete, letzteren stehe nicht das Recht zu, ohne Genehmigung der bürgerlichen Behörde ihre Dörfer zu verlegen; da er aber gar nicht wußte, wo der Cassiquiare liegt, richtete er seine Beschwerde an den Missionär von Carichana, der 675 km von Vasiva haust und nicht begriff, von was es sich handelte. Dergleichen geographische Mißverständnisse kommen sehr häufig vor, wo die Leute fast nie im Besitz einer Karte der Länder sind, die sie zu regieren haben. Im Jahre 1785 übertrug man die Mission Padamo dem Pater Valor mit der Weisung, „sich unver-

züglich zu den Indianern zu verfügen, die ohne Seelen=
hirten seien." Und seit länger als fünfzehn Jahren gab es
kein Dorf Padamo mehr und die Indianer waren al monte
gelaufen.

Vom 14. bis 21. Mai brachten wir die Nacht immer
unter freiem Himmel zu, ich kann aber die Orte, wo wir
unser Nachtlager aufschlugen, nicht angeben. Dieser Landstrich
ist so wild und so wenig von Menschen betreten, daß die
Indianer, ein paar Flüsse ausgenommen, keinen der Punkte,
die ich mit dem Kompaß aufnahm, mit Namen zu nennen
wußten. Einen ganzen Grad weit konnte ich durch keine
Sternbeobachtung die Breite bestimmen. Oberhalb des Punktes,
wo der Itinivini vom Cassiquiare abgeht und westwärts den
Granithügeln von Daripabo zuläuft, sahen wir die sumpfigen
Ufer des Stromes mit Bamburohr bewachsen. Diese baum=
artigen Gräser werden 6,5 m hoch; ihr Halm ist gegen die
Spitze immer umgebogen. Es ist eine neue Art Bambusa
mit sehr breiten Blättern. Bonpland war so glücklich, ein
blühendes Exemplar zu finden. Ich erwähne dieses Um=
standes, weil die Gattungen Nastus und Bambusa bis jetzt
sehr schlecht auseinander gehalten waren, und man in der
Neuen Welt diese gewaltigen Gräser ungemein selten blühend
antrifft. Mutis botanisierte zwanzig Jahre in einem Lande,
wo die Bambusa Guadua mehrere Meilen breite sumpfige
Wälder bildet, und war nie im stande, einer Blüte habhaft
zu werden. Wir schickten diesem Gelehrten die ersten Bam=
busaähren aus den gemäßigten Thälern von Popayan. Wie
kommt es, daß sich die Befruchtungsorgane so selten bei einer
Pflanze entwickeln, die im Lande zu Hause ist und vom
Meeresspiegel bis in 1750 m Höhe äußerst kräftig wächst,
also in eine subalpinische Region hinaufreicht, wo unter den
Tropen das Klima dem des mittägigen Spaniens gleicht?
Die Bambusa latifolia scheint den Becken des oberen Orinoko,
des Cassiquiare und des Amazonenstromes eigentümlich zu
sein; es ist ein geselliges Gewächs, wie alle Gräser aus der
Familie der Nastoiden; aber in dem Striche von Spanisch=
Guyana, durch den wir gekommen, tritt sie nicht in den ge=
waltigen Massen auf, welche die Hispanoamerikaner Gua=
duales oder Bambuwälder nennen.

Unser erstes Nachtlager oberhalb Basiva war bald auf=
geschlagen. Wir trafen einen kleinen trockenen, von Büschen
freien Fleck südlich vom Caño Curamuni, an einem Orte, wo

wir Kapuzineraffen,[1] kenntlich am schwarzen Barte und der
trübseligen scheuen Miene, langsam auf den horizontalen Aesten
einer Genipa hin und her gehen sahen. Die fünf folgenden
Nächte wurden immer beschwerlicher, je näher wir der Gabel=
teilung des Orinoko kamen. Die Ueppigkeit des Pflanzen=
wuchses steigerte sich in einem Grade, von dem man sich keinen
Begriff macht, selbst wenn man mit dem Anblick der tropi=
schen Wälder vertraut ist. Ein Gelände ist gar nicht mehr
vorhanden; ein Pfahlwerk aus dichtbelaubten Bäumen bildet
das Flußufer. Man hat einen 390 m breiten Kanal vor sich,
den zwei ungeheure, mit Laub und Lianen bedeckte Wände
einfassen. Wir versuchten öfters zu landen, konnten aber nicht
aus dem Kanoe kommen. Gegen Sonnenuntergang fuhren
wir zuweilen eine Stunde lang am Ufer hin, um, nicht eine
Lichtung (dergleichen gibt es gar nicht), sondern nur einen
weniger dicht bewachsenen Fleck zu entdecken, wo unsere In=
dianer mit der Axt so weit aufräumen konnten, um für
12 bis 13 Personen ein Lager aufzuschlagen. In der Piroge
konnten wir die Nacht nicht zubringen. Die Moskiten, die
uns den Tag über plagten, setzten sich haufenweise unter
den Toldo, d. h. unter das Dach aus Palmblättern, das
uns vor dem Regen schützte. Nie waren uns Hände und
Gesicht so stark geschwollen gewesen. Pater Zea, der sich bis
dahin immer gerühmt, er habe in seinen Missionen an den
Katarakten die größten und wildesten (las mas feroces) Mos=
kiten, gab nach und nach zu, nie haben ihn die Insektenstiche
ärger geschmerzt als hier am Cassiquiare. Mitten im dicken
Walde konnten wir uns nur mit schwerer Mühe Brennholz
verschaffen; denn in diesen Ländern am Aequator, wo es be=
ständig regnet, sind die Baumzweige so saftreich, daß sie fast
gar nicht brennen. Wo es keine trockenen Ufer gibt, findet
man auch so gut wie kein altes Holz, das, wie die Indianer
sagen, an der Sonne gekocht ist. Feuer bedurften wir
übrigens nur als Schutzwehr gegen die Tiere des Waldes;
unser Vorrat an Lebensmitteln war so gering, daß wir zur
Zubereitung der Speisen des Feuers ziemlich hätten entbehren
können.

Am 18. Mai gegen Abend kamen wir an einen Ort, wo
wilde Kakaobäume das Ufer säumen. Die Bohne derselben
ist klein und bitter; die Indianer in den Wäldern saugen

---

[1] Simia chiropotes, eine neue Art.

das Mark aus und werfen die Bohnen weg, und diese wer=
den von den Indianern in den Missionen aufgelesen und
an solche verkauft, die es bei der Bereitung ihrer Schokolade
nicht genau nehmen. „Hier ist der Puerto del Cacao,"
sagte der Steuermann, „hier übernachten los padres, wenn
sie nach Esmeralda fahren, um Blaseröhren und Juvia
(die wohlschmeckenden Mandeln der Bertholletia) zu kaufen."
Indessen befahren im Jahre nicht fünf Kanoen den Cassi=
quiare, und seit Maypures, also seit einem Monate, war
uns auf den Flüssen, die wir hinauffuhren, keine Seele
begegnet, außer in der nächsten Nähe der Missionen. Süd=
wärts vom See Duractumini übernachteten wir in einem
Palmenwalde. Der Regen goß in Strömen herab; aber die
Pothos, die Arum und die Schlinggewächse bildeten eine
natürliche, so dichte Laube, daß wir darunter Schutz fanden
wie unter dichtbelaubten Bäumen. Die Indianer, die am
Ufer lagen, hatten Helikonien und Musaceen ineinander ver=
schlungen und damit über ihren Hängematten eine Art Dach
gebildet. Unsere Feuer beleuchteten auf 16 bis 20 m Höhe die
Palmstämme, die mit Blüten bedeckten Schlinggewächse und
die weißlichten Rauchsäulen, die gerade gen Himmel stiegen;
ein prachtvoller Anblick, aber um desselben mit Ruhe zu ge=
nießen, hätte man eine Luft atmen müssen, die nicht von In=
sekten wimmelte.

Unter allen körperlichen Leiden wirken diejenigen am
niederschlagendsten, die in ihrer Dauer immer dieselben sind,
und gegen die es kein Mittel gibt als Geduld. Die Aus=
dünstungen in den Wäldern am Cassiquiare haben wahrschein=
lich bei Bonpland den Keim zu der schweren Krankheit gelegt,
der er bei unserer Ankunft in Angostura beinahe erlegen wäre.
Zu unserem Glück ahnte er so wenig als ich die Gefahr, die
ihm drohte. Der Anblick des Flusses und das Summen der
Moskiten kamen uns allerdings etwas einförmig vor; aber
unser natürlicher Frohsinn war nicht ganz gebrochen und half
uns über die lange Oede weg. Wir machten die Bemerkung,
daß wir uns den Hunger auf mehrere Stunden vertrieben,
wenn wir etwas trockenen geriebenen Kakao ohne Zucker aßen.
Die Ameisen und die Moskiten machten uns mehr zu schaffen
als die Nässe und der Mangel an Nahrung. So großen
Entbehrungen wir auch auf unseren Zügen in den Kordilleren
ausgesetzt gewesen, die Flußfahrt von Mandavaca nach Es=
meralda erschien uns immer als das beschwerdereichste Stück

unseres Aufenthaltes in Amerika. Ich rate den Reisen=
den, den Weg über den Cassiquiare dem über den Atabapo
nicht vorzuziehen, sie müßten denn sehr großes Verlangen
haben, die große Gabelteilung des Orinoko mit eigenen Augen
zu sehen.

Oberhalb des Caño Duractumuni läuft der Cassiquiare
geradeaus von Nordost nach Südwest. Hier hat man am
rechten Ufer mit dem Bau des Dorfes Vasiva begonnen.
Die Missionen Pacimona, Capivari, Buenaguardia, sowie
die angebliche Schanze am See bei Vasiva auf unseren Karten
sind lauter Fiktionen. Es fiel uns auf, wie stark durch die
raschen Anschwellungen des Cassiquiare die beiderseitigen Ufer=
abhänge unterhöhlt waren. Entwurzelte Bäume bilden natür=
liche Flöße; sie stecken halb im Schlamme und können den
Pirogen sehr gefährlich werden. Hätte man das Unglück,
in diesen unbewohnten Strichen zu scheitern, so verschwände
man ohne Zweifel, ohne daß eine Spur des Schiffbruches
verriete, wo und wie man untergegangen. Man erführe
nur an der Küste, und das sehr spät, ein Kanoe, das von
Vasiva abgegangen, sei 450 km weiterhin, in den Missionen
Santa Barbara und San Fernando de Atabapo nicht gesehen
worden.

Die Nacht des 20. Mai, die letzte unserer Fahrt auf
dem Cassiquiare, brachten wir an der Stelle zu, wo der Ori=
noko sich gabelt. Wir hatten einige Aussicht, eine astrono=
mische Beobachtung machen zu können; denn ungewöhnlich
große Sternschnuppen schimmerten durch die Dunsthülle, die
den Himmel umzog. Wir schlossen daraus, die Dunstschicht
müsse sehr dünn sein, da man solche Meteore fast niemals
unter dem Gewölk sieht. Die uns zu Gesicht kamen, liefen
nach Nord und folgten aufeinander fast in gleichen Pausen.
Die Indianer, welche die Zerrbilder ihrer Phantasie nicht
leicht durch den Ausdruck veredeln, nennen die Sternschnuppen
den Urin, und den Tau den Speichel der Sterne.
Aber das Gewölk wurde wieder dicker und wir sahen weder
die Meteore mehr noch die wahren Sterne, deren wir seit
mehreren Tagen mit so großer Ungeduld harrten.

Man hatte uns gesagt, in Esmeralda werden wir die
Insekten „noch grausamer und gieriger“ finden als auf dem
Arm des Orinoko, den wir jetzt hinauffuhren; trotz dieser
Aussicht erheiterte uns die Hoffnung, endlich einmal wieder
an einem bewohnten Orte schlafen und uns beim Botanisieren

einige Bewegung machen zu können. Beim letzten Nachtlager am
Cassiquiare wurde unsere Freude getrübt. Ich nehme keinen
Anstand, hier einen Vorfall zu erzählen, der für den Leser von
keinem großen Belang ist, der aber in einem Tagebuche, das
die Begebnisse auf der Fahrt durch ein so wildes Land schildert, immerhin eine Stelle finden mag. Wir lagerten am
Waldsaume. Mitten in der Nacht meldeten uns die Indianer,
man höre den Jaguar ganz in der Nähe brüllen, und zwar
von den nahestehenden Bäumen herab. Die Wälder sind hier
so dicht, daß fast keine anderen Tiere darin vorkommen, als
solche, die auf die Bäume klettern, Vierhänder, Cercolepten,
Viverren und verschiedene Katzenarten. Da unsere Feuer hell
brannten, und da man durch lange Gewöhnung Gefahren,
die durchaus nicht eingebildet sind, ich möchte sagen systema-
tisch nicht achten lernt, so machten wir uns aus dem Brüllen
des Jaguars nicht viel. Der Geruch und die Stimme unseres
Hundes hatten sie hergelockt. Der Hund (eine große Dogge)
bellte anfangs; als aber der Tiger näher kam, fing er an zu
heulen und kroch unter unsere Hängematten, als wollte er
beim Menschen Schutz suchen. Seit unseren Nachtlagern am
Rio Apure waren wir daran gewöhnt, bei dem Tiere, das
jung, sanftmütig und einschmeichelnd war, in dieser Weise
Mut und Schüchternheit wechseln zu sehen. Wie groß war
unser Verdruß, als uns am Morgen, da wir eben das Fahrzeug besteigen wollten, die Indianer meldeten, der Hund
sei verschwunden! Es war kein Zweifel, die Jaguare hatten
ihn fortgeschleppt. Vielleicht war er, da er sie nicht mehr
brüllen hörte, von den Feuern weg dem Ufer zu gegangen;
vielleicht aber auch hatten wir den Hund nicht winseln hören,
da wir im tiefsten Schlafe lagen. Am Orinoko und am
Magdalenenstrome versicherte man uns oft, die ältesten Jaguare
(also solche, die viele Jahre bei Nacht gejagt haben) seien
so verschlagen, daß sie mitten aus einem Nachtlager Tiere
herausholen, indem sie ihnen den Hals zudrücken, damit sie
nicht schreien können. Wir warteten am Morgen lange, in der
Hoffnung, der Hund möchte sich nur verlaufen haben. Drei
Tage später kamen wir an denselben Platz zurück. Auch jetzt
hörten wir die Jaguare wieder brüllen, denn diese Tiere
haben eine Vorliebe für gewisse Orte, aber all unser Suchen
war vergeblich. Die Dogge, die seit Caracas unser Begleiter
gewesen und so oft schwimmend den Krokodilen entgangen
war, war im Walde zerrissen worden. Ich erwähne dieses

Vorfalles nur, weil er einiges Licht auf die Kunstgriffe dieser großen Katzen mit geflecktem Fell wirft.

Am 21. Mai liefen wir 13,5 km unterhalb der Mission Esmeralda wieder in das Bett des Orinoko ein. Vor einem Monate hatten wir diesen Fluß bei der Einmündung des Guaviare verlassen. Wir hatten nun noch 1390 km nach Angostura, aber es ging den Strom abwärts, und dieser Gedanke war geeignet, uns unsere Leiden erträglicher zu machen. Fährt man die großen Ströme hinab, so bleibt man im Thalwege, wo es nur wenige Moskiten gibt; stromaufwärts dagegen muß man sich, um die Wirbel und Gegenströmungen zu benutzen, nahe am Ufer halten, wo es wegen der Nähe der Wälder und des organischen Detritus, der aufs Ufer geworfen wird, von Mücken wimmelt.[1] Der Punkt, wo die vielberufene Gabelteilung des Orinoko stattfindet, gewährt einen ungemein großartigen Anblick. Am nördlichen Ufer erheben sich hohe Granitberge; in der Ferne erkennt man unter denselben den Maraguaca und den Duida. Auf dem linken Ufer des Orinoko, westlich und südlich von der Gabelung, sind keine Berge bis dem Einflusse des Tamatama gegenüber. Hier liegt der Fels Guaraco, der in der Regenzeit zuweilen Feuer speien soll. Da wo der Orinoko gegen Süd nicht mehr von Bergen umgeben ist und er die Oeffnung eines Thales oder vielmehr einer Senkung erreicht, welche sich nach dem Rio Negro hinunterzieht, teilt er sich in zwei Aeste. Der Hauptast (der Rio Paragua der Indianer) setzt seinen Lauf west-nord-westwärts um die Berggruppe der Parime herum fort; der Arm, der die Verbindung mit dem Amazonenstrome herstellt, läuft über Ebenen, die im ganzen ihr Gefäll gegen Süd haben, wobei aber die einzelnen Gehänge im Cassiquiare gegen Südwest, im Becken des Rio Negro gegen Südost fallen. Eine scheinbar so auffallende Erscheinung, die ich an Ort und Stelle untersucht habe, verdient ganz besondere Aufmerksamkeit, um so mehr, als sie über ähnliche Fälle, die man im inneren Afrika beobachtet zu haben glaubt, einigen Aufschluß geben kann. Ich beschließe dieses Kapitel mit allgemeinen Betrachtungen über das h y d r a u l i s c h e S y s t e m von Spanisch-Guyana, und versuche es, durch Anführung von Fällen auf dem alten Kontinent darzuthun, daß diese Gabelteilung, die für

---

[1] Orellana hat auf dem Amazonenstrome dieselbe Beobachtung gemacht.

die Geographen, welche Karten von Amerika entwarfen, so
lange ein Schreckbild war, immerhin etwas Seltenes ist, aber
in beiden Halbkugeln vorkommt.

Wir sind gewöhnt, die europäischen Flüsse nur in dem
Teile ihres Laufes zu betrachten, wo sie zwischen zwei Wasserscheiden liegen, somit in Thäler eingeschlossen sind; wir beachten nicht, daß die Bodenhindernisse, welche Nebenflüsse und
Hauptwasserbehälter ablenken, gar nicht so oft Bergketten sind,
als vielmehr sanfte Böschungen von Gegenhängen; und so
fällt es uns schwer, uns eine Vorstellung davon zu machen,
wie in der Neuen Welt die Ströme sich so stark krümmen,
sich gabelig teilen und ineinander münden sollen. An diesem
ungeheuren Kontinent fällt die weite Erstreckung und Ein-
förmigkeit seiner Ebenen noch mehr auf als die riesenhafte
Höhe seiner Kordilleren. Erscheinungen, wie wir sie in unserer
Halbkugel an den Meeresküsten oder in den Steppen von
Bactriana um Binnenmeere, um den Aral und das Kaspische
Meer beobachten, kommen in Amerika 1300 bis 1800 km von
den Strommündungen vor. Die kleinen Bäche, die sich durch
unsere Wiesengründe (die vollkommensten Ebenen bei uns)
schlängeln, geben im kleinen ein Bild jener Verzweigungen
und Gabelteilungen; man hält es aber nicht der Mühe wert,
bei solchen Kleinigkeiten zu verweilen, und so fällt einem bei
den hydraulischen Systemen der beiden Welten mehr der
Kontrast auf als die Analogie. Die Vorstellung, der Rhein
könnte an die Donau, die Weichsel an die Oder, die Seine
an die Loire einen Arm abgeben, erscheint uns auf den ersten
Blick so ausschweifend, daß wir, wenn wir auch nicht daran
zweifeln, daß Orinoko und Amazonenstrom in Verbindung
stehen, den Beweis verlangen, daß was wirklich ist, auch
möglich ist.

Fährt man über das Delta des Orinoko nach Angostura
und zum Einflusse des Rio Apure hinauf, so hat man die
hohe Gebirgskette der Parime fortwährend zur Linken. Diese
Kette bildet nun keineswegs, wie mehrere berühmte Geographen
angenommen haben, eine Wasserscheide zwischen dem Becken
des Orinoko und dem des Amazonenstroms, vielmehr entspringen am Südabhange derselben die Quellen des ersteren
Stromes. Der Orinoko beschreibt (ganz wie der Arno in der
bekannten Voltata zwischen Bibieno und Ponta Sieve) drei
Vierteile eines Ovals, dessen große Achse in der Richtung
eines Parallels liegt. Er läuft um einen Bergstock herum,

von deſſen beiden entgegengeſeßten Abhängen die Gewäſſer
ihm zulaufen. Von den Alpenthälern des Maraguaca an
läuft der Fluß zuerſt gegen Weſt oder Weſt=Nord=Weſt, als
ſollte er ſich in die Südſee ergießen; darauf, beim Einfluſſe
des Guaviare, fängt er an, nach Nord umzubiegen und läuft
in der Richtung eines Meridians bis zur Mündung des
Apure, wo ein zweiter „Wiederkehrungspunkt" liegt. Auf
dieſem Stücke ſeines Laufes füllt der Orinoko eine Art
Rinne, die durch das ſanfte Gefälle, das ſich von der ſehr
fernen Andenkette von Neugranada herunterzieht und durch
den ganz kurzen Gegenhang, der oſtwärts zur ſteilen Gebirgs=
wand der Parime hinaufläuft, gebildet wird. Infolge dieſer
Bodenbildung kommen die bedeutendſten Zuflüſſe dem Orinoko
von Weſten her zu. Da der Hauptbehälter ganz nahe an
den Gebirgen der Parime liegt, um die er ſich von Süd nach
Nord herumbiegt (als ſollte er Portocabello an der Nordküſte
von Venezuela zu laufen), ſo iſt ſein Bett von Felsmaſſen
verſtopft. Dies iſt der Strich der großen Katarakte; der
Strom bricht ſich brüllend Bahn durch die Ausläufer, die
gegen Weſt fortſtreichen, ſo daß auf der großen „Land=Meer=
enge" [1] (détroit terrestre) zwiſchen den Kordilleren von Neu=
granada und der Sierra Parime die Felſen am weſtlichen
Uſer des Stromes nach dieſer Sierra angehören. Beim Ein=
fluſſe des Rio Apure ſieht man nun den Orinoko zum zweiten=
mal, und faſt plößlich, aus ſeiner Richtung von Süd nach
Nord in die von Weſt nach Oſt umbiegen, wie weiter oben
der Einfluß des Guaviare den Punkt bezeichnet, wo der weſt=
liche Lauf raſch zum nördlichen wird. Bei dieſen beiden Bie=
gungen wird die Richtung des Hauptbehälters nicht allein
durch den Stoß der Gewäſſer des Nebenfluſſes beſtimmt, ſon=

---

[1] Es iſt dies eine 360 km breite Oeffnung, die einzige, durch
welche die vereinigten Becken des oberen Orinoko und
des Amazonenſtromes mit dem Becken des unteren
Orinoko oder den Llanos von Venezuela in Verbindung
ſtehen. Wir betrachten dieſe Oeffnung geologiſch als ein détroit
terrestre, als eine Land=Meerenge, weil ſie macht, daß aus einem
dieſer Becken in das andere Gewäſſer ſtrömen, und weil ohne ſie
die Bergkette der Parime, die, gleich den Ketten des Küſtenlandes
von Caracas und denen von Mato=Groſſo oder Chiquitos, von
Oſten nach Weſten ſtreicht, unmittelbar mit den Anden von Neu=
granada zuſammenhinge.

dern auch durch die eigentümliche Lage der Hänge und Gegen=
hänge, die sowohl auf die Richtung der Nebenflüsse als auf
die des Orinoko selbst ihren Einfluß äußern. Umsonst sieht
man sich bei den geographisch so wichtigen „Wiederkehrungs=
punkten" nach Bergen oder Hügeln um, die den Strom seinen
bisherigen Lauf nicht fortsetzen ließen. Beim Einflusse des
Guaviare sind keine vorhanden, und bei der Mündung des
Apure konnte der niedrige Hügel von Cabruta auf die Rich=
tung des Orinoko sicher keinen Einfluß äußern. Diese Ver=
änderungen der Richtung sind Folgen allgemeinerer Ursachen;
sie rühren her von der Lage der großen geneigten Ebenen,
aus denen die polyedrische Fläche der Niederungen besteht.
Die Bergketten steigen nicht wie Mauern auf wagerechten
Grundflächen empor; ihre mehr oder weniger prismatischen
Stöcke stehen immer auf Plateaus, und diese Plateaus streichen
mit stärkerer oder geringerer Abdachung dem Thalwege des
Stromes zu. Der Umstand, daß die Ebenen gegen die Berge
ansteigen, ist somit die Ursache, daß sich die Flüsse so selten
an den Bergen selbst brechen und den Einfluß dieser Wasser=
scheiden, sozusagen, in bedeutender Entfernung fühlen. Geo=
graphen, welche Topographie nach der Natur studiert und
selbst Bodenvermessungen vorgenommen haben, können sich
nicht wundern, daß auf Karten, auf denen wegen ihres Maß=
stabes ein Gefälle von 3 bis 5° sich nicht angeben läßt, die
Ursachen der großen Flußkrümmungen materiell gar nicht er=
sichtlich sind. Der Orinoko läuft von der Mündung des Apure
bis zu seinem Ausflusse an der Ostküste von Amerika parallel
mit seiner anfänglichen Richtung, aber derselben entgegen; sein
Thalweg wird dort gegen Norden durch eine fast unmerkliche
Abdachung, die sich gegen die Küstenkette von Venezuela hin=
aufzieht, gegen Süden durch den kurzen steilen Gegenhang
an der Sierra Parime gebildet. Infolge dieser eigentümlichen
Terrainbildung umgibt der Orinoko denselben granitischen Ge=
birgsstock in Süd, West und Nord, und befindet sich nach
einem Laufe von 2500 km 556 km von seinem Ursprunge.
Es ist ein Fluß, dessen Mündung bis auf 2° im Meridian
seiner Quellen liegt.

Der Lauf des Orinoko, wie wir ihn hier flüchtig geschil=
dert, zeigt drei sehr bemerkenswerte Eigentümlichkeiten: 1) daß
er dem Bergstock, um den er in Süd, West und Nord her=
läuft, immer so nahe bleibt; 2) daß seine Quellen in einem
Landstriche liegen, der, wie man glauben sollte, dem Becken

des Rio Negro und des Amazonenstromes angehört; 3) daß
er sich gabelt und einem anderen Flußsysteme einen Arm zu=
sendet. Nach bloß theoretischen Vorstellungen sollte man an=
nehmen, die Flüsse, wenn sie einmal aus den Alpenthälern
heraus sind, in deren oberen Enden sie entsprungen, müßten
rasch von den Bergen weg auf einer mehr oder weniger ge=
neigten Ebene fortziehen, deren stärkster Fall senkrecht ist auf
die große Achse der Kette oder die Hauptwasserscheide. Eine
solche Voraussetzung widerspräche aber dem Verhalten der
großartigsten Ströme Indiens und Chinas. Es ist eine Eigen=
tümlichkeit dieser Flüsse, daß sie nach ihrem Austritte aus dem
Gebirge mit der Kette parallel laufen. Die Ebenen, deren
Gehänge gegen die Gebirge ansteigen, sind am Fuße derselben
unregelmäßig gestaltet. Nicht selten mag die Erscheinung,
von der hier die Rede ist, von der Beschaffenheit des geschich=
teten Gesteines und daher rühren, daß die Schichten den
großen Ketten parallel streichen; da aber der Granit der
Sierra Parime fast durchaus massig, nicht geschichtet ist, so
deutet der Umstand, daß der Orinoko sich so nahe um diesen
Gebirgsstock herumschlingt, auf eine Terrainsenkung hin, die
mit einer allgemeineren geologischen Erscheinung zusammen=
hängt, auf eine Ursache, die vielleicht bei der Bildung der
Kordilleren selbst im Spiele war. In den Meeren und den
Binnenseen finden sich die tiefsten Stellen da, wo die Ufer
am höchsten und steilsten sind. Fährt man von Esmeralda
nach Angostura den Orinoko hinab, so sieht man (ob die Rich=
tung West, Nord oder Ost ist) 1125 km weit am rechten Ufer
beständig sehr hohe Berge, am linken dagegen Ebenen, so weit
das Auge reicht. Die Linie der größten Tiefen, die Maxima
der Senkung, liegen also am Fuße der Kordillere selbst, am
Umrisse der Sierra Parime.

Eine andere Eigentümlichkeit, die uns auf den ersten
Anblick am Laufe des Orinoko auffällig erscheint, ist, daß das
Becken dieses Stromes ursprünglich mit dem Becken eines
anderen, des Amazonenstromes, zusammenzufallen scheint.
Wirft man einen Blick auf die Karte, so sieht man, daß der
obere Orinoko von Ost nach West über dieselbe Ebene läuft,
durch die der Amazonenstrom parallel mit ihm, aber in ent=
gegengesetzter Richtung, von West nach Ost zieht. Aber das
Becken ist nur scheinbar ein gemeinschaftliches; man darf nicht
vergessen, daß die großen Bodenflächen, die wir Ebenen nen=
nen, ihre Thäler haben, so gut wie die Berge. Jede Ebene

besteht aus verschiedenen Systemen alternativer Hänge,[1] und diese Systeme sind voneinander durch sekundäre Wasserscheiden von so geringer Höhe getrennt, daß das Auge sie fast nicht bemerkt. Eine ununterbrochene, waldbedeckte Ebene füllt den ungeheuren Raum zwischen $3\frac{1}{2}°$ nördlicher und dem 14. Grad südlicher Breite, zwischen der Kordillere der Parime und der Kordillere von Chiquitos und der brasilianischen. Bis zum Parallel der Quellen des Rio Temi ($2°\,45'$ nördlicher Breite), auf einer Oberfläche von 4 131 000 qkm,[2] laufen alle Gewässer dem Amazonenstrom als Hauptbehälter zu; aber weiter gegen Norden hat infolge eigentümlicher Terrainbildung auf einer Fläche von nicht 30 000 qkm ein anderer großer Strom, der Orinoko, sein eigenes hydraulisches System. Die Centralebene von Südamerika umfaßt also zwei Strombecken; denn ein Becken ist die Gesamtheit aller umliegenden Bodenflächen, deren stärkste Falllinien dem Thalwege, das heißt der Längenvertiefung, welche das Bett des Hauptbehälters bildet, zulaufen. Auf dem kurzen Striche zwischen dem 68. und 70. Grad der Länge nimmt der Orinoko die Gewässer auf, die vom Südabhange der Kordillere der Parime herabkommen; aber die Nebenflüsse, die am selben Abhange östlich vom Meridian von $68°$ zwischen dem Berge Maraguaca und den Bergen des portugiesischen Guyana entspringen, gehen in den Amazonenstrom. Also nur auf einer 225 km langen Strecke haben in diesem ungeheuren Thale unter dem Aequator die Bodenflächen zunächst am Fuße der Kordillere der Parime ihren stärksten Fall in einer Richtung, die aus dem Thale hinaus zuerst nordwärts, dann ostwärts weist. In Ungarn sehen wir einen ähnlichen, sehr merkwürdigen Fall, wo Flüsse, die südwärts von einer Bergkette entspringen, dem hydraulischen Systeme des Nordhanges angehören. Die Wasserscheide zwischen dem Baltischen und dem Schwarzen Meere liegt südlich der Tatra, einem Ausläufer der Karpathen, zwischen Teplicz und Ganocz, auf einem nur 580 m hohen Plateau. Waag und Hernad laufen südwärts der Donau zu, während der Poprad um das Tatragebirge gegen West herumläuft und mit dem Dunajetz nordwärts der Weichsel zufließt. Der Poprad, der seiner Lage nach zu den Gewässern zu gehören

---

[1] Hänge, die in entgegengesetzter Richtung gegen den Horizont geneigt sind.
[2] Eine Oberfläche zehnmal größer als Frankreich.

scheint, die dem Schwarzen Meere zufließen, trennt sich schein=
bar vom Becken derselben los und wendet sich dem Baltischen
Meere zu.

In Südamerika enthält eine ungeheure Ebene das Becken
des Amazonenstromes und einen Teil des Beckens des Orinoko;
aber in Deutschland, zwischen Melle und Osnabrück, haben
wir den seltenen Fall, daß ein sehr enges Thal die Becken
zweier kleiner, voneinander unabhängiger Flüsse verbindet. Die
Else und die Haase laufen anfangs nahe bei einander und
parallel von Süd nach Nord; wo sie aber in die Ebene treten,
weichen sie von Ost nach West auseinander und schließen sich
zwei ganz gesonderten Flußsystemen, dem der Werra und dem
der Ems, an.

Ich komme zur dritten Eigentümlichkeit im Laufe des
Orinoko, zu jener Gabelteilung, die man im Moment, da
ich nach Amerika abreiste, wieder in Zweifel gezogen hatte.
Diese Gabelteilung (divergium amnis) liegt nach meinen
astronomischen Beobachtungen in der Mission Esmeralda
unter 3° 10' nördlicher Breite und 68° 37' westlicher Länge
vom Meridian von Paris. Im Inneren von Südamerika
erfolgt dasselbe, was wir unter allen Landstrichen an den
Küsten vorkommen sehen. Nach den einfachsten geometrischen
Grundsätzen haben wir anzunehmen, daß die Bodenbildung
und der Stoß der Zuflüsse die Richtung der strömenden Ge=
wässer nach festen, gleichförmigen Gesetzen bestimmen. Die
Delta entstehen dadurch, daß auf der Ebene eines Küsten=
landes eine Gabelteilung erfolgt, und bei näherer Betrachtung
zeigen sich zuweilen in der Nähe dieser ozeanischen Gabelung
Verzweigungen mit anderen Flüssen, von denen Arme nicht
weit abliegen. Kommen nun aber Bodenflächen, so eben wie
das Küstenland im Inneren der Festländer gleichfalls vor,
so müssen sich dort auch dieselben Erscheinungen wiederholen.
Aus denselben Ursachen, welche an der Mündung eines großen
Stromes Gabelteilungen herbeiführen, können dergleichen auch
an seinen Quellen und in seinem oberen Laufe entstehen.
Drei Umstände tragen vorzugsweise dazu bei: die höchst un=
bedeutenden wellenförmigen Steigungen und Senkungen einer
Ebene, die zwei Strombecken zugleich umfaßt, die Breite des
einen der Hauptbehälter, und die Lage des Thalweges am
Rande selbst, der beide Becken scheidet.

Wenn die Linie des stärksten Falles durch einen gegebenen
Punkt läuft, und wenn sie, noch so weit verlängert, nicht auf

den Fluß trifft, so kann dieser Punkt, er mag noch so nahe am Thalwege liegen, nicht wohl demselben Becken angehören. In anstoßenden Becken sehen wir häufig die Zuflüsse des einen Behälters ganz nahe bei dem anderen zwischen zwei Zuflüssen des letzteren entspringen. Infolge dieser eigentümlichen Koordinationsverhältnisse zwischen den alternativen Gehängen werden die Grenzen der Becken mehr oder weniger gekrümmt. Die Längenfurche oder der Thalweg ist keineswegs notwendig in der Mitte des Beckens; er befindet sich nicht einmal immer an den tiefsten Stellen, denn diese können von Kämmen umgeben sein, so daß die Linien des stärksten Falles nicht hinlaufen. Nach der ungleichen Länge der Zuflüsse an beiden Ufern eines Flusses schätzen wir ziemlich sicher, welche Lage der Thalweg den Grenzen des Beckens gegenüber hat. Am leichtesten erfolgt nun eine Gabelteilung, wenn der Hauptbehälter einer dieser Grenzen nahe gerückt ist, wenn er längs dem Kamme hinläuft, der die Wasserscheide zwischen beiden Becken bildet. Die geringste Erniedrigung dieses Kammes kann dann die Erscheinung herbeiführen, von der hier die Rede ist, wenn nicht der Fluß, vermöge der einmal angenommenen Geschwindigkeit, ganz in seinem Bette zurückbleibt. Erfolgt aber die Gabelteilung, so läuft die Grenze zwischen beiden Becken der Länge nach durch das Bett des Hauptbehälters, und ein Teil des Thalweges von a enthält Punkte, von denen die Linien des stärksten Falles zum Thalwege von b weisen. Der Arm, der sich absondert, kann nicht mehr zu a zurückkommen, denn ein Wasserfaden, der einmal in ein Becken gelangt ist, kann diesem nicht mehr entweichen, ohne durch das Bett des Flusses, der alle Gewässer desselben vereinigt, hindurchzugehen.

Es ist nun noch zu betrachten, inwiefern die Breite eines Flusses unter sonst gleichen Umständen die Bildung solcher Gabelteilungen begünstigt, welche, gleich den Kanälen mit Teilungspunkten, infolge der natürlichen Bodenbildung eine schiffbare Linie zwischen zwei benachbarten Strombecken herstellen. Sondiert man einen Fluß nach dem Querdurchschnitt, so zeigt sich, daß ein Bett gewöhnlich aus mehreren Rinnen von ungleicher Tiefe besteht. Je breiter der Strom ist, desto mehr sind dieser Rinnen, sie laufen sogar große Strecken weit mehr oder weniger einander parallel. Es folgt hieraus, daß die meisten Flüsse betrachtet werden können als aus dicht aneinander gerückten Kanälen bestehend, und daß eine

Gabelung sich bildet, wenn ein kleiner Bodenabschnitt am Ufer niedriger liegt als der Grund einer Seitenrinne.

Den hier auseinander gesetzten Verhältnissen zufolge bilden sich Flußgabelungen entweder im selben Becken oder auf der Wasserscheide zwischen zweien. Im ersteren Falle sind es entweder Arme, die in den Thalwegen, von dem sie sich abgezweigt, früher oder später wieder einmünden, oder aber Arme, die sich mit weiter abwärts gelegenen Nebenflüssen vereinigen. Zuweilen sind es auch Delta,[1] die sich entweder nahe der Mündung der Flüsse ins Meer oder beim Zusammenflusse mit einem anderen Strome bilden. Erfolgt die Gabelung an der Grenze zweier Becken und läuft diese Grenze durch das Bett des Hauptbehälters selbst, so stellt der sich abzweigende Arm eine hydraulische Verbindung zwischen zwei Flußsystemen her und verdient desto mehr unsere Aufmerksamkeit, je breiter und schiffbarer er ist. Nun ist aber der Cassiquiare zwei- bis dreimal breiter als die Seine beim Jardin des plantes in Paris, und zum Beweise, wie merkwürdig dieser Fluß ist, bemerke ich, daß eine sorgfältige Forschung nach Fällen von Gabelteilungen im Inneren der Länder, selbst zwischen weit weniger bedeutenden Flüssen, ihrer bis jetzt nur drei bis vier unzweifelhaft zu Tage gefördert hat. Ich spreche nicht von den Verzweigungen der großen indisch-chinesischen Flüsse, von den natürlichen Kanälen, durch welche die Flüsse in Ava und Pegu, wie in Siam und Kambodscha zusammenzuhängen scheinen; die Art dieser Verbindungen ist noch nicht gehörig aufgeklärt. Ich beschränke mich darauf, einer hydraulischen Erscheinung zu erwähnen, welche durch Baron Hermelins schöne Karten von Norwegen nach allen Teilen bekannt geworden ist. In Lappland sendet der Torneofluß einen Arm (den Tärendoelf)

---

[1] Es gibt 1) ozeanische Delta, wie an den Mündungen des Orinoko, des Rio Magdalena, des Ganges; 2) Delta an den Ufern von Binnenmeeren, wie die des Oxus und Sihon; 3) Delta von Nebenflüssen, wie an den Mündungen des Apure, des Arauca und des Rio Branco. Fließen mehrere untergeordnete Gewässer in der Nähe des Deltas von Nebenflüssen, so wiederholt sich im Binnenlande ganz, was im Küstenlande an den ozeanischen Delta vorgeht. Die einander zunächst gelegenen Zweige teilen sich ihre Gewässer mit und bilden ein Flußnetz, das zur Zeit der großen Ueberschwemmungen fast unkenntlich wird.

zum Calixelf, der ein kleines hydraulisches System für sich
bildet. Dieser Cassiquiare der nördlichen Zone ist nur
45 bis 54 km lang, er macht aber alles Land am bottnischen
Busen zu einer wahren Flußinsel. Durch Leopold von Buch
wissen wir, daß die Existenz dieses natürlichen Kanales lange
so hartnäckig geleugnet wurde, wie die eines Armes des Orinoko, der in das Becken des Amazonenstromes läuft. Eine
andere Gabelteilung, die wegen des alten Verkehres zwischen
den Völkern Latiums und Etruriens noch mehr Interesse hat,
scheint ehemals am Trasimenischen See stattgefunden zu haben.
Auf seiner vielberufenen Voltata von Süd nach West und
Nord zwischen Bibieno und Ponta Sieve teilte sich der Arno
bei Arezzo in zwei Arme, deren einer, wie jetzt, über Florenz
und Pisa dem Meere zulief, während der andere durch das
Thal von Chiana floß und sich mit dem Tiber vereinigte,
entweder unmittelbar oder durch die Paglia als Zwischenglied.
Fossombroni hat dargethan, wie sich im Mittelalter durch Anschwemmungen im Thale von Chiana eine Wasserscheide bildete,
und wie jetzt das nördliche Stück des Arno Teverino von
Süd nach Nord (auf dem Gegenhange) aus dem kleinen See
von Montepulciano in den Arno fließt. So hatte denn der
klassische Boden Italiens neben so vielen Wundern der Natur
und der Kunst auch eine Gabelteilung aufzuweisen, wie sie
in den Wäldern der Neuen Welt in ungleich größerem Maßstabe auftritt.

Ich bin nach meiner Rückkehr vom Orinoko oft gefragt
worden, ob ich glaube, daß der Kanal des Cassiquiare allmählich
durch Anschwemmungen verstopft werden möchte, ob ich nicht
der Ansicht sei, daß die zwei größten Flußsysteme Amerikas
unter den Tropen im Laufe der Jahrhunderte sich ganz voneinander trennen werden. Da ich es mir zum Gesetz gemacht
habe, nur Thatsächliches zu beschreiben und die Verhältnisse,
die in verschiedenen Ländern zwischen der Bodenbildung und
dem Laufe der Gewässer bestehen, zu vergleichen, so habe ich
alles bloß Hypothetische zu vermeiden. Zunächst bemerke ich,
daß der Cassiquiare in seinem gegenwärtigen Zustande keineswegs placidus et mitissimus amnis ist, wie es bei den Poeten
Latiums heißt; er gleicht durchaus nicht dem erraus languido
flumine Cocytus, da er im größten Teile seines Laufes die
ungemeine Geschwindigkeit von 1,95 bis 2,6 m in der Sekunde
hat. Es ist also wohl nicht zu fürchten, daß er ein mehrere
hundert Kilometer breites Bett ganz verstopft. Dieser Arm

des oberen Orinoko ist eine zu großartige Erscheinung, als
daß die kleinen Umwandlungen, die wir an der Erdoberfläche
vorgehen sehen, demselben ein Ende machen oder auch nur
viel daran veränbern könnten. Wir bestreiten nicht, vollends
wenn es sich von minder breiten und sehr langsam strömen=
den Gewässern handelt, daß alle Flüsse eine Neigung haben,
ihre Verzweigungen zu vermindern und ihre Becken zu isolieren.
Die majestätischten Ströme erscheinen, wenn man die steilen
Hänge der alten weitab liegenden Ufer betrachtet, nur als
Wasserfäden, die sich durch Thäler winden, die sie selbst sich
nicht haben graben können. Der heutige Zustand ihres Bettes
weist deutlich darauf hin, daß die strömenden Gewässer all=
mählich abgenommen haben. Ueberall treffen wir die Spuren
alter ausgetrockneter Arme und Gabelungen, für die kaum
ein historisches Zeugnis vorliegt. Die verschiedenen, mehr
oder weniger parallelen Rinnen, aus denen die Betten der
amerikanischen Flüsse bestehen, und die sie weit wasserreicher
erscheinen lassen, als sie wirklich sind, veränbern allgemach
ihre Richtung; sie werden breiter und verschmelzen dadurch,
daß die Längsgräten zwischen denselben abbröckeln. Was an=
fangs nur ein Arm war, wird bald der einzige Wasserbe=
hälter, und bei Strömen, die langsam ziehen, verschwinden
die Gabelteilungen oder Verzweigungen zwischen zwei hydrau=
lischen Systemen auf dreierlei Wegen: entweder der Ver=
bindungskanal zieht den ganzen gegabelten Strom in sein
Becken hinüber, oder der Kanal verstopft sich durch Anschwem=
mungen an der Stelle, wo er vom Strome abgeht, oder endlich
in der Mitte seines Laufes bildet sich ein Querkamm, eine
Wasserscheide, wodurch das obere Stück einen Gegenhang
erhält und das Wasser in umgekehrter Richtung zurückfließt.
Sehr niedrige und großen periodischen Ueberschwemmungen
ausgesetzte Länder, wie Guyana in Amerika und Dar=Saley
oder Bagirmi in Afrika,[1] geben uns ein Bild davon, wie
viel häufiger dergleichen Verbindungen durch natürliche Kanäle
früher gewesen sein mögen als jetzt.

Nachdem ich die Gabelteilung des Orinoko aus dem Ge=
sichtspunkte der vergleichenden Hydrographie betrachtet,

---

[1] Südöstlich von Bornu und dem See No, in dem Teile von
Sudan, wo, nach den letzten Ermittelungen meines unglücklichen
Freundes Ritchie, der Nigir den Schari aufnimmt und sich in den
Weißen Nil ergießt.

habe ich noch kurz die Geschichte der Entdeckung dieses merk=
würdigen Phänomens zu besprechen. Es ging mit der Ver=
bindung zwischen zwei großen Flußsystemen wie mit dem Laufe
des Nigirs gegen Ost. Man mußte mehrere Male entdecken,
was auf den ersten Anblick der Analogie und angenommenen
Hypothesen widersprach. Als bereits durch Reisende ausge=
macht war, auf welche Weise Orinoko und Amazonenstrom
zusammenhängen, wurde noch, und zwar zu wiederholten Malen
bezweifelt, ob die Sache überhaupt möglich sei. Eine Berg=
kette, die der Geograph Hondius zu Ende des 16. Jahr=
hunderts als Grenzscheide beider Flüsse gefabelt hatte, wurde
bald angenommen, bald geleugnet. Man dachte nicht daran,
daß selbst wenn diese Berge vorhanden wären, deshalb die
beiden hydraulischen Systeme nicht notwendig getrennt sein
müßten, da ja die Gewässer durch die Kordillere der Anden
und die Himalayakette,[1] die höchste bekannte der Welt, sich
Bahn gebrochen haben. Man behauptete, und nicht ohne
Grund, Fahrten, die mit demselben Kanoe sollten gemacht
worden sein, schließen die Möglichkeit nicht aus, daß die
Wasserstraße durch Trageplätze unterbrochen gewesen. Ich
habe diese so lange bestrittene Gabelteilung nach ihrem ganzen
Verhalten selbst beobachtet, bin aber deshalb weit entfernt,
Gelehrte zu tadeln, die, gerade weil es ihnen nur um die
Wahrheit zu thun war, Bedenken trugen, als wirklich gelten
zu lassen, was ihnen noch nicht genau genug untersucht zu
sein schien.

Da der Amazonenstrom von den Portugiesen und den
Spaniern schon lange befahren wurde, ehe die beiden Neben=
buhler den oberen Orinoko kennen lernten, so kam die erste
unsichere Kunde von der Verzweigung zweier Ströme von der
Mündung des Rio Negro nach Europa. Die Konquistadoren
und mehrere Geschichtschreiber, wie Herrera, Fray Pedro Simon
und der Pater Garcia verwechselten unter dem Namen Rio
grande und Mar dulce den Orinoko und den Marañon.
Der Name des ersteren Flusses kommt noch nicht einmal auf
Diego Riberos vielberufener Karte von Amerika aus dem

---

[1] Der Subledge, der Gogra, der Gunduk, der Arun, der
Theesla und der Brahmaputra laufen durch Querthäler, d. h. senk=
recht auf die große Achse der Himalayakette. Alle diese Flüsse
durchbrechen also die Kette, wie der Amazonenstrom, der Paute und
der Pastaza die Kordillere der Anden.

Jahre 1529 vor. Durch die Expeditionen des Orellana (1540) und des Lope de Aguirre (1560) erfuhr man nichts über die Gabelteilung des Orinoko; da aber Aguirre so auffallend schnell die Insel Margarita erreicht hatte, glaubte man lange, derselbe sei nicht durch eine der großen Mündungen des Amazonen- stromes, sondern durch eine Flußverbindung im Inneren auf die See gelangt. Der Jesuit Acuña hat solches als Be- hauptung aufgestellt; aber das Ergebnis meiner Nachforschungen in den Schriften der frühesten Geschichtschreiber der Eroberung spricht nicht dafür. „Wie kann man glauben," sagt dieser Missionär, „daß Gott es zugelassen, daß ein Tyrann es hinausführe und die schöne Entdeckung der Mündung des Marañon mache!" Acuña setzt voraus, Aguirre sei durch den Rio Felipe an die See gelangt, und dieser Fluß „sei nur wenige Meilen von Cabo del Norte entfernt."

Ralegh brachte auf verschiedenen Fahrten, die er selbst gemacht oder die auf seine Kosten unternommen worden, nichts über eine hydraulische Verbindung zwischen Orinoko und Ama- zonenstrom in Erfahrung; aber sein Unterbefehlshaber Keymis, der aus Schmeichelei (besonders aber wegen des Vorganges, daß der Marañon nach Orellana benannt worden) dem Ori- noko den Namen Raleana beigelegt, bekam zuerst eine un- bestimmte Vorstellung von den Trageplätzen zwischen dem Essequibo, dem Carony und dem Rio Branco oder Parime. Aus diesen Trageplätzen machte er einen großen Salzsee, und in dieser Gestalt erschienen sie auf der Karte, die 1599 nach Raleghs Berichten entworfen wurde. Zwischen Orinoko und Amazonenstrom zeichnet man eine Kordillere ein, und statt der wirklichen Gabelung gibt Hondius eine andere, völlig ein- gebildete an: er läßt den Amazonenstrom (mittels des Rio Tocantins) mit dem Parana und dem San Francisco in Verbindung treten. Diese Verbindung blieb über ein Jahr- hundert auf den Karten stehen, wie auch eine angebliche Gabel- teilung des Magdalenenstromes, von dem ein Arm zum Golf von Maracaybo laufen sollte.

Im Jahre 1639 machten die Jesuiten Christoval de Acuña und Andres de Artedia, im Gefolge des Kapitäns Texeira, die Fahrt von Quito nach Gran-Para. Am Einflusse des Rio Negro in den Amazonenstrom erfuhren sie, „ersterer Fluß, von den Eingeborenen wegen der braunen Farbe seines Wassers Curiguacura oder Uruna genannt, gebe einen Arm an den Rio Grande ab, der sich in die nördliche See ergießt,

und an dessen Mündung sich holländische Niederlassungen be=
finden." Acuña gibt den Rat, „nicht am Einflusse des Rio
Negro in den Amazonenstrom, sondern am Punkte, wo der
Verbindungsast abgeht", eine Festung zu bauen. Er bespricht
die Frage, was wohl dieser Rio Grande sein möge, und
kommt zum Schlusse, der Orinoko sei es sicher nicht, vielleicht
aber der Rio Dulce oder der Rio de Felipe, derselbe,
durch den Aguirre zur See gekommen. Letztere dieser An=
nahmen scheint ihm die wahrscheinlichste. Man muß bei der=
gleichen Angaben unterscheiden zwischen dem, was die Reisen=
den an der Mündung des Rio Negro von den Indianern
erfahren, und dem, was jene nach den Vorstellungen, die ihnen
der Zustand der Geographie zu ihrer Zeit an die Hand gab,
selbst hinzusetzten. Ein Flußarm, der vom Rio Negro ab=
geht, soll sich in einen sehr großen Fluß ergießen, der in das
nördliche Meer läuft an einer Küste, auf der Menschen
mit roten Haaren wohnen; so bezeichneten die Indianer
die Holländer, da sie gewöhnt waren, nur Weiße mit
schwarzen oder braunen Haaren, Spanier oder Portu=
giesen, zu sehen. Wir kennen nun aber jetzt, vom Einflusse
des Rio Negro in den Amazonenstrom bis zum Caño Pimichin,
auf dem ich in den ersteren Fluß gekommen, alle Nebenflüsse
von Nord und Ost her. Nur ein einziger darunter, der
Cassiquiare, steht mit einem anderen Flusse in Verbindung. Die
Quellen des Rio Branco sind auf den neuen Karten des
brasilianischen hydrographischen Depots sehr genau aufgenom=
men, und wir wissen, daß dieser Fluß keineswegs durch einen
See mit dem Carony, dem Essequibo oder irgend einem an=
deren Gewässer der Küste von Surinam und Cayenne in Ver=
bindung steht. Eine hohe Bergkette, die von Pacaraymo,
liegt zwischen den Quellen des Paraguamusi (eines Neben=
flusses des Carony) und denen des Rio Branco, wie es von
Don Antonio Santos auf seiner Reise von Angostura nach
Gran=Para im Jahre 1775 ausgemacht worden. Südwärts
von der Bergkette Pacaraymo und Quimiropaca befindet sich
ein Trageplatz von drei Tagereisen zwischen dem Sarauri
(einem Arme des Rio Branco) und dem Rupunuri (einem
Arme des Essequibo). Ueber diesen Trageplatz kam im Jahre
1759 der Chirurg Nikolas Hortsmann, ein Hildesheimer,
dessen Tagebuch ich in Händen gehabt: es ist dies derselbe
Weg, auf dem Don Francisco Jose Rodriguez Barata, Oberst=
lieutenant des ersten Linienregimentes in Para, im Jahre 1793

im Auftrage seiner Regierung zweimal vom Amazonenstrome
nach Surinam ging. In noch neuerer Zeit, im Februar 1811,
kamen englische und holländische Kolonisten zum Trageplatz
am Rupunuri und ließen den Befehlshaber am Rio Negro
um die Erlaubnis bitten, zum Rio Branco sich begeben zu
dürfen; der Kommandant willfahrte dem Gesuch und so kamen
die Kolonisten in ihren Kanoen zum Fort San Joaquin am
Rio Branco. Wir werden in der Folge noch einmal auf
diese Landenge zurückkommen, einen teils bergigen, teils
sumpfigen Landstrich, auf den Keymis (der Verfasser des
Berichtes von Raleghs zweiter Reise) den Dorado und die
große Stadt Manoa verlegt, der aber, wie wir jetzt bestimmt
wissen, die Quellen des Carony, des Rupunuri und des
Rio Branco trennt, die drei verschiedenen Flußsystemen an=
gehören, dem Orinoko, dem Essequibo und dem Rio Negro
oder Amazonenstrom.

Aus dem Bisherigen geht hervor, daß die Eingeborenen,
die Texeira und Acuña von der Verbindung zweier großer
Ströme sprachen, vielleicht selbst über die Richtung des Cassi=
quiare im Irrtum waren, oder daß Acuña ihre Aeußerungen
mißverstanden hat. Letzteres ist um so wahrscheinlicher, da
ich, wenn ich mich, gleich dem spanischen Reisenden, eines
Dolmetschers bediente, oft selbst die Erfahrung gemacht habe,
wie leicht man etwas falsch auffaßt, wenn davon die Rede
ist, ob ein Fluß Arme abgibt oder aufnimmt, ob ein Neben=
fluß mit der Sonne geht oder „gegen die Sonne“ läuft. Ich
bezweifle, daß die Indianer mit dem, was sie gegen Acuña
geäußert, die Verbindung mit den holländischen Besitzungen
über die Trageplätze zwischen dem Rio Branco und dem Rio
Essequibo gemeint haben. Die Kariben kamen an den Rio
Negro auf beiden Wegen, über die Landenge beim Rupunuri
und auf dem Cassiquiare; aber eine ununterbrochene Wasser=
straße mußte den Indianern als etwas erscheinen, das für die
Fremden ungleich mehr Belang habe, und der Orinoko mündet
allerdings nicht in den holländischen Besitzungen aus, liegt
aber doch denselben sehr nahe. Acuñas Aufenthalt an der
Mündung des Rio Negro verdankt Europa nicht nur die erste
Kunde von der Verbindung zwischen Amazonenstrom und Ori=
noko, derselbe hatte auch aus dem Gesichtspunkte der Huma=
nität gute Folgen. Texeiras Mannschaft wollte den Befehls=
haber zwingen, in den Rio Negro einzulaufen, um Sklaven
zu holen. Die beiden Geistlichen, Acuña und Artedia, legten

schriftliche Verwahrung gegen ein solch ungerechtes und politisch unkluges Unternehmen ein. Sie behaupteten dabei (und der Satz ist sonderbar genug), „das Gewissen gestatte den Christen nicht, Eingeborene zu Sklaven zu machen, solche ausgenommen, die als Dolmetscher zu dienen hätten". Was man auch von diesem Satze halten mag, auf die hochherzige, mutvolle Verwahrung der beiden Geistlichen unterblieb der beabsichtigte Raubzug.

Im Jahre 1680 entwarf der Geograph Sanson nach Acuñas Reisebericht eine Karte vom Orinoko und dem Amazonenstrome. Sie ist für den Amazonenstrom, was Gumillas Karte so lange für den unteren Orinoko gewesen. Im ganzen Striche nördlich vom Aequator ist sie rein hypothetisch, und der Caqueta, wie schon oben bemerkt, gabelt sich darauf unter einem rechten Winkel. Der eine Arm des Caqueta ist der Orinoko, der andere der Rio Negro. In dieser Weise glaubte Sanson auf der erwähnten Karte, und auf einer anderen von ganz Südamerika aus dem Jahre 1656, die unbestimmten Nachrichten, welche Acuña im Jahre 1639 über die Verzweigungen des Caqueta und über die Verbindungen zwischen Amazonenstrom und Orinoko erhalten, vereinigen zu können. Die irrige Vorstellung, der Rio Negro entspringe aus dem Orinoko oder aus dem Caqueta, von dem der Orinoko nur ein Zweig wäre, hat sich bis in die Mitte des 18. Jahrhunderts erhalten, wo der Cassiquiare entdeckt wurde.

Pater Fritz war mit einem anderen deutschen Jesuiten, dem Pater Richter, nach Quito gekommen; er entwarf im Jahre 1690 eine Karte des Amazonenstromes, die beste, die man vor La Condamines Reise besaß. Nach dieser Karte richtete sich der französische Akademiker auf seiner Flußfahrt, wie ich auf dem Orinoko nach den Karten von La Cruz und Caulin. Es ist auffallend, daß Pater Fritz bei seinem langen Aufenthalt am Amazonenstrom (der Kommandant eines portugiesischen Forts hielt ihn zwei Jahre gefangen) keine Kunde vom Cassiquiare erhalten haben soll. Die geschichtlichen Notizen, die er auf dem Rande seiner handschriftlichen Karte beigesetzt und die ich in neuester Zeit sorgfältig untersucht habe, sind sehr mangelhaft; auch sind ihrer nicht viele. Er läßt eine Bergkette zwischen den beiden Flußsystemen streichen und rückt nur einen der Zweige, die den Rio Negro bilden, nahe an einen Nebenfluß des Orinoko, der, der Lage nach, der Rio

Caura zu sein scheint. In den 100 Jahren zwischen Acuñas Reise und der Entdeckung des Cassiquiare durch Pater Roman blieb alles im Ungewissen.

Die Verzweigung des Orinoko und des Amazonenstromes durch den Rio Negro und eine Gabelteilung des Caqueta, die Sanson aufgebracht und die Pater Fritz und Blaeuw verwarfen, erschienen auf de l'Isles ersten Karten wieder; aber gegen das Ende seines Lebens gab der berühmte Geograph sie wieder auf. Da man sich hinsichtlich der Art und Weise der Verbindung geirrt, war man schnell bei der Hand und zog die Verbindung selbst in Abrede. Es ist wirklich sehr merkwürdig, daß zur Zeit, wo die Portugiesen am häufigsten den Amazonenstrom, den Rio Negro und den Cassiquiare hinauffuhren, und wo Pater Gumillas Briefe (durch die natürliche Flußverzweigung) vom unteren Orinoko nach Gran-Para gelangten, dieser selbe Missionär sich alle Mühe gab, in Europa die Meinung zu verbreiten, daß die Becken des Orinoko und des Amazonenstromes völlig voneinander geschieden seien. Er versichert, „er sei öfters ersteren Fluß bis zum Raudal von Tabaje, unter 1° 4′ der Breite, hinaufgefahren und habe niemals einen Fluß, den man für den Rio Negro hätte halten können, abgehen oder hereinkommen sehen". „Zudem," fährt er fort, „läuft eine große Kordillere[1] von Ost und West und läßt die Gewässer nicht ineinander münden, wie sie auch alle Erörterung über die angebliche Verbindung beider Ströme ganz überflüssig macht." Pater Gumillas Irrtümer entspringen daher, daß er der festen Ueberzeugung war, auf dem Orinoko bis zum Parallel von 1° 4′ gekommen zu sein. Er irrte sich um mehr als fünf Grad zehn Minuten in der Breite; denn in der Mission Atures,

---

[1] Pater Caulin, der im Jahre 1759 schrieb, obgleich sein wahrheitgetreues, sehr wertvolles Buch (Historia corografica de la Nueva Andalusia y vertientes del Rio Orinoco) erst 1779 erschien, bestreitet mit vielem Scharfsinn die Vorstellung, daß eine Bergkette jede Verbindung zwischen den Becken des Orinoko und des Amazonenstromes ausschließe. „Pater Gumillas Irrtum," sagt er, „besteht darin, daß er sich vorstellt, von den Grenzen von Neugranada bis Cayenne müsse sich eine Kordillere ununterbrochen, wie eine ungeheure Mauer fortziehen. Er beachtet nicht, daß Bergketten häufig von tiefen (Quer-)Thälern durchschnitten sind, während sie, aus der Ferne gesehen, sich als contiguas ò indivisas darstellen."

58,5 km südwärts von den Stromschnellen von Tabaje, fand ich die Breite 5° 37′ 34″. Da Pater Gumilla nicht weit über den Einfluß des Meta hinaufgekommen, so ist es nicht zu verwundern, daß er die Gabelteilung des Orinoko nicht gekannt hat, die, den Krümmungen des Flusses nach, 540 km vom Raudal von Tabaje liegt. Dieser Missionär, der drei Jahre am unteren Orinoko gelebt hat (nicht dreißig, wie durch seine Uebersetzer in Umlauf gekommen), hätte sich darauf beschränken sollen, zu berichten, was er bei seinen Fahrten auf dem Apure, dem Meta und Orinoko von Guyana Vieja bis in die Nähe des ersten großen Kataraktes mit eigenen Augen gesehen. Sein Werk (das erste über diese Länder vor Caulins und Gilis Schriften) wurde anfangs gewaltig erhoben, und später in den spanischen Kolonieen um so weiter und zu weit herabgesetzt. Allerdings begegnet man im Orinoco ilustrado nicht der genauen Kenntnis der Oertlichkeiten, der naiven Einfalt, wodurch die Berichte der Missionäre einen gewissen Reiz erhalten; der Stil ist gekünstelt und die Sucht zu übertreiben gibt sich überall kund; trotz dieser Fehler finden sich in Pater Gumillas Buch sehr richtige Ansichten über die Sitten und die natürlichen Anlagen der verschiedenen Völkerschaften am unteren Orinoko und in den Llanos am Casanare.

Auf seiner denkwürdigen Fahrt auf dem Amazonenstrom im Jahre 1743 hatte La Condamine zahlreiche Belege für die vom spanischen Jesuiten geleugnete Verbindung zwischen beiden Strömen gesammelt. Als den bündigsten derselben sah er damals die nicht verdächtige Aussage einer Cauriacaniindianerin an, mit der er gesprochen und die vom Orinoko (von der Mission Pararuma) im Kanoe nach Gran-Para gelangt war. Ehe La Condamine in das Vaterland zurückkam, setzten die Fahrt des Pater Manuel Roman und der Umstand, daß Missionäre vom Orinoko und vom Amazonenstrom sich zufällig begegneten, die Thatsache, die zuerst Acuña kund geworden, außer allen Zweifel.

Auf den Streifzügen zur Sklavenjagd, welche seit der Mitte des 17. Jahrhunderts unternommen wurden, waren die Portugiesen nach und nach aus dem Rio Negro über den Cassiquiare in das Bett eines großen Stromes gekommen, von dem sie nicht wußten, daß es der Orinoko sei. Ein fliegendes Lager der Tropa de rescate[1] leistete diesem un-

---

[1] Von rescatar, loskaufen.

menschlichen Handel Vorschub. Man hetzte die Eingeborenen, sich zu bekriegen, und kaufte dann die Gefangenen los; und um dem Sklavenhandel einen Anstrich von Rechtmäßigkeit zu geben, gingen Geistliche mit der Tropa de rescate, die unter= suchten, „ob diejenigen, welche Sklaven verkauften, auch dazu berechtigt seien, weil sie dieselben in offenem Kampfe zu Ge= fangenen gemacht". Vom Jahre 1737 an wiederholten sich diese Züge der Portugiesen an den oberen Orinoko sehr oft. Die Gier, Sklaven (poitos) gegen Beile, Fischangeln und Glaswaren zu vertauschen, trieb die indianischen Völkerschaften zum blutigen Streite gegeneinander. Die Quipunave, unter ihrem tapferen und grausamen Häuptling Macapu, waren vom Jniriba zum Zusammenflusse des Atabapo und des Orinoko herabgekommen. „Sie verkauften," sagt der Missionär Gili, „die Gefangenen, die sie nicht verzehrten." Ueber diesem Treiben wurden die Jesuiten am unteren Orinoko unruhig, und der Superior der spanischen Missionen, Pater Roman, ein vertrauter Freund Gumillas, faßte mutig den Entschluß, ohne Begleitung von spanischen Soldaten über die großen Katarakte hinaufzugehen und die Quipunave heimzusuchen. Er ging am 4. Februar 1744 von Carichana ab; angelangt am Zusammenflusse des Guaviare, des Atabapo und des Ori= noko, an der Stelle, wo letzterer Fluß aus seiner Richtung von Ost nach West in die von Süd nach Nord übergeht, sah er von weitem eine Piroge, so groß wie die seinige, voll von europäisch gekleideten Leuten. Er ließ, gemäß der Sitte der Missionäre, wenn sie in unbekanntem Lande auf dem Wasser sind, als Friedenszeichen das Kruzifix am Vorderteile seines Fahrzeuges aufpflanzen. Die Weißen (es waren por= tugiesische Sklavenhändler vom Rio Negro) erkannten mit Jubel das Ordenskleid des heiligen Ignatius. Sie verwun= derten sich, als sie hörten, der Fluß, auf dem diese Begeg= nung stattgefunden, sei der Orinoko, und sie nahmen Pater Roman über den Cassiquiare in die Niederlassungen am Rio Negro mit sich. Der Superior der spanischen Missionen sah sich genötigt, beim fliegenden Lager der Tropa de rescate zu verweilen, bis der portugiesische Jesuit Avogadri, der in Geschäften nach Gran=Para gegangen, zurück war. Auf dem= selben Wege, über den Cassiquiare und den oberen Orinoko, fuhr Pater Roman mit seinen Salivasindianern nach Para= ruma, etwas nördlich von Carichana, zurück, nachdem er sieben Monate ausgewesen. Er ist der erste Weiße, der vom Rio

Negro, und somit aus dem Becken des Amazonenstromes (ohne seine Kanoen über einen Trageplatz schaffen zu lassen) in das Becken des Orinoko gelangt ist.

Die Kunde dieser merkwürdigen Fahrt verbreitete sich so rasch, daß La Condamine in einer öffentlichen Sitzung der Akademie sieben Monate nach Pater Romans Rückkehr nach Pararuma Mitteilung davon machen konnte. Er sagt: „Die nunmehr beglaubigte Verbindung des Orinoko und des Amazonenstromes kann um so mehr für eine geographische Entdeckung gelten, als zwar diese Verbindung auf den alten Karten (nach Acuñas Berichten) angegeben ist, aber von den heutigen Geographen auf den neuen Karten, wie auf Verabredung, weggelassen wird. Es ist dies nicht das erste Mal, daß etwas für fabelhaft gegolten hat, was doch vollkommen richtig war, daß man die Kritik zu weit trieb, und daß diese Verbindung von Leuten für schimärisch erklärt wurde, die am besten davon hätten wissen sollen." Seit Pater Romans Fahrt im Jahre 1744 hat in Spanisch-Guyana und an den Küsten von Cumana und Caracas kein Mensch mehr die Existenz des Cassiquiare und die Gabelteilung des Orinoko in Zweifel gezogen. Sogar Pater Gumilla, den Bouguer in Cartagena de Indias getroffen hatte, gestand, daß er sich geirrt, und kurz vor seinem Tode las er Pater Gili ein für eine neue Ausgabe seiner Geschichte des Orinoko bestimmtes Supplement vor, in dem er munter[1] erzählte, in welcher Weise er enttäuscht worden. Durch Ituriagas und Solanos Grenzexpedition wurden die geographischen Verhältnisse des oberen Orinoko und die Verzweigung dieses Flusses mit dem Rio Negro vollends genau bekannt. Solano ließ sich im Jahre 1756 an der Mündung des Atabapo nieder, und von nun an fuhren spanische und portugiesische Kommissäre mit ihren Pirogen oft über den Cassiquiare vom unteren Orinoko an den Rio Negro, um sich in ihren Hauptquartieren Cabruta[2]

---

[1] Lepidamente, al suo solito, sagt der Missionär Gili.

[2] General Ituriaga, der zuerst in Muitaco oder Real Corona, später in Cabruta krank lag, wurde im Jahre 1760 vom portugiesischen Obersten Don Gabriel de Sousa y Figueira besucht, der von Gran-Para aus gegen 4050 km im Kanoe zurückgelegt hatte. Der schwedische Botaniker Lößling, der dazu ausersehen war, die Grenzexpedition auf Kosten der spanischen Regierung zu begleiten, häufte in seiner lebhaften Phantasie die Verzweigungen der großen

und Mariva zu besuchen. Seit 1767 kamen regelmäßig jedes Jahr zwei bis drei Pirogen von der Schanze San Carlos über die Gabelteilung des Orinoko nach Angostura, um Salz und den Sold für die Truppen zu holen. Diese Fahrten von einem Flußbecken in das andere durch den natürlichen Kanal des Cassiquiare machen jetzt bei den Kolonisten so wenig Aufsehen mehr, als wenn Schiffe die Loire herab auf dem Kanal von Orleans in die Seine kommen.

Seit Pater Romans Fahrt im Jahre 1744 war man in den spanischen Besitzungen in Amerika von der Richtung des oberen Orinoko von Ost nach West und von der Art seiner Verbindung mit dem Rio Negro genau unterrichtet, aber in Europa wurde letztere erst weit später bekannt. Noch im Jahre 1750 nahmen La Condamine und d'Anville an, der Orinoko sei ein Arm des Caqueta, der von Südost herkomme, und der Rio Negro entspringe unmittelbar daraus. Erst in einer zweiten Ausgabe seines Südamerika läßt d'Anville, ohne gleichwohl eine Verzweigung des Caqueta vermittelst des Iniricha (Inirida) mit dem Orinoko und dem Rio Negro aufzugeben, den Orinoko im Osten in der Nähe der Quellen des Rio Branco entspringen und gibt er den Rio Cassiquiare an, der vom oberen Orinoko zum Rio Negro läuft. Wahrscheinlich hatte sich der unermüdliche Forscher durch seinen starken Verkehr mit den Missionären, die damals, wie noch jetzt, für das eigentliche Herz der Festländer die einzigen geographischen Autoritäten waren, Nachweisungen über die Art der Gabelteilung verschafft. Hinsichtlich des Zusammenflusses des Cassiquiare mit dem Rio Negro irrte er sich um 3 ½ Breitengrade, aber die Lage des Atabapo und der bewaldeten Landenge, über die ich von Javita an den Rio Negro gekommen, gibt er schon ziemlich richtig an. Durch die in den Jahren 1775 und 1778 veröffentlichten Karten von La Cruz Olmebilla[1] und Surville sind, neben Pater Caulins Werke, die

Ströme Südamerikas bergestalt, daß er überzeugt war, er könnte aus dem Rio Negro und dem Amazonenstrome in den Rio de la Plata fahren.

[1] Die Karte von La Cruz liegt allen neuen Karten von Amerika zu Grunde. (Mapa geografica de America meridional por D. Juan de la Cruz Cano y Olmedilla 1775.) Die Originalausgabe, die ich besitze, ist desto seltener, als, wie man allgemein glaubt, die Kupferplatten auf Befehl eines Kolonialministers zer-

Arbeiten der Grenzexpedition am besten bekannt geworden; denn die zahlreichen Widersprüche darauf beziehen sich auf die Quellen des Orinoko und des Rio Branco, nicht auf den Lauf des Cassiquiare und des Rio Negro, die so richtig an= gegeben sind, als man es beim gänzlichen Mangel an astro= nomischen Beobachtungen verlangen kann.

So stand es mit den hydrographischen Entdeckungen im Inneren von Guyana, als kurze Zeit vor meinem Abgang von Europa ein Gelehrter, dessen Arbeiten die Geographie so bedeutend gefördert haben, Acuñas Bericht, die Karte des Paters Samuel Fritz und La Cruz Olmedillas „Südamerika" noch einmal näher prüfen zu müssen glaubte. Die politischen Verhältnisse in Frankreich machten vielleicht, daß sich Buache nicht verschaffen oder nicht benutzen konnte, was Caulin und Gili geschrieben, die zwei Missionäre, die am Orinoko lebten, als die Grenzexpedition zwischen der spanischen Schanze am Rio Negro und der Stadt Angostura, über den Cassiquiare und den oberen Orinoko, den Verkehr eröffnete, der über ein halbes Jahrhundert regelmäßig im Gange war. Auf der im Jahre 1798 erschienenen Carte générale de la Guyane ist der Cassiquiare und das Stück des oberen Orinoko ostwärts von Esmeralda als ein Nebenfluß des Rio Negro, der mit dem Orinoko gar nicht zusammenhängt, dargestellt. Eine Bergkette streicht über die Ebene, welche die Landenge zwischen dem Tuamini und dem Pimichin bildet. Diese Kette läßt die Karte gegen Nordost fortlaufen und zwischen den Gewässern des Orinoko und denen des Rio Negro und Cassiquiare, 90 km westlich von Esmeralda, eine Wasserscheide bilden. In einer An= merkung auf der Karte heißt es: „Die schon lange her an= genommene Verbindung zwischen dem Orinoko und dem Amazonenstrom sei eine geographische Ungeheuerlichkeit, die Olmedillas Karte ohne allen Grund in der Welt verbreitet, und um die Vorstellungen über diesen Punkt zu berichtigen, habe man die Richtung der großen Bergkette, welche die Wasserscheide bilde, zu ermitteln."

Ich war so glücklich, diese Bergkette an Ort und Stelle zu ermitteln. Ich übernachtete am 24. Mai mit meiner Piroge am Stücke des Orinoko, wo nach Buaches Annahme

brochen worden sind, weil derselbe besorgte, die Karte möchte allzu genau sein. Ich kann versichern, daß sie diesen Vorwurf nur hin= sichtlich weniger Punkte verdient.

eine Kordillere über das Flußbett laufen sollte. Befände sich
an diesem Punkt eine Wasserscheide, so hätte ich die ersten
90 km westwärts von Esmeralda einen Fluß hinauf, statt,
wie ich gethan, mit rascher Strömung hinab fahren müssen.
Derselbe Fluß, der ostwärts von dieser Mission entspringt
und einen Arm (den Cassiquiare) an den Rio Negro abgibt,
läuft ohne Unterbrechung Santa Barbara und San Fernando
de Atabapo zu. Es ist dies das Stück des Orinoko, das
von Südost nach Nordwest gerichtet ist und bei den Indianern
Rio Paragua heißt. Nachdem er seine Gewässer mit denen
des Guaviare und des Atabapo vermischt, wendet sich derselbe Fluß gegen Norden und geht durch die großen Katarakten. Alle diese Punkte sind auf der großen Karte von
La Cruz im ganzen gut angegeben; ohne Zweifel hat aber
Buache vorausgesetzt, bei den verschiedenen Fahrten, die
zwischen Amazonenstrom und Orinoko ausgeführt worden sein
sollten, seien die Kanoen von einem Nebenfluß zum anderen
über irgend einen Trageplatz (arastradero) geschleppt worden.
Dem geachteten Geographen lag die Annahme, die Flüsse
laufen in Wirklichkeit nicht so, wie die neueren spanischen
Karten angeben, desto näher, als auf denselben Karten um
den See Parime herum (das angebliche, 12 150 qkm große
Weiße Meer) die seltsamsten, unwahrscheinlichsten Flußverzweigungen vorkommen. Man könnte auf den Orinoko an-
wenden, was Pater Acuña vom Amazonenstrom sagt, dessen
Wunder er beschreibt: „Nacieron hermanadas en las cosas
grandes la novedad y el descredito.“ [1]

Hätten die Völker in den Niederungen von Südamerika
teilgehabt an der Kultur, welche in der kalten Alpenregion
verbreitet war, so hätte dieses ungeheure Mesopotamien zwischen
Orinoko und Amazonenstrom die Entwickelung ihres Gewerbefleißes gefördert, ihren Handel belebt, den gesellschaftlichen
Fortschritt beschleunigt. In der Alten Welt sehen wir überall
einen solchen Einfluß der Oertlichkeit auf die keimende Kultur
der Völker. Die Insel Meroe zwischen dem Astaboras und
dem Nil, das Pendschab des Indus, das Duab des Ganges,
das Mesopotamien des Euphrat sind glänzende Belege dafür
in den Annalen des Menschengeschlechts. Aber die schwachen

---

[1] In großen Dingen (bei außerordentlichen Naturerscheinungen)
gehen Neuheit und Unglauben Hand in Hand.

Völkerstämme, die auf den Grasfluren und in den Wäldern von Südamerika herumziehen, haben aus den Vorzügen ihres Bodens und den Verzweigungen ihrer Flüsse gar wenig Nutzen gezogen. Die Einfälle der Kariben, die weither den Orinoko, den Cassiquiare und Rio Negro heraufkamen, um Sklaven zu rauben, rüttelten ein paar versunkene Völkerschaften aus ihrer Trägheit auf und zwangen sie, Vereine zur gemeinsamen Verteidigung zu bilden; aber das wenige Gute, das diese Kriege mit den Kariben (den Beduinen der Ströme Guyanas) mit sich gebracht, war ein schlechter Ersatz für die Uebel, die sie zur Folge hatten, Verwilderung der Sitten und Verminderung der Bevölkerung. Unzweifelhaft hat die Terrainbildung Griechenlands, die mannigfaltige Gestaltung des Landes, seine Zerteilung durch kleine Bergketten und Busen des Mittelmeeres, in den Anfängen der Kultur die geistige Entwickelung der Hellenen bedeutend gefördert. Aber dieser Einfluß des Klimas und der Bodenbildung äußert sich nur da in seiner ganzen Stärke, wo Menschenstämme mit glücklicher Begabung nach Geist und Gemüt einen Anstoß von außen erhalten. Gewinnt man einen Ueberblick über die Geschichte unseres Geschlechtes, so sieht man diese Mittelpunkte antiker Kultur da und dort gleich Lichtpunkten über den Erdball verstreut, und gewahrt mit Ueberraschung, wie ungleich die Gesittung unter den Völkern ist, die fast unter demselben Himmelsstriche wohnen und über deren Wohnsitze scheinbar die Natur dieselben Segnungen verbreitet hat.

Seit ich den Orinoko und den Amazonenstrom verlassen habe, bereitet sich für die gesellschaftlichen Verhältnisse der Völker des Occidents eine neue Aera vor. Auf den Jammer der bürgerlichen Zwiste werden die Segnungen des Friedens und eine freiere Entwickelung aller Gewerbthätigkeit folgen. Da wird denn die europäische Handelswelt jene Gabelteilung des Orinoko, jene Landenge am Tuamini, durch die so leicht ein künstlicher Kanal zu ziehen ist, ins Auge fassen. Da wird der Cassiquiare, ein Strom, so breit wie der Rhein und 330 km lang, nicht mehr umsonst eine schiffbare Linie zwischen zwei Strombecken bilden, die 3 850 000 qkm Oberfläche haben. Das Getreide aus Neugranada wird an die Ufer des Rio Negro kommen, von den Quellen des Napo und des Ucayale, von den Anden von Quito und Oberperu wird man zur Mündung des Orinoko hinabfahren, und dies ist so weit wie von Timbuktu nach Marseille. Ein Land, neun- bis zehnmal größer als Spanien und reich an den mannigfaltigsten Produkten, kann mittels des Naturkanals des Cassiquiare und der Gabelteilung der Flüsse nach allen Richtungen hin befahren werden. Eine Erscheinung, die eines Tages von bedeutendem Einfluß auf die politischen Verhält- nisse der Völker sein muß, verdiente es gewiß, daß man sie genau ins Auge faßte.

Fünfundzwanzigstes Kapitel.

Der obere Orinoko von Esmeralda bis zum Einfluß des Guaviare. — Zweite Fahrt durch die Katarakte von Atures und Maypures. — Der untere Orinoko zwischen der Mündung des Apure
und Angostura, der Hauptstadt von Spanisch-Guyana.

Noch habe ich von der einsamsten, abgelegensten christlichen Niederlassung am oberen Orinoko zu sprechen. Gegenüber dem Punkte, wo die Gabelteilung erfolgt, auf dem
rechten Ufer des Flusses erhebt sich amphitheatralisch der
Granitbergstock des Duida. Dieser Berg, den die Missionäre
einen Vulkan nennen, ist gegen 2600 m hoch. Er nimmt
sich, da er nach Süd und West steil abfällt, äußerst großartig
aus. Sein Gipfel ist kahl und steinig; aber überall, wo auf
den weniger steilen Abhängen Dammerde haftet, hängen an
den Seiten des Duida gewaltige Wälder wie in der Luft.
An seinem Fuße liegt die Mission Esmeralda, ein Dörfchen
mit 80 Einwohnern, auf einer herrlichen, von Bächen mit
schwarzem, aber klarem Wasser durchzogenen Ebene, einem
wahren Wiesengrund, auf dem in Gruppen die Mauritiapalme, der amerikanische Sagobaum, steht. Dem Berge zu,
der nach meiner Messung 14,2 km vom Missionskreuz liegt,
wird die sumpfige Wiese zur Savanne, die um die untere
Region der Kordillere herläuft. Hier trifft man ungemein
große Ananas von köstlichem Geruch. Diese Bromeliaart
wächst immer einzeln zwischen den Gräsern, wie bei uns
Colchicum autumnale, während der Karatas, eine andere
Art derselben Gattung, ein geselliges Gewächs ist gleich unseren Heiden und Heidelbeeren. Die Ananas von Esmeralda
sind in ganz Guyana berühmt. In Amerika wie in Europa
gibt es für die verschiedenen Früchte gewisse Landstriche, wo
sie zur größten Vollkommenheit gedeihen. Man muß auf der
Insel Margarita oder in Cumana Sapotillen (Achras), in

Loxa in Peru Chilimoyas (sehr verschieden vom Corossol oder der Anona der Antillen), in Caracas Granadillas oder Parchas, in Esmeralda und auf Cuba Ananas gegessen haben, um die Lobsprüche, womit die ältesten Reisenden die Köstlichkeit der Produkte der heißen Zone preisen, nicht übertrieben zu finden. Die Ananas sind die Zierde der Felder bei der Havana, wo sie in Reihen nebeneinander gezogen werden; an den Abhängen des Duida schmücken sie den Rasen der Savannen, wenn ihre gelben, mit einem Büschel silberglänzender Blätter gekrönten Früchte über den Setarien, den Paspalum und ein paar Cyperaceen hervorragen. Dieses Gewächs, das die Indianer Ana-curua nennen, verbreitete sich schon im 16. Jahrhundert im inneren China, und noch in neuester Zeit fanden es englische Reisende mit anderen, unzweifelhaft amerikanischen Gewächsen (Mais, Maniok, Melonenbaum, Tabak, Piment) an den Ufern des Rio Kongo in Afrika.

In Esmeralda ist kein Missionär. Der Geistliche, der hier Messe lesen soll, sitzt in Santa Barbara, über 225 km weit. Er braucht den Fluß herauf vier Tage, er kommt daher auch nur fünf- oder sechsmal im Jahre. Wir wurden von einem alten Soldaten sehr freundlich aufgenommen; der Mann hielt uns für katalonische Krämer, die in den Missionen ihren Kleinhandel treiben wollten. Als er unsere Papierballen zum Pflanzentrocknen sah, lächelte er über unsere naive Unwissenheit. „Ihr kommt in ein Land," sagte er, „wo derartige Ware keinen Absatz findet. Geschrieben wird hier nicht viel, und trockene Mais-, Platano- (Bananen-) und Vijaho- (Helikonia-) Blätter brauchen wir hier, wie in Europa das Papier, um Nadeln, Fischangeln und andere kleine Sachen, die man sorgfältig aufbewahren will, einzuwickeln." Der alte Soldat vereinigte in seiner Person die bürgerliche und die geistliche Behörde. Er lehrte die Kinder, ich sage nicht den Katechismus, aber doch den Rosenkranz beten, er läutete die Glocken zum Zeitvertreib, und im geistlichen Amtseifer bediente er sich zuweilen seines Küsterstocks in einer Weise, die den Eingeborenen schlecht behagte.

So klein die Mission ist, werden in Esmeralda doch drei indianische Sprachen gesprochen: Idapaminarisch, Catarapeñisch und Maquiritanisch. Letztere Sprache ist am oberen Orinoko vom Einfluß des Ventuari bis zu dem des Padamo die herrschende, wie am unteren Orinoko das

Karibische, am Einfluß des Apure das Otomakische, bei den großen Katarakten das Tamanakische und Maypurische und am Rio Negro das Maravitanische. Es sind dies die fünf oder sechs verbreitetsten Sprachen. Wir wunderten uns, in Esmeralda viele Zambos, Mulatten und andere Farbige anzutreffen, die sich aus Eitelkeit S p a n i e r nennen und sich für weiß halten, weil sie nicht rot sind wie die Indianer. Diese Menschen führen ein jämmerliches Leben. Sie sind meist als Verwiesene (desterrados) hier. Um im inneren Lande, das man gegen die Portugiesen absperren wollte, in Eile Kolonieen zu gründen, hatte Solano in den Llanos und bis zur Insel Margarita hin Landstreicher und Uebelthäter, denen die Justiz bis dahin vergeblich nachgespürt, zusammengerafft und sie den Orinoko hinaufgeführt, wo sie mit den unglücklichen, aus den Wäldern weggeschleppten Indianern zusammengethan wurden. Durch ein mineralogisches Mißverständnis wurde Esmeralda berühmt. Der Granit des Duida und des Maraguaca enthält in offenen Gängen schöne Bergkristalle, die zum Teil sehr durchsichtig, zum Teil mit Chlorit (Talkglimmer) gefärbt und mit Aktinot (Strahlstein) gemengt sind; man hatte sie für Diamanten und Smaragden (Esmeralda) gehalten. So nahe den Quellen des Orinoko träumte man in diesen Bergen von nichts als vom Dorado, der nicht weit sein konnte, vom See Parime und von den Trümmern der großen Stadt Manoa. Ein Mann, der wegen seiner Leichtgläubigkeit und wegen seiner Sucht zur Uebertreibung noch jetzt im Lande wohlbekannt ist, Don Apollinario Diez de la Fuente, nahm den vollklingenden Titel eines Capitan poblador und Cabo militar des Forts am Cassiquiare an. Dieses Fort bestand in ein paar mit Brettern verbundenen Baumstämmen, und um die Täuschung vollständig zu machen, sprach man in Madrid für die Mission Esmeralda, ein Dörfchen von zwölf bis fünfzehn Hütten, die Gerechtsame einer Villa an. Es ist zu besorgen, daß Don Apollinario, der in der Folge Statthalter der Provinz Los Quixos im Königreich Quito wurde, bei Entwerfung der Karten von La Cruz und Surville die Hand im Spiele gehabt hat. Da er die Windstriche des Kompasses kannte, nahm er keinen Anstand, in den zahlreichen Denkschriften, die er dem Hof übermachte, sich Kosmograph der Grenzexpedition zu nennen.

Während die Befehlshaber dieser Expedition von der

Existenz der Nueva Villa de Esmeralda überzeugt waren, sowie vom Reichtum des Cerro Duida an kostbaren Mineralien,
da doch nichts darin zu finden ist als Glimmer, Bergkristall,
Aktinot und Rutil, ging eine aus den ungleichsten Elementen
bestehende Kolonie allgemach wieder zu Grunde. Die Landstreicher aus den Llanos hatten so wenig Lust zur Arbeit als
die Indianer, die gezwungen „unter der Glocke" lebten.
Ersteren diente ihr Hochmut zu weiterer Rechtfertigung ihrer
Faulheit. In den Missionen nennt sich jeder Farbige, der
nicht geradezu schwarz ist wie ein Afrikaner oder kupferfarbig
wie ein Indianer, einen S p a n i e r; er gehört zur G e n t e
d e r a z o n, zur vernunftbegabten Rasse, und diese, wie nicht
zu leugnen, hie und da übermütige und arbeitsscheue Vernunft redet den Weißen und denen, die es zu sein glauben,
ein, der Landbau sei ein Geschäft für Sklaven, für Poitos,
und für neubekehrte Indianer. Die Kolonie Esmeralda war
nach dem Muster der neuholländischen gegründet, wurde aber
keineswegs ebenso weise regiert. Da die amerikanischen Kolonisten von ihrem Heimatland nicht durch Meere, sondern
durch Wälder und Savannen geschieden waren, so verliefen sie
sich, die einen nach Nord, dem Caura und Carony zu, die
anderen nach Süd in die portugiesischen Besitzungen. So
hatte es mit der Herrlichkeit der Villa und den Smaragd-
gruben am Duida ein jähes Ende, und Esmeralda galt wegen
der furchtbaren Insektenmasse, welche das ganze Jahr die
Luft verfinstert, bei den Ordensleuten für einen fluchwürdigen
Verbannungsort.

Ich erwähnte oben, daß der Vorsteher der Missionen
den Laienbrüdern, um sie in der Zucht zu halten, zuweilen
droht, sie nach Esmeralda zu schicken; man wird damit, wie
die Mönche sagen „zu den Moskiten verurteilt, verurteilt,
von den summenden Mücken (Zancudos gritones) gefressen
zu werden, die Gott den Menschen zur Strafe erschaffen hat".
Einer so seltsamen Strafe unterlagen aber nicht immer nur
Laienbrüder. Um Jahr 1788 brach in der Ordenswelt eine
der Revolutionen aus, die einem in Europa nach den Vorstellungen, die man von den friedlichen Zuständen der christlichen Niederlassungen in der Neuen Welt hat, fast unbegreif-
lich sind. Schon längst hätten die Franziskaner, die in
Guyana saßen, gerne eine Republik für sich gebildet und
sich vom Kollegium von Piritu in Nueva Barcelona unabhängig gemacht. Mißvergnügt, daß zum wichtigen Amte eines

Präsidenten der Missionen Fray Gutierez de Aquilera von einem Generalkapitel gewählt und vom König bestätigt worden, traten fünf oder sechs Mönche vom oberen Orinoko, Cassiquiare und Rio Negro in San Fernando de Atabapo zusammen, wählten in aller Eile und aus ihrer eigenen Mitte einen neuen Superior und ließen den alten, der zu seinem Unglück zur Visitation ins Land kam, festnehmen. Man legte ihm Fußschellen an, warf ihn in ein Kanoe und führte ihn nach Esmeralda als Verbannungsort. Da es von der Küste zum Schauplatz dieser Empörung so weit war, so hofften die Mönche, ihre Frevelthat werde jenseits der großen Katarakte lange nicht bekannt werden. Man wollte Zeit gewinnen, um zu intrigieren, zu negoziieren, um Anklageakten aufzusetzen und all die kleinen Ränke spielen zu lassen, durch die man überall in der Welt die Ungültigkeit einer ersten Wahl darthut. Der alte Superior seufzte in seinem Kerker zu Esmeralda; ja er wurde von der furchtbaren Hitze und dem beständigen Hautreiz durch die Moskiten ernstlich krank. Zum Glück für die gestürzte Autorität blieben die meuterischen Mönche nicht einig. Einem Missionär vom Cassiquiare wurde bange, wie dieser Handel enden sollte; er fürchtete verhaftet und nach Cadiz geschickt zu werden, oder, wie man in den Kolonieen sagt, baxo partido de registro; aus Angst wurde er seiner Partei untreu und machte sich unversehens davon. Man stellte an der Mündung des Atabapo, bei den großen Katarakten, überall wo der Flüchtling auf dem Weg zum unteren Orinoko vorbeikommen mußte, Indianer als Wachen auf. Trotz dieser Maßregeln kam er nach Angostura und von da in das Missionskollegium von Piritu; er gab seine Kollegen an und erhielt zum Lohn für seine Aussage den Auftrag, die zu verhaften, mit denen er sich gegen den Präsidenten der Missionen verschworen hatte. In Esmeralda, wo man von den politischen Stürmen, die seit 30 Jahren das alte Europa erschüttern, noch gar nicht hat sprechen hören, ist der sogenannte Alboroto de los frailes (die Meuterei der Mönche) noch immer eine wichtige Begebenheit. Hierzulande, wie im Orient, weiß man nur von Revolutionen, die von den Gewalthabern selbst ausgehen, und wir haben gesehen, daß sie in ihren Folgen eben nicht sehr bedenklich sind.

Wenn die Villa Esmeralda mit ihrer Bevölkerung von 12 bis 15 Familien gegenwärtig für einen schrecklichen Aufenthaltsort gilt, so kommt dies nur vom Mangel an Anbau, von der Entlegenheit von allen bewohnten Landstrichen und von der furchtbaren Menge der Moskiten. Die Lage der Mission ist ungemein malerisch, das Land umher äußerst freundlich und sehr fruchtbar. Nie habe ich so gewaltig große Bananenbüschel gesehen; Indigo, Zucker, Kakao kämen vortrefflich fort, aber man mag sich nicht die Mühe geben, sie zu bauen. Um den Cerro Duida herum gibt es schöne Weiden, und wenn die Observanten aus dem Kollegium von Piritu nur etwas von der Betriebsamkeit der katalonischen Kapuziner von Carony hätten, so liefen zwischen dem Cunucunumo und Padamo zahlreiche Herden. Wie die Sachen jetzt stehen, ist keine Kuh, kein Pferd vorhanden und die Einwohner haben oft, zur Buße ihrer Faulheit, nichts zu essen als Schinken von Brüllaffen und das Mehl von Fischknochen, von dem in der Folge die Rede sein wird. Man baut nur etwas Maniok und Bananen; und wenn der Fischfang nicht reichlich ausfällt, so ist die Bevölkerung eines von der Natur so hoch begünstigten Landes dem grausamsten Mangel preisgegeben.

Da die wenigsten Kanoen, die vom Rio Negro über den Cassiquiare nach Angustora gehen, nicht gerne nach Esmeralda hinauffahren, so läge die Mission weit besser an der Stelle, wo der Orinoko sich gabelt. Sicher wird dieses große Land nicht immer so verwahrlost bleiben wie bisher, da die Unvernunft des Mönchsregiments und der Geist des Monopols, der nun einmal allen Körperschaften eigen ist, es niederhielten; ja es läßt sich voraussagen, an welchen Punkten des Orinoko Gewerbfleiß und Handel sich am kräftigsten entwickeln werden. Unter allen Himmelsstrichen drängt sich die Bevölkerung vorzüglich an den Mündungen der Nebenflüsse zusammen. Durch den Rio Apure, auf dem die Erzeugnisse der Provinzen Varinas und Merida ausgeführt werden, muß die kleine Stadt Cabruta eine große Bedeutung erhalten; sie wird mit San Fernando de Apure konkurrieren, wo bis jetzt der ganze Handel konzentriert war. Weiter oben wird sich eine neue Niederlassung am Einfluß des Meta bilden, der über die Planos am Casanare mit Neugranada in Verbindung steht. Die zwei Missionen bei den Katarakten werden sich vergrößern, weil diese Punkte durch den Transport der Pirogen sehr lebhaft werden müssen; denn das ungesunde, nasse Klima und die furchtbare Menge der Moskiten werden dem Fortschritt der Kultur am Orinoko so wenig Einhalt thun als am Magdalenenstrome, sobald einmal ernstliches kaufmännisches Interesse neue Ansiedler herzieht. Gewohnte Uebel werden leichter ertragen, und wer in Amerika geboren ist, hat keine so großen Schmerzen zu leiden wie der frisch angekommene Europäer. Auch wird wohl die allmähliche Ausrodung der Wälder in der Nähe der bewohnten Orte die schreckliche Plage der Mücken etwas vermindern. In San Fernando de Atabapo, Javita, San Carlos, Esmeralda werden wohl (wegen ihrer Lage an der Mündung des Guaviare, am Trageplatz zwischen Tuamini und Rio Negro, am Ausfluß des Cassiquiare und am Gabelungspunkt des oberen Orinoko) Bevölkerung und Wohlstand bedeutend zunehmen. Mit diesen fruchtbaren, aber brach liegenden Ländern, durch welche der Huallaga, der Amazonenstrom und der Orinoko ziehen, wird es gehen wie mit der Landenge von Panama, dem Nikaraguasee und dem Rio Huasacualco, durch welche zwei Meere miteinander in Verbindung stehen. Mangelhafte Staatsformen konnten seit Jahrhunderten Orte, in denen der Welthandel seine Mittelpunkte haben sollte, in Wüsten verwandeln; aber die Zeit ist nicht mehr fern, wo die Fesseln fallen werden; eine widersinnige Verwaltung kann sich nicht ewig dem Gesamtinteresse der Menschheit entgegenstemmen, und unwiderstehlich muß die Kultur in Ländern einziehen, welche die Natur selbst durch die physische Gestaltung des Bodens, durch die erstaunliche Verzweigung der Flüsse und durch die Nähe zweier Meere, welche die Küsten Europas und Indiens bespülen, zu großen Geschicken ausersehen hat.

Esmeralda ist berühmt als der Ort, wo am besten am Orinoko das starke Gift bereitet wird, das im Krieg, zur Jagd, und, was seltsam klingt, als Mittel gegen gastrische Beschwerden dient. Das Gift der Ticuna am Amazonenstrome, das Upas-Tieute auf Java und das Curare in Guyana sind die töblichsten Substanzen, die man kennt. Bereits am Ende des 16. Jahrhunderts hatte Ralegh das Wort Urari gehört, wie man einen Pflanzenstoff nannte, mit dem man die Pfeile vergiftete. Indessen war nichts Zuverlässiges über dieses Gift in Europa bekannt geworden. Die Missionäre Gumilla und Gili hatten nicht bis in die Länder kommen können, wo das Curare bereitet wird. Gumilla behauptete, „diese Bereitung werde sehr geheim gehalten; der Hauptbestandteil komme von einem unterirdischen Gewächs, von einer knolligen Wurzel, die niemals Blätter treibe und raiz de si misma (die Wurzel an sich) sei; durch die giftigen Dünste aus den Kesseln gehen die alten Weiber (die unnützesten), die man zur Arbeit verwende, zu Grunde; endlich, die Pflanzensäfte erscheinen erst dann konzentriert genug, wenn ein paar Tropfen des Saftes auf eine gewisse Entfernung eine Repulsivkraft auf das Blut ausüben. Ein Indianer ritzt sich die Haut; man taucht einen Pfeil in das flüssige Curare und bringt ihn der Stichwunde nahe. Das Gift gilt für gehörig konzentriert, wenn es das Blut in die Gefäße zurücktreibt, ohne damit in Berührung gekommen zu sein." — Ich halte mich nicht dabei auf, diese von Pater Gumilla zusammengebrachten Märchen zu widerlegen. Warum hätte der Missionär nicht glauben sollen, daß das Curare aus der Ferne wirke, da er unbedenklich an die Eigenschaften einer Pflanze glaubte, deren Blätter erbrechen machen oder purgieren, je nachdem man sie von oben herab oder von unten herauf vom Stiele reißt?

Als wir nach Esmeralda kamen, kehrten die meisten Indianer von einem Ausflug ostwärts über den Rio Padamo zurück, wobei sie Juvias oder die Früchte der Bertholletia und eine Schlingpflanze, welche das Curare gibt, gesammelt hatten. Diese Heimkehr wurde durch eine Festlichkeit begangen, die in der Mission la fiesta de las Juvias heißt und unseren Ernte- oder Weinlesefesten entspricht. Die Weiber hatten viel gegorenes Getränke bereitet, und zwei Tage lang sah man nur betrunkene Indianer. Bei Völkern, für welche die Früchte der Palmen und einiger anderen Bäume, welche Nahrungsstoff geben, von großer Wichtigkeit sind, wird die Ernte der Früchte durch öffentliche Lustbarkeiten gefeiert, und man teilt das Jahr nach diesen Festen ein, die immer auf dieselben Zeitpunkte fallen.

Das Glück wollte, daß wir einen alten Indianer trafen, der weniger betrunken als die anderen und eben beschäftigt war, das Curaregift aus den frischen Pflanzen zu bereiten. Der Mann war der Chemiker des Ortes. Wir fanden bei ihm große thönerne Pfannen zum Kochen der Pflanzensäfte, flachere Gefäße, die durch ihre große Oberfläche die Verdunstung befördern, tütenförmig aufgerollte Bananenblätter zum Durchseihen der mehr oder weniger faserige Substanzen enthaltenden Flüssigkeiten. Die größte Ordnung und Reinlichkeit herrschten in dieser zum chemischen Laboratorium eingerichteten Hütte. Der Indianer, der uns Auskunft erteilen sollte, heißt in der Mission der **Giftmeister** (amo del Curare); er hatte das steife Wesen und den pedantischen Ton, den man früher in Europa den Apothekern zum Vorwurf machte. „Ich weiß," sagte er, „die Weißen verstehen die Kunst, Seife zu machen und das schwarze Pulver, bei dem das Üble ist, daß es Lärm macht und die Tiere verscheucht, wenn man sie fehlt. Das Curare, dessen Bereitung bei uns vom Vater auf den Sohn übergeht, ist besser als alles, was ihr dort drüben (über dem Meere) zu machen wißt. Es ist der Saft einer Pflanze, der ganz leise tötet (ohne daß man weiß, woher der Schuß kommt)."

Diese chemische Operation, auf die der **Meister des Curare** so großes Gewicht legte, schien uns sehr einfach. Das Schlinggewächs (Bejuco), aus dem man in Esmeralda das Gift bereitet, heißt hier wie in den Wäldern bei Javita. Es ist der Bejuco de Mavacure, und er kommt östlich von der Mission am linken Ufer des Orinoko, jenseits des Rio Amaguaca im granitischen Bergland von Guanaya und Yumariquin in Menge vor. Obgleich die Bejucobündel, die wir im Hause des Indianers fanden, gar keine Blätter mehr hatten, blieb uns doch kein Zweifel, daß es dasselbe Gewächs aus der Familie der Strychneen (Aublets Rouhamon sehr nahe stehend), das wir im Wald beim Pimichin untersucht. Der Mavacure wird ohne Unterschied frisch oder seit mehreren Wochen getrocknet verarbeitet. Der frische Saft der Liane gilt nicht für giftig; vielleicht zeigt er sich nur wirksam, wenn er stark konzentriert ist. Das furchtbare Gift ist in der Rinde und einem Teil des Splintes enthalten. Man schabt mit einem Messer 8 bis 11 mm dicke Mavacurezweige ab und zerstößt die abgeschabte Rinde auf einem Stein, wie er zum Reiben des Maniokmehls dient, in ganz dünne Fasern. Da der giftige Saft gelb ist, so nimmt die ganze faserige Masse die nämliche Farbe an. Man bringt dieselbe in einen 24 cm hohen, 10 cm weiten Trichter. Diesen Trichter strich der Giftmeister unter allen Gerätschaften des indianischen Laboratoriums am meisten heraus. Er fragte uns mehreremal, ob wir por alla (dort drüben, das heißt in Europa) jemals etwas gesehen hätten, das seinem Embudo gleiche? Es war ein tütenförmig aufgerolltes Bananenblatt, das in einer anderen stärkeren Tüte aus Palmblättern steckte; die ganze Vorrichtung ruhte auf einem leichten Gestell von Blattstielen und Fruchtspindeln einer Palme. Man macht zuerst einen kalten

Aufguß, indem man Wasser an den faserigen Stoff, die ge=
stoßene Rinde des Mavacure, gießt. Mehrere Stunden lang
tropft ein gelbliches Wasser vom Embudo, dem Blatttrichter,
ab. Dieses durchsickernde Wasser ist die giftige Flüssigkeit;
sie erhält aber die gehörige Kraft erst dadurch, daß man sie
wie die Melasse in einem großen thönernen Gefäß abdampft.
Der Indianer forderte uns von Zeit zu Zeit auf, die Flüssig=
keit zu kosten; nach dem mehr oder minder bitteren Geschmack
beurteilt man, ob der Saft eingedickt genug ist. Dabei ist
keine Gefahr, da das Curare nur dann töblich wirkt, wenn
es unmittelbar mit dem Blute in Berührung kommt. Des=
halb sind auch, was auch die Missionare am Orinoko in dieser
Beziehung gesagt haben mögen, die Dämpfe vom Kessel nicht
schädlich. Fontana hat durch seine schönen Versuche mit dem
Ticunagift am Amazonenstrome längst dargethan, daß die
Dämpfe, die das Gift entwickelt, wenn man es auf glühende
Kohle wirft, ohne Schaden eingeatmet werden, und daß es
unrichtig ist, wenn La Condamine behauptet, zum Tode ver=
urteilte indianische Weiber seien durch die Dämpfe des Ti=
cunagifts getötet worden.

Der noch so stark eingedickte Saft des Mavacure ist
nicht dick genug, um an den Pfeilen zu haften. Also bloß
um dem Gift Körper zu geben, setzt man dem eingedickten
Aufguß einen sehr klebrigen Pflanzensaft bei, der von einem
Baum mit großen Blättern, genannt Ciracaguero, kommt.
Da dieser Baum sehr weit von Esmeralda wächst, und er
damals so wenig als der Bejuco de Mavacure Blüten und
Früchte hatte, so können wir ihn botanisch nicht bestimmen.
Ich habe schon mehrmals davon gesprochen, wie oft ein eigenes
Mißgeschick die interessantesten Gewächse der Untersuchung der
Reisenden entzieht, während tausend andere, bei denen man
nichts von chemischen Eigenschaften weiß, voll Blüten und
Früchten hängen. Reist man schnell, so bekommt man selbst
unter den Tropen, wo die Blütezeit der holzigen Gewächse
so lange dauert, kaum an einem Achtteil der Gewächse die
Fruktifikationsorgane zu sehen. Die Wahrscheinlichkeit, daß
man, ich sage nicht die Familie, aber Gattung und Art be=
stimmen kann, ist demnach gleich 1 zu 8, und dieses nach=
teilige Verhältnis empfindet man begreiflich noch schwerer,
wenn man dadurch um die nähere Kenntnis von Gegenstän=
den kommt, die noch in anderer Hinsicht als nur für die be=
schreibende Botanik von Bedeutung sind.

Sobald der klebrige Saft des Ciracaguerobaums dem eingedickten, kochenden Gift zugegossen wird, schwärzt sich dieser und gerinnt zu einer Masse von der Konsistenz des Teers oder eines dicken Sirups. Diese Masse ist nun das Curare, wie es in den Handel kommt. Hört man die Indianer sagen, zur Bereitung des Giftes sei der Ciracaguero so not= wendig als der Bejuco de Mavacure, so kann man auf die falsche Vermutung kommen, auch ersterer enthalte einen schäd= lichen Stoff, während er nur dazu dient, dem eingedickten Curaresaft mehr Körper zu geben (was auch der Algarobbo und jede gummiartige Substanz thäten). Der Farbenwechsel der Mischung rührt von der Zersetzung einer Verbindung von Kohlenstoff und Wasserstoff her. Der Wasserstoff verbrennt und der Kohlenstoff wird frei. Das Curare wird in den Früchten der Crescentia verkauft; da aber die Bereitung des= selben in den Händen weniger Familien ist und an jedem Pfeile nur unendlich wenig Gift haftet, so ist das Curare bester Qualität, das von Esmeralda und Mandavaca, sehr teuer. Ich sah für zwei Unzen 5 bis 6 Frank bezahlen. Ge= trocknet gleicht der Stoff dem Opium; er zieht aber die Feuch= tigkeit stark an, wenn er der Luft ausgesetzt wird. Er schmeckt sehr angenehm bitter, und Bonpland und ich haben oft kleine Mengen verschluckt. Gefahr ist keine dabei, wenn man nur sicher ist, daß man an den Lippen oder am Zahnfleisch nicht blutet. Bei Mangilis neuen Versuchen mit dem Viperngift verschluckte einer der Anwesenden alles Gift, das von vier großen italienischen Vipern gesammelt werden konnte, ohne etwas darauf zu spüren. Bei den Indianern gilt das Curare innerlich genommen als ein treffliches Magenmittel. Die Piraoa= und Saliva=Indianer bereiten dasselbe Gift; es hat auch ziemlichen Ruf, ist aber doch nicht so gesucht wie das von Esmeralda. Die Bereitungsart scheint überall un= gefähr dieselbe; es liegt aber kein Beweis vor, daß die ver= schiedenen Gifte, welche unter demselben Namen am Orinoko und am Amazonenstrom verkauft werden, identisch sind und von derselben Pflanze herrühren. Orfila hat daher sehr wohl gethan, wenn er in seiner Toxicologie générale das Woorara aus Holländisch=Guyana, das Curare vom Orinoko, das Ticuna vom Amazonenstrom und all die Substanzen, welche man unter dem unbestimmten Namen „amerikanische Gifte" zu= sammenwirft, für sich betrachtet. Vielleicht findet man ein= mal in Giftpflanzen aus verschiedenen Gattungen eine gemein=

schaftliche alkalische Basis, ähnlich dem Morphium im Opium und der Vauqueline in den Strychnosarten.

Man unterscheidet am Orinoko zwischen Curare de raiz (aus Wurzeln) und Curare de bejuco (aus Lianen oder der Rinde der Zweige). Wir haben nur letzteres bereiten sehen; ersteres ist schwächer und weit weniger gesucht. Am Amazonenstrom lernten wir die Gifte verschiedener Indianerstämme kennen, der Ticuna, Yagua, Peva und Jivaro, die von derselben Pflanze kommen und vielleicht mehr oder weniger sorgfältig zubereitet sind. Das Toxique des Ticunas, das durch La Condamine in Europa so berühmt geworden ist und das man jetzt, etwas uneigentlich, „Ticuna" zu nennen anfängt, kommt von einer Liane, die auf der Insel Mormorote im oberen Marañon wächst. Dieses Gift wird zum Teil von den Ticunaindianern bezogen, die auf spanischem Gebiet bei den Quellen des Yacarique unabhängig geblieben sind, zum Teil von den Indianern desselben Stammes, die in der portugiesischen Mission Loreto leben. Da Gifte in diesem Klima für Jägervölker ein unentbehrliches Bedürfnis sind, so widersetzen sich die Missionäre am Orinoko und Amazonenstrom der Bereitung derselben nicht leicht. Die hier genannten Gifte sind völlig verschieden vom Gift von La Peca [1] und vom Gift von Lamas und Moyobamba. Ich führe diese Einzelheiten an, weil die Pflanzenreste, die wir untersuchen konnten, uns (gegen die allgemeine Annahme) den Beweis geliefert haben, daß die drei Gifte, das der Ticuna, das von La Peca und das von Moyobamba, nicht von derselben Art kommen, wahrscheinlich nicht einmal von verwandten Gewächsen. So einfach das Curare ist, so langwierig und verwickelt ist die Bereitungsweise des Giftes von Moyobamba. Mit dem Saft des Bejuco de Ambihuasca, dem Hauptingrediens, mischt man Piment (Capsicum), Tabak, Barbasco (Jacquinia armillaris), Sanango (Tabernae montana) und die Milch einiger anderen Apocyneen. Der frische Saft der Ambihuasca wirkt tödlich, wenn er mit dem Blut in Berührung kommt; der Saft des Mavacure wird erst durch Einkochen ein tödliches Gift, und der Saft der Wurzel der Jatropha Manihot verliert durch Kochen ganz seine schädliche Eigenschaft. Als ich bei sehr großer Hitze die Liane, von der das schreckliche Gift von La Peca kommt,

---

[1] Dorf in der Provinz Jaen de Bracamoros.

lange zwischen den Fingern rieb, wurden mir die Hände pel=
zig; eine Person, die mit mir arbeitete, spürte gleich mir diese
Folgen einer raschen Aufsaugung durch die unverletzten Haut=
decken.

Ich lasse mich hier auf keine Erörterung der physiologi=
schen Wirkungen dieser Gifte der Neuen Welt ein, die so rasch
töten, wie die Strychnosarten Asiens (die Brechnuß, das Upas=
ticute und die Ignatiusbohne), aber ohne, wenn sie in den
Magen kommen, Erbrechen zu erregen und ohne die gewaltige
Reizung des Rückenmarkes, welche den bevorstehenden Tod
verkündet. Wir haben während unseres Aufenthaltes in
Amerika Curare vom Orinoko und Bamburohrstücke mit Gift
der Ticuna und von Moyobamba den Chemikern Fourcroy
und Vauquelin übermacht; wir haben ferner nach unserer
Rückkehr Magendie und Delille, die mit den Giften der
Neuen Welt so schöne Versuche angestellt, Curare mitge=
teilt, das auf dem Transport durch feuchte Länder schwächer
geworden war. Am Orinoko wird selten ein Huhn gespeist,
das nicht durch einen Stich mit einem vergifteten Pfeil ge=
tötet worden wäre; ja die Missionäre behaupten, das Fleisch
der Tiere sei nur dann gut, wenn man dieses Mittel an=
wende. Unser Reisebegleiter, der am breitägigen Fieber lei=
bende Pater Zea, ließ sich jeden Morgen einen Pfeil und
das Huhn, das wir speisen sollten, lebend in seine Hänge=
matte bringen. Er hätte eine Operation, auf die er trotz
seines Schwächezustandes ein sehr großes Gewicht legte, keinem
anderen überlassen mögen. Große Vögel, z. B. ein Guan
(Pava de monte) oder ein Hocco (Alector) sterben, wenn
man sie in den Schenkel sticht, in 2 bis 3 Minuten; bei einem
Schwein oder Pecari dauert es oft 10 bis 12. Bonpland fand,
daß dasselbe Gift in verschiedenen Dörfern, wo man es kaufte,
sehr verschieden war. Wir bekamen am Amazonenstrom echtes
Gift der Ticunaindianer, das schwächer war als alle Sorten
des Curare vom Orinoko. Es wäre unnütz, den Reisenden
die Angst ausreden zu wollen, die sie häufig äußern, wenn
sie bei der Ankunft in den Missionen hören, daß die Hühner,
die Affen, die Leguane, die großen Flußfische, die sie essen,
mit giftigen Pfeilen getötet sind. Gewöhnung und Nach=
denken machen dieser Angst bald ein Ende. Magendie hat
sogar durch sinnreiche Versuche mit der Transfusion dargethan,
daß das Blut von Tieren, die mit den ostindischen bitteren
Strychnosarten getötet worden sind, auf andere Tiere keine

schädliche Wirkung äußert. Einem Hund wurde eine bedeutende Menge vergifteten Bluts in die Venen gespritzt; es zeigte sich aber keine Spur von Reizung des Rückenmarkes.

Ich brachte das stärkste Curare mit den Schenkelnerven eines Frosches in Berührung, ohne, wenn ich den Grad der Irritabilität der Organe mittels eines aus heterogenen Metallen bestehenden Bogens maß, eine merkliche Veränderung wahrzunehmen. Aber bei Vögeln, wenige Minuten nachdem ich sie mit einem vergifteten Pfeile getötet, wollten die galvanischen Versuche so gut wie nicht gelingen. Diese Beobachtungen sind von Interesse, da ermittelt ist, daß auch eine Auflösung von Upasticute, wenn man sie auf den Hüftnerven gießt oder in das Nervengewebe selbst bringt, wenn sie also mit der Marksubstanz selbst in Berührung kommt, gleichfalls auf die Irritabilität der Organe keinen merkbaren Einfluß äußert. Das Curare, wie die meisten anderen Strychneen (denn wir glauben immer noch, daß der Mavacure einer nahe verwandten Familie angehört) werden nur dann gefährlich, wenn das Gift auf das Gefäßsystem wirkt. In Maypures rüstete ein Farbiger (ein Zambo, ein Mischling von Indianer und Neger) für Bonpland giftige Pfeile, wie man sie in die Blaserohre steckt, wenn man kleine Affen und Vögel jagt. Es war ein Zimmermann von ungemeiner Muskelkraft. Er hatte die Unvorsichtigkeit, das Curare zwischen den Fingern zu reiben, nachdem er sich unbedeutend verletzt, und stürzte zu Boden, von einem Schwindel ergriffen, der eine halbe Stunde anhielt. Zum Glück war es nur schwaches (destemplado) Curare, dessen man sich bediente, um sehr kleine Tiere zu schießen, das heißt solche, welche man wieder zum Leben bringen will, indem man salzsaures Natron in die Wunde reibt. Auf unserer Rückfahrt von Esmeralda nach Atures entging ich selbst einer ziemlich nahen Gefahr. Das Curare hatte Feuchtigkeit angezogen, war flüssig geworden und aus dem schlecht verschlossenen Gefäß über unsere Wäsche gelaufen. Beim Waschen vergaß man einen Strumpf innen zu untersuchen, der voll Curare war, und erst als ich den klebrigen Stoff mit der Hand berührte, merkte ich, daß ich einen vergifteten Strumpf angezogen hätte. Die Gefahr war desto größer, da ich gerade an den Zehen blutete, weil mir Sandflöhe (pulex penetrans) schlecht ausgegraben worden waren. Aus diesem Fall mögen Reisende abnehmen, wie vorsichtig man sein muß, wenn man Gift mit sich führt.

In Europa wird die Untersuchung der Eigenschaften der Gifte der Neuen Welt eine schöne Aufgabe für Chemie und Physiologie sein, wenn man sich einmal bei stärkerem Verkehr aus den Ländern, wo sie bereitet werden, und so, daß sie nicht zu verwechseln sind, all die Gifte verschaffen kann, das Curare de bejuco, das Curare de raiz, und die verschiedenen Sorten vom Amazonenstrom, vom Huallaga und aus Brasilien. Da die Chemie die reine Blausäure und so viele neue sehr giftige Stoffe entdeckt hat, wird man in Europa hinsichtlich der Einführung dieser von wilden Völkern bereiteten Gifte nicht mehr so ängstlich sein; indessen kann man doch allen, die in sehr volkreichen Städten (den Mittelpunkten der Kultur, des Elendes und der Sittenverderbnis) so heftig wirkende Stoffe in Händen haben, nicht genug Vorsicht empfehlen. Was unsere botanische Kenntnis der Gewächse betrifft, aus denen Gift bereitet wird, so werden sie sich nur äußerst langsam berichtigen. Die meisten Indianer, die sich mit der Verfertigung vergifteter Pfeile abgeben, sind mit dem Wesen der giftigen Substanzen, die sie aus den Händen anderer Völker erhalten, völlig unbekannt. Ueber der Geschichte der Gifte und Gegengifte liegt überall der Schleier des Geheimnisses. Ihre Bereitung ist bei den Wilden Monopol der Piaches, die zugleich Priester, Gaukler und Aerzte sind, und nur von den in die Missionen versetzten Eingeborenen kann man über die rätselhaften Stoffe etwas Sicheres erfahren. Jahrhunderte vergingen, ehe Mutis' Beobachtungsgeist die Europäer mit dem Bejuco del Guaco (Mikania Guako) bekannt machte, welches das kräftige Gegengift gegen den Schlangenbiß ist und das wir zuerst botanisch beschreiben konnten.

In den Missionen herrscht allgemein die Meinung, Rettung sei unmöglich, wenn das Curare frisch und stark eingedickt und so lange in der Wunde geblieben ist, daß viel davon in den Blutlauf übergegangen. Unter allen Gegenmitteln, die man am Orinoko und (nach Leschenault) im Indischen Archipel braucht, ist das salzsaure Natron das verbreitetste.[1] Man reibt die Wunde mit dem Salz und nimmt

---

[1] Schon Oviedo rühmt das Seewasser als Gegengift gegen vegetabilische Gifte. In den Missionen verfehlt man nicht, den europäischen Reisenden alles Ernstes zu versichern, mit Salz im Munde habe man in Curare getauchte Pfeile so wenig zu fürchten,

es innerlich. Ich selbst kenne keinen gehörig beglaubigten Fall, der die Wirksamkeit des Mittels bewiese, und Magendies und De- lilles Versuche sprechen vielmehr dagegen. Am Amazonenstrom gilt der Zucker für das beste Gegengift, und da das salzsaure Natron den Indianern in den Wäldern fast ganz unbekannt ist, so ist wahrscheinlich der Bienenhonig und der mehlige Zucker, den die an der Sonne getrockneten Bananen aus- schwitzen, früher in ganz Guyana zu diesem Zweck gebraucht worden. Ammoniak und Lucienwasser sind ohne Erfolg gegen das Curare versucht worden; man weiß jetzt, wie unzuverlässig diese angeblichen spezifischen Mittel auch gegen Schlangenbiß sind. Sir Everard Home hat dargethan, daß man die Hei- lung meist einem Mittel zuschreibt, während sie nur erfolgt ist, weil die Verwundung unbedeutend und die Wirkung des Giftes eine sehr beschränkte war. Man kann Tiere ohne Schaden mit vergifteten Pfeilen verwunden, wenn die Wunde offen bleibt und man die vergiftete Spitze nach der Verwun- dung sogleich zurückzieht. Wendet man in solchen Fällen Salz oder Zucker an, so wird man verführt, sie für vortreff- liche spezifische Mittel zu halten. Nach der Schilderung von Indianern, die im Krieg mit Waffen, die in Curare getaucht gewesen, verwundet worden, sind die Symptome ganz ähnlich wie beim Schlangenbiß. Der Verwundete fühlt Kongestionen gegen den Kopf und der Schwindel nötigt ihn, sich niederzu- setzen; sodann Uebelsein, wiederholtes Erbrechen, brennender Durst und das Gefühl von Pelzigsein am verwundeten Körperteil.

Dem alten Indianer, dem Giftmeister, schien es zu schmeicheln, daß wir ihm bei seinem Laborieren mit so großem Interesse zusahen. Er fand uns so gescheit, daß er nicht zweifelte, wir könnten Seife machen; diese Kunst erschien ihm, nach der Bereitung des Curare, als eine der schönsten Erfin- dungen des menschlichen Geistes. Als das flüssige Gift in die zu seiner Aufnahme bestimmten Gefäße gegossen war, begleiteten wir den Indianer zum Juviasfeste. Man feierte durch Tänze die Ernte der Juvias, der Früchte der Bertholletia excelsa, und überließ sich der rohesten Völlerei. In der Hütte, wo die Indianer seit mehreren Tagen zu- sammenkamen, sah es ganz seltsam aus. Es waren weder

als die Schläge des Gymnotus, wenn man Tabak kaue. Ralegh empfiehlt Knoblauchsaft als Gegengift gegen des Durari (Curare).

Tische noch Bänke darin, aber große gebratene, vom Rauch geschwärzte Affen sah man symmetrisch an die Wand gelehnt. Es waren Marimondas (Ateles Belzebuth) und die bärtigen sogenannten Kapuzineraffen, die man nicht mit dem Machi oder Saï (Buffons Simia Capucina) verwechseln darf. Die Art, wie diese menschenähnlichen Tiere gebraten werden, trägt viel dazu bei, wenn ihr Anblick dem civilisierten Menschen so widerwärtig ist. Ein kleiner Rost oder Gitter aus sehr hartem Holz wird einen Fuß über dem Boden befestigt. Der abgezogene Affe wird zusammengebogen, als säße er; meist legt man ihn so, daß er sich auf seine langen, mageren Arme stützt, zuweilen kreuzt man ihm die Hände auf dem Rücken. Ist er auf dem Gitter befestigt, so zündet man ein helles Feuer darunter an. Flammen und Rauch umspielen den Affen und er wir zugleich gebraten und berußt.[1] Sieht man nun die Eingeborenen Arm oder Bein eines gebratenen Affen verzehren, so kann man sich kaum des Gedankens erwehren, die Gewohnheit, Tiere zu essen, die im Körperbau dem Menschen so nahe stehen, möge in gewissem Grade dazu beitragen, daß die Wilden so wenig Abscheu vor dem Essen von Menschenfleisch haben. Die gebratenen Affen, besonders die mit sehr rundem Kopf, gleichen auf schauerliche Weise Kindern, daher auch Europäer. wenn sie sich von Vierhändern nähren müssen, lieber Kopf und Hände abschneiden und nur den Rumpf auftragen lassen. Das Affenfleisch ist so mager und trocken, daß Bonpland in seinen Sammlungen in Paris einen Arm und eine Hand aufbewahrt hat, die in Esmeralda am Feuer geröstet worden; nach vielen Jahren rochen die Teile nicht im geringsten.

Wir sahen die Indianer tanzen. Der Tanz ist um so einförmiger, da die Weiber nicht daran teilnehmen dürfen. Die Männer, alt und jung, fassen sich bei den Händen, bilden einen Kreis und drehen sich so, bald rechts, bald links, stundenlang, in schweigsamem Ernst. Meist machen die Tänzer selbst die Musik dazu. Schwache Töne auf einer Reihe von Rohrstücken von verschiedener Länge geblasen, bilden eine langsame, melancholische Begleitung. Um den Takt anzugeben, beugt der Vortänzer im Rhythmus beide Knice. Zuweilen

---

[1] Kurz nach unserer Rückkehr nach Europa kam in Deutschland nach einer geistvollen Zeichnung Schicks in Rom ein Kupferstich heraus, eines unserer Nachtlager am Orinoko vorstellend. Im Vordergrunde sind Indianer beschäftigt, einen Affen zu braten.

bleiben alle stehen und machen kleine schwingende Bewegungen, indem sie den Körper seitlich hin und her werfen. Jene in eine Reihe geordneten und zusammengebundenen Rohrstücke gleichen der Pansflöte, wie wir sie bei bacchischen Aufzügen auf großgriechischen Vasen abgebildet sehen. Es ist ein höchst einfacher Gedanke, der allen Völkern kommen mußte, Rohre von verschiedener Länge zu vereinigen und sie nacheinander, während man sie an den Lippen vorbeiführt, anzublasen. Nicht ohne Verwunderung sahen wir, wie rasch junge Indianer, wenn sie am Flusse Rohr (carices) fanden, dergleichen Pfeifen schnitten und stimmten. In allen Himmelsstrichen leisten diese Gräser mit hohem Halme den Menschen im Naturzustande mancherlei Dienste. Die Griechen sagten mit Recht, das Rohr sei ein Mittel gewesen zur Unterjochung der Völker, weil es Pfeile liefere, zur Milderung der Sitten durch den Reiz der Musik, zur Geistesentwickelung, weil es das erste Werkzeug geboten, mit dem man Buchstaben geschrieben. Diese verschiedenen Verwendungsarten des Rohres bezeichnen gleichsam drei Abschnitte im Leben der Völker. Die Horden am Orinoko stehen unleugbar auf der untersten Stufe einer beginnenden Kulturentwickelung. Das Rohr dient ihnen nur zu Krieg und Jagd und Pans Flöte sind auf jenen fernen Ufern noch keine Töne entlockt worden, die sanfte, menschliche Empfindungen wecken können.

In der Festhütte fanden wir verschiedene vegetabilische Produkte, welche die Indianer aus den Bergen von Guanaya mitgebracht und die unsere ganze Aufmerksamkeit in Anspruch nahmen. Ich verweile hier nur bei der Frucht des Juvia, bei den Rohren von ganz ungewöhnlicher Länge und bei den Hemden aus der Rinde des Marimabaumes. Der Almendron oder Juvia, einer der großartigsten Bäume in den Wäldern der Neuen Welt, war vor unserer Reise an den Rio Negro so gut wie unbekannt. Vier Tagereisen östlich von Esmeralda, zwischen dem Padamo und dem Ocamo am Fuße des Cerro Mapaya, am rechten Ufer des Orinoko, tritt er nach und nach auf; noch häufiger ist er auf dem linken Ufer beim Cerro Guanaya zwischen dem Rio Amaguaca und dem Gehete. Die Einwohner von Esmeralda versicherten uns, oberhalb des Gehete und des Chiguire werde der Juvia und der Kakaobaum so gemein, daß die wilden Indianer (die Guaicas und Guaharibos blancos) die Indianer aus den Missionen ungestört die Früchte sammeln lassen. Sie mißgönnen ihnen nicht, was ihnen die Natur auf ihrem eigenen Grund und Boden so reichlich schenkt. Kaum noch hat man es am oberen Orinoko versucht, den Almendron fortzupflanzen. Die Trägheit der Einwohner läßt es noch weniger dazu kommen als der Umstand, daß das Oel in den mandelförmigen Samen so schnell ranzig wird. Wir fanden in der Mission San Carlos nur drei Bäume und in Esmeralda zwei. Die majestätischen Stämme waren acht bis zehn Jahre alt und hatten noch nicht geblüht. Wie oben erwähnt, fand Bonpland Almendrone unter den Bäumen am Ufer des Cassiquiare in der Nähe der Stromschnellen von Cananivacari.

Schon im 16. Jahrhundert sah man in Europa nicht die große Steinfrucht in der Form einer Kokosnuß, welche die Mandeln enthält, wohl aber die Samen mit holziger dreieckiger Hülle. Ich erkenne diese auf einer ziemlich mangelhaften Zeichnung des Clusius. Dieser Botaniker nennt sie Almendras del Peru, vielleicht weil sie als eine sehr seltene Frucht an den oberen Amazonenstrom und von dort über die Kordilleren nach Quito und Peru gekommen waren. Jean de Laets Novus Orbis, in dem ich die erste Nachricht vom Kuhbaum fand, enthält auch eine Beschreibung und ganz richtige Abbildung des Samens der Bertholletia. Laet nennt den Baum Totocke und erwähnt der Steinfrucht von der Größe eines Menschenkopfes, welche die Samen enthält. Diese Früchte, erzählt er, seien so ungemein schwer, daß die Wilden es nicht leicht wagen, die Wälder zu betreten, ohne Kopf und Schultern mit einem Schild aus sehr hartem Holz zu bedecken. Von solchen Schilden wissen die Eingeborenen in Esmeralda nichts, wohl aber sprachen sie uns auch davon, daß es gefährlich sei, wenn die Früchte reifen und 16 bis 20 m herabfallen. In Portugal und England verkauft man die dreieckigen Samen der Juvia unter dem unbestimmten Namen Kastanien (Castañas) oder Nüsse aus Brasilien und vom Amazonenstrom, und man meinte lange, sie wachsen, wie die Frucht der Pekea, einzeln auf Fruchtstielen. Die Einwohner von Granpara treiben seit einem Jahrhundert einen ziemlich starken Handel damit. Sie schicken sie entweder direkt nach Europa oder nach Cayenne, wo sie Touka heißen. Der bekannte Botaniker Correa de Serra sagte uns, der Baum sei in den Wäldern bei Macapa an der Mündung des Amazonenstromes sehr häufig und die Einwohner sammeln die Mandeln, wie die der Lecythis, um Oel daraus zu schlagen. Eine Ladung

Juviamandeln, die im Jahr 1807 in Havre einlief und von einem Kaper aufgebracht war, wurde gleichfalls so benutzt.

Der Baum, von dem die „brasilianischen Kastanien" kommen, ist meist nur 60 bis 90 cm dick, wird aber 30 bis 40 m hoch. Er hat nicht den Habitus der Mammea, des Sternapfelbaumes und verschiedener anderer tropischer Bäume, bei denen die Zweige (wie bei den Lorbeeren der gemäßigten Zone) fast gerade gen Himmel stehen. Bei der Bertholletia stehen die Aeste weit auseinander, sind sehr lang, dem Stamm zu fast blätterlos und an der Spitze mit dichten Laubbüscheln besetzt. Durch diese Stellung der halb lederartigen, unterhalb leicht silberfarbigen, über 65 cm langen Blätter beugen sich die Aeste abwärts, wie die Wedel der Palmen. Wir haben den majestätischen Baum nicht blühen sehen. Er setzt vor dem fünfzehnten Jahre keine Blüten an, und dieselben brechen vor Ende März oder Anfang April auf. Die Früchte reifen gegen Ende Mai, und an manchen Stämmen bleiben sie bis in den August hängen. Da dieselben so groß sind wie ein Kindskopf und oft 32 bis 35 cm Durchmesser haben, so fallen sie mit gewaltigem Geräusch vom Baumgipfel. Ich weiß nichts, woran einem die wunderbare Kraft des organischen Lebens im heißen Erdstrich augenfälliger entgegenträte, als der Anblick der mächtigen holzigen Fruchthüllen, z. B. des Kokosbaums (Lodoicea) unter den Monokotyledonen, und der Bertholletia und der Lecythis unter den Dikotyledonen. In unseren Klimaten bringen allein die Kürbisarten innerhalb weniger Monate Früchte von auffallender Größe hervor, aber diese Früchte sind fleischig und saftreich. Unter den Tropen bildet die Bertholletia innerhalb 50 bis 60 Tagen eine Frucht= hülle, deren holziger Teil 13 mm dick und mit den schärfsten Werkzeugen kaum zu durchsägen ist. Ein bedeutender Natur= forscher (Richard) hat bereits die Bemerkung gemacht, daß das Holz der Früchte meist so hart wird, wie das Holz der Baumstämme nur selten. Die Fruchthülle der Bertholletia zeigt die Rudimente von vier Fächern; zuweilen habe ich ihrer auch fünf gefunden. Die Samen haben zwei scharf geson= derte Hüllen, und damit ist der Bau der Frucht komplizierter als bei den Lecythis=, Pekea= und Saouvariarten. Die erste Hülle ist beinartig oder holzig, dreieckig, außen höckerig und zimtfarbig. Vier bis fünf, zuweilen acht solcher dreieckigen Nüsse sind an einer Scheidewand befestigt. Da sie sich mit der Zeit ablösen, liegen sie frei in der großen kugeligen Frucht=

hülle. Die Kapuzineraffen (Simia chiropotes) lieben ungemein die „brasilianischen Kastanien", und schon das Rasseln der Samen, wenn man die Frucht, wie sie vom Baum fällt, schüttelt, macht die Eßlust dieser Tiere in hohem Grade rege. Meist habe ich nur 15 bis 22 Nüsse in einer Frucht gefunden. Der zweite Ueberzug der Mandeln ist häutig und braungelb. Der Geschmack derselben ist sehr angenehm, solange sie frisch sind; aber das sehr reichliche Oel, durch das sie ökonomisch so nützlich werden, wird leicht ranzig. Wir haben am oberen Orinoko häufig, weil sonst nichts zu haben war, diese Mandel in bedeutender Menge gegessen und nie einen Nachteil davon empfunden. Die kugelige Fruchthülle der Bertholletia ist oben durchbohrt, springt aber nicht auf; das obere bauchige Ende des Säulchens bildet allerdings (nach Kunth) eine Art inneren Deckel, wie bei der Frucht der Lecythis, aber er öffnet sich nicht wohl von selbst. Viele Samen verlieren durch die Zer-setzung des Oels in den Samenlappen die Keimkraft, bevor in der Regenzeit die Holzkapsel der Fruchthülle infolge der Fäulnis aufgeht. Nach einem am unteren Orinoko weit ver-breiteten Märchen setzen sich die Kapuziner- und Cacajaoaffen (Simia chiropotes und Simia melanocephala) im Kreis um-her, klopfen mit einem Stein auf die Frucht und zerschlagen sie wirklich, so daß sie zu den· dreieckigen Mandeln kommen können. Dies wäre wegen der ausnehmenden Härte und Dicke der Fruchthülle geradezu unmöglich. Man mag gesehen haben, wie Affen die Früchte der Bertholletia am Boden rollten, und dieselben haben zwar ein kleines Loch, an welches das obere Ende des Säulchens befestigt ist, aber die Natur hat es den Affen nicht so leicht gemacht, die holzige Fruchthülle der Ju-via zu öffnen, wie bei der Lecythis, wo sie den Deckel ab-nehmen, der in den Missionen la tapa (Deckel) del coca de monos heißt. Nach der Aussage mehrerer sehr glaubwürdiger Indianer gelingt es nur den kleinen Nagern, namentlich den Aguti (Cavia Aguti, Cavia Paca), vermöge des Baues ihrer Zähne und der unglaublichen Ausdauer, mit der sie ihrem Zerstörungswerk obliegen, die Frucht der Bertholletia zu durchbohren. Sobald die dreieckigen Nüsse auf den Boden ausgestreut sind, kommen alle Tiere des Waldes herbeigeeilt; Affen, Manaviri, Eichhörner, Aguti, Papageien und Ara streiten sich um die Beute. Sie sind alle stark genug, um den holzigen Ueberzug des Samens zu zerbrechen; sie nehmen die Mandel heraus und klettern damit auf die Bäume. „So haben sie auch ihr Fest," sagten die Indianer, die von der Ernte kamen, und hört man sie sich über die Tiere beschweren, so merkt man wohl, daß sie sich für die alleinigen rechtmäßigen Herren des Waldes halten.

Das häufige Vorkommen des Juvia ostwärts von Esmeralda scheint darauf hinzudeuten, daß die Flora des Amazonenstromes an dem Stück des oberen Orinoko beginnt, das im Süden der Gebirge hinläuft. Es ist dies gewissermaßen ein weiterer Beweis dafür, daß hier zwei Flußbecken vereinigt sind. Bonpland hat sehr gut auseinandergesetzt, wie man zu verfahren hätte, um die Bertholletia excelsa am Ufer des Orinoko, des Apure, des Meta, überhaupt in der Provinz Venezuela anzupflanzen. Man müßte da, wo der Baum wild wächst, die bereits keimenden Samen zu Tausenden sammeln und sie in Kasten mit derselben Erde legen, in der sie zu vegetieren angefangen. Die jungen Pflanzen, durch Blätter von Musaceen oder Palmblätter gegen die Sonnenstrahlen geschützt, würden auf Pirogen oder Flöße gebracht. Man weiß, wie schwer in Europa (trotz der Anwendung von Chlor, wovon ich anderswo gesprochen) Samen mit hornartiger Fruchthülle, Palmen, Kaffeearten, Chinaarten und große holzige Nüsse mit leicht ranzig werdendem Oel, zum Keimen zu bringen sind. Alle diese Schwierigkeiten wären beseitigt, wenn man nur Samen sammelte, die unter dem Baume selbst gekeimt haben. Auf diese Weise ist es uns gelungen, zahlreiche Exemplare sehr seltener Pflanzen, z. B. die Coumarouna odora oder Tongabohne, von den Katarakten des Orinoko nach Angostura zu bringen und in den benachbarten Pflanzungen zu verbreiten.

Eine der vier Pirogen, mit denen die Indianer auf der Juviaernte, gewesen waren, war großenteils mit der Rohrart (Carice) gefüllt, aus der Blaserohre gemacht werden. Die Rohre waren 5 bis 6 m lang, und doch war keine Spur von Knoten zum Ansatz von Blättern oder Zweigen zu bemerken. Sie waren vollkommen gerade, außen glatt und völlig cylindrisch. Diese Carices kommen vom Fuße der Berge von Yumariquin und Guanaya. Sie sind selbst jenseits des Orinoko unter dem Namen „Rohr von Esmeralda" sehr gesucht. Ein Jäger führt sein ganzes Leben dasselbe Blaserohr; er rühmt die Leichtigkeit, Genauigkeit und Politur desselben, wie wir an unseren Feuergewehren dieselben Eigenschaften rühmen. Was mag dies für ein monokotyledonisches

Gewächs¹ sein, von dem diese herrlichen Rohre kommen? Haben
wir wirklich die Internodia einer Grasart aus der Sippe
der Nostoiden vor uns gehabt? oder sollte dieser Carice eine
Cyperacea² ohne Knoten sein? Ich vermag diese Fragen nicht
zu beantworten, so wenig ich weiß, welcher Gattung ein an=
deres Gewächs angehört, von dem die Marimahemden
kommen. Wir sahen am Abhang des Cerro Duida über 16 m
hohe Stämme des Hemdbaumes. Die Indianer schneiden
cylindrische Stücke von 2,6 m Durchmesser davon ab und
nehmen die rote, faserige Rinde weg, wobei sie sich in acht
nehmen, keinen Längsschnitt zu machen. Diese Rinde gibt
ihnen eine Art Kleidungsstück, das Säcken ohne Naht von
sehr grobem Stoffe gleicht. Durch die obere Oeffnung steckt
man den Kopf, und um die Arme durchzustecken, schneidet
man zur Seite zwei Löcher ein. Der Eingeborene trägt diese
Marimahemden bei sehr starkem Regen; sie haben die Form
der baumwollenen Ponchos und Ruanas, die in Neu=
granada, Quito und Peru allgemein getragen werden. Da
die überschwengliche Freigebigkeit der Natur in diesen Him=
melsstrichen für die Hauptursache gilt, warum die Menschen
so träge sind, so vergessen die Missionäre, wenn sie Marima=
hemden vorweisen, nie die Bemerkung zu machen, „in den
Wäldern am Orinoko wachsen die Kleider fertig auf den
Bäumen". Zu dieser Geschichte von den Hemden gehören
auch die spitzen Mützen, welche die Blumenscheiden gewisser
Palmen liefern und die einem weitmaschigen Gewebe gleichen.

Beim Feste, dem wir beiwohnten, waren die Weiber vom
Tanz und jeder öffentlichen Lustbarkeit ausgeschlossen; ihr
trauriges Geschäft bestand darin, den Männern Affenbraten,
gegorenes Getränk und Palmkohl aufzutragen. Des letzteren
Produktes, das wie unser Blumenkohl schmeckt, erwähne ich
nur, weil wir in keinem Lande so ausnehmend große Stücke
gesehen haben. Die noch nicht entwickelten Blätter sind mit
dem jungen Stengel verschmolzen, und wir haben Cylinder
gemessen, die 2 m lang und 11 mm dick waren. Eine andere,
weit nahrhaftere Substanz kommt aus dem Tierreich, das

---

¹ Schon die glatte Oberfläche der Blaserohre beweist, daß sie
von keinem Gewächs aus der Familie der Schirmpflanzen kommen
können.
² Der Caricillo del Manati, der an den Ufern des Orinoko
in Menge wächst, wird 2,6 bis 5 m lang.

Fischmehl (manioc de pescado). Ueberall am oberen Orinoko braten die Indianer die Fische, dörren sie an der Sonne und stoßen sie zu Pulver, ohne die Gräten davon zu trennen. Ich sah Quantitäten von 25 bis 30 kg dieses Mehles, das aussieht wie Maniokmehl. Zum Essen rührt man es mit Wasser zu einem Teige an. Unter allen Klimaten, wo es viele Fische gibt, ist man auf dieselben Mittel zur Aufbewahrung derselben gekommen. So beschreiben Plinius und Diodor von Sizilien das Fischbrot der Ichthyophagen[1] am Persischen Meerbusen und am Roten Meer.

In Esmeralda, wie überall in den Missionen, leben die Indianer, die sich nicht taufen lassen wollten und sich nur frei der Gemeinde angeschlossen haben, in Polygamie. Die Zahl der Weiber ist bei den verschiedenen Stämmen sehr verschieden, am größten bei den Kariben und bei all den Völkerschaften, bei denen sich die Sitte, junge Mädchen von benachbarten Stämmen zu entführen, lange erhalten hat. Wie kann bei einer so ungleichen Verbindung von häuslichem Glück die Rede sein! Die Weiber leben in einer Art Sklaverei, wie bei den meisten sehr verfunkenen Völkern. Da die Männer im Besitz der unumschränkten Gewalt sind, so wird in ihrer Gegenwart keine Klage laut. Im Hause herrscht scheinbar Ruhe, und die Weiber beeifern sich alle, den Wünschen eines anspruchsvollen, übellaunigen Gebieters zuvorzukommen. Sie pflegen ohne Unterschied ihre eigenen Kinder und die der anderen Weiber. Die Missionäre versichern (und was sie sagen, ist sehr glaublich), dieser innere Frieden, die Frucht gemeinsamer Furcht, werde gewaltig gestört, sobald der Mann länger von Hause abwesend sei. Dann behandelt diejenige, mit der sich der Mann zuerst verbunden, die anderen als Beischläferinnen und Mägde. Der Zank nimmt kein Ende, bis der Gebieter wieder kommt, der durch einen Laut, durch eine bloße Gebärde, und wenn er es zweckdienlich erachtet, durch etwas schärfere Mittel die Leidenschaften niederzuschlagen weiß. Bei den Tamanaken ist eine gewisse Ungleichheit unter den Weibern

---

[1] Diese Völker, die noch roher waren als die Eingeborenen am Orinoko, dörrten geradezu die frischen Fische an der Sonne. Bei ihnen hatte der Fischteig die Form von Backsteinen, und man setzte zuweilen den aromatischen Samen des Palinrus (Rhamnus) zu, gerade wie man in Deutschland und anderen nördlichen Ländern Kümmel und Fenchel in das Brot thut.

hinsichtlich ihrer Rechte durch den Sprachgebrauch bezeichnet. Der Mann nennt die zweite und dritte Frau Gefährtinnen der ersten; die erste behandelt die Gefährtinnen als Neben= buhlerinnen und Feinde (ipuejatoje), was allerdings nicht so höflich ist, aber wahrer und ausdrucksvoller. Da alle Last der Arbeit auf den unglücklichen Weibern liegt, so ist es nicht zu verwundern, daß bei manchen Nationen ihre Anzahl auf= fallend gering ist. In solchem Falle bildet sich eine Art Vielmännerei, wie wir sie, nur entwickelter, in Tibet und im Gebirge am Ende der ostindischen Halbinsel finden. Bei den Avanos und Maypures haben oft mehrere Brüder nur eine Frau. Wird ein Indianer, der mehrere Weiber hat, Christ, so zwingen ihn die Missionäre, eine zu wählen, die er behalten will, um die anderen zu verstoßen. Der Moment der Tren= nung ist nun der kritische; der Neubekehrte findet, daß seine Weiber doch höchst schätzbare Eigenschaften haben: die eine versteht sich gut auf die Gärtnerei, die andere weiß Chiza zu bereiten, das berauschende Getränk aus der Maniokwurzel; eine erscheint ihm so unentbehrlich wie die andere. Zuweilen siegt beim Indianer das Verlangen, seine Weiber zu behalten, über die Neigung zum Christentum; meist aber läßt der Mann den Missionär wählen, und nimmt dies hin wie einen Spruch des Schicksals.

Die Indianer, die vom Mai bis August Fahrten ost= wärts von Esmeralda unternehmen, um in den Bergen von Yumariquin Pflanzenprodukte zu sammeln, konnten uns ge= naue Auskunft über den Lauf des Orinoko im Osten der Mission geben. Dieser Teil meiner Reisekarte weicht von den früheren völlig ab. Ich beginne die Beschreibung dieser Länder mit dem Granitstock des Duida, an dessen Fuße wir weilten. Derselbe wird im Westen vom Rio Tamatama, im Osten vom Rio Guapo begrenzt. Zwischen diesen beiden Nebenflüssen des Orinoko, durch die Morichales oder die Gebüsche von Mauritiapalmen, die Esmeralda umgeben, kommt der Rio Sodomoni herab, vielberufen wegen der vortrefflichen Ananas, die an seinen Ufern wachsen. Am 22. Mai maß ich auf einer Grasflur am Fuß des Duida eine Standlinie von 475 m; der Winkel, unter dem die Spitze des Berges in 13 827 m Entfernung erscheint, beträgt noch 9°. Nach meiner genauen trigonometrischen Messung ist der Duida (das heißt der höchste Gipfel südwestlich vom Cerro Mara= guaca) 2179 m über der Ebene von Esmeralda hoch, also wahrscheinlich gegen 2530 über dem Meeresspiegel; ich sage wahrscheinlich, denn leider war mein Barometer zerbrochen, ehe wir nach Esmeralda kamen. Der Regen war so stark, daß wir in den Nachtlagern das Instrument nicht vor Feuchtigkeit schützen konnten, und bei der ungleichen Ausdehnung des Holzes zerbrach die Röhre. Der Unfall war mir desto verdrießlicher, weil wohl nie ein Barometer größere Reisen mitgemacht hat. Ich hatte dasselbe schon seit drei Jahren in den Gebirgen von Steiermark, Frankreich und Spanien, in Amerika auf dem Wege von Cumana an den oberen Orinoko geführt. Das Land zwischen Javita, Vasiva und Esmeralda ist eine weite Ebene, und da ich an den beiden ersteren Orten den Barometer beobachtet habe, so kann ich mich hinsichtlich der absoluten Höhe der Savannen am Sodomoni höchstens um 30 bis 38 m irren. Der Cerro Duida steht an Höhe dem St. Gotthard und der Silla bei Caracas am Küstenland von Venezuela nur wenig (kaum 155 bis 195 m) nach. Er gilt auch hierzulande für einen kolossalen Berg, woraus wir ziemlich sicher auf die mittlere Höhe der Sierra Parime und aller Berge im östlichen Amerika schließen können. Oestlich von der Sierra Nevada de Merida, sowie südöstlich vom Paramo de las Rosas erreicht keine der Bergketten, die in der Richtung eines Parallels streichen, die Höhe des Centralkamms der Pyrenäen.

Der Granitgipfel des Duida fällt so steil ab, daß die Indianer vergeblich versucht haben hinauf zu kommen. Bekanntlich sind gar nicht hohe Berge oft am unzugänglichsten. Zu Anfang und zu Ende der Regenzeit sieht man auf der Spitze des Duida kleine Flammen, und zwar, wie es scheint, nicht immer am selben Orte. Wegen dieser Erscheinung, die bei den übereinstimmenden Aussagen nicht wohl in Zweifel zu ziehen ist, hat man den Berg mit Unrecht einen Vulkan genannt. Da er ziemlich isoliert liegt, könnte man denken, der Blitz zünde zuweilen das Strauchwerk an; dies erscheint aber unwahrscheinlich, wenn man bedenkt, wie schwer in diesem nassen Klima die Gewächse brennen. Noch mehr: man versichert, es zeigen sich oft kleine Flammen an Stellen, wo das Gestein kaum mit Rasen bedeckt scheint; auch beobachte man ganz ähnliche Feuererscheinungen, und zwar an Tagen ohne alles Gewitter, am Gipfel des Guaraco oder Murcielago, eines Hügels gegenüber der Mündung des Rio Tamatama auf dem südlichen Ufer des Orinoko. Dieser Hügel erhebt sich kaum 100 m über die umliegende Ebene. Sind die Aussagen der Eingeborenen begründet, so rühren beim Duida und Guaraco die Flammen wahrscheinlich von einer unterirdischen Ursache her; denn man sieht dergleichen niemals auf den hohen Bergen am Rio Jao und am Berg Maraguaca, um den so oft die Gewitter toben. Der Granit des Cerro Duida ist von teils offenen, teils mit Quarzkristallen und Kiesen gefüllten Gängen durchzogen. Durch dieselben mögen gasförmige, brennbare Emanationen (Wasserstoff oder Naphtha) aufsteigen. In den Gebirgen von Karamanien, im Hindukusch und im Himalaya sind dergleichen Erscheinungen häufig. In vielen Landstrichen des östlichen Amerika, die den Erdbeben ausgesetzt sind, sieht man sogar (wie am Cuchivano bei Cumanacoa) aus sekundären Gebirgsbildungen Flammen aus dem Boden brechen. Dieselben zeigen sich, wenn der erste Regen auf den von der Sonne stark erhitzten Boden fällt, oder wenn dieser nach starken Niederschlägen wieder zu trocknen anfängt. Die Grundursache dieser Feuererscheinungen ist in ungeheurer Tiefe, weit unter den sekundären Formationen, in den Urgebirgsarten zu suchen; der Regen und die Zersetzung des atmosphärischen Wassers spielen dabei nur eine untergeordnete Rolle. Die heißesten Quellen in der Welt kommen unmittelbar aus dem Granit; das Steinöl quillt aus dem Glimmerschiefer; in Encaramada zwischen den Flüssen Arauca und Cuchivero, mitten auf dem Granitboden der Sierra Parime am Orinoko, hört man furchtbares Getöse. Hier, wie überall auf dem Erdball, liegt der Herd der Vulkane in den ältesten Bildungen, und zwischen den großen Phänomenen, wobei die Rinde unseres Planeten emporgehoben und geschmolzen wird, und den Feuermeteoren, die sich zuweilen an der Oberfläche zeigen und die man, ihrer Unbedeutendheit wegen, nur atmosphärischen Einflüssen zuschreiben möchte, scheint ein Kausalzusammenhang zu bestehen.

Der Duida hat zwar nicht die Höhe, welche der Volksglaube ihm zuschreibt, er ist aber im ganzen Bergstock zwischen Orinoko und Amazonenstrom der beherrschende Punkt. Diese Berge fallen gegen Nordwest, gegen den Puruname, noch rascher ab als gegen Ost, gegen den Padamo und den Rio Ocamo. In der ersteren Richtung sind die höchsten Gipfel nach dem Duida der Cuneva, an den Quellen des Rio Paru (eines Nebenflusses des Ventuari), der Sipapo, der Calitamini, der mit dem Cunavami und dem Pik Uniana zu einer Gruppe gehört. Ostwärts vom Duida zeichnen sich durch ihre Höhe aus: am rechten Ufer des Orinoko der Maravaca oder die Sierra Maraguaca zwischen dem Rio Caurimoni und dem Padamo, auf dem linken Ufer die Berge von Guanaya und Yumariquin zwischen den Flüssen Amaguaca und Gehete. Ich brauche kaum noch einmal zu bemerken, daß die Linie, welche über diese hohen Gipfel läuft (wie in den Pyrenäen, den Karpathen und so vielen Bergketten der Alten Welt), keineswegs mit der Wasserscheide zusammenfällt. Die Wasserscheide zwischen den Zuflüssen des unteren und des oberen Orinoko schneidet den Meridian von 64° unter dem vierten Grad der Breite. Sie läuft zuerst zwischen den Quellen des Rio Branco und des Carony durch und dann nach Nordwest, so daß die Gewässer des Pado, Jao und Ventuari nach Süd, die Gewässer des Arui, Caura und Euchivero nach Nord fließen.

Man kann von Esmeralda den Orinoko gefahrlos hinauffahren bis zu den Katarakten, an denen die Guaicaindianer sitzen, welche die Spanier nicht weiter hinauf kommen lassen; es ist dies eine Fahrt von sechs und einem halben Tag. In den zwei ersten kommt man an den Einfluß des Rio Padamo, nachdem man gegen Nord die kleinen Flüsse Tamatama, Sodomoni, Guapo, Caurimoni und Simirimoni, gegen Süd den Einfluß des Euca zwischen dem Hügel Guaraco, der Flammen auswerfen soll, und dem Cerro Canelilla, hinter sich gelassen. Auf diesem Strich bleibt der Orinoko 580 bis 780 m breit. Auf dem rechten Ufer kommen mehr Flüsse herein, weil sich an dieser Seite die hohen Berge Duida und Maraguaca hinziehen, auf welchen sich die Wolken lagern, während das linke Ufer niedrig und an die Ebene stößt, die im großen gegen Südwest abfällt. Prachtvolle Wälder mit Bauholz bedecken die nördlichen Kordilleren. In diesem heißen, beständig feuchten Landstrich ist das Wachstum so stark, daß es Stämme von Bombax Ceiba von 5 m Durchmesser gibt. Der Rio Padamo oder Patamo, über den früher die Missionäre am oberen Orinoko mit denen am Rio Caura verkehrten, ist für die Geographen zu einer Quelle von Irrtümern geworden. Pater Caulin nennt ihn Macoma und setzt einen andern Rio Padamo zwischen den Punkt der Gabelteilung des Orinoko und einen Berg Ruida, womit ohne Zweifel der Cerro Duida

gemeint ist. Surville läßt den Padamo sich mit dem Rio
Ocamo (Ucamu) verbinden, der ganz unabhängig von ihm
ist; auf der großen Karte von La Cruz endlich ist ein kleiner
Nebenfluß des Orinoko, westlich von der Gabelteilung, als
Rio Padamo bezeichnet und der eigentliche Fluß dieses Na=
mens heißt Rio Maquiritari. Von der Mündung dieses
Flusses, der ziemlich breit ist, kommen die Indianer in einem
und einem halben Tag an den Rio Mavaca, der in den
hohen Gebirgen von Unturan entspringt, von denen oben
die Rede war. Der Trageplatz zwischen den Quellen dieses
Nebenflusses und denen des Idapa oder Siapa hat zu der
Fabel vom Zusammenhang des Idapa mit dem oberen Ori=
noko Anlaß gegeben. Der Rio Mavaca steht mit einem See
in Verbindung, an dessen Ufer die Portugiesen, ohne Vor=
wissen der Spanier in Esmeralda, vom Rio Negro herkom=
men, um die aromatischen Samen des Laurus Pucheri zu
sammeln, die im Handel als Pichurimbohne und Toda
Specie bekannt sind. Zwischen den Mündungen des Pa=
damo und des Mavaca nimmt der Orinoko von Nord her
den Ocamo auf, in den sich der Rio Matacona ergießt. An
den Quellen des letzteren Flusses wohnen die Guainares, die
lange nicht so stark kupferfarbig oder braun sind als die
übrigen Bewohner dieser Länder. Dieser Stamm gehört zu
denen, welche bei den Missionären Indios blancos heißen,
und über die ich bald mehr sagen werde. An der Mündung
des Ocamo zeigt man den Reisenden einen Fels, der im
Lande für ein Wunder gilt. Es ist ein Granit, der in Gneis
übergeht, ausgezeichnet durch die eigentümliche Verteilung des
schwarzen Glimmers, der kleine verzweigte Adern bildet. Die
Spanier nennen den Fels Piedra mapaya (Landkartenstein).
Ueber dem Einfluß des Mavaca nimmt der Orinoko an
Breite und Tiefe auf einmal ab. Sein Lauf wird sehr ge=
krümmt, wie bei einem Alpstrom. An beiden Ufern stehen
Gebirge; von Süden her kommen jetzt bedeutend mehr Ge=
wässer herein, indessen bleibt die Kordillere im Norden am
höchsten. Von der Mündung des Mavaca bis zum Rio
Gehete sind es zwei Tagereisen, weil die Fahrt sehr be=
schwerlich ist und man oft, wegen zu seichten Wassers, die
Piroge am Ufer schleppen muß. Auf dieser Strecke kommen
von Süd der Daracapo und der Amaguaca herein; sie laufen
nach West und Ost um die Berge von Guanaya und Yu=
mariquin herum, wo man die Früchte der Bertholletia sammelt.

Von den Bergen gegen Nord, deren Höhe vom Cerro Mara=
guaca an allmählich abnimmt, kommt der Rio Manaviche
herab. Je weiter man auf dem Orinoko hinaufkommt, desto
häufiger werden die Krümmungen und die kleinen Strom=
schnellen (chorros y remolinos). Man läßt links den Caño
Chiguirie, an dem die Guaica, gleichfalls ein Stamm weißer
Indianer, wohnen, und 9 km weiter kommt man zur Mün=
dung des Gehete, wo sich ein großer Katarakt befindet. Ein
Damm von Granitfelsen läuft über den Orinoko; dies sind
die Säulen des Herkules, über die noch kein Weißer hinaus=
gekommen ist. Dieser Punkt, der sogenannte Raudal de
Guaharibos, scheint $3/4°$ ostwärts von Esmeralda, also unter
67° 38' der Länge zu liegen. Durch eine militärische Ex=
pedition, die der Kommandant von San Carlos, Don Fran=
cisco Bovadilla, unternommen, um die Quellen des Orinoko
aufzusuchen, hat man die genauesten Nachrichten über die
Katarakte der Guaharibos. Er hatte erfahren, daß Neger,
welche in Holländisch=Guyana entsprungen, nach West (über
die Landenge zwischen den Quellen des Rio Carony und des
Rio Branco hinaus) gelaufen seien und sich zu unabhängigen
Indianern gesellt haben. Er unternahm eine Entrada (Ein=
fall) ohne Erlaubnis des Statthalters; der Wunsch, afrika=
nische Sklaven zu bekommen, die zur Arbeit besser taugen als
die kupferfarbigen Menschen, war dabei ungleich stärker im
Spiel, als der Eifer für die Förderung der Erdkunde. Ich
hatte in Esmeralda und am Rio Negro Gelegenheit, mehrere
sehr verständige Militärs zu fragen, die den Zug mitgemacht.
Bovadilla kam ohne Schwierigkeit bis zum kleinen Raudal
dem Gehete gegenüber; aber am Fuße des Felsdammes, welcher
den großen Katarakt bildet, wurde er unversehens, während
des Frühstücks, von den Guaharibos und den Guaica über=
fallen, zwei kriegerischen und wegen der Stärke des Curare,
mit dem sie ihre Pfeile vergiften, vielberufenen Stämmen.
Die Indianer besetzten die Felsen mitten im Fluß. Sie
sahen keine Bogen in den Händen der Spanier, von Feuer=
gewehr wußten sie nichts, und so gingen sie Leuten zu Leibe,
die sie für wehrlos hielten. Mehrere Weiße wurden ge=
fährlich verwundet, und Bovadilla mußte die Waffen brauchen.
Es erfolgte ein furchtbares Gemetzel unter den Eingeborenen,
aber von den holländischen Negern, die sich hierher geflüchtet
haben sollten, wurde keiner gefunden. Trotz des Sieges, der
ihnen nicht schwer geworden, wagten es die Spanier nicht,

in gebirgigem Land auf einem tief eingeschnittenen Flusse weiter gegen Ost hinaufzugehen.

Die Guaharibos blancos haben über den Katarakt aus Lianen eine Brücke geschlagen, die an den Felsen befestigt ist, welche sich, wie meistens in den Pongos im oberen Marañon, mitten aus dem Flußbett erheben. Diese Brücke, die sämtliche Einwohner in Esmeralda wohl kennen, scheint zu beweisen, daß der Orinoko an dieser Stelle bereits ziemlich schmal ist. Die Indianer geben seine Breite meist nur zu 65 bis 100 m an; sie behaupten, oberhalb des Raudals der Guaharibos sei der Orinoko kein Fluß mehr, sondern ein Riachuelo (ein Bergwasser), wogegen ein sehr unterrichteter Geistlicher, Fray Juan Gonzales, der das Land besucht hat, mich versicherte, da, wo man den weiteren Lauf des Orinoko nicht mehr kenne, sei er immer noch zu zwei Dritteilen so breit als der Rio Negro bei San Carlos. Letztere Angabe scheint mir unwahrscheinlicher; ich gebe aber nur wieder, was ich in Erfahrung bringen konnte, und spreche über nichts ab. Nach den vielen Messungen, die ich vorgenommen, weiß ich gut, wie leicht man sich hinsichtlich der Größe der Flußbetten irren kann. Ueberall erscheinen die Flüsse breiter oder schmaler, je nachdem sie von Bergen oder von Ebenen umgeben, frei oder voll Riffen, von Regengüssen geschwellt oder nach langer Trockenheit wasserarm sind. Es verhält sich übrigens mit dem Orinoko wie mit dem Ganges, dessen Lauf nordwärts von Gangotra nicht bekannt ist; auch hier glaubt man wegen der geringen Breite des Flusses, der Punkt könne nicht weit von der Quelle liegen.

Im Felsdamm, der über den Orinoko läuft und den Raudal der Guaharibos bildet, wollen spanische Soldaten die schöne Art Saussurit (den Amazonenstein), von dem oben die Rede war, gefunden haben. Es ist dies eine sehr zweifelhafte Geschichte, und die Indianer, die ich darüber befragt, versicherten mich, die grünen Steine, die man in Esmeralda Piedras de Macagua nennt, seien von den Guaica und Guaharibos gekauft, die mit viel weiter ostwärts lebenden Horden Handel treiben. Es geht mit diesen Steinen wie mit so vielen anderen kostbaren Produkten beider Indien. An den Küsten, einige hundert Meilen weit weg, nennt man das Land, wo sie vorkommen, mit voller Bestimmtheit; kommt man aber mit Mühe und Not in dieses Land, so zeigt es sich, daß die Eingeborenen das Ding, das man sucht, nicht einmal dem Namen nach kennen. Man könnte glauben, die Amulette aus Saussurit, die man bei den Indianern am Rio Negro gefunden, kommen vom unteren Amazonenstrom, und die, welche man über die Missionen am oberen Orinoko und Rio Carony bezieht, aus einem Landstrich zwischen den Quellen des Essequibo und des Rio Branco. Indessen haben weder der Chirurg Hortsmann, ein geborener Hildesheimer, noch Don Antonio Santos, dessen Reisetagebuch mir zu Gebote stand, den Amazonenstein auf der Lagerstätte gesehen, und es ist eine ganz grundlose, obgleich in Angostura stark verbreitete Meinung, dieser Stein komme in weichem, teigigem Zustand aus dem kleinen See Amucu, aus dem man die Laguna del Dorado gemacht hat. So ist denn in diesem östlichen Strich von Amerika noch eine schöne geognostische Entdeckung zu machen, nämlich im Urgebirge ein Euphotidgestein (Gabbro) aufzufinden, das die Piedra de Mecagua enthält.

Ich gebe hier einigen Aufschluß über die Indianerstämme von weißlicher Hautfarbe und sehr kleinem Wuchs, die alte Sagen seit Jahrhunderten an die Quellen des Orinoko setzen. Ich hatte Gelegenheit, in Esmeralda einige zu sehen, und kann versichern, daß man die Kleinheit der Guaica und die Weiße der Guaharibos, die Pater Caulin Guaribos blancos nennt, in gleichem Maße übertrieben hat. Die Guaica, die ich gemessen, messen im Durchschnitt 1486 bis 1513 mm. Man behauptet, der ganze Stamm sei so ausnehmend klein; man darf aber nicht vergessen, daß das, was man hier einen Stamm nennt, im Grunde nur eine einzige Familie ist. Wo alle Vermischung mit Fremden ausgeschlossen ist, pflanzen sich Spielarten und Abweichungen vom gemeinsamen Typus leichter fort. Nach den Guaica sind die Guainares und die Poignaves die kleinsten unter den Indianern. Es ist sehr auffallend, daß alle diese Völkerschaften neben den Kariben wohnen, die von ungemein hohem Wuchse sind. Beide leben im selben Klima und haben dieselben Nahrungsmittel. Es sind Rassenspielarten, deren Bildung ohne Zweifel weit über die Zeit hinaufreicht, wo diese Stämme (große und kleine, weißliche und dunkelbraune) sich nebeneinander niedergelassen. Die vier weißesten Nationen am oberen Orinoko scheinen mir die Guaharibos am Rio Gehete, die Guainares am Ocamo, die Guaica am Caño Chiguire und die Maquiritares an den Quellen des Padamo, des Jao und des Ventuari. Da Eingeborene mit weißlicher

Haut unter einem glühenden Himmel und mitten unter sehr dunkelfarbigen Völkern eine auffallende Erscheinung sind, so haben die Spanier zur Erklärung derselben zwei sehr gewagte Hypothesen aufgebracht. Die einen meinen, Holländer aus Surinam und vom Rio Essequibo mögen sich mit Guaharibos und Guainares vermischt haben; andere behaupten aus Haß gegen die Kapuziner am Carony und die Observanten am Orinoko, diese weißlichen Indianer seien, was man in Dalmatien Muso di frate nennt, Kinder, deren eheliche Geburt einigem Zweifel unterliegt. In beiden Fällen wären die Indios blancos Mestizen, Abkömmlinge einer Indianerin und eines Weißen. Ich habe aber Tausende von Mestizen gesehen und kann behaupten, daß die Vergleichung durchaus unrichtig ist. Die Individuen der weißlichen Stämme, die wir zu untersuchen Gelegenheit hatten, haben die Gesichtsbildung, den Wuchs, die schlichten, glatten schwarzen Haare, wie sie allen anderen Indianern zukommen. Unmöglich könnte man sie für Mischlinge halten, ähnlich den Abkömmlingen von Eingeborenen und Europäern. Manche sind dabei sehr klein, andere haben den gewöhnlichen Wuchs der kupferroten Indianer. Sie sind weder schwächlich, noch kränklich, noch Albinos; sie unterscheiden sich von den kupferfarbigen Stämmen allein durch weit weniger dunkle Hautfarbe. Nach diesen Bemerkungen braucht man den weiten Weg vom oberen Orinoko zum Küstenland, auf dem die Holländer sich niedergelassen, gar nicht in Anschlag zu bringen. Ich leugne nicht, daß man Abkömmlinge entlaufener Neger (negros alzados del palenque) unter den Kariben an den Quellen des Essequibo gefunden haben mag; aber niemals ist ein Weißer von den Ostküsten so tief in Guyana hinein, an den Rio Gehete und an den Ocamo gekommen. Noch mehr: so auffallend es erscheinen mag, daß Völkerschaften mit weißlicher Haut östlich von Esmeralda nebeneinander wohnen, so ist doch so viel gewiß, daß man auch in anderen Ländern Amerikas Stämme gefunden hat, die sich von ihren Nachbarn durch weit weniger dunkle Hautfarbe unterscheiden. Dahin gehören die Arivirianos und Maquiritares am Rio Ventuario und am Padamo, die Paudacoten und Paravenas am Erevato, die Viras und Arigua am Caura, die Mologagos in Brasilien und die Guayana am Uruguay.[1]

---

[1] Die dunkelfarbigsten (man könnte fast sagen die schwärzesten)

Alle diese Erscheinungen verdienen desto mehr Aufmerk=
samkeit, als sie den großen Zweig der amerikanischen Völker
betreffen, den man gemeiniglich dem am Pole lebenden Zweig,
den Eskimo=Tschugasen, entgegenstellt, deren Kinder weiß sind
und die mongolisch gelbe Farbe erst durch den Einfluß der
Luft und der Feuchtigkeit annehmen. In Guyana sind die
Horden, welche mitten in den dichtesten Wäldern leben, meist
nicht so dunkel als solche, welche an den Ufern des Ori=
noko Fischfang treiben. Aber dieser unbedeutende Unter=
schied, der ja auch in Europa zwischen den städtischen Hand=
werkern und den Landbauern oder Küstenfischern vorkommt,
erklärt keineswegs das Phänomen der Indios blancos, die
Existenz von Indianerstämmen mit einer Haut wie die der
Mestizen. Dieselben sind von anderen Waldindianern (Indios
del monte) umgeben, die, obgleich ganz den nämlichen
physischen Einflüssen ausgesetzt, braunrot sind. Die Ur=
sachen dieser Erscheinungen liegen in der Zeit sehr weit
rückwärts, und wir sagen wieder mit Tacitus: „Est durans
originis vis.“

Diese Stämme mit weißlicher Haut, welche wir in der
Mission Esmeralda zu sehen Gelegenheit gehabt, bewohnen
einen Strich des Berglandes zwischen den Quellen von sechs
Nebenflüssen des Orinoko, des Padamo, Jao, Ventuari,
Erevato, Aruy und Paragua. Bei den spanischen und portu=

Spielarten der amerikanischen Rasse sind die Otomaken und die
Guamos, und sie haben vielleicht zu den verworrenen Vorstellungen
von amerikanischen Negern, die in der ersten Zeit der Er=
oberung in Europa verbreitet waren, Anlaß gegeben. Was waren
die Negros de Quareca, die Gomara auf denselben Isthmus von
Panama versetzt, woher uns zuerst die albernen Geschichten von
einem Volke von Albinos in Amerika zugekommen? Liest man die
Geschichtschreiber aus dem Anfang des 16. Jahrhunderts mit Auf=
merksamkeit, so sieht man, daß durch die Entdeckung von Amerika,
wodurch auch eine neue Menschenrasse entdeckt worden war, die
Reisenden großes Interesse für die Abarten unseres Geschlechtes
gewonnen hatten. Hätte nun unter den kupferfarbigen Menschen
eine schwarze Rasse gelebt, wie auf den Inseln der Südsee, so
hätten die Konquistadoren sich sicher bestimmt darüber ausgesprochen.
Zudem kommen in den religiösen Ueberlieferungen der Amerikaner
in ihren heroischen Zeiten wohl weiße bärtige Männer als Priester
und Gesetzgeber vor, aber in keiner dieser Sagen ist von einem
schwarzen Volksstamme die Rede.

giefifchen Miffionären heißt diefes Land gemeiniglich die
Parime. Hier, wie in verfchiedenen anderen Ländern von
Spanifch-Amerika, haben die Wilden wieder erobert, was die
Civilifation oder vielmehr die Miffionäre, die nur die Vor-
läufer der Civilifation find, ihnen abgerungen. Solanos
Grenzexpedition und der abenteuerliche Eifer, mit dem ein
Statthalter von Guyana [1] den Dorado fuchte, hatte in der
zweiten Hälfte des 18. Jahrhunderts den Unternehmungs-
geift wieder wachgerufen, der die Kaftilianer bei der Entdeckung von Amerika befeelte. Man hatte am Rio Padamo
hinauf durch Wälder und Savannen einen Weg von zehn
Tagereifen von Esmeralda zu den Quellen des Ventuari entdeckt; in zwei weiteren Tagen war man von diefen Quellen
auf dem Erevato in die Miffionen am Rio Caura gelangt.
Zwei verftändige, beherzte Männer, Don Antonio Santos
und der Kapitän Bareto, hatten mit Hilfe der Maquiritares
auf diefer Linie von Esmeralda an den Rio Erevato eine
militärifche Poftenkette angelegt; diefelbe beftand aus zwei-
ftockigen, mit Steinböllern befetzten Häufern (casas fuertes),
wie ich fie oben befchrieben und die auf den Karten, die
zu Madrid herauskamen, als 19 Dörfer figurierten. Die
fich felbft überlaffenen Soldaten bedrückten in jeder Weife
die Indianer, die ihre Pflanzungen bei den Casas fuertes
hatten, und da diefe Plackereien nicht fo methodisch waren,
das heißt nicht fo gut ineinander griffen wie die in den
Miffionen, an die fich die Indianer nach und nach gewöhnen,
fo verbündeten fich im Jahre 1776 mehrere Stämme gegen
die Spanier. In einer Nacht wurden alle Militärpoften
auf der ganzen 225 km langen Linie angegriffen, die Häufer
niedergebrannt, viele Soldaten niedergemacht; nur wenige
verdankten ihr Leben dem Erbarmen der indianifchen Weiber.
Noch jetzt fpricht man mit Entfetzen von diefem nächtlichen
Ueberfall. Derfelbe wurde in der tiefften Heimlichkeit ver-
abredet und mit der Uebereinftimmung ausgeführt, die bei
den Eingeborenen von Süd- wie von Nordamerika, welche
feindfelige Gefühle fo meifterhaft in fich zu verfchließen wiffen,
niemals fehlt, wo es fich um gemeinfamen Vorteil handelt.
Seit 1776 hat nun kein Menfch mehr daran gedacht, den
Landweg vom oberen an den unteren Orinoko wiederher-

[1] Don Manuel Centurion, Governador y Comendante general
de la Guayana von 1766 bis 1777.

zustellen, und konnte kein Weißer von Esmeralda an den Erevato gehen. Und doch ist kein Zweifel darüber, daß es in diesem Gebirgslande zwischen den Quellen des Padamo und des Ventuari (bei den Orten, welche bei den Indianern Aurichapa, Ichuana und Irique heißen) mehrere Gegenden mit gemäßigtem Klima und mit Weiden gibt, die Vieh in Menge nähren könnten. Die Militärposten leisteten ihrer Zeit sehr gute Dienste gegen die Einfälle der Kariben, die von Zeit zu Zeit zwischen dem Erevato und dem Padamo Sklaven fortschleppten, wenn auch nur wenige. Sie hätten wohl auch den Angriffen der Eingeborenen widerstanden, wenn man sie, statt sie ganz vereinzelt und nur in den Händen der Soldaten zu lassen, in Dörfer verwandelt und wie die Gemeinden der neubekehrten Indianer verwaltet hätte.

Wir verließen die Mission Esmeralda am 17. Mai. Wir waren eben nicht krank, aber wir fühlten uns alle matt und schwach infolge der Insektenplage, der schlechten Nahrung und der langen Fahrt in engen, nassen Kanoen. Wir gingen den Orinoko nicht über den Einfluß des Rio Guapo hinauf; wir hätten es gethan, wenn wir hätten versuchen können, zu den Quellen des Flusses zu gelangen. Unter den gegenwärtigen Verhältnissen müssen sich bloße Privatleute, welche Erlaubnis haben, die Missionen zu betreten, bei ihren Wanderungen auf die friedlichen Striche des Landes beschränken. Vom Guapo bis zum Raudal der Guaharibos sind noch 67 km. Bei diesem Katarakt, über den man auf einer Brücke aus Lianen geht, stehen Indianer mit Bogen und Pfeilen, die keinen Weißen und keinen, der aus dem Gebiet der Weißen kommt, weiter nach Osten lassen. Wie konnten wir hoffen, über einen Punkt hinauszukommen, wo der Befehlshaber am Rio Negro, Don Francisco Bovadilla, hatte Halt machen lassen, als er mit bewaffneter Macht jenseits des Gehete vordringen wollte? Durch das Blutbad, das man unter ihnen angerichtet, sind die Eingeborenen gegen die Bewohner der Missionen noch grimmiger und mißtrauischer geworden. Man erinnere sich, daß beim Orinoko bis jetzt den Geographen zwei besondere, aber gleich wichtige Probleme vorlagen: die Lage seiner Quellen und die Art seiner Verbindung mit dem Amazonenstrom. Der letztere war der Zweck der Reise, die ich im bisherigen beschrieben; was die endliche Auffindung der Quellen betrifft, so ist dies Sache

der spanischen und der portugiesischen Regierung. Eine kleine
Abteilung Soldaten, die von Angostura oder vom Rio Negro
aufbräche, könnte den Guaharibos, Guaica und Kariben,
deren Kraft und Anzahl man in gleichem Maße übertreibt,
die Spitze bieten. Diese Expedition könnte entweder von
Esmeralda ostwärts oder auf dem Rio Carony und dem Pa=
ragua südwestwärts, oder endlich auf dem Rio Padaviri oder
dem Rio Branco und dem Urariquera nach Nordwest gehen.
Da der Orinoko in der Nähe seines Ursprungs wahrschein=
lich weder unter diesem Namen noch unter dem Namen Pa=
ragua[1] bekannt ist, so wäre es sicherer auf ihm über den
Gehete hinaufzugehen, nachdem man das Land zwischen
Esmeralda und dem Raudal der Guaharibos, das ich oben
genau beschrieben, hinter sich gelassen. Auf diese Weise ver=
wechselte man nicht den Hauptstamm des Flusses mit einem
oberen Nebenfluß, und wo das Bett mit Felsen verstopft
wäre, ginge man bald am einen, bald am anderen Ufer am
Orinoko hinauf. Wollte man aber, statt sich nach Ost zu
wenden, die Quellen westwärts auf dem Rio Carony, dem
Essequibo oder dem Rio Branco suchen, so müßte man den
Zweck der Expedition erst dann als erreicht ansehen, wenn
man auf dem Fluß, den man für den Orinoko angesehen,
bis zum Einfluß des Gehete und zur Mission Esmeralda
herabgekommen wäre. Das portugiesische Fort San Joaquim,
am linken Ufer des Rio Branco beim Einfluß des Tacutu,
wäre ein weiterer günstig gelegener Ausgangspunkt; ich em=
pfehle ihn, weil ich nicht weiß, ob die Mission Santa Rosa,
die vom Statthalter Don Manuel Centurion, als die Ciudad
Guirior angelegt wurde, weiter nach West am Ufer des
Urariapara gegründet worden, nicht bereits wieder einge=
gangen ist. Verfolgte man den Lauf des Paragua westwärts
vom Destacamento oder Militärposten Guirior, der in den
Missionen der katalonischen Kapuziner liegt, oder ginge man
vom portugiesischen Fort San Joaquim im Thale des Rio
Urariquera gegen West, so käme man am sichersten zu den
Quellen des Orinoko. Die Längenbeobachtungen, die ich in
Esmeralda angestellt, können das Suchen erleichtern, wie ich
in einer an das spanische Ministerium unter König Karl IV.
gerichteten Denkschrift auseinandergesetzt habe.

---

[1] Dies ist der indische Name des oberen Orinoko.

Wenn das große, nützliche Werk der amerikanischen Mis=
sionen allmählich die Verbesserungen erhielte, auf die mehrere
Bischöfe angetragen haben, wenn man, statt die Missionäre
fast aufs Geratewohl aus den spanischen Klöstern zu ergänzen,
junge Geistliche in Amerika selbst in Seminarien oder Mis=
sionskollegien erzöge, so würden militärische Expeditionen, wie
ich sie eben vorgeschlagen, überflüssig. Das Ordenskleid des
heiligen Franziskus, ob es nun braun ist wie bei den Kapu=
zinern am Carony, oder blau wie bei den Obfervanten am
Orinoko, übt immer noch einen gewissen Zauber über die
Indianer dieser Länder. Sie knüpfen daran gewisse Vor=
stellungen von Wohlstand und Behagen, die Aussicht, in den
Besitz von Aerzten, Messern und Fischereigeräten zu gelangen.
Selbst solche, die an Unabhängigkeit und Vereinzelung zähe
festhalten und es verschmähen, sich „vom Glockenklang regieren
zu lassen", sind erfreut, wenn ein benachbarter Missionär sie
besucht. Ohne die Bedrückungen der Soldaten und die feind=
lichen Einfälle der Mönche, ohne die Entradas und Conquistas
apostolicas, hätten sich die Eingeborenen nicht von den Ufern
des Stromes weggezogen. Gäbe man das unvernünftige
System auf, die Klosterzucht in den Wäldern und Savannen
Amerikas einführen zu wollen, ließe man die Indianer der
Früchte ihrer Arbeit froh werden, regierte man sie nicht so
viel, das heißt, legte man nicht ihrer natürlichen Freiheit bei
jedem Schritte Fesseln an, so würden die Missionäre rasch
den Kreis ihrer Thätigkeit sich erweitern sehen, deren Ziel ja
kein anderes ist, als menschliche Gesittung.

Die Niederlassungen der Mönche haben in den Aequinof=
tialländern der Neuen Welt wie im nördlichen Europa die
ersten Keime des gesellschaftlichen Lebens ausgestreut. Noch
jetzt bilden sie einen weiten Gürtel um die europäischen Be=
sitzungen, und wie viele und große Mißbräuche sich auch in
ein Regiment eingeschlichen haben mögen, wobei alle Gewalten
in einer einzigen verschmolzen sind, so würde es doch schwer
halten, dasselbe durch ein anderes zu ersetzen, das nicht noch
weit größere Uebelstände mit sich führte, und dabei ebenso wohl=
feil und dem schweigsamen Phlegma der Eingeborenen ebenso
angemessen wäre. Ich komme später auf diese christlichen An=
stalten zurück, deren politische Wichtigkeit in Europa nicht
genug gewürdigt wird. Hier sei nur bemerkt, daß die von
der Küste entlegensten gegenwärtig am meisten verwahrlost
sind. Die Ordensleute leben dort im tiefsten Elende. Allein

von der Sorge für den täglichen Unterhalt befangen, beständig
darauf bedacht, auf eine Mission versetzt zu werden, die näher
bei der civilisierten Welt liegt, das heißt bei weißen und ver=
nünftigen Leuten, kommen sie nicht leicht in Versuchung,
weiter ins Land zu dringen. Es wird rasch vorwärts gehen,
sobald man (nach dem Vorgange der Jesuiten) den entlegen=
sten Missionen außerordentliche Unterstützungen zu teil werden
läßt, und auf die äußersten Posten, Guirior, San Luis del
Crevato und Esmeralda,[1] die mutigsten, verständigsten und
in den Indianersprachen bewandertsten Missionäre stellt. Das
kleine Stück, das vom Orinoko noch zu berichtigen ist (wahr=
scheinlich eine Strecke von 112 bis 136 km), wird bald ent=
deckt sein; in Süd= wie in Nordamerika sind die Missionäre
überall zuerst auf dem Platze, weil ihnen Vorteile zu statten
kommen, die anderen Reisenden abgehen. „Ihr thut groß
damit, wie weit ihr über den Obersee hinaufgekommen," sagte
ein Indianer aus Kanada zu Pelzhändlern aus den Vereinig=
ten Staaten; „ihr denkt also nicht daran, daß die ‚Schwarz=
röcke‘ vorher dagewesen, und daß diese euch den Weg nach
Westen gewiesen haben!"

Unsere Piroge war erst gegen drei Uhr abends bereit
uns aufzunehmen. Während der Fahrt auf dem Cassiquiare
hatten sich unzählige Ameisen darin eingenistet und nur mit
Mühe säuberte man davon den Toldo, das Dach aus Palm=
blättern, unter dem wir nun wieder zweiundzwanzig Tage
lang ausgestreckt liegen sollten. Einen Teil des Vormittags
verwendeten wir dazu, um die Bewohner von Esmeralda noch=
mals über einen See auszufragen, der gegen Ost liegen sollte.
Wir zeigten den alten Soldaten, die in der Mission seit ihrer
Gründung lagen, die Karten von Surville und La Cruz. Sie
lachten über die angebliche Verbindung zwischen dem Orinoko
und dem Rio Idapa und über das Weiße Meer, durch
das ersterer Fluß laufen soll. Was wir höflich Fiktionen
der Geographen nennen, hießen sie „Lügen von dort drüben"
(mentiras de por allá). Die guten Leute konnten nicht be=
greifen, wie man von Ländern, in denen man nie gewesen,
Karten machen kann und aufs genaueste Dinge wissen will,
wovon man an Ort und Stelle gar nichts weiß. Der See

---

[1] Diese drei Punkte liegen auf den Grenzen der Missionen
am Rio Carony, am Rio Caura und am oberen Orinoko.

der Parime, die Sierra Mey, die Quellen, die vom Punkte an, wo sie aus dem Boden kommen, auseinanderlaufen — von all dem weiß man in Esmeralda nichts. Immer hieß es, kein Mensch sei je ostwärts über den Raudal der Guaharibos hinaufgekommen; oberhalb dieses Punktes komme, wie manche Indianer glauben, der Orinoko als ein kleiner Bergstrom von einem Gebirgsstocke herab, an dem die Corotosindianer wohnen. Diese Umstände verdienen wohl Beachtung; denn wäre bei der königlichen Grenzexpedition oder nach dieser denkwürdigen Zeit ein weißer Mensch wirklich zu den Quellen des Orinoko und zu dem angeblichen See der Parime gekommen, so müßte sich die Erinnerung daran in der nächstgelegenen Mission, über die man kommen mußte, um eine so wichtige Entdeckung zu machen, erhalten haben. Nun machen aber die drei Personen, die mit den Ergebnissen der Grenzexpedition bekannt wurden, Pater Caulin, La Cruz und Surville, Angaben, die sich geradezu widersprechen. Wären solche Widersprüche denkbar, wenn diese Gelehrten, statt ihre Karten nach Annahmen und Hypothesen zu entwerfen, die in Madrid ausgeheckt worden, einen wirklichen Reisebericht vor Augen gehabt hätten? Pater Gili, der achtzehn Jahre (von 1749 bis 1767) am Orinoko gelebt hat, sagt ausdrücklich, „Don Apolinario Diez sei abgesandt worden, um die Quellen des Orinoko zu suchen; er habe ostwärts von Esmeralda den Strom voll Klippen gefunden; er habe aus Mangel an Lebensmitteln umgekehrt und von der Existenz eines Sees nichts, gar nichts vernommen". Diese Angabe stimmt vollkommen mit dem, was ich fünfunddreißig Jahre später in Esmeralda gehört, wo Don Apolinarios Name noch im Munde aller Einwohner ist und von wo man fortwährend über den Einfluß des Gehete hinauffährt.

Die Wahrscheinlichkeit einer Thatsache vermindert sich bedeutend, wenn sich nachweisen läßt, daß man an dem Orte, wo man am besten damit bekannt sein müßte, nichts davon weiß, und wenn diejenigen, die sie mitteilen, sich widersprechen, nicht etwa in minder wesentlichen Umständen, sondern gerade in allen wichtigen. Ich verfolge diese rein geographische Erörterung hier nicht weiter; ich werde in der Folge zeigen, wie die Verstöße auf den neuen Karten von der Sitte herrühren, sie den alten nachzuzeichnen, wie Trageplätze für Flußverzweigungen gehalten wurden, wie man Flüsse, die bei den Indianern große Wasser heißen, in Seen verwandelte, wie man zwei dieser Seen (den Cassipa und den Parime) seit dem 16. Jahrhundert verwechselte und hin und her schob, wie man endlich in den Namen der Nebenflüsse des Rio Branco den Schlüssel zu den meisten dieser uralten Fiktionen findet.

Als wir im Begriffe waren, uns einzuschiffen, drängten sich die Einwohner um uns, die weiß und von spanischer Ab= kunft sein wollen. Die armen Leute beschworen uns, beim Statthalter von Angostura ein gutes Wort für sie einzulegen, daß sie in die Steppen (Llanos) zurückkehren dürften, oder, wenn man ihnen diese Gnade versage, daß man sie in die Missionen am Rio Negro versetze, wo es doch kühler sei und nicht so viele Insekten gebe. „Wie sehr wir uns auch ver= fehlt haben mögen," sagten sie, „wir haben es abgebüßt durch zwanzig Jahre der Qual in diesem Moskitoschwarm." Ich nahm mich in einem Berichte an die Regierung über die in= dustriellen und kommerziellen Verhältnisse dieser Länder der Verwiesenen an, aber die Schritte, die ich that, blieben er= folglos. Die Regierung war zur Zeit meiner Reise mild und zu gelinden Maßregeln geneigt; wer aber das verwickelte Räderwerk der alten spanischen Monarchie kennt, weiß auch, daß der Geist eines Ministeriums auf das Wohl der Bevölke= rung am Orinoko, in Neukalifornien und auf den Philippinen von sehr geringem Einflusse war.

Halten sich die Reisenden nur an ihr eigenes Gefühl, so streiten sie sich über die Menge der Moskiten, wie über die allmähliche Zunahme und Abnahme der Temperatur. Die Stimmung unserer Organe, die Bewegung der Luft, das Maß der Feuchtigkeit oder Trockenheit, die elektrische Spannung tausenderlei Umstände wirken zusammen, daß wir von der Hitze und den Insekten bald mehr, bald weniger leiden. Meine Reisegefährten waren einstimmig der Meinung, in Esmeralda peinigen die Moskiten ärger als am Cassiquiare und selbst in den beiden Missionen an den großen Katarakten; mir meiner= seits, der ich für die hohe Lufttemperatur weniger empfindlich war als sie, schien der Hautreiz, den die Insekten verursachen, in Esmeralda nicht so stark als an der Grenze des oberen Orinoko. Wir brauchten kühlende Waschwasser; Zitronensaft und noch mehr der Saft der Ananas lindern das Jucken der alten Stiche bedeutend; die Geschwulst vergeht nicht davon, wird aber weniger schmerzhaft. Hört man von diesen leidigen Insekten der heißen Länder sprechen, so findet man es kaum glaublich, daß man unruhig werden kann, wenn sie nicht da sind, oder vielmehr wenn sie unerwartet verschwinden. In Esmeralda erzählte man uns, im Jahre 1795 sei eine Stunde vor Sonnenuntergang, wo sonst die Moskiten eine sehr dichte Wolke bilden, die Luft auf einmal 20 Minuten lang ganz frei gewesen. Kein einziges Insekt ließ sich blicken, und doch war der Himmel wolkenlos und kein Wind deutete auf Regen. Man muß in diesen Ländern selbst gelebt haben, um zu begreifen, in welchem Maße dieses plötzliche Verschwinden der Insekten überraschen mußte. Man wünschte einander Glück, man fragte sich, ob diese Felicidad, dieses Alivio (Erleichterung) wohl von Dauer sein könne. Nicht lange aber, und statt des Augenblickes zu genießen, fürchtete man sich vor selbstgemachten Schreckbildern; man bildete sich ein, die Ordnung der Natur habe sich verkehrt. Alte Indianer, die Lokalgelehrten, behaupteten, das Verschwinden der Moskiten könne nichts anderes bedeuten als ein großes Erdbeben. Man stritt hitzig hin und her, man lauschte auf das leiseste Geräusch im Baumlaub, und als sich die Luft wieder mit Moskiten füllte, freute man sich ordentlich, daß sie wieder da waren. Welcher Vorgang in der Atmosphäre mag nun diese Erscheinung verursacht haben, die man nicht damit verwechseln darf, daß zu bestimmten Tageszeiten die eine Insektenart die andere ablöst? Wir konnten diese Frage nicht beantworten, aber die lebendige Schilderung der Einwohner war uns interessant. Mißtrauisch, ängstlich, was ihm bevorstehen möge, seine alten Schmerzen zurückwünschen, das ist so echt menschlich.

Bei unserem Abgange von Esmeralda war das Wetter sehr stürmisch. Der Gipfel des Duida war in Wolken gehüllt, aber diese schwarzen, stark verdichteten Dunstmassen standen noch 1750 m über der Niederung. Schätzt man die mittlere Höhe der Wolken, d. h. ihre untere Schicht, in verschiedenen Zonen, so darf man nicht die zerstreuten einzelnen Gruppen mit den Wolkendecken verwechseln, die gleichförmig über den Niederungen gelagert sind und an eine Bergkette stoßen. Nur die letzteren können sichere Resultate geben; einzelne Wolkengruppen verfangen sich in Thälern, oft nur durch die niedergehenden Luftströme. Wir sahen welche bei der Stadt Caracas in 975 m Meereshöhe; es ist aber schwer zu glauben, daß die Wolken, die man über den Küsten von Cumana und der Insel Margarita sieht, nicht höher stehen sollten. Das Gewitter, das sich am Gipfel des Duida entlud, zog nicht in das Thal des Orinoko herunter; überhaupt haben wir in diesem Thale nicht die starken elektrischen Entladungen beobachtet, wie sie in der Regenzeit den Reisenden, wenn er von Cartagena nach Honda den Magdalenenstrom hinauf= fährt, fast jede Nacht ängstigen. Es scheint, daß in einem flachen Lande die Gewitter regelmäßiger dem Bette eines großen Flusses nachziehen als in einem ungleichförmig mit Bergen besetzten Lande, wo viele Seitenthäler durcheinander= laufen. Wir beobachteten zu wiederholten Malen die Tempe= ratur des Orinoko an der Wasserfläche bei 30° Lufttemperatur; wir fanden nur 26°, also 3° weniger als in den großen Katarakten und 2° mehr als im Rio Negro. In der ge= mäßigten Zone in Europa steigt die Temperatur der Donau und der Elbe mitten im Sommer nicht über 17 bis 19°. Am Orinoko konnte ich niemals einen Unterschied zwischen der Wärme des Wassers bei Tag und bei Nacht bemerken, wenn ich nicht den Thermometer da in den Fluß brachte, wo das Wasser wenig Tiefe hat und sehr langsam über ein breites, sandiges Gestade fließt, wie bei Uruana und bei den Mün= dungen des Apure. Obgleich in den Wäldern von Guyana unter einem meistens bedeckten Himmel die Strahlung des Bodens bedeutend verlangsamt ist, so sinkt doch die Lufttem= peratur bei Nacht nicht unbedeutend. Die obere Wasserschicht ist dann wärmer als der umgebende Erdboden, und wenn die Mischung zweier mit Feuchtigkeit fast gesättigter Luft= massen über dem Wald und über dem Flusse keinen sicht= baren Nebel erzeugt, so kann man dies nicht dem Umstande zuschreiben, daß die Nacht nicht kühl genug sei. Während meines Aufenthaltes am Orinoko und Rio Negro war das Flußwasser oft um 2 bis 3° bei Nacht wärmer als die wind= stille Luft.

Nach vierstündiger Fahrt flußabwärts kamen wir an die Stelle der Gabelteilung. Wir schlugen unser Nachtlager am Ufer des Cassiquiare am selben Flecke auf, wo wenige Tage zuvor die Jaguare höchst wahrscheinlich uns unsere große Dogge geraubt hatten. Alles Suchen der Indianer nach einer Spur des Tieres war vergebens. Der Himmel blieb umzogen und ich wartete vergeblich auf die Sterne; ich beobachtete aber hier wieder, wie schon in Esmeralda, die Inklination der Magnetnadel. Am Fuße des Cerro Duida hatte ich 28° 25' gefunden, fast 3° mehr als in Mandavaca. An der Mündung des Cassiquiare erhielt ich 28° 75'; der Duida schien also keinen merklichen Einfluß geäußert zu haben. Die Jaguare ließen sich die ganze Nacht hören.[1] Sie sind in dieser Gegend zwischen dem Cerro Maraguaca, dem Unturan und den Ufern des Pamoni ungemein häufig. Hier kommt auch der schwarze Tiger[2] vor, von dem ich in Esmeralda schöne Felle gesehen. Dieses Tier ist wegen seiner Stärke und Wildheit vielberufen und es scheint noch größer zu sein als der gemeine Jaguar. Die schwarzen Flecken sind auf dem schwarzbraunen Grunde seines Felles kaum sichtbar. Nach der Angabe der Indianer sind die schwarzen Tiger sehr selten, vermischen sich nie mit den gemeinen Jaguaren und „sind eine andere Rasse". Ich glaube, Prinz Maximilian von Neuwied, der die Zoologie von Amerika mit so vielen wichtigen Beob= achtungen bereichert hat, ist weiter nach Süd, im heißen Landstriche von Brasilien ebenso berichtet worden. In Para= guay sind Albinos von Jaguaren vorgekommen; denn diese Tiere, die man den schönen amerikanischen Panther nennen könnte, haben zuweilen so blasse Flecken, daß man sie auf dem ganz weißen Grunde kaum bemerkt. Beim schwarzen Jaguar werden im Gegenteile die Flecken unsichtbar, weil der Grund dunkel ist. Man müßte lange in dieser Gegend leben und die Indianer in Esmeralda auf der gefährlichen Tigerjagd begleiten, um sich bestimmt darüber aussprechen zu können, was bei ihnen Art und was nur Spielart ist. Bei allen Säugetieren, besonders aber bei der großen Familie der Affen, hat man, glaube ich, weniger auf die Farbenüber= gänge bei einzelnen Exemplaren sein Augenmerk zu richten, als auf den Trieb der Tiere, sich abzusondern und Rudel für sich zu bilden.

---

[1] Daß die großen Jaguare in einem Lande, wo es kein Vieh gibt, so häufig sind, ist ziemlich auffallend. Die Tiger am oberen Orinoko führen ein elendes Leben gegenüber denen in den Pampas von Buenos Ayres, in den Llanos von Caracas und auf anderen mit Herden von Hornvieh bedeckten Ebenen. In den spanischen Kolonieen werden jährlich über 4000 Jaguare erlegt, von denen manche die mittlere Größe des asiatischen Königstigers erreichen. Buenos Ayres führte früher 2000 Jaguarhäute jährlich aus, die bei den Pelzhändlern in Europa „große Pantherfelle" heißen.

[2] Gmelin zählt dieses Tier unter dem Namen Felis discolor auf. Es ist nicht zu verwechseln mit dem großen amerikanischen Löwen, Felis concolor, der vom kleinen Löwen (Puma) der Anden von Quito sehr verschieden ist.

Am 24. Mai. Wir brachen von unserem Nachtlager
vor Sonnenaufgang auf. In einer Felsbucht, wo die Duri=
mundi=Indianer gehaust hatten, war der aromatische Duft
der Gewächse so stark, daß es uns lästig fiel, obgleich wir
unter freiem Himmel lagen und bei unserer Gewöhnung an
ein Leben voll Beschwerden unser Nervensysten eben nicht
sehr reizbar war. Wir konnten nicht ermitteln, was für
Blüten es waren, die diesen Geruch verbreiteten; der Wald
war undurchdringlich. Bonpland glaubte, in den benachbarten
Sümpfen werden große Büsche von Pancratium und einigen
anderen Liliengewächsen stecken. Wir kamen sofort den Ori=
noko abwärts zuerst am Einfluß des Cunucunumo, dann am
Guanami und Puruname vorüber. Beide Ufer des Haupt=
stroms sind völlig unbewohnt; gegen Norden erheben sich
hohe Gebirge, gegen Süden dehnt sich, so weit das Auge reicht,
eine Ebene bis über die Quellen des Atacavi hinaus, der
weiter unten Atabapo heißt. Der Anblick eines Flusses, auf
dem man nicht einmal einem Fischerboot begegnet, hat etwas
Trauriges, Niederschlagendes. Unabhängige Völkerschaften,
die Abirianos und Maquiritares, leben hier im Gebirgsland,
aber auf den Grasfluren zwischen Cassiquiare, Atabapo, Ori=
noko und Rio Negro findet man gegenwärtig fast keine Spur
einer menschlichen Wohnung. Ich sage gegenwärtig; denn
hier, wie anderswo in Guyana, findet man auf den härtesten
Granitfelsen rohe Bilder eingegraben, welche Sonne, Mond
und verschiedene Tiere vorstellen und darauf hinweisen, daß
hier früher ein ganz anderes Volk lebte, als das wir an den
Ufern des Orinoko kennen gelernt. Nach den Aussagen der
Indianer und der verständigsten Missionare kommen diese
symbolischen Bilder ganz mit denen überein, die wir 450 km
weiter nördlich von Caycara, der Einmündung des Apure
gegenüber, gesehen haben.

Die Ueberreste einer alten Kultur fallen um so mehr
auf, je größer der Flächenraum ist, auf dem sie vorkommen,
und je schärfer sie von der Verwilderung abstechen, in die
wir seit der Eroberung alle Horden in den heißen östlichen
Landstrichen Amerikas versunken sehen. 630 km ostwärts
von den Ebenen am Cassiquiare und Conorichite, zwischen
den Quellen des Rio Branco und des Rio Essequibo, findet
man gleichfalls Felsen mit symbolischen Bildern. Ich ent=
nehme diesen Umstand, der mir sehr merkwürdig scheint, dem
Tagebuch des Reisenden Hortsmann, das mir in einer Ab=

schrift von der Hand des berühmten d'Anville vorliegt. Dieser Reisende, dessen ich in diesem Buche schon mehreremal gedacht, fuhr den Rupunuvini, einen Nebenfluß des Essequibo, herauf. Da wo der Fluß eine Menge kleiner Fälle bildet und sich zwischen den Bergen von Maraeana durchschlängelt, fand er, [1] bevor er an den See Amucu kam, „Felsen, bedeckt mit Figuren oder (wie er sich portugiesisch ausdrückt) varias letras". Dieses Wort Buchstaben haben wir nicht in seinem eigentlichen Sinn zu nehmen. Man hat auch uns am Felsen Culimacari am Ufer des Cassiquiare und im Hafen von Caycara am unteren Orinoko Striche gezeigt, die man für aneinander gereihte Buchstaben hält. Es waren aber nur unförmliche Figuren, welche die Himmelskörper, Tiger, Krokodile, Boa und Werkzeuge zur Bereitung des Maniokmehls vorstellen sollen. An den gemalten Felsen (so nennen die Indianer diese mit Figuren bedeckten Steine) ist durchaus keine symmetrische Anordnung, keine regelmäßige Abteilung in Schriftzeichen zu bemerken. Die Striche, die der Missionär Fray Ramon Bueno in den Bergen von Uruana entdeckt hat, nähern sich allerdings einer Buchstabenschrift mehr, indessen ist man über diese Züge, von denen ich anderswo gehandelt, noch sehr im unklaren.

Was auch diese Figuren bedeuten sollen und zu welchem Zweck sie in den Granit gegraben werden, immer verdienen sie von seiten des Geschichtsphilosophen die größte Beachtung. Reist man von der Küste von Caracas dem Aequator zu, so kommt man zuerst zur Ansicht, diese Denkmale seien der Bergkette der Encamarada eigentümlich; man findet sie beim Hafen von Sedeño bei Caycara, bei San Rafael del Capuchino, Cabruta gegenüber, fast überall, wo in der Savanne zwischen dem Cerro Curiquima und dem Ufer des Caura das Granitgestein zu Tage kommt. Die Völker von tamanakischem Stamme, die alten Bewohner dieses Landes, haben eine lokale Mythologie, Sagen, die sich auf diese Felsen mit Bildern beziehen. Amalivaca, der Vater der Tamanaken, das

---

[1] Am 18. April 1749. Nikolaus Hortsmann schrieb Tag für Tag an Ort und Stelle auf, was ihm Bemerkenswertes vorgekommen. Er verdient um so mehr Zutrauen, da er, höchst mißvergnügt, daß er nicht gefunden, was er gesucht (den See Dorado und Gold- und Diamantengruben), auf alles, was ihm unterwegs vorkommt, mit Geringschätzung zu blicken scheint.

heißt der Schöpfer des Menschengeschlechtes (jedes Volk hält sich für den Urstamm der anderen Völker), kam in einer Barke an, als sich bei der großen Ueberschwemmung, welche die „Wasserzeit"[1] heißt, die Wellen des Ozeans mitten im Lande an den Bergen der Encaramada brachen. Alle Menschen, oder vielmehr alle Tamanaken, ertranken, mit Ausnahme eines Mannes und einer Frau, die sich auf einen Berg am Ufer des Asiveru, von den Spaniern Cuchivero genannt, flüchteten. Dieser Berg ist der Ararat der aramäischen oder semitischen Völker, der Tlaloc oder Colhuacan der Mexikaner. Amalivaca fuhr in seiner Barke herum und grub die Bilder von Sonne und Mond auf den gemalten Fels (Tepumereme) an der Encamarada. Granitblöcke, die sich gegeneinander lehnen und eine Art Höhle bilden, heißen noch heute das Haus des großen Stammvaters der Tamanaken. Bei dieser Höhle auf den Ebenen von Maita zeigt man auch einen großen Stein, der, wie die Indianer sagen, ein musikalisches Instrument Amalivacas, seine Trommel war. Wir erwähnen bei dieser Gelegenheit, daß dieser Heros einen Bruder, Vochi, hatte, der ihm zur Hand ging, als er der Erdoberfläche ihre jetzige Gestalt gab. Die beiden Brüder, so erzählen die Tamanaken, wollten bei ihren eigenen Vorstellungen von Perfektibilität den Orinoko zuerst so legen, daß man hinab und hinauf immer mit der Strömung fahren konnte. Sie gedachten damit den Menschen die Mühe des Ruderns zu ersparen, wenn sie den Quellen der Flüsse zuführen; aber so mächtig diese Erneuerer der Welt waren, es wollte ihnen nie gelingen, dem Orinoko einen doppelten Fall zu geben, und sie mußten es aufgeben, eines so wunderlichen hydraulischen Problemes Meister zu werden. Amalivaca besaß Töchter, die große Neigung zum Umherziehen hatten; die Sage erzählt, ohne Zweifel im bildlichen Sinne, er habe ihnen die Beine zerschlagen, damit sie an Ort und Stelle bleiben und die Erde mit Tamanaken bevölkern müßten. Nachdem er in Amerika, diesseits des großen Wassers, alles in Ordnung gebracht, schiffte sich Amalivaca wieder ein und fuhr ans andere Ufer zurück an den Ort, von dem er gekommen. Seit die Eingeborenen Missionäre zu sich kommen sehen, denken

---

[1] Es ist dies das Atonatiuh der Mexikaner, das vierte Zeitalter, die vierte Erneuerung der Welt.

sie, dieses „andere Ufer" sei Europa, und einer fragte Pater Gili naiv, ob er dort drüben den großen Amalivaca gesehen habe, den Vater der Tamanaken, der auf die Felsen symbolische Figuren gezeichnet.

Diese Vorstellungen von einer großen Flut; das Paar, das sich auf einen Berggipfel flüchtet und Früchte der Mauritiapalme hinter sich wirft, um die Welt wieder zu bevölkern; dieser Nationalgott Amalivaca, der zu Wasser aus fernem Lande kommt, der Natur Gesetze vorschreibt und die Völker zwingt, ihr Wanderleben aufzugeben — alle diese Züge eines uralten Glaubens verdienen alle Beachtung. Was die Tamanaken und die Stämme, die mit dem Tamanakischen verwandte Sprachen haben, uns jetzt erzählen, ist ihnen ohne Zweifel von anderen Völkern überliefert, die vor ihnen dasselbe Land bewohnt haben. Der Name Amalivaca ist über einen Landstrich von mehr als 100 000 qkm verbreitet; er kommt mit der Bedeutung Vater der Menschen (unser Urvater) selbst bei den karibischen Völkern vor, deren Sprache mit dem Tamanakischen nur verwandt ist wie das Deutsche mit dem Griechischen, dem Persischen und dem Sanskrit. Amalivaca ist ursprünglich nicht der große Geist, der Alte im Himmel, das unsichtbare Wesen, dessen Verehrung aus der Verehrung der Naturkräfte entspringt, wenn in den Völkern allmählich das Bewußtsein der Einheit dieser Kräfte erwacht; er ist vielmehr eine Person aus dem heroischen Zeitalter, ein Mann, der aus weiter Ferne gekommen, im Lande der Tamanaken und Kariben gelebt, symbolische Zeichen in die Felsen gegraben hat und wieder verschwunden ist, weil er sich zum Lande über dem Weltmeere, wo er früher gewohnt, wieder zurückwendet. Der Anthropomorphismus bei der Gestaltung der Gottheit hat zwei gerade entgegengesetzte Quellen, [1] und dieser Gegensatz scheint nicht sowohl auf dem verschiedenen Grade der Geistesbildung zu beruhen, als darauf, daß manche Völker von Natur mehr zur Mystik neigen, während andere unter der Herrschaft der Sinne, der äußeren Eindrücke stehen. Bald läßt der Mensch die Gottheiten zur Erde niedersteigen und es über sich nehmen, die Völker zu regieren und ihnen Gesetze zu geben, wie in den Mythen des Orients; bald, wie bei den Griechen und anderen Völkern

---

[1] Creuzer, Symbolik III, 89.

des Occidents, werden die ersten Herrscher, die Priesterkönige,
dessen, was menschlich an ihnen ist, entkleidet und zu National=
gottheiten erhoben. Amalivaca war ein Fremdling, wie Manco=
Capac, Bochica und Quetzalcohuatl, diese außerordentlichen
Menschen, die im alpinischen oder civilisierten Striche Ame=
rikas, auf den Hochebenen von Peru, Neugranada und Ana=
huac, die bürgerliche Gesellschaft geordnet, den Opferdienst
eingerichtet und religiöse Brüderschaften gestiftet haben. Der
mexikanische Quetzalcohuatl, dessen Nachkommen Montezuma
in den Begleitern des Cortez zu erkennen glaubte, hat noch
einen weiteren Zug mit Amalivaca, der mythischen Person
des barbarischen Amerikas, der Ebenen der heißen Zone, ge=
mein. In hohem Alter verließ der Hohepriester von Tula das
Land Anahuac, das er mit seinen Wundern erfüllt, und ging
zurück in ein unbekanntes Land, genannt Tlalpallan. Als
der Mönch Bernhard von Sahagun nach Mexiko kam, richtete
man genau dieselben Fragen an ihn, wie zweihundert Jahre
später in den Wäldern am Orinoko an den Missionär Gili:
man wollte wissen, ob er vom anderen Ufer komme, aus
dem Lande, wohin Quetzalcohuatl gegangen.

Wir haben oben gesehen, daß die Region der Felsen mit
Bildwerk oder der gemalten Steine weit über den unteren
Orinoko, über den Landstrich (7° 5′ bis 7° 40′ der Breite,
68° 50′ bis 69° 45′ der Länge) hinausreicht, dem die Sage
angehört, die man als den Lokalmythus der Tamanaken
bezeichnen kann. Man findet dergleichen Felsen mit Bildern
zwischen dem Cassiquiare und Atabapo (2° 5′ bis 3° 20′ der
Breite, 69° bis 70° der Länge), zwischen den Quellen des
Essequibo und des Rio Branco (3° 50′ der Breite, 62° 32′
der Länge). Ich behaupte nicht, daß diese Bilder beweisen,
daß ihre Verfertiger den Gebrauch des Eisens gekannt, auch
nicht, daß sie auf eine bedeutende Kulturstufe hinweisen;
setzte man aber auch voraus, sie haben keine symbolische Be=
deutung, sondern seien rein Erzeugnisse müßiger Jägervölker,
so müßte man doch immer annehmen, daß vor den Völkern,
die jetzt am Orinoko und Rupunuri leben, eine ganz andere
Menschenart hier gelebt. Je weniger in einem Lande Er=
innerungen an vergangene Geschlechter leben, desto wichtiger
ist es, wo man ein Denkmal vor sich zu haben glaubt, auch
die unbedeutendsten Spuren zu verfolgen. Auf den Ebenen
im Osten Nordamerikas findet man nur jene merkwürdigen
Ringwälle, die an die festen Lager (die angeblichen Städte

von ungeheurem Umfang) der alten und der heutigen noma=
dischen Völker in Asien erinnern. Auf den östlichen Ebenen
Südamerikas ist durch die Uebermacht des Pflanzenwuchses,
des heißen Klimas und die allzu große Freigebigkeit der Natur
der Fortschritt der menschlichen Kultur in noch engeren Schran=
ken gehalten worden. Zwischen Orinoko und Amazonenstrom
habe ich von keinem Erdwall, von keinem Ueberbleibsel eines
Dammes, von keinem Grabhügel sprechen hören; nur auf den
Felsen, und zwar auf einer weiten Landstrecke, sieht man, in
unbekannter Zeit von Menschenhand eingegraben, rohe Um=
risse, die sich an religiöse Ueberlieferungen knüpfen. Wenn
einmal die Bewohner des doppelten Amerikas mit weniger
Geringschätzung auf den Boden sehen, der sie ernährt, so wer=
den sich die Spuren früherer Jahrhunderte unter unseren Augen
von Tag zu Tag mehren. Ein schwacher Schimmer wird
sich dann über die Geschichte dieser barbarischen Völker ver=
breiten, über die Felswände, die uns verkünden, daß diese
jetzt so öden Länder einst von thätigeren, geisteskräftigeren
Geschlechtern bewohnt waren.

Ich glaubte, bevor ich vom wildesten Striche des oberen
Orinoko scheide, Erscheinungen besprechen zu müssen, die nur
dann von Bedeutung werden, wenn man sie aus einem Ge=
sichtspunkte betrachtet. Was ich von unserer Fahrt von Es=
meralda bis zum Einflusse des Atabapo berichten könnte, wäre
nur trockene Aufzählung von Flüssen und unbewohnten Orten.
Vom 24. bis 27. Mai schliefen wir nur zweimal am Lande,
und zwar das erstemal am Einfluß des Rio Jao und dann
oberhalb der Mission Santa Barbara auf der Insel Minisi.
Da der Orinoko hier frei von Klippen ist, führte uns der
indianische Steuermann die Nacht durch fort, indem er die
Piroge der Strömung überließ. Dieses Stück meiner Karte
zwischen dem Jao und dem Ventuari ist daher auch hinsicht=
lich der Krümmungen des Flusses nicht sehr genau. Rechnet
man den Aufenthalt am Ufer, um den Reis und die Ba=
nanen zuzubereiten, ab, so brauchten wir von Esmeralda nach
Santa Barbara nur 35 Stunden. Diese Mission liegt nach
dem Chronometer unter 70° 3' der Länge; wir hatten also
gegen 7,5 km in der Stunde zurückgelegt, eine Geschwindig=
keit (2,05 m in der Sekunde), die zugleich auf Rechnung
der Strömung und der Bewegung der Ruder kommt. Die
Indianer behaupten, die Krokodile gehen im Orinoko nicht
über den Einfluß des Rio Jao hinauf, und die Seekühe

kommen sogar oberhalb des Kataraktes von Maypures nicht mehr vor. Hinsichtlich der ersteren kann man sich leicht täuschen. Wenn der Reisende an ihren Anblick noch so sehr gewöhnt ist, kann er einen 4 bis 5 m langen Baumstamm für ein schwimmendes Krokodil halten, von dem man nur Kopf und Schwanz zum Teil über dem Wasser sieht.

Die Mission Santa Barbara liegt etwas westlich vom Einflusse des Rio Ventuari oder Venituari, den Pater Francisco Valor im Jahre 1800 untersucht hat. Wir fanden im kleinen Dorfe von 120 Einwohnern einige Spuren von Industrie. Der Ertrag derselben kommt aber sehr wenig den Indianern zu gute, sondern nur den Mönchen, oder, wie man hierzulande sagt, der Kirche und dem Kloster. Man versicherte uns, eine große Lampe, massiv von Silber, die auf Kosten der Bekehrten angeschafft worden, werde aus Madrid erwartet. Wenn sie da ist, wird man hoffentlich auch daran denken, die Indianer zu kleiden, ihnen einiges Ackergeräte anzuschaffen und für ihre Kinder eine Schule einzurichten. In den Savannen bei der Mission läuft wohl einiges Vieh, man braucht es aber selten, um die Mühle zum Auspressen des Zuckerrohres (trapiche) zu treiben; das ist ein Geschäft der Indianer, die dabei ohne Lohn arbeiten, wie überall, wo die Arbeit auf Rechnung der Kirche geht. Am Fuße der Berge um Santa Barbara herum sind die Weiden nicht so fett wie bei Esmeralda, aber doch besser als bei San Fernando de Atabapo. Der Rasen ist kurz und dicht, und doch ist die oberste Bodenschicht nur trockener, dürrer Granitsand. Diese nicht sehr üppigen Grasfluren am Guaviare, Meta und oberen Orinoko sind sowohl ohne Dammerde, die in den benachbarten Wäldern so massenhaft daliegt, als ohne die dicke Thonschicht, die in den Llanos von Venezuela den Sandstein bedeckt. Kleine krautartige Mimosen helfen in dieser Zone das Vieh fett machen, sie werden aber zwischen dem Rio Jao und der Mündung des Guaviare sehr selten.

In den wenigen Stunden, die wir uns in der Mission Santa Barbara aufhielten, erhielten wir ziemlich genaue Angaben über den Rio Ventuari, der mir nach dem Guaviare der bedeutendste unter allen Nebenflüssen des oberen Orinoko schien. Seine Ufer, an denen früher die Maypures gesessen, sind noch jetzt von einer Menge unabhängiger Völkerschaften bewohnt. Fährt man durch die Mündung des Ventuari, die ein mit Palmen bewachsenes Delta bildet, hinauf, so kommen nach drei Tagereisen von Ost der Cumaruita und der Paru herein, welche zwei Nebenflüsse am Fuße der hohen Berge von Cuneva entspringen. Weiter oben, von West her, kommen der Mariata und der Manipiare, an denen die Macos= und Curacicana=Indianer wohnen. Letztere Nation zeichnet sich durch ihren Eifer für den Baumwollenbau aus. Bei einem Streifzuge (entrada) fand man ein großes Haus, in dem 30 bis 40 sehr fein gewobene Hängematten, gesponnene Baum= wolle, Seilwerk und Fischereigeräte waren. Die Eingeborenen waren davongelaufen und Pater Valor erzählte uns, „die Indianer aus seiner Mission, die er bei sich hatte, haben das Haus in Brand gesteckt, ehe er diese Produkte des Gewerb= fleißes der Curacicana retten konnte." Die neuen Christen in Santa Barbara, die sich über diesen sogenannten Wilden weit erhaben dünken, schienen mir lange nicht so gewerbthätig. Der Rio Manipiare, einer der Hauptäste des Ventuari, liegt, seiner Quelle zu, in der Nähe der hohen Berge, an deren Nordabhang der Cuchivero entspringt. Sie sind ein Aus= läufer der Kette des Baraguan, und hierher setzt Pater Gili die „Hochebene des Siamacu", deren gemäßigtes Klima er preist. Der obere Lauf des Ventuari, oberhalb des Einflusses des Asisi und der „großen Raudales" ist so gut wie unbe= kannt. Ich hörte nur, der obere Ventuari ziehe sich so stark gegen Ost, daß die alte Straße von Esmeralda an den Rio Caura über das Flußbett laufe. Dadurch, daß die Neben= flüsse des Carony, des Caura und des Ventuari einander so nahe liegen, kamen die Kariben seit Jahrhunderten an den oberen Orinoko. Banden dieses kriegerischen Handelsvolkes zogen vom Rio Carony über den Paragua an die Quellen des Paruspa. Ueber einen Trageplatz gelangten sie an den Chavarro, einen östlichen Nebenfluß des Caura: sie fuhren auf ihren Pirogen zuerst diesen Nebenfluß und dann den Caura selbst hinunter bis zur Mündung des Erevato. Nach= dem sie diesen gegen Südwest hinaufgefahren, kamen sie drei Tagereisen weit über große Grasfluren und endlich über den Manipiare in den großen Rio Ventuari. Ich beschreibe diesen Weg so genau, nicht nur weil auf dieser Straße der Handel mit eingeborenen Sklaven betrieben wurde, sondern auch um die Männer, welche einst nach wiederhergestellter Ruhe Guyana regieren werden, auf die Wichtigkeit dieses Flußlabyrinthes aufmerksam zu machen.

Auf vier Nebenflüssen des Orinoko, den größten unter

denen, die von rechts her in diesen majestätischen Strom sich
ergießen, auf dem Carony und dem Caura, dem Padamo und
dem Ventuari, wird die europäische Kultur in das 215 000 qkm
große Wald= und Gebirgsland dringen, das der Orinoko gegen
Nord, West und Süd umschlingt. Bereits haben Kapuziner
aus Katalonien und Observanten aus Andalusien und Va=
lencia Niederlassungen in den Thälern des Carony und des
Caura gegründet; es war natürlich, daß an die Nebenflüsse
des unteren Orinoko, als die der Küste und dem angebauten
Striche von Venezuela zunächst liegenden, Missionare und mit
ihnen einige Keime des gesellschaftlichen Lebens zuerst kamen.
Bereits im Jahre 1797 zählten die Niederlassungen der Ka=
puziner am Carony 16 600 Indianer, die friedlich in Dörfern
lebten. Am Rio Caura waren es zu jener Zeit unter der
Obhut der Observanten, nach gleichfalls offiziellen Zählungen,
nur 640. Dieser Unterschied rührt daher, daß die sehr aus=
gedehnten Weiden am Carony, Upatu und Cuyuni von vor=
züglicher Güte sind, und daß die Missionen der Kapuziner
näher bei der Mündung des Orinoko und der Hauptstadt
von Guyana liegen, aber auch vom inneren Getriebe der Ver=
waltung, von der industriellen Rührigkeit und dem Handels=
geiste der katalonischen Mönche. Dem Carony und Caura,
die gegen Nord fließen, entsprechen zwei große Nebenflüsse
des oberen Orinoko, die gegen Süd herunterkommen, der
Padamo und der Ventuari. Bis jetzt steht an ihren Ufern
kein Dorf, und doch bieten sie für Ackerbau und Viehzucht
günstige Verhältnisse, wie man sie im Thale des großen
Stromes, in den sie sich ergießen, vergeblich suchen würde.

Wir brachen am 26. Mai morgens vom kleinen Dorfe
Santa Barbara auf, wo wir mehrere Indianer aus Esmeralda
getroffen hatten, die der Missionär zu ihrem großen Verdruß
hatte kommen lassen, weil er sich ein zweistockiges Haus
bauen wollte. Den ganzen Tag genossen wir der Aussicht
auf die schönen Gebirge von Sipapo, die in 81 km Ent=
fernung gegen Nord=Nord=West sich hinbreiten. Die Vege=
tation an den Ufern des Orinoko ist hier ausnehmend mannig=
faltig; Baumfarne kommen von den Bergen herunter und
mischen sich unter die Palmen in der Niederung. Wir über=
nachteten auf der Insel Minisi und langten, nachdem wir an
den Mündungen der kleinen Flüsse Quejanuma, Ubua und
Masao vorübergekommen, am 27. Mai in San Fernando de
Atabapo an. Vor einem Monat, auf dem Wege zum Rio

Negro, hatten wir im selben Hause des Präsidenten der Missionen gewohnt. Wir waren damals gegen Süd, den Atabapo und Temi hinaufgefahren; jetzt kamen wir von West her nach einem weiten Umwege über den Cassiquiare und den oberen Orinoko zurück. Während unserer langen Abwesenheit waren dem Präsidenten der Missionen über den eigentlichen Zweck unserer Reise, über mein Verhältnis zu den Mitgliedern des hohen Klerus in Spanien, über die Kenntnis des Zustandes der Missionen, die ich mir verschafft, bedeutende Bedenken aufgestiegen. Bei unserem Aufbruche nach Angostura, der Hauptstadt von Guyana, drang er in mich, ihm ein Schreiben zu hinterlassen, in dem ich bezeugte, daß ich die christlichen Niederlassungen am Orinoko in guter Ordnung angetroffen, und daß die Eingeborenen im allgemeinen milde behandelt würden. Diesem Ansinnen des Superiors lag gewiß ein sehr löblicher Eifer für das Beste seines Ordens zu Grunde, nichtsdestoweniger setzte es mich in Verlegenheit. Ich erwiderte, das Zeugnis eines im Schoße der reformierten Kirche geborenen Reisenden könne in dem endlosen Streite, in dem fast überall in der Neuen Welt weltliche und geistliche Macht miteinander liegen, doch wohl von keinem großen Gewichte sein. Ich gab ihm zu verstehen, da ich 900 km von der Küste, mitten in den Missionen und, wie die Cumaner boshaft sagen, en el poder de los frayles (in der Gewalt der Mönche) sei, möchte das Schreiben, das wir am Ufer des Atabapo miteinander abfaßten, wohl schwerlich als ein ganz freier Willensakt von meiner Seite angesehen werden. Der Gedanke, daß er einen Calvinisten gastfreundlich aufgenommen, erschreckte den Präsidenten nicht. Ich glaube allerdings, daß man vor meiner Ankunft schwerlich je einen in den Missionen des heiligen Franziskus gesehen hat; aber Unduldsamkeit kann man den Missionären in Amerika nicht zur Last legen. Die Ketzereien des alten Europa machen ihnen nicht zu schaffen, es müßte denn an den Grenzen von Holländisch-Guyana sein, wo sich die Prädikanten auch mit dem Missionswesen abgeben. Der Präsident bestand nicht weiter auf der Schrift, die ich hätte unterzeichnen sollen, und wir benutzten die wenigen Augenblicke, die wir noch beisammen waren, um den Zustand des Landes, und ob Aussicht sei, die Indianer an den Segnungen der Kultur teilnehmen zu lassen, freimütig zu besprechen. Ich sprach mich stark darüber aus, wie viel Schaden die Entradas, die feindlichen Einfälle angerichtet, wie unbillig es sei, daß man die Eingeborenen der Früchte ihrer Arbeit so wenig genießen lasse, wie ungerechtfertigt, daß man sie zwinge, in Angelegenheiten, die sie nichts angehen, weite Reisen zu machen, endlich wie notwendig es erscheine, den jungen Geistlichen, die berufen seien, großen Gemeinden vorzustehen, in einem besonderen Kollegium einige Bildung zu geben. Der Präsident schien mich freundlich anzuhören; indessen glaube ich doch, er wünschte im Herzen (ohne Zweifel im Interesse der Naturwissenschaft), Leute, welche Pflanzen auflesen und das Gestein untersuchen, möchten sich nicht so vorlaut mit dem Wohle der kupferfarbigen Rasse und mit den Angelegenheiten der menschlichen Gesellschaft befassen. Dieser Wunsch ist in beiden Welten gar weit verbreitet; man begegnet ihm überall, wo der Gewalt bange ist, weil sie meint, sie stehe nicht auf festen Füßen.

Wir blieben nur einen Tag in San Fernando de Atabapo, obgleich dieses Dorf mit seinen schönen Pihiguaopalmen mit Pfirsichfrüchten uns ein köstlicher Aufenthalt schien. Zahme Pauxis[1] liefen um die Hütten der Indianer her. In einer derselben sahen wir einen sehr seltenen Affen, der am Guaviare lebt. Es ist dies der Caparro, den ich in meinen Observations de zoologie et d'anatomie comparée bekannt gemacht, und der nach Geoffroy eine neue Gattung (Lagothrix) bildet, die zwischen den Atelen und den Aluaten in der Mitte steht. Der Pelz dieses Affen ist mardergrau und fühlt sich ungemein zart an. Der Caparro zeichnet sich ferner durch einen runden Kopf und einen sanften, angenehmen Gesichtsausdruck aus. Der Missionär Gili ist, glaube ich, der einzige Schriftsteller, der vor mir von diesem interessanten Tiere gesprochen hat, um das die Zoologen andere, und zwar brasilianische Affen zu gruppieren anfangen.

Am 27. Mai kamen wir von San Fernando mit der raschen Strömung des Orinoko in nicht ganz sieben Stunden zum Einflusse des Rio Mataveni. Wir brachten die Nacht unter freiem Himmel unterhalb des Granitfelsens El Castillito zu, der mitten aus dem Flusse aufsteigt und dessen Gestalt

---

[1] Es ist dies nicht Cuviers Ourax (Crax Pauxi, Lin.), sondern der Crax alector.

an den Mäuseturm im Rhein, Bingen gegenüber, erinnert.
Hier wie an den Ufern des Atabapo fiel uns eine kleine Art
Drosera auf, die ganz den Habitus der europäischen Drosera
hat. Der Orinoko war in der Nacht beträchtlich gestiegen,
und die bedeutend beschleunigte Strömung trug uns in zehn
Stunden von der Mündung des Mataveni zum oberen großen
Katarakt, dem von Maypures oder Quituna; der zurückge=
legte Weg betrug 58,5 km. Mit Interesse erinnerten wir
uns der Orte, wo wir stromaufwärts übernachtet; wir trafen
Indianer wieder, die uns beim Botanisieren begleitet, und
wir besuchten nochmals die schöne Quelle, die hinter dem
Hause des Missionärs aus einem geschichteten Granitfelsen
kommt; ihre Temperatur hatte sich nicht um 0,3° verändert.
Von der Mündung des Atabapo bis zu der des Apure war
uns, als reisten wir in einem Lande, in dem wir lange ge=
wohnt. Wir lebten ebenso schmal, wir wurden von denselben
Mücken gestochen, aber die gewisse Aussicht, daß in wenigen
Wochen unsere physischen Leiden ein Ende hätten, hielt uns
aufrecht.

Der Transport der Piroge über den großen Katarakt
hielt uns in Maypures zwei Tage auf. Pater Bernardo
Zea, der Missionär bei den Raudales, der uns an den Rio
Negro begleitet hatte, wollte, obgleich leidend, uns mit seinen
Indianern vollends nach Atures führen. Einer derselben,
Zerepe, der Dolmetscher, den man auf dem Strande von
Pararuma so unbarmherzig geprügelt, fiel uns durch seine
tiefe Niedergeschlagenheit auf. Wir hörten, er habe die In=
dianerin verloren, mit der er verlobt gewesen, und zwar infolge
einer falschen Nachricht, die über die Richtung unserer Reise
in Umlauf gekommen. Zerepe war in Maypures geboren,
aber bei seinen Eltern vom Stamme der Macos im Walde
erzogen. Er hatte in die Mission ein zwölfjähriges Mädchen
mitgebracht, das er nach unserer Rückkehr zu den Katarakten
zum Weibe nehmen wollte. Das Leben in den Missionen
behagte der jungen Indianerin schlecht, denn man hatte ihr
gesagt, die Weißen gehen ins Land der Portugiesen (nach
Brasilien) und nehmen Zerepe mit. Da es ihr nicht ging,
wie sie gehofft, bemächtigte sie sich eines Kanoe, fuhr mit
einem anderen Mädchen vom selben Alter durch den Raudal
und lief al monte zu den Ihrigen. Dieser kecke Streich
war die Tagesneuigkeit; Zerepes Niedergeschlagenheit hielt
übrigens nicht lange an. Er war unter Christen geboren,

er war bis zur Schanze am Rio Negro gekommen, er verstand Spanisch und die Sprache der Macos, und dünkte sich weit erhaben über die Leute seines Stammes; wie hätte er da nicht ein Mädchen vergessen sollen, das im Walde aufgewachsen?

Am 31. Mai fuhren wir über die Stromschnellen der Guahibos und bei Garcita. Die Inseln mitten im Strome glänzten im herrlichsten Grün. Der winterliche Regen hatte die Blumenscheiden der Badgiaipalmen entwickelt, deren Blätter gerade himmelan stehen. Man wird nicht müde, Punkte zu betrachten, wo Baum und Fels der Landschaft den großartigen, ernsten Charakter geben, den man auf dem Hintergrunde von Tizians und Poussins Bildern bewundert. Kurz vor Sonnenuntergang stiegen wir am östlichen Ufer des Orinoko, beim Puerto de la Expedicion, ans Land, und zwar um die Höhle von Ataruipe zu besuchen, von der oben die Rede war, und wo ein ganzer ausgestorbener Volksstamm seine Grabstätte zu haben scheint. Ich versuche diese bei den Eingeborenen vielberufene Höhle zu beschreiben.

Man ersteigt mühsam und nicht ganz gefahrlos einen steilen, völlig kahlen Granitfelsberg. Man könnte auf der glatten, stark geneigten Fläche fast unmöglich Fuß fassen, wenn nicht große Feldspatkristalle, welche nicht so leicht verwittern, hervorstünden und Anhaltspunkte böten. Auf dem Gipfel des Berges angelangt, erstaunten wir über den außerordentlichen Anblick des Landes in der Runde. Ein Archipel mit Palmen bewachsener Inseln füllt das schäumende Strombett. Westwärts, am linken Ufer des Orinoko, breiten sich die Savannen am Meta und Casanare hin, wie eine grüne See, deren dunstiger Horizont von der untergehenden Sonne beleuchtet war. Das Gestirn, das wie ein Feuerball über der Ebene hing, der einzeln stehende Spitzberg Uniana, der um so höher erschien, da seine Umrisse im Dunst verschwammen; alles wirkte zusammen, die großartige Szenerie noch erhabener zu machen. Wir sahen zunächst in ein tiefes, ringsum geschlossenes Thal hinunter. Raubvögel und Ziegenmelker schwirrten einzeln durch den unzugänglichen Zirkus. Mit Vergnügen verfolgten wir ihre flüchtigen Schatten, wie sie langsam an den Felswänden hinglitten.

Ueber einen schmalen Grat gelangten wir auf einen benachbarten Berg, auf dessen abgerundetem Gipfel ungeheure Granitblöcke lagen. Diese Massen haben 13 bis 16 m Durchmesser und sind so vollkommen kugelförmig, daß man, da sie nur mit wenigen Punkten den Boden zu berühren schienen, meint, beim geringsten Stoße eines Erdbebens müßten sie in die Tiefe rollen. Ich erinnere mich nicht, unter den Verwitterungserscheinungen des Granites irgendwo etwas Aehnliches gesehen zu haben. Lägen die Kugeln auf einer anderen Gebirgsart, wie die Blöcke im Jura, so könnte man meinen, sie seien im Wasser gerollt oder durch den Stoß eines elastischen Fluidums hergeschleudert; da sie aber auf einem Gipfel liegen, der gleichfalls aus Granit besteht, so ist wahrscheinlicher, daß sie von allmählicher Verwitterung des Gesteines herrühren.

Zu hinterst ist das Thal mit dichtem Wald bedeckt. An diesem schattigen, einsamen Orte, am steilen Abhange eines Berges, ist der Eingang der Höhle vom Ataruipe. Es ist übrigens nicht sowohl eine Höhle, als ein vorspringender Fels, in dem die Gewässer, als sie bei den alten Umwälzungen unseres Planeten so weit heraufreichten, ein weites Loch ausgewaschen haben. In dieser Grabstätte einer ganzen ausgestorbenen Völkerschaft zählten wir in kurzer Zeit gegen 600 wohlerhaltene und so regelmäßig verteilte Skelette, daß man sich hinsichtlich ihrer Zahl nicht leicht hätte irren können. Jedes Skelett liegt in einer Art Korb aus Palmblattstielen. Diese Körbe, von den Eingeborenen Mapires genannt, bilden eine Art viereckiger Säcke. Ihre Größe entspricht dem Alter der Leichen; es gibt sogar welche für Kinder, die während der Geburt gestorben; Sie wechseln in der Länge von 26 cm bis 1,07 m. Die Skelette sind alle zusammengebogen und so vollständig, daß keine Rippe, kein Fingerglied fehlt. Die Knochen sind auf dreierlei Weisen zubereitet, entweder an Luft und Sonne gebleicht, oder mit Onoto, dem Farbstoff der Bixa Orellana, rot gefärbt, oder mumienartig zwischen wohlriechenden Harzen in Helikonia- und Bananenblätter eingeknetet. Die Indianer erzählten uns, man lege die frische Leiche in die feuchte Erde, damit sich das Fleisch allmählich verzehre. Nach einigen Monaten nehme man sie wieder heraus und schabe mit scharfen Steinen den Rest des Fleisches von den Knochen. Mehrere Horden in Guyana haben noch jetzt diesen Brauch. Neben den „Mapires" oder Körben sieht man Gefäße von halbgebranntem Thon, welche die Gebeine einer ganzen Familie zu enthalten schienen. Die größten dieser Graburnen sind 1 m hoch und 1,38 cm lang.

Sie sind graugrün, oval, von ganz gefälligem Ansehen, mit
Henkeln in Gestalt von Krokodilen und Schlangen, am Rande
mit Mäandern, Labyrinthen und mannigfach kombinierten ge=
raden Linien geschmückt. Dergleichen Malereien kommen unter
allen Himmelsstrichen vor, bei allen Völkern, mögen sie geo=
graphisch und dem Grade der Kultur nach noch so weit aus=
einander liegen. Die Bewohner der kleinen Mission May=
pures bringen sie noch jetzt auf ihrem gemeinsten Geschirr
an; sie zieren die Schilder der Tahitier, das Fischergeräte des
Eskimos, die Wände des mexikanischen Palastes in Mitla und
die Gefäße Großgriechenlands. Ueberall schmeichelt eine rhyth=
mische Wiederholung derselben Formen dem Auge, wie eine
taktmäßige Wiederkehr von Tönen dem Ohre. Aehnlichkeiten,
welche im innersten Wesen unserer Empfindungen, in unserer
natürlichen Geistesanlage ihren Grund haben, sind wenig
geeignet, über die Verwandtschaft und die alten Verbindungen
der Völker Licht zu verbreiten.

Hinsichtlich der Zeit, aus der sich die Mapires und die
bemalten Gefäße in der Knochenhöhle von Ataruipe her=
schreiben, konnten wir uns keine bestimmte Vorstellung bilden.
Die meisten schienen nicht über hundert Jahre alt, da sie
aber vor jeder Feuchtigkeit geschützt und in sehr gleichförmiger
Temperatur sind, so wären sie wohl gleich gut erhalten, wenn
sie auch aus weit früherer Zeit herrührten. Nach einer Sage
der Guahibosindianer flüchteten sich die kriegerischen Atures,
von den Kariben verfolgt, auf die Felsen mitten in den
großen Katarakten, und hier erlosch nach und nach diese einst
so zahlreiche Nation und mit ihr ihre Sprache. Noch im
Jahre 1767, zur Zeit des Missionärs Gili, lebten die letzten
derselben; auf unserer Reise zeigte man in Maypures (ein
sonderbares Faktum) einen alten Papagei, von dem die Ein=
wohner behaupten, „man verstehe ihn nicht, weil er aturisch
spreche".

Wir öffneten, zum großen Aergernis unserer Führer,
mehrere Mapires, um die Schädelbildung genau zu unter=
suchen. Alle zeigten den Typus der amerikanischen Rasse;
nur zwei oder drei näherten sich dem kaukasischen. Wir
haben oben erwähnt, daß man mitten in den Katarakten,
an den unzugänglichsten Orten, eisenbeschlagene Kisten mit
europäischen Werkzeugen, mit Resten von Kleidungsstücken
und Glaswaren findet. Diese Sachen, die zu den abge=
schmacktesten Gerüchten, als hätten die Jesuiten dort ihre

Schätze versteckt, Anlaß gegeben, gehörten wahrscheinlich portugiesischen Handelsleuten, die sich in diese wilden Länder herausgewagt. Läßt sich nun wohl auch annehmen, daß die Schädel von europäischer Bildung, die wir unter den Skeletten der Eingeborenen und ebenso sorgfältig aufbewahrt gefunden, portugiesischen Reisenden angehörten, die hier einer Krankheit unterlagen oder im Kampfe erschlagen worden? Der Widerwillen der Eingeborenen gegen alles, was nicht ihres Stammes ist, macht dies nicht wahrscheinlich; vielleicht hatten sich Mestizen, die aus den Missionen am Meta und Apure entlaufen, an den Katarakten niedergelassen und Weiber aus dem Stamme der Atures genommen. Dergleichen Verbindungen kommen in dieser Zone zuweilen vor, freilich nicht so häufig wie in Kanada und in Nordamerika überhaupt, wo Jäger europäischer Abkunft unter die Wilden gehen, ihre Sitten annehmen und es oft zu großen Ehren unter ihnen bringen.

Wir nahmen aus der Höhle von Ataruipe mehrere Schädel, das Skelett eines Kindes von sechs bis sieben Jahren und die Skelette zweier Erwachsenen von der Nation der Atures mit. Alle diese zum Teil rot bemalten, zum Teil mit Harz überzogenen Gebeine lagen in den oben beschriebenen Körben (Mapires oder Canastos). Sie machten fast eine ganze Maultierladung aus, und da uns der abergläubische Widerwillen der Indianer gegen einmal beigesetzte Leichen wohlbekannt war, hatten wir die „Canastos" in frisch geflochtene Matten einwickeln lassen. Bei dem Spürsinn der Indianer und ihrem feinen Geruch half aber diese Vorsicht leider zu nichts. Ueberall, wo wir in den Missionen der Kariben, auf den Llanos zwischen Angostura und Nueva Barcelona Halt machten, liefen die Eingeborenen um unsere Maultiere zusammen, um die Affen zu bewundern, die wir am Orinoko gekauft. Kaum aber hatten die guten Leute unser Gepäck angerührt, so prophezeiten sie, daß das Lasttier, „das den Toten trage", zu Grunde gehen werde. Umsonst versicherten wir, sie irren sich, in den Körben seien Krokodil- und Seekuhknochen; sie blieben dabei, sie riechen das Harz, womit die Skelette überzogen seien, und „das seien ihre alten Verwandten". Wir mußten die Autorität der Mönche in Anspruch nehmen, um des Widerwillens der Eingeborenen Herr zu werden und frische Maultiere zu bekommen. Einer der Schädel, den wir aus der Höhle von Ataruipe mitgenommen, ist in meines alten Lehrers Blumenbach schönem Werke über

die Varietäten des Menschengeschlechts gezeichnet; aber die
Skelette der Indianer gingen mit einem bedeutenden Teil
unserer Sammlungen an der Küste von Afrika bei einem
Schiffbruch verloren, der unserem Freunde und Reisegefährten,
Fray Juan Gonzales, einem jungen Franziskaner, das Leben
kostete.

Schweigend gingen wir von der Höhle von Ataruipe
nach Hause. Es war eine der stillen, heiteren Nächte, welche
im heißen Erdstrich so gewöhnlich sind. Die Sterne glänzten
in mildem, planetarischem Licht. Ein Funkeln war kaum am
Horizont bemerkbar, den die großen Nebelflecken der südlichen
Halbkugel zu beleuchten schienen. Ungeheure Insektenschwärme
verbreiteten ein rötliches Licht in der Luft. Der dichtbewach=
sene Boden glühte von lebendigem Feuer, als hätte sich die
gestirnte Himmelsdecke auf die Grasflur niedergesenkt. Vor
der Höhle blieben wir noch öfters stehen und bewunderten
den Reiz des merkwürdigen Ortes. Duftende Vanille und
Bignonien schmückten den Eingang, und darüber, auf der Spitze
des Hügels, wiegten sich säuselnd die Schafte der Palmen.

Wir gingen an den Fluß hinab und schlugen den Weg
zur Mission ein, wo wir ziemlich spät in der Nacht eintrafen.
Was wir gesehen, hatte starken Eindruck auf unsere Einbil=
dungskraft gemacht. In einem Lande, wo einem die mensch=
liche Gesellschaft als eine Schöpfung der neuesten Zeit er=
scheint, hat alles, was an eine Vergangenheit erinnert,
doppelten Reiz. Sehr alt waren nun hier die Erinnerungen
nicht; aber in allem, was Denkmal heißt, ist das Alter nur
ein relativer Begriff, und leicht verwechseln wir alt und
rätselhaft. Den Aegyptern erschienen die geschichtlichen Er=
innerungen der Griechen gar jung; hätten die Chinesen, oder
wie sie sich selbst lieber nennen, die Bewohner des „himm=
lischen Reiches", mit den Priestern von Heliopolis verkehren
können, so hätten sie wohl zu den Ansprüchen der alten
Aegypter gelacht. Ebenso auffallende Gegensätze finden sich
im nördlichen Europa und Asien, in der Neuen Welt, überall,
wo die Menschheit sich auf ihr eigenes Leben nicht weit zu=
rückbesinnt. Auf der Hochebene von Anahuac reicht die älteste
geschichtliche Begebenheit, die Wanderung der Tolteken, nicht
über das 6. Jahrhundert unserer Zeitrechnung hinauf. Die
unentbehrlichen Grundlagen einer genauen Zeitrechnung, ein
gutes Schaltsystem, überhaupt die Kalenderreform stammen
aus dem Jahr 1091. Diese Zeitpunkte, die uns so nahe

scheinen, fallen in fabelhafte Zeiten, wenn wir auf die Ge=
schichte unseres Geschlechtes zwischen Orinoko und Amazonen=
fluß blicken. Wir finden dort auf Felsen symbolische Bilder,
aber keine Sage gibt über ihren Ursprung Aufschluß. Im
heißen Striche von Guyana kommen wir nicht weiter zurück
als zu der Zeit, wo kastilianische und portugiesische Eroberer,
und später friedliche Mönche unter den barbarischen Völker=
schaften auftraten.

Nordwärts von den Katarakten, am Engpaß beim Ba=
raguan, scheint es ähnliche mit Knochen gefüllte Höhlen zu
geben wie die oben beschriebenen. Ich hörte dies erst nach
meiner Rückkehr, und die indianischen Steuerleute sagten uns
nichts davon, als wir im Engpaß anlegten. Diese Gräber
haben ohne Zweifel Anlaß zu einer Sage der Otomaken ge=
geben, nach der die einzeln stehenden Granitfelsen am Ba=
raguan, die sehr seltsame Gestalten zeigen, die Großväter,
die alten Häuptlinge des Stammes sind. Der Brauch,
das Fleisch sorgfältig von den Knochen zu trennen, der im
Altertum bei den Massageten herrschte, hat sich bei mehreren
Horden am Orinoko erhalten. Man behauptet sogar, und es
ist ganz wahrscheinlich, die Guaranos legen die Leichen in
Netzen ins Wasser, wo dann die kleinen Karibenfische, die
„Serra=Salmes", die wir überall in ungeheurer Menge an=
trafen, in wenigen Tagen das Muskelfleisch verzehren und
das Skelett „präparieren". Begreiflich ist solches nur an
Orten thunlich, wo es nicht viele Krokodile gibt. Manche
Stämme, z. B. die Tamanaken, haben den Brauch, die Felder
des Verstorbenen zu verwüsten und die Bäume, die er ge=
pflanzt, umzuhauen. Sie sagen, „Dinge sehen zu müssen,
die Eigentum ihrer Angehörigen gewesen, mache traurig".
Sie vernichten das Andenken lieber, als daß sie es erhalten.
Diese indianische Empfindsamkeit wirkt sehr nachteilig auf
den Landbau, und die Mönche widersetzen sich mit Macht den
abergläubischen Gebräuchen, welche die zum Christentum be=
kehrten Eingeborenen in den Missionen beibehalten.

Die indianischen Gräber am Orinoko sind bis jetzt nicht
gehörig untersucht worden, weil sie keine Kostbarkeiten ent=
halten wie die in Peru, und weil man jetzt an Ort und
Stelle an die früheren Mären vom Reichtum der alten Ein=
wohner des Dorado nicht mehr glaubt. Der Golddurst geht
allerorten dem Trieb zur Belehrung und dem Sinn für
Erforschung des Altertums voraus. Im gebirgigen Teil von

Südamerika, von Merida und Santa Marta bis zu den
Hochebenen von Quito und Oberperu hat man bergmännisch
nach Gräbern, oder wie es die Kreolen mit einem verdor-
benen Worte der Inkasprache nennen, nach Huacas gesucht.
Ich war an der Küste von Peru, in Manciche, in der Huaca
von Toledo, aus der man Goldmassen erhoben hat, die im
16. Jahrhundert fünf Millionen Livres Turnois wert waren.[1]
Aber in den Höhlen, die seit den ältesten Zeiten den Eingeborenen in Guyana als Grabstätten dienen, hat man nie
eine Spur von kostbaren Metallen entdeckt. Aus diesem Umstande geht hervor, daß auch zur Zeit, wo die Kariben und
andere Wandervölker gegen Südwest Streifzüge unternahmen,
das Gold nur in ganz unbedeutender Menge von den Gebirgen von Peru den Niederungen im Osten zufloß.

Ueberall, wo sich im Granit nicht die großen Höhlungen
finden, wie sie sich durch die Verwitterung des Gesteins oder
durch die Aufeinandertürmung der Blöcke bilden, bestatten
die Indianer den Leichnam in die Erde. Die Hängematte
(Chinchorro), eine Art Netz, worin der Verstorbene im Leben
geschlafen, dient ihm als Sarg. Man schnürt dieses Netz
fest um den Körper zusammen, gräbt ein Loch in der Hütte
selbst und legt den Toten darin nieder. Dies ist nach dem
Bericht des Missionärs Gili und nach dem, was ich aus
Pater Zeas Munde weiß, das gewöhnliche Verfahren. Ich
glaube nicht, daß es in ganz Guyana einen Grabhügel gibt,
nicht einmal in den Ebenen des Cassiquiare und Essequibo.
In den Savannen von Varinas dagegen, wie in Kanada
westlich von den Alleghanies,[2] trifft man welche an. Es er-

---

[1] Diese Berechnung gründet sich auf den Quint, der in den
Jahren 1576 und 1592 an das Schatzamt (Caxas reales) von
Trujillo bezahlt wurde. Die Register sind noch vorhanden. In
Persien, in Hochasien, in Aegypten, wo man auch Gräber aus sehr
verschiedenen Zeitaltern öffnet, hat man, soviel ich weiß, niemals
Schätze von Belang entdeckt.
[2] Eine Art Mumien und Skelette in Körben wurden vor
kurzem in den Vereinigten Staaten in einer Höhle entdeckt. Sie
sollen einer Menschenart angehören, die mit der auf den Sandwich-
inseln Aehnlichkeit hat. Die Beschreibung dieser Gräber erinnert
einigermaßen an das, was ich in den Gräbern von Ataruipe beobachtet. – Die Missionäre in den Vereinigten Staaten beklagen sich
über den Gestank, den die Nantikokes verbreiten, wenn sie mit den
Gebeinen ihrer Ahnen umherziehen.

scheint übrigens ziemlich auffallend, daß die Eingeborenen am Orinoko, trotz des Ueberflusses an Holz im Lande, so wenig als die alten Skythen ihre Toten verbrennen. Scheiterhaufen errichten sie nur nach einem Gefechte, wenn der Gebliebenen sehr viele sind. So verbrannten die Pareeas im Jahre 1748 nicht allein die Leichen ihrer Feinde, der Tamanaken, sondern auch die der Ihrigen, die auf dem Schlachtfelde geblieben. Wie alle Völker im Naturzustande haben auch die Indianer in Südamerika die größte Anhänglichkeit an die Orte, wo die Gebeine ihrer Väter ruhen. Dieses Gefühl, das ein großer Schriftsteller in einer Episode der Atala so rührend schildert, hat sich in seiner vollen ursprünglichen Stärke bei den Chinesen erhalten. Diese Menschen, bei denen alles Kunstprodukt, um nicht zu sagen Ausfluß einer uralten Kultur ist, wechseln nie den Wohnort, ohne die Gebeine ihrer Ahnen mit sich zu führen. An den Ufern der großen Flüsse sieht man Särge stehen, die mit dem Hausrat der Familie zu Schiff in eine ferne Provinz wandern sollen. Dieses Mit-sichführen der Gebeine, das früher unter den nordamerikani-schen Wilden noch häufiger war, kommt bei den Stämmen in Guyana nicht vor. Diese sind aber auch keine Nomaden, wie Völker, die ausschließlich von der Jagd leben.

In der Mission Atures verweilten wir nur, bis unsere Piroge durch den großen Katarakt geschafft war. Der Boden unseres kleinen Fahrzeuges war so dünn geworden, daß große Vorsicht nötig war, damit er nicht sprang. Wir nahmen Abschied vom Missionär Bernardo Zea, der in Atures blieb, nachdem er zwei Monate lang unser Begleiter gewesen und alle unsere Beschwerden geteilt hatte. Der arme Mann hatte immer noch seine alten Anfälle von Tertianfieber, aber sie waren für ihn ein gewohntes Uebel geworden und er achtete wenig mehr darauf. Bei unserem zweiten Aufenthalt in Atures herrschten daselbst andere gefährlichere Fieber. Die Mehrzahl der Indianer war an die Hängematte gefesselt, und um etwas Kassavebrot (das unentbehrliche Nahrungsmittel hierzulande) mußten wir zum unabhängigen, aber nahebei wohnenden Stamme der Piraoa schicken. Bis jetzt blieben wir von diesen bösartigen Fiebern verschont, die ich nicht immer für ansteckend halte.

Wir wagten es, in unserer Piroge durch die letzte Hälfte des Raudals von Atures zu fahren. Wir stiegen mehrere Male aus und kletterten auf die Felsen, die wie schmale

Dämme die Inseln untereinander verbinden. Bald stürzen die Wasser über die Dämme weg, bald fallen sie mit dumpfem Getöse in das Innere derselben. Wir fanden ein beträchtliches Stück des Orinoko trocken gelegt, weil sich der Strom durch unterirdische Kanäle einen Weg gebrochen hat. An diesen einsamen Orten nistet das Felshuhn mit goldigem Gefieder (Pipra rupicola), einer der schönsten tropischen Vögel. Wir hielten uns im Raudalito von Canucari auf, der durch ungeheure, aufeinander getürmte Granitblöcke gebildet wird. Diese Blöcke, worunter Sphäroide von 1,6 bis 2 m Durchmesser, sind so übereinander geschoben, daß sie geräumige Höhlen bilden. Wir gingen in eine derselben, um Konferven zu pflücken, womit die Spalten und die nassen Felswände bekleidet waren. Dieser Ort bot eines der merkwürdigsten Naturschauspiele, die wir am Orinoko gesehen. Ueber unseren Köpfen rauschte der Strom weg, und es brauste, wie wenn das Meer sich an Klippen bricht; aber am Eingange der Höhle konnte man trocken hinter einer breiten Wassermasse stehen, die sich im Bogen über den Steindamm stürzte. In anderen tieferen, aber nicht so großen Höhlen war das Gestein durch langdauernde Einsickerung durchbohrt. Wir sahen 21 bis 22 cm dicke Wassersäulen von der Decke des Gewölbes herabkommen und durch Spalten entweichen, die auf weite Strecken zusammenzuhängen schienen.

Die Wasserfälle in Europa, die aus einem einzigen Sturz oder aus mehreren dicht hintereinander bestehen, können keine so mannigfaltigen Landschaftsbilder erzeugen. Diese Mannigfaltigkeit kommt nur „Stromschnellen" zu, wo auf mehrere Kilometer weit viel kleine Fälle in einer Reihe hintereinander liegen, Flüssen, die sich über Felsdämme und durch aufgetürmte Blöcke Bahn brechen. Wir genossen des Anblicks dieses außerordentlichen Naturbildes länger, als uns lieb war. Unser Kanoe sollte am östlichen Ufer einer schmalen Insel hinfahren und uns nach einem weiten Umweg wieder aufnehmen. Wir warteten anderthalb Stunden vergeblich. Die Nacht kam heran und mit ihr ein furchtbares Gewitter; der Regen goß in Strömen herab. Wir fürchteten nachgerade, unser schwaches Fahrzeug möchte an den Felsen zerschellt sein, und die Indianer mit ihrer gewöhnlichen Gleichgültigkeit beim Ungemach anderer sich auf den Weg zur Mission gemacht haben. Wir waren nur unser drei; stark durchnäßt und voll Sorge um unsere Piroge bangten wir vor der Aussicht, eine

lange Aequinoktialnacht schlaflos im Lärm der Raudals zuzubringen. Bonpland faßte den Entschluß, mich mit Don
Nicolas Soto auf der Insel zu lassen und über die Fluß-
arme zwischen den Granitdämmen zu schwimmen. Er hoffte
den Wald erreichen und in der Mission bei Pater Zea Bei-
stand holen zu können. Nur mit Mühe hielten wir ihn von
diesem gewagten Beginnen ab. Er war unbekannt mit dem
Labyrinth von Wasserrinnen, in die der Orinoko zerschlagen
ist und in denen meist starke Wirbel sind. Und was jetzt,
da wir eben über unsere Lage beratschlagten, unter unseren
Aug'n vorging, bewies hinreichend, daß die Indianer fälschlich behauptet hatten, in den Katarakten gäbe es keine Krokodile. Die kleinen Affen, die wir seit mehreren Monaten mit
uns führten, hatten wir auf die Spitze unserer Insel gestellt;
vom Gewitterregen durchnäßt und für die geringste Wärme-
abnahme empfindlich, wie sie sind, erhoben die zärtlichen Tiere
ein klägliches Geschrei und lockten damit zwei nach ihrer Größe
und ihrer bleigrauen Farbe sehr alte Krokodile herbei. Bei
dieser unerwarteten Erscheinung war uns der Gedanke, daß
wir bei unserem ersten Aufenthalt in Atures mitten im Raudal gebadet, eben nicht behaglich. Nach langem Warten kamen
die Indianer endlich, als schon der Tag sich neigte. Die
Staffel, über die sie hatten herab wollen, um die Insel zu
umfahren, war wegen zu seichten Wassers nicht fahrbar, und
der Steuermann hatte im Gewirre von Felsen und kleinen
Inseln lange nach einer besseren Durchfahrt suchen müssen.
Zum Glück war unsere Piroge nicht beschädigt und in weniger als einer halben Stunde waren unsere Instrumente,
unsere Mundvorräte und unsere Tiere eingeschifft.

Wir fuhren einen Teil der Nacht durch, um unser Nachtlager wieder auf der Insel Panumana aufzuschlagen. Mit
Vergnügen erkannten wir die Plätze wieder, wo wir bei der
Fahrt den Orinoko hinauf botanisiert hatten. Wir untersuchten noch einmal am Ufer die kleine Sandsteinformation,
die unmittelbar dem Granit aufgelagert ist. Das Vorkommen
ist dasselbe wie beim Sandstein, den mein unglücklicher Lands-
mann Burckhardt an der Grenze von Nubien dem Granit
von Syene aufgelagert gesehen hat. Wir fuhren, ohne sie
zu betreten, an der neuen Mission San Borja vorüber und
hörten einige Tage darauf mit Bedauern, die kleine Kolonie
von Guahibosindianern sei al monte gelaufen, da sie sich
eingebildet, wir wollen sie fortschleppen und als Poitos, das

heißt als Sklaven verkaufen. Nachdem wir durch die Stromschnellen Tabaje und den Raudal Cariven am Einfluß des
großen Rio Meta gegangen, langten wir wohlbehalten in
Carichana an. Der Missionär, Fray Jose Antonio de Torre,
nahm uns mit der herzlichen Gastfreundschaft auf, die er uns
schon bei unserem ersten Aufenthalt hatte zu teil werden
lassen. Zu astronomischen Beobachtungen war der Himmel
nicht günstig; in den großen Katarakten hatten wir wieder
welche gemacht, aber von dort bis zum Einfluß des Apure
mußte man darauf verzichten. In Carichana konnte Bonpland
zu seiner Befriedigung eine 3 m lange Seekuh sezieren. Es
war ein Weibchen und ihr Fleisch glich dem Rindfleisch. Ich
habe oben vom Fang dieses grasfressenden Wassersäugetieres
gesprochen. Die Piraoa, von denen einige Familien in der
Mission Carichana leben, verabscheuen dieses Tier so sehr,
daß sie sich versteckten, um es nicht anrühren zu müssen, als
es in unsere Hütte geschafft wurde. Sie behaupten, „die
Leute ihres Stammes sterben unfehlbar, wenn sie davon
essen". Dieses Vorurteil ist desto auffallender, da die Nachbarn der Piraoa, die Guamos und Otomaken, nach dem
Seekuhfleisch sehr lüstern sind. Wir werden bald sehen, daß
in diesem Gewirre von Völkerschaften das Fleisch des Krokodils bald verabscheut, bald stark gesucht ist.

Ich erwähne hier eines wenig bekannten Umstandes als
Beitrag zur Geschichte der Seekuh. Südlich vom Meerbusen
von Xagua auf Cuba, mehrere Kilometer von der Küste, sind
Quellen süßen Wassers mitten im Meer. Man erklärt sich dieselben aus einem hydrostatischen Druck von den hohen Gebirgen von Trinidad herab durch unterirdische Kanäle. Kleine
Fahrzeuge nehmen in diesem Strich zuweilen Wasser ein, und
was sehr merkwürdig ist, große Seekühe halten sich beständig
dort auf. Ich habe die Forscher bereits darauf aufmerksam
gemacht, daß die Krokodile aus den Flußmündungen weit
in die See hinausgehen. Bei den alten Umwälzungen unseres
Planeten mögen ähnliche Umstände das sonderbare Gemenge
von Knochen und Versteinerungen, die der See, und solchen,
die dem süßen Wasser angehören, wie es in manchen neuen
Formationen vorkommt, verursacht haben.

Der Aufenthalt in Carichana kam uns sehr zu statten,
um uns von unseren Strapazen zu erholen. Bonpland trug
den Keim einer schweren Krankheit in sich; er hätte dringend
der Ruhe bedurft, da aber das **Nebenflußdelta** zwischen

dem Horeba und dem Parnasi mit dem üppigsten Pflan=
zenwuchse bedeckt ist, konnte er der Lust nicht widerstehen,
große botanische Erkursionen zu machen, und wurde den Tag
über mehrere Male durchnäßt. Im Hause des Missionärs
wurde für alle unsere Bedürfnisse zuvorkommend gesorgt; man
verschaffte uns Maismehl, sogar Milch. Die Kühe geben in
den Niederungen der heißen Zone reichlich Milch, und es
fehlt nirgends daran, wo es gute Weiden gibt. Ich erwähne
dies ausdrücklich, weil infolge örtlicher Verhältnisse im Indi=
schen Archipelagus das Vorurteil verbreitet ist, als ob ein
heißes Klima auf die Milchabsonderung ungünstig wirkte. Es
begreift sich, daß die Eingeborenen des neuen Kontinents sich aus
der Milch nicht viel machen, da das Land ursprünglich keine
Tiere hatte, welche Milch geben; aber billig wundert man sich,
daß die ungeheure chinesische Bevölkerung, die doch großen=
teils außerhalb der Tropen unter denselben Breiten wie die
nomadischen Stämme in Centralasien lebt, ebenso gleichgültig
ist. Wenn die Chinesen einmal ein Hirtenvolk waren, wie
geht es zu, daß sie Sitten und einem Geschmack, die ihrem
früheren Zustande so ganz angemessen sind, ungetreu gewor=
den? Diese Fragen scheinen mir von großer Bedeutung so=
wohl für die Geschichte der Völker von Ostasien als hinsicht=
lich der alten Verbindungen, die, wie man glaubt, zwischen
diesem Weltteil und dem nördlichen Mexiko stattgefunden
haben können.

Wir fuhren in zwei Tagen den Orinoko von Carichana
zur Mission Uruana hinab, nachdem wir wieder durch den
vielberufenen Engpaß beim Baraguan gegangen. Wir hielten
öfters an, um die Geschwindigkeit des Stromes und seine
Temperatur an der Oberfläche zu messen. Letztere betrug
27° 4', die Geschwindigkeit 65 cm in der Sekunde (102,8 m
in 3 Minuten 6 Sekunden), an Stellen, wo das Bett des
Orinoko über 3900 m breit und 19,5 bis 23 m tief war.
Der Fall des Flusses ist allerdings von den Katarakten bis
Angostura höchst unbedeutend,[1] und ohne barometrische Mes=
sung ließe sich der Höhenunterschied ungefähr schätzen, wenn
man von Zeit zu Zeit die Geschwindigkeit und Breite und
Tiefe des Stromstückes mäße. In Uruana konnten wir einige
Sternbeobachtungen machen. Ich fand die Breite der Mission

---

[1] Der Nil hat von Kairo bis Rosette auf einer Strecke von
265 km nur 2,2 m Fall auf den Kilometer.

gleich) 7°8', da aber die verschiedenen Sterne abweichende Re=
sultate gaben, blieb sie um mehr als eine Minute unsicher.
Die Moskitoschicht am Boden war so dicht, daß ich mit dem
Richten des künstlichen Horizontes nicht fertig werden konnte,
und ich bedauerte, nicht mit einem Quecksilberhorizont versehen
zu sein. Am 7. Juni erhielt ich durch gute absolute Sonnen=
höhen eine Länge von 69°40'. Seit Esmeralda waren
wir um 1°17' gegen West vorgerückt, und diese chrono=
metrische Bestimmung verdient volles Zutrauen, weil wir
auf dem Hin= und dem Herweg, in den großen Kata=
rakten und an den Mündungen des Atabapo und des Apure
beobachtet hatten.

Die Mission Uruana ist ungemein malerisch gelegen;
das kleine indianische Dorf lehnt sich an einen hohen Granit=
berg. Ueberall steigen Felsen wie Pfeiler über dem Walde
auf und ragen über die höchsten Baumwipfel empor. Nir=
gends nimmt sich der Orinoko majestätischer aus als bei der
Hütte des Missionärs Fray Ramon Bueno. Er ist hier über
5067 m breit und läuft gerade gegen Ost, ohne Krümmung,
wie ein ungeheurer Kanal. Durch zwei lange, schmale Inseln
(Isla de Uruana und Isla vieja de la Manteca) wird das
Flußbett noch ausgedehnter; indessen laufen die Ufer parallel
und man kann nicht sagen, der Orinoko teile sich in mehrere
Arme.

Die Mission ist von Otomaken bewohnt, einem versun=
kenen Stamme, an dem man eine der merkwürdigsten physio=
logischen Erscheinungen beobachtet. Die Otomaken essen Erde,
das heißt, sie verschlingen sie mehrere Monate lang täglich in
ziemlich bedeutender Menge, um den Hunger zu beschwichtigen,
ohne daß ihre Gesundheit dabei leidet. Diese unzweifelhafte
Thatsache hat seit meiner Rückkehr nach Europa lebhaften
Widerspruch gefunden, weil man zwei ganz verschiedene Sätze:
Erde essen, und sich von Erde nähren, zusammenwarf.
Wir konnten uns zwar nur einen einzigen Tag in Uruana
aufhalten, aber dies reichte hin, um die Bereitung der Poya
(der Erdkugeln) kennen zu lernen, die Vorräte, welche die
Eingeborenen davon angelegt, zu untersuchen und die Quan=
tität Erde, die sie in 24 Stunden verschlingen, zu bestimmen.
Uebrigens sind die Otomaken nicht das einzige Volk am Ori=
noko, bei dem Thon als Nahrungsmittel gilt. Auch bei den
Guamos findet man Spuren von dieser Verirrung des Nah=
rungstriebes, und zwischen den Einflüssen des Meta und des

Apure spricht jedermann von der Geophagie als von etwas
Altbekanntem. Ich teile hier nur mit, was wir mit eigenen
Augen gesehen oder aus dem Munde des Missionärs vernom=
men, den ein schlimmes Geschick dazu verurteilt hat, zwölf
Jahre unter dem wilden, unruhigen Volke der Otomaken zu
leben.

Die Einwohner von Uruana gehören zu den Savannen=
völkern (Indios andantes), die schwerer zu civilisieren sind
als die Waldvölker (Indios del monte), starke Abneigung
gegen den Landbau haben und fast ausschließlich von Jagd
und Fischfang leben. Es sind Menschen von sehr starkem
Körperbau, aber häßlich, wild, rachsüchtig, den gegorenen Ge=
tränken leidenschaftlich ergeben. Sie sind im höchsten Grad
„omnivore Tiere"; die anderen Indianer, die sie als Bar=
baren ansehen, sagen daher auch, „nichts sei so ekelhaft, das
ein Otomake nicht esse". Solange das Wasser im Orinoko
und seinen Nebenflüssen tief steht, leben die Otomaken von
Fischen und Schildkröten. Sie schießen jene mit überraschender
Fertigkeit mit Pfeilen, wenn sie sich an der Wasserfläche
blicken lassen. Sobald die Anschwellungen der Flüsse erfolgen,
die man in Südamerika wie in Aegypten und Nubien irr=
tümlich dem Schmelzen des Schnees zuschreibt, und die in der
ganzen heißen Zone periodisch eintreten, ist es mit dem Fisch=
fang fast ganz vorbei. Es ist dann so schwer, in den tiefen
Flüssen Fische zu bekommen, als auf offener See. Die armen
Missionäre am Orinoko haben oft gar keine, weder an Fast=
tagen, noch an Nichtfasttagen, obgleich alle jungen Indianer
im Dorfe verpflichtet sind, „für das Kloster zu fischen". Zur
Zeit der Ueberschwemmungen nun, die zwei bis drei Monate
dauern, verschlingen die Otomaken Erde in unglaublicher Masse.
Wir fanden in ihren Hütten pyramidalisch aufgesetzte, 1 bis
1,3 m Kugelhaufen; die Kugeln hatten 8 bis 10 cm im
Durchmesser. Die Erde, welche die Otomaken essen, ist ein
sehr feiner, sehr fetter Letten; er ist gelbgrau, und da er ein
wenig am Feuer gebrannt wird, so sticht die harte Kruste
etwas ins Rote, was vom darin enthaltenen Eisenoxyd her=
rührt. Wir haben von dieser Erde, die wir vom Wintervor=
rat der Indianer genommen, mitgebracht. Daß sie speckstein=
artig sei und Magnesia enthalte, ist durchaus unrichtig. Vau=
quelin fand keine Spur davon darin, dagegen mehr Kieselerde
als Alaunerde und 3 bis 4 Prozent Kalk.

Die Otomaken essen nicht jede Art Thon ohne Unterschied;

sie suchen die Alluvialschichten auf, welche die fetteste, am
feinsten anzufühlende Erde enthalten. Ich fragte den Mis=
sionär, ob man den befeuchteten Thon wirklich, wie Pater
Gumilla behauptet, die Art von Zersetzung durchmachen lasse,
wobei sich Kohlensäure und Schwefelwasserstoff entwickeln, und
die in allen Sprachen faulen heißt; er versicherte uns aber,
die Eingeborenen lassen den Thon niemals faulen, und ver=
mischen ihn auch weder mit Maismehl, noch mit Schildkrötenöl
oder Krokodilfett. Wir selbst haben schon am Orinoko und
nach unserer Heimkehr in Paris die mitgebrachten Kugeln
untersucht und keine Spur einer organischen, sei es mehligen
oder öligen Substanz darin gefunden. Dem Wilden gilt
alles für nahrhaft, was den Hunger beschwichtigt; fragt man
daher den Otomaken, von was er in den zwei Monaten, wo
der Fluß am vollsten ist, lebe, so deutet er auf seine Letten=
kugeln. Er nennt sie seine Hauptnahrung, denn in dieser Zeit
bekommt er nur selten eine Eidechse, eine Farnwurzel, einen
toten Fisch, der auf dem Wasser schwimmt. Ißt nun der
Indianer zwei Monate lang Erde aus Not (und zwar 375
bis 625 g in 24 Stunden), so läßt er sie sich doch auch das
übrige Jahr schmecken. In der trockenen Jahreszeit, beim
ergiebigsten Fischfang, reibt er seine Poyatlöße und mengt
etwas Thon unter seine Speisen. Das Auffallendste ist, daß
die Otomaken nicht vom Fleische fallen, solange sie Erde in
so bedeutender Menge verzehren. Sie sind im Gegenteil sehr
kräftig und haben keineswegs einen gespannten, aufgetriebenen
Bauch. Der Missionär Fray Ramon Bueno versichert, er habe
nie bemerkt, daß die Gesundheit der Eingeborenen während der
Ueberschwemmung des Orinoko eine Störung erlitten hätte.

Das Thatsächliche, das wir ermitteln konnten, ist ganz
einfach folgendes. Die Otomaken essen mehrere Monate lang
täglich 375 g am Feuer etwas gehärteten Letten, ohne daß
ihre Gesundheit dadurch merklich leidet. Sie netzen die Erde
wieder an, ehe sie sie verschlucken. Es ließ sich bis jetzt nicht
genau ermitteln, wie viel nährende vegetabilische oder tierische
Substanz sie während dieser Zeit in der Woche zu sich neh=
men; so viel ist aber sicher, sie selbst schreiben ihr Gefühl der
Sättigung dem Letten zu und nicht den kümmerlichen Nah=
rungsmitteln, die sie von Zeit zu Zeit daneben genießen.
Keine physiologische Erscheinung steht für sich allein da, und
so wird es nicht ohne Interesse sein, wenn ich mehrere ähn=
liche Erscheinungen, die ich zusammengebracht, hier bespreche.

In der heißen Zone habe ich allerorten bei vielen Individuen, bei Kindern, Weibern, zuweilen aber auch bei erwachsenen Männern einen abnormen, fast unwiderstehlichen Trieb bemerkt, Erde zu essen, keineswegs alkalische oder kalkhaltige Erde, um (wie man gemeiniglich glaubt) saure Säfte zu neutralisieren, sondern einen fetten, schlüpfrigen, stark riechenden Thon. Oft muß man den Kindern die Hände binden oder sie einsperren, um sie vom Erdeessen abzuhalten, wenn der Regen aufhört. Im Dorfe Banco am Magdalenenstrom sah ich indianische Weiber, die Töpfergeschirr verfertigen, fortwährend große Stücke Thon verzehren. Dieselben waren nicht schwanger und versicherten, „die Erde sei eine Speise, die ihnen nicht schade". Bei anderen amerikanischen Völkerschaften werden die Menschen bald krank und zehren aus, wenn sie sich von der Sucht, Thon zu verschlucken, zu sehr hinreißen lassen. In der Mission San Borja sahen wir ein Kind von der Nation der Guahibos, das mager war wie ein Skelett. Die Mutter ließ uns durch den Dolmetscher sagen, die Abmagerung komme von unordentlicher Eßlust her. Seit vier Monaten wollte das kleine Mädchen fast nichts anderes zu sich nehmen als Letten. Und doch sind es nur 112 km von San Borja nach Uruana, wo der Stamm der Otomaken wohnt, die, ohne Zweifel infolge allmählicher Angewöhnung, die Poya ohne Nachteil verschlucken. Pater Gumilla behauptet, trete bei den Otomaken Verstopfung ein, so führen sie mit Krokodilöl, oder vielmehr mit geschmolzenem Krokodilfett ab; aber der Missionär, den wir bei ihnen antrafen, wollte hiervon nichts wissen. Man fragte sich, warum in kalten und gemäßigten Himmelsstrichen die Sucht, Erde zu essen, weit seltener ist als in der heißen Zone, warum sie in Europa nur bei schwangeren Weibern und schwächlichen Kindern vorkommt? Dieser Unterschied zwischen der heißen und der gemäßigten Zone rührt vielleicht nur von der Trägheit der Funktion des Magens infolge der starken Hautausdünstung her. Man meinte die Beobachtung zu machen, daß bei den afrikanischen Sklaven der abnorme Trieb, Erde zu essen, zunimmt und schädlicher wird, wenn sie auf reine Pflanzenkost gesetzt werden und man ihnen die geistigen Getränke entzieht. Wird durch letztere das Lettenessen weniger schädlich, so hätte man den Otomaken beinahe Glück dazu zu wünschen, daß sie so große Trunkenbolde sind.

Auf der Küste von Guinea essen die Neger als Leckerbiffen eine gelbliche Erde, die sie Caouac nennen. Die nach Amerika gebrachten Sklaven suchen sich denselben Genuß zu verschaffen, aber immer auf Kosten ihrer Gesundheit. Sie sagen, „die Erde auf den Antillen sei nicht so verdaulich, wie die in ihrem Lande". Thibaut de Chanvalon äußert in seiner Reise nach Martinique über diese pathologische Erscheinung sehr richtig: „Eine andere Ursache des Magenwehs ist, daß manche Neger, die von der Küste von Guinea herüberkommen, Erde essen. Es ist dies bei ihnen nicht verdorbener Geschmack oder Folge einer Krankheit, sondern Gewöhnung von Afrika her, wo sie, wie sie sagen, eine gewisse Erde essen, die ihnen wohlschmeckt, und zwar ohne davon belästigt zu werden. Auf unseren Inseln sehen sie sich nun nach der Erde um, die jener am nächsten kommt, und greifen zu einem rotgelben (vulkanischen) Tuff. Man verkauft denselben heimlich auf den Märkten, ein Mißbrauch, dem die Polizei steuern sollte. Die Neger, welche diese Unsitte haben, sind so lüstern nach Caouac, daß keine Strafe sie vom Genuß desselben abzuhalten vermag."

Im Indischen Archipel, auf Java, sah Labillardière zwischen Surabaya und Samarang kleine viereckige, rötliche Kuchen verkaufen. Diese Kuchen, Tanaampo genannt, waren Waffeln aus leicht geröstetem Thon, den die Eingeborenen mit Appetit verzehren. Da seit meiner Rückkehr vom Orinoko die Physiologen auf diese Erscheinungen von Geophagie aufmerksam geworden waren, so machte Leschenault (einer der Naturforscher bei der Entdeckungsreise nach Australien unter Kapitän Baudin) interessante Angaben über den Tanaampo oder Ampo der Javaner. „Man legt," sagt er, „den rötlichen, etwas eisenschüssigen Thon, den die Einwohner von Java zuweilen als Leckerei genießen, in kleinen Rollen, in der Form wie die Zimtrinde, auf eine Blechplatte und röstet ihn; in dieser Form heißt er Ampo und ist auf dem Markte feil. Die Substanz hat einen eigentümlichen Geschmack, der vom Rösten herrührt; sie ist stark absorbierend, klebt an der Zunge und macht sie trocken. Der Ampo wird fast nur von den javanischen Weibern gegessen, entweder in der Schwangerschaft, oder weil sie mager werden wollen, denn Mangel an Körperfülle gilt dortzulande für schön. Der Erdegenuß ist der Gesundheit nachteilig; die Weiber verlieren allmählich die Eßlust und nehmen nur mit Widerwillen sehr wenig Speise zu sich). Aber der Wunsch, mager und schlank zu bleiben, läßt sie aller Gefahr trotzen und erhält den Ampo

bei Kredit." — Auch die barbarischen Bewohner von Neu=
kaledonien essen zur Zeit der Not, um den Hunger zu
beschwichtigen, mächtige Stücke eines weißen, zerreiblichen
Topfsteins. Vauquelin fand darin bei der Analyse, neben
Magnesia und Kieselerde zu gleichen Teilen, eine kleine Menge
Kupferoryd. Eine Erde, welche Golberry die Neger in Afrika
auf den Inseln Bunck und Los Idolos essen sah und von der
er ohne Beschwerde selbst gegessen, ist gleichfalls ein weißer,
zerreiblicher Speckstein. Alle diese Fälle gehören der heißen
Zone an; überblickt man sie, so muß es auffallen, daß ein
Trieb, von dem man glauben sollte, die Natur werde ihn
nur den Bewohnern der unfruchtbarsten Landstriche eingepflanzt
haben, bei verwilderten, trägen Völkern vorkommt, die gerade
die herrlichsten, fruchtbarsten Länder bewohnen. In Popayan
und mehreren Gebirgsstrichen von Peru sahen wir auf offenem
Markte an die Eingeborenen unter anderen Waren auch sehr
fein gepulverten Kalk verkaufen. Man mengt dieses Pulver
mit Coca, das heißt mit den Blättern des Erythroxylon
peruvianum. Bekanntlich nehmen die indianischen Boten=
läufer mehrere Tage lang keine andere Nahrung zu sich als
Kalk und Coca; beide befördern die Absonderung des Speichels
und des Magensaftes; sie benehmen die Eßlust, ohne dem
Körper Nahrungsstoff zuzuführen. Anderswo in Südamerika,
am Rio de la Hacha, verschlucken die Guajiro nur den Kalk
ohne Zusatz von Pflanzenstoff. Sie führen beständig eine
kleine Büchse mit Kalk bei sich, wie wir die Tabaksdose und
die Asiaten die Betelbüchse. Diese amerikanische Sitte war
schon den ersten spanischen Seefahrern auffallend erschienen.
Der Kalk schwärzt die Zähne, und im Ostindischen Archipel,
wie bei manchen amerikanischen Horden, gelten schwarze Zähne
für schön. Im kalten Landstrich des Königreichs Quito essen
in Tiaua die Eingeborenen täglich aus Leckerei und ohne Be=
schwerde einen sehr feinen, mit Quarzsand gemengten Thon.
Dieser Thon macht das Wasser, in dem er suspendiert ist,
milchig. Man sieht in ihren Hütten große Gefäße mit diesem
Wasser, das als Getränk dient und bei den Indianern Agua
oder Leche de Llanka (Thonmilch) heißt.

Ueberblickt man alle diese Fälle, so zeigt sich, daß dieser
abnorme Trieb zum Genuß von Thonerde, Talkerde und Kalk
am häufigsten bei Bewohnern der heißen Zone vorkommt,
daß er nicht immer Krankheit zur Folge hat, und daß manche
Stämme Erde aus Leckerei essen, während andere (die Oto=

maken in Amerika und die Neukaledonier in der Südsee) sie
aus Not verzehren, um den Hunger zu beschwichtigen. Aus
sehr vielen physiologischen Erscheinungen geht hervor, daß der
Hunger augenblicklich gestillt werden kann, ohne daß die Sub=
stanzen, die man der Wirkung der Verdauungsorgane unter=
wirft, eigentlich nahrhaft sind. Der Letten der Otomaken,
der aus Thonerde und Kieselerde besteht, enthält wahrschein=
lich nichts oder so gut wie nichts, was zur Bildung der Or=
gane des Menschen beiträgt. Kalkerde und Talkerde sind
enthalten in den Knochen, in der Lymphe des Brustganges,
im Farbstoff des Blutes und in den weißen Haaren; Kiesel=
erde in sehr kleiner Menge in den schwarzen Haaren und,
nach Vauquelin, Thonerde nur in ein paar Atomen in den
Knochen, obgleich sie in vielen Pflanzenstoffen, die uns als
Nahrung dienen, in Menge vorkommt. Es ist beim Menschen
nicht wie bei belebten Wesen auf niedrigerer Organisations=
stufe. Bei jenem werden nur die Stoffe assimiliert, aus
denen die Knochen, die Muskeln, das Nervenmark und das
Gehirn wesentlich zusammengesetzt sind; die Gewächse dagegen
saugen aus dem Boden die Salze auf, die sich zufällig darin
vorfinden, und die Beschaffenheit ihres Fasergewebes richtet
sich nach dem Wesen der Erdarten, die an ihrem Standorte
die vorherrschenden sind. Es ist ein Punkt, der zur eifrigsten
Forschung auffordert, und der auch mich schon lange beschäftigt
hat, daß so wenige einfache Stoffe (Erden und Metalle) in
den Geweben der belebten Wesen enthalten sind, und daß
nur sie geeignet scheinen, den chemischen Lebensprozeß, wenn
man so sagen darf, zu unterhalten.

Das Gefühl des Hungers und das unbestimmte Schwäche=
gefühl infolge von Nahrungsmangel und anderen pathologi=
schen Ursachen sind nicht zu verwechseln. Das Gefühl des
Hungers hört auf, lange bevor die Verdauung vorüber oder
der Chymus in Chylus verwandelt ist. Es hört auf entweder
weil die Nahrungsstoffe auf die Magenwände tonisch wirken,
oder weil der Verdauungsapparat mit Stoffen gefüllt ist,
welche die Schleimhäute zu reichlicher Absonderung des Magen=
saftes reizen. Diesem tonischen Eindruck auf die Magennerven
kann man die rasche heilsame Wirkung der sogenannten näh=
renden Arzneimittel zuschreiben, der Schokolade und aller
Stoffe, die gelinde reizen und zugleich nähren. Für sich allein
gebraucht ist ein Nahrungsstoff (Stärkemehl, Gummi oder
Zucker) zur Assimilation und zum Ersatz der Verluste, welche

der menschliche Körper erlitten, weniger geeignet, weil es
dabei an einem Nervenreiz fehlt. Das Opium, das nicht nährt,
wird in Asien mit Erfolg bei großer Hungersnot gebraucht:
es wirkt als tonisches Mittel. Ist aber der Stoff, der den
Magen füllt, weder als ein Nahrungsmittel, das heißt, als
assimilierbar, noch als ein tonischer Nervenreiz zu betrachten,
so rührt die Beschwichtigung wahrscheinlich von der reichlichen
Absonderung des Magensaftes her. Wir berühren hier ein
Gebiet der Physiologie, auf dem noch manches dunkel ist.
Der Hunger wird beschwichtigt, das unangenehme Gefühl der
Leere hört auf, sobald der Magen angefüllt ist. Man sagt,
der Magen müsse Ballast haben; in allen Sprachen gibt es
figürliche Ausdrücke für die Vorstellung, daß eine mechanische
Ausdehnung des Magens ein angenehmes Gefühl verursacht.
Zum Teil noch in ganz neuen physiologischen Werken ist von
der schmerzhaften Zusammenziehung des Magens im Hunger,
von der Reibung der Magenwände aneinander, von der Wir=
kung des sauren Magensaftes auf das Gewebe der Ver=
dauungsorgane die Rede. Bichats Beobachtungen, besonders
aber Magendies interessante Versuche widersprechen diesen
veralteten Vorstellungen. Nach 24=, 48=, sogar 60stündiger
Entziehung aller Nahrungsmittel beobachtet man noch keine
Zusammenziehung des Magens; erst am vierten und fünften
Tage scheinen die Dimensionen des Organes etwas abzunehmen.
Je länger die Nahrungsentziehung dauert, desto mehr ver=
mindert sich der Magensaft. Derselbe häuft sich keineswegs
an, er wird vielmehr wahrscheinlich wie ein Nahrungsmittel
verdaut. Läßt man Katzen oder Hunde einen unverdaulichen
Körper, z. B. einen Kiesel schlucken, so wird in die Magen=
höhle in Menge eine schleimige, saure Flüssigkeit ausgesondert,
die nach ihrer Zusammensetzung dem menschlichen Magensafte
nahe steht. Nach diesen Thatsachen scheint es mir wahrschein=
lich, daß, wenn der Mangel an Nahrungsstoff die Otomaken
und die Neukaledonier antreibt, einen Teil des Jahres hin=
durch Thon und Speckstein zu verschlingen, diese Erden im
Verdauungsapparat dieser Menschen eine vermehrte Absonde=
rung der eigentümlichen Säfte des Magens und der Bauch=
speicheldrüse zur Folge haben. Meine Beobachtungen am
Orinoko wurden in neuester Zeit durch direkte Versuche zweier
ausgezeichneter junger Physiologen, Hippolyt Cloquet und
Breschet, bestätigt. Sie ließen sich hungrig werden und aßen
dann fünf Unzen eines grünlich silberfarbigen, blätterigen,

sehr biegsamen Talkes, und eine Nahrung, an welche ihre Organe so gar nicht gewöhnt waren, verursachte ihnen keine Beschwerde. Bekanntlich werden im Orient Bolus und Siegel= erde von Lemnos, die Thon mit Eisenoxyd sind, noch jetzt stark gebraucht. In Deutschland streichen die Arbeiter in den Sandsteinbrüchen am Kyffhäuser statt der Butter einen sehr feinen Thon, den sie Steinbutter[1] nennen, auf ihr Brot. Derselbe gilt bei ihnen für sehr sättigend und leicht verdaulich.

Wenn einmal infolge der Aenderungen, welche der Ver= fassung der spanischen Kolonien bevorstehen, die Missionen am Orinoko häufiger von unterrichteten Reisenden besucht werden, so wird man genau ermitteln, wie viele Tage die Otomaken leben können, ohne neben der Erde wirklichen tie= rischen oder vegetabilischen Nahrungsstoff zu sich zu nehmen. Es ist eine bedeutende Menge Magensaft und Saft der Bauch= speicheldrüse erforderlich, um eine solche Masse Thon zu ver= dauen oder vielmehr einzuhüllen und mit dem Kot auszu= treiben. Daß die Absonderung dieser Säfte, welche bestimmt sind, sich mit dem Chymus zu verbinden, durch den Thon im Magen und im Darm gesteigert wird, ist leicht zu begreifen; wie kommt es aber, daß eine so reichliche Sekretion, die dem Körper keineswegs neue Bestandteile zuführt, sondern nur Bestandteile, die auf anderen Wegen bereits da sind, anders= wohin schafft, auf die Länge kein Gefühl der Erschöpfung zur Folge hat? Die vollkommene Gesundheit, deren die Otomaken genießen, solange sie sich wenig Bewegung machen und sich auf so ungewöhnliche Weise nähren, ist eine schwer zu erklä= rende Erscheinung. Man kann sie nur einer durch lange Ge= schlechtsfolge erworbenen Gewöhnung zuschreiben. Der Ver= dauungsapparat ist sehr verschieden gebaut, je nachdem die Tiere ausschließlich von Fleisch oder Pflanzenstoff leben; wahr= scheinlich ist auch der Magensaft verschieden, je nachdem er tierische oder vegetabilische Substanzen zu verdauen hat, und doch bringt man es allmählich dahin, daß Pflanzenfresser und Fleischfresser ihre Kost vertauschen, daß jene Fleisch, diese Körner fressen. Der Mensch kann sich daran gewöhnen, un= gemein wenig Nahrung zu sich zu nehmen, und zwar ohne Schmerzgefühl, wenn er tonische oder reizende Mittel an=

---

[1] Diese Steinbutter ist nicht zu verwechseln mit der Bergbutter, einer salzigen Substanz, die aus der Zersetzung des Alaunschiefers entsteht.

wendet (verschiedene Arzneimittel, kleine Mengen Opium,
Betel, Tabak, Cocablätter), oder wenn er von Zeit zu Zeit
den Magen mit erdigen, geschmacklosen, für sich nicht nähren=
den Stoffen anfüllt. Gleich dem wilden Menschen verschlucken
auch manche Tiere im Winter aus Hunger Thon oder zerreib=
lichen Speckstein, namentlich die Wölfe im nordöstlichen Europa,
die Renntiere, und, nach Patrins Beobachtung, die Rehe in
Sibirien. Am Jenisei und Amur brauchen die russischen Jäger
einen Thon, den sie Felsbutter nennen, als Köder. Die
Tiere wittern den Thon von weitem; sie riechen ihn gern, wie
die Weiber in Spanien und Portugal den Bucarosthon,[1] die
sogenannten wohlriechenden Erden (Tierras olorosas). Brown
erzählt in seiner Geschichte von Jamaika, die Krokodile in Süd=
amerika verschlingen kleine Steine oder Stücke sehr harten Holzes,
wenn die Seen, in denen sie leben, ausgetrocknet sind, oder sie
sonst keine Nahrung finden. Im Magen eines 3,6 m langen
Krokodils, das Bonpland und ich in Batallez am Magdalenen=
strome zergliederten, fanden wir halbverdaute Fische und runde,
8 bis 10 cm starke Granitstücke. Es ist nicht anzunehmen, daß
die Krokodile diese Steine zufällig verschlucken, denn, wenn sie
die Fische unten im Strome packen, ruht ihre untere Kinnlade
nicht auf dem Boden. Die Indianer haben die abgeschmackte
Idee ausgeheckt, diese trägen Tiere machen sich so gern
schwerer, um leichter zu tauchen. Ich glaube vielmehr, sie
nehmen große Kiesel in den Magen auf, um dadurch eine
reichliche Absonderung des Magensaftes herbeizuführen. Ma=
gendies Versuche sprechen für diese Auffassung. Was die Ge=
wohnheit der körnerfressenden Vögel, namentlich der hühner=
artigen und der Strauße betrifft, Sand und kleine Steine
zu verschlucken, so hat man sie bisher dem instinktmäßigen
Triebe der Tiere zugeschrieben, die Zerreibung der Nahrung
in ihrem dicken Muskelmagen zu beschleunigen.

Wir haben oben gesehen, daß Negerstämme am Gambia
Thon unter ihren Reis mischen; vielleicht hatten früher manche
Familien der Otomaken den Brauch, Mais und andere meh=
lige Samen in ihrer Poya „faulen“ zu lassen, um Erde

---

[1] Bucaro, vas fictile odoriferum. Man trinkt gern aus
diesen Gefäßen wegen des Geruches des Thones. Die Weiber in
der Provinz Alentejo gewöhnen sich an, die Bucaroerde zu kauen,
und sie empfinden es als eine große Entbehrung, wenn sie dieses
abnorme Gelüste nicht befriedigen können.

und stärkemehlhaltigen Stoff zugleich zu genießen; vielleicht ist es eine unklare Beschreibung einer solchen Zubereitung, wenn Pater Gumilla im ersten Bande seines Werkes behauptet, „die Guamos und Otomacos nähren sich nur deshalb von Erde, weil dieselbe mit Substancia del maiz und Kaimanfett getränkt sei." Ich habe schon oben erwähnt, daß weder der gegenwärtige Missionär in Uriana, noch Fray Juan Gonzales, der lange in diesen Ländern gelebt, von dieser Vermengung tierischen und vegetabilischen Stoffes mit der Poya etwas wissen. Vielleicht hat Pater Gumilla die Zubereitung der Erde, welche die Eingeborenen essen, mit einem anderen Brauche derselben verwechselt (von dem sich Bonpland an Ort und Stelle überzeugte), nämlich die Bohnen einer Mimosenart in den Boden zu graben, dieselben sich zersetzen zu lassen, und ein weißes, schmackhaftes, aber schwer verdauliches Brot daraus zu bereiten. Die Poyakugeln, die wir dem Wintervorrate der Indianer entnommen, enthielten, ich wiederhole es, keine Spur von tierischem Fette oder von Stärkemehl. Gumilla ist einer der leichtgläubigsten Reisenden, die wir kennen, und so sieht man sich fast versucht, an Umstände zu glauben, die er meint leugnen zu müssen. Zum Glücke nimmt der Jesuit im zweiten Bande seines Werkes großenteils wieder zurück, was er im ersten behauptet: er zweifelt jetzt nicht daran, „daß das Brot der Otomacos und Guamos wenigstens (a lo menos) zur Hälfte Thon enthält; er versichert, Kinder und Erwachsene essen, ohne Schaden für die Gesundheit, nicht nur dieses Brot, sondern auch große Massen reinen Thon (muchos terrones de pura greda)". Er sagt weiter, wer davon den Magen beschwert fühle, führe ein paar Tage mit Krokodilfett ab, und dieses Fett bringe ihnen die Eßlust wieder, so daß sie von neuem bloße Erde essen können. Ich bezweifle, daß die Manteca de Caiman ein Abführmittel ist, da sie aber sehr flüssig ist, so mag sie die Erde, die nicht mit dem Kote weggeschafft worden ist, einhüllen helfen. So viel ist gewiß, daß die Guamos wenn nicht das Fett, so doch das Fleisch des Krokodils, das uns weiß und ohne Bisamgeruch schien, sehr gern essen. In Sennaar ist dasselbe, nach Burckhardt, gleichfalls gesucht und wird auf dem Markte verkauft.

Ich kann hier Fragen nicht unberührt lassen, die in mehreren Abhandlungen, zu denen meine Reise auf dem Orinoko Anlaß gegeben, besprochen worden sind. Leschenault wirft die Frage auf, ob nicht der Gebrauch des Ampo (des java= nischen Thones) dadurch gute Dienste leisten könnte, daß er augenblicklich den Hunger beschwichtigt, wenn man keine Nah= rungsmittel hat oder zu ungesunden, schädlichen, wenn auch organischen Substanzen greifen müßte. Ich glaube, bei Ver= suchen über die Folgen langer Entziehung der Nahrung würde sich zeigen, daß ein Tier, das man (nach der Art der Oto= maken) Thon verschlucken ließe, weniger zu leiden hätte als ein anderes, in dessen Magen man gar keine Nahrung brächte. Ein italienischer Physiologe hebt hervor, wie wenig phosphor= saure Kalk= und Bittererde, Kieselerde, Schwefel, Natron, Fluor, Eisen und Mangan, und dagegen wie viel Kohlen= säure, Sauerstoff, Stickstoff und Wasserstoff in den festen und flüssigen Teilen des menschlichen Körpers enthalten sei, und fragt, ob die Atmung nicht als ein fortwährender Er= nährungsakt zu betrachten sei, während der Verdauungs= apparat mit Lehm gefüllt ist? Die chemische Analyse der eingeatmeten und der ausgeatmeten Luft spricht nicht für diese Annahme. Der Verlust einer sehr kleinen Menge Stickstoff ist schwer zu ermitteln, und es ist anzunehmen, daß sich die Funktion des Atmens im allgemeinen darauf beschränkt, Kohlen= stoff und Wasserstoff dem Körper zu entziehen.

Ein befeuchtetes Gemisch von phosphorsaurem und kohlen= saurem Kalk kann nicht nährend sein, wie gleichfalls stickstoff= lose, aber dem organischen Reiche angehörende Substanzen (Zucker, Gummi, Stärkemehl). Unsere Verdauungsapparate sind gleichsam galvanische Säulen, die nicht alle Substanzen zerlegen. Die Assimilation hört auf, nicht allein weil die Stoffe, die in den Magen gelangen, keine Elemente enthalten, die mit denen, aus welchen der menschliche Körper besteht, übereinkommen, sondern auch, weil die Verdauung (die chemische Zersetzung) nicht alle Verbindungen ohne Unterschied in ihren Bereich zieht. Beschäftigt man sich übrigens mit solchen all= gemeinen physiologischen Problemen, so fragt man sich unwill= kürlich, wie es mit der Gesellschaft, oder vielmehr mit dem Menschengeschlechte stünde, wenn der Mensch keine Produkte der Organisation und der Lebenskraft als Nahrungsmittel nötig hätte. Keine Gewöhnung kann die Art und Weise der Ernährung wesentlich abändern. Wir werden niemals Erde verdauen und assimilieren lernen; seit aber Gay=Lussacs und Thenards wichtige Forschungen uns belehrt haben, daß das härteste Holz und das Stärkemehl sich nur dadurch unter=

scheiden, daß die Verhältnisse zwischen Sauerstoff, Wasserstoff und Kohlenstoff dort und hier ein klein wenig anders sind, wie sollte man da bestreiten, daß es der Chemie noch gelingen könnte, jene ungeheuren vegetabilischen Massen, jene Gewebe verhärteter Fasern, aus denen die Stämme unserer Waldbäume bestehen, in Nahrungsstoff zu verwandeln? Von Belang könnte eine solche Entdeckung nur werden, wenn das Verfahren einfach und nicht kostspielig wäre; unter dieser, allerdings keineswegs wahrscheinlichen Voraussetzung müßten aber dadurch in der ganzen Verfassung des Gesellschaftskörpers, im Tagelohn, in der Verteilung der Bevölkerung über die Erdoberfläche die größten Veränderungen eintreten. Einerseits würde der Mensch damit unabhängiger, andererseits wäre die notwendige Folge, daß die Bande der Gesellschaft sich lösten und die Grundlagen des Gewerbfleißes und der Kultur untergraben würden.

Das kleine Dorf Uruana ist schwerer zu regieren als die meisten anderen Missionen. Die Otomaken sind ein unruhiges, lärmendes, in seinen Leidenschaften ungezügeltes Volk. Nicht nur sind sie dem Genusse der gegorenen Getränke aus Maniok und Mais und des Palmweines im Uebermaße ergeben, sie versetzen sich auch noch in einen eigentümlichen Zustand von Rausch, man könnte fast sagen von Wahnsinn, durch den Gebrauch des Niopopulvers.[1] Sie sammeln die langen Schoten einer Mimosenart, die wir unter dem Namen Acacia Niopo bekannt gemacht haben; sie reißen sie in Stücke, feuchten sie an und lassen sie gären. Wenn die durchweichten Pflanzen anfangen schwarz zu werden, kneten sie dieselben wie einen Teig, mengen Maniokmehl und Kalk, der aus der Muschel einer Ampullaria gebrannt wird, darunter und setzen die Masse auf einem Roste von hartem Holze einem starken Feuer aus. Der erhärtete Teig bildet kleine Kuchen. Will man sich derselben bedienen, so werden sie zu feinem Pulver zerrieben und dieses auf einen 13 bis 16 cm breiten Teller gestreut. Der Otomake hält den Teller, der einen Stiel hat, in der rechten Hand und zieht das Niopo durch einen gabelförmigen Vogelknochen, dessen zwei Enden in die Nasenlöcher gesteckt sind, in die Nase. Der Knochen, ohne den der Otomake diese Art Schnupftabak nicht nehmen zu können meinte, ist 18 cm lang und es schien mir der Fußwurzelknochen

---

[1] Maypurisch Nupa; die Missionäre sagen Nopo.

eines großen Stelzenläufers zu sein. Ich habe das Niopo
samt dem ganzen seltsamen Apparate Fourcroy in Paris übermacht. Das Niopo ist so reizend, daß ganz wenig davon
heftiges Niesen verursacht, wenn man nicht daran gewöhnt
ist. Pater Gumilla sagt, „dieses Teufelspulver der Otomaken,
das von einem baumartigen Tabake komme, berausche sie durch
die Nasenlöcher (emboracha por las narices), raube ihnen
auf einige Stunden die Vernunft und mache sie im Gefechte
rasend". Die Samen, Säfte und Wurzeln der Familie der
Schotengewächse haben auffallend verschiedene chemische und
arzneiliche Eigenschaften; wenn aber auch der Saft der Frucht
der Mimosa nilotica stark abstringierend ist, so ist doch nicht
wohl zu glauben, daß die Schote der Acacia Niopo dem
Tabake der Otomaken zunächst seine reizende Eigenschaft ver-
leiht. Dieselbe rührt vielmehr vom frischgebrannten Kalke her.
Wir haben oben gesehen, daß die Bergbewohner in den Anden
von Popayan und die Guajiro, die zwischen dem See Maracaybo und dem Rio la Hacha umherziehen, auch Kalk verschlucken, und zwar als Reizmittel, um die Absonderung des
Speichels und des Magensaftes zu befördern.

Dadurch, daß die umständliche Vorrichtung, deren sich
die Otomaken zum Aufziehen des Niopopulvers bedienen,
durch mich nach Europa kam, wurden die Gelehrten auf einen
ähnlichen Brauch aufmerksam gemacht, den La Condamine am
oberen Marañon beobachtet hat. Die Omagua, deren Name
durch ihre Züge zur Entdeckung des Dorado vielberufen ist,
haben denselben Teller, dieselben hohlen Vogelknochen, durch
die sie ihr Curupapulver in die Nase ziehen. Der Samen,
von dem dieses Pulver kommt, ist ohne Zweifel auch eine
Mimose; denn die Otomaken nennen, dem Pater Gili zufolge,
noch jetzt, 1170 km vom Amazonenstrome, die Acacia Niopo
Curupa. Seit meinen neuerlichen geographischen Untersuchungen über den Schauplatz der Thaten Philipps von
Hutten und über die wahre Lage der Provinz Papamene oder
der Omagua hat die Vermutung einer früheren Verbindung
zwischen den Otomaken am Orinoko und den Omagua am
Amazonenstrome an Bedeutung und Wahrscheinlichkeit gewonnen. Erstere kamen vom Rio Meta, vielleicht aus dem
Lande zwischen diesem Flusse und dem Guaviare; letztere
wollen selbst in großer Anzahl über den Rio Japura, vom
östlichen Abhange der Anden von Neugranada her, an den
Marañon gekommen sein. Nun scheint aber das Land der

Omagua, daß die Abenteurer von Coro und Tocuyo vergeb=
lich zu erobern suchten, gerade zwischen dem Guayavero, der
in den Guaviare fällt, und dem Caqueta zu liegen, der weiter
unten Japura heißt. Allerdings besteht ein auffallender
Gegensatz zwischen der jetzigen Versunkenheit der Otomaken
und der früheren Civilisation der Omagua; vielleicht waren
aber nicht alle Unterabteilungen dieser Nation in der Kultur
gleich vorgeschritten, und an Beispielen, daß Stämme völlig
versinken können, ist die Geschichte unseres Geschlechtes leider
nur zu reich. Zwischen Otomaken und Omagua läßt sich
noch eine weitere Uebereinstimmung bemerklich machen. Beide
sind unter den Völkerschaften am Orinoko und am Amazonen=
strome deshalb berufen, weil sie vom Kautschuk oder der ver=
dickten Milch der Euphorbiaceen und Urticeen so ausgedehnten
Gebrauch machen.

Der eigentliche krautartige Tabak,[1] denn die Missionäre
nennen das Niopo oder Curupa „Baumtabak", wird seit
unvordenklicher Zeit von allen eingeborenen Völkern am Ori=
noko gebaut; man fand auch bei der Eroberung die Sitte
des Rauchens in beiden Amerika gleich verbreitet. Die
Tamanaken und Maypuren in Guyana umwickeln die Ci=
garren mit Mais, wie bereits die Mexikaner vor Cortez' An=
kunft gethan. Nach diesem Vorgange nehmen die Spanier
statt Maisblättern Papier. Die armen Indianer in den
Wäldern am Orinoko wissen so gut als die großen Herren
am Hofe Montezumas, daß der Tabakrauch ein vortreffliches
Narkotikum ist; sie bedienen sich desselben nicht nur, um ihre
Siesta zu halten, sondern auch, um sich in den Zustand
von Quietismus zu versetzen, den sie ein „Träumen mit
offenen Augen", „Träumen bei Tage" nennen. In allen
amerikanischen Missionen wird jetzt, wie mir schien, ungemein
wenig Tabak verbraucht, und in Neuspanien rauchen die Ein=
geborenen, die fast sämtlich von der untersten Klasse des azte=
kischen Volkes abstammen, zum großen Leidwesen des Fiskus,

---

[1] Das Wort Tabak (tabacco) gehört, wie die Worte Savanne,
Mais, Kazike, Maguey (Agave) und Manati (Seekuh), der alten
Sprache von Hayti oder San Domingo an. Es bedeutete eigentlich
nicht das Kraut, sondern die Röhre, das Werkzeug, mittels dessen
man den Rauch einzog. Es muß auffallen, daß ein so allgemein
verbreitetes vegetabilisches Produkt bei benachbarten Völkern ver=
schiedene Namen hatte.

gar nicht. Pater Gili versichert, den Indianern am unteren Orinoko sei die Sitte des Tabakkauens unbekannt. Ich möchte die Richtigkeit dieser Behauptung bezweifeln; denn die Sercucuma am Crevato und Caura, Nachbarn der weißlichen Paparitos, verschlucken, wie man mir sagte, zerhackten und mit anderen stark reizenden Säften getränkten Tabak, wenn sie sich zum Gefechte anschicken. Von den vier Nikotianaarten, die in Europa gebaut werden (N. tabacum, N. rustica, N. paniculata und N. glutinosa) sahen wir nur die beiden letzteren wild; aber Nicotiana lolaxensis und N. Andicola, die ich in 3605 m Meereshöhe auf dem Rücken der Anden gefunden, stehen Nicotiana tabacum und rustica sehr nahe. Die ganze Gattung ist übrigens fast ausschließlich amerikanisch und die meisten Arten schienen mir dem gebirgigen und gemäßigten Landstriche unter den Tropen anzugehören.

Weder aus Virginien, noch aus Südamerika, wie irrtümlich in mehreren agronomischen und botanischen Schriften steht, sondern aus der mexikanischen Provinz Yucatan ist um das Jahr 1559 der erste Tabaksamen nach Europa gekommen.[1] Der Mann, der die Fruchtbarkeit der Ufer des Orinoko am lautesten gepriesen, der berühmte Ralegh, hat auch die Sitte des Rauchens unter den nordischen Völkern am meisten befördert. Bereits am Schlusse des 16. Jahrhunderts beschwerte man sich in England bitter über „diese Nachahmung der Gebräuche eines barbarischen Volkes". Man fürchtete bei dem überhandnehmenden Tabakrauchen, „ne Anglorum corpora in barbarorum naturam degenerent".[2]

---

[1] Die Spanier lernten den Tabak am Ende des 16. Jahrhunderts auf den Antillen kennen. Ich habe oben bemerkt, daß der Anbau dieses narkotischen Gewächses um 120 bis 140 Jahre älter ist als die segensreiche Anpflanzung der Kartoffel. Als Ralegh im Jahre 1586 den Tabak aus Virginien nach England brachte, gab es in Portugal bereits ganze Felder voll davon.

[2] Die merkwürdige Stelle lautet bei Camden, Annal. Elizab. p. 143 (1585) wie folgt: „Ex illo sane tempore (tabacum) usu cepit esse creberrimo in Anglia et magno pretio, dum quamplurimi graveolentem illius fumum per tubulum testaceum hauriunt et mox e naribus afflant, adeo ut Anglorum corpora in barbarorum naturam degenerasse videantur, quum iidem ac barbari delectentur." Man sieht aus dieser Stelle, daß man durch die Nase rauchte, während man am Hofe Montezumas in der einen Hand die Pfeife hatte und mit der anderen die Nase zuhielt, um den Rauch leichter schlucken zu können.

Wenn sich die Otomaken in Uruana durch den Genuß des Niopo (ihres Baumtabaks) und gegorener Getränke in einen Zustand von Trunkenheit versetzt haben, der mehrere Tage dauert, so bringen sie einander um, ohne sich mit Waffen zu schlagen. Die bösartigsten vergiften sich den Daumennagel mit Curare, und nach der Aussage der Missionäre kann der geringste Ritz mit diesem vergifteten Nagel tödlich werden, wenn das Curare sehr stark ist und unmittelbar in die Blut= masse gelangt. Begehen die Indianer bei Nacht infolge eines Zankes einen Totschlag, so werfen sie den Leichnam in den Fluß, weil sie fürchten, es möchten Spuren der erlittenen Gewalt an ihm zu bemerken sein. „So oft ich,“ äußerte Pater Bueno gegen uns, „die Weiber an einer anderen Stelle des Ufers als gewöhnlich Wasser schöpfen sehe, vermute ich, daß ein Mord in meiner Mission begangen worden.“

Wir fanden in Uruana in den Hütten der Indianer den= selben vegetabilischen Stoff (Yesca de hormigas, Ameisen= zunder), den wir bei den großen Katarakten hatten kennen lernen und den man zum Blutstillen braucht. Dieser Zunder, der weniger uneigentlich Ameisennester hieße, ist in einem Lande, dessen Bewohner nichts weniger als friedfertig sind, sehr gesucht. Eine neue schön smaragdgrüne Art Ameisen (Formica spinicollis) sammelt auf den Blättern einer Mela= stomenart zu ihrem Neste einen baumwollenartigen, gelbbraunen, sehr zart anzufühlenden Flaum. Ich glaube, daß der „Yesca oder Ameisenzunder“ vom oberen Orinoko (das Tier kommt, wie versichert wird, nur südlich von Apures vor) einmal ein Handelsartikel werden kann. Der Stoff ist weit vor= züglicher als die „Ameisennester“ von Cayenne, die man in Europa in den Hospitälern verwendet, die aber schwer zu be= kommen sind.

Ungern schieden wir (am 7. Juni) vom Pater Ramon Bueno. Unter den zehn Missionären, die wir auf dem un= geheuren Gebiete von Guyana kennen gelernt, schien mir nur er auf alle Verhältnisse der eingeborenen Völkerschaften zu achten. Er hoffte in kurzem nach Madrid zurückkehren und das Ergebnis seiner Untersuchungen über die Bilder und Züge auf den Felsen bei Uruana bekannt machen zu können.

In den Ländern, wie wir eben bereist, zwischen dem Meta, Arauca und Apure, fand man bei den ersten Ent= deckungszügen an den Orinoko, z. B. bei dem des Alonzo de Herrera im Jahre 1535, stumme Hunde, von den Ein=

geborenen Maios und Auries genannt. Dieser Umstand
ist in mehr als einer Beziehung interessant. Was auch Pater
Gili sagen mag, es unterliegt keinem Zweifel, daß der Hund
in Südamerika einheimisch ist. Die verschiedenen indianischen
Sprachen haben Namen für das Tier, die nicht wohl von
europäischen Sprachen herkommen können. Das Wort Auri,
das Alonzo de Herrera vor dreihundert Jahren nannte, kommt
noch jetzt im Maypurischen vor. Die Hunde, welche wir am
Orinoko gesehen, mögen von denen abstammen, welche die
Spanier an die Küsten von Caracas gebracht; aber nichtsdestoweniger steht fest, daß es vor der Eroberung in Peru,
Neugranada und Guyana eine unseren Schäferhunden ähnliche Hunderasse gab. Der Alco der Eingeborenen in Peru,
und fast alle Hunde, die wir in den wildesten Strichen von
Südamerika angetroffen, bellen häufig; die ältesten Geschichtschreiber sprechen aber alle von stummen Hunden (Perros
mudos). Es gibt noch dergleichen in Kanada, und, was mir
sehr zu beachten scheint, die stumme Spielart wurde in Mexiko
und am Orinoko vorzugsweise gegessen. Ein sehr unterrichteter
Reisender, Giesecke, der sechs Jahre in Grönland gelebt hat, versicherte mich, die Hunde der Eskimo, die beständig in freier
Luft sind und sich winters in den Schnee graben, bellen
auch nicht, sondern heulen wie die Wölfe.[1]

Gegenwärtig ist der Gebrauch, Hundefleisch zu essen, am
Orinoko unbekannt; da aber diese Sitte im östlichen Asien
ganz allgemein ist, scheint mir der Beweis, daß dieselbe früher
in den heißen Strichen von Guyana und auf der Hochebene
von Mexiko zu Hause war, von großem Belang für die
Völkergeschichte. Ich bemerke auch, daß auf den Grenzen der
Provinz Durango, am nördlichen Ende von Neuspanien, die
Komantscheninianer noch jetzt große Hunde, die sie auf ihren
Zügen begleiten, mit ihren Zelten aus Büffelfellen beladen.
Bekanntlich dient auch am Sklavensee und in Sibirien der
Hund gewöhnlich als Last- und Zugtier. Ich hebe solche
Züge von Uebereinstimmung in den Sitten der Völker ab

---

[1] Sie hocken im Kreise umher; zuerst heult einer allein und
dann fallen die anderen im selben Tone ein. Gerade so heulen die
Rudel von Aluaten, unter denen die Indianer den „Vorsänger"
herauskennen. In Mexiko wurde der stumme Hund (Techichi) verschnitten, damit er fett werde, und dies mußte zur Veränderung
des Stimmorganes des Hundes beitragen.

sichtlich hervor; sie erhalten einiges Gewicht, wenn sie nicht
für sich allein dastehen, und Aehnlichkeiten im Sprachbau, in
der Zeitrechnung, im Glauben und den gottesdienstlichen Ge=
bräuchen dazu kommen.

Wir übernachteten auf der Insel Cucuruparu, auch Playa
de la Tortuga genannt, weil die Indianer von Uruana dort
Schildkröteneier holen. Es ist dies einer der Punkte am
Orinoko, deren Breite am genauesten bestimmt ist. Das
Glück wollte, daß ich drei Durchgänge von Sternen durch
den Meridian beobachten konnte. Ostwärts von der Insel
ist die Mündung des Caño de la Tortuga, der von den Bergen
der Cerbatana herunterkommt, an denen beständig Gewitter=
wolken hängen. Am südlichen Ufer dieses Caño liegt die
fast ganz eingegangene Mission San Miguel de la Tortuga.
Die Indianer versicherten uns, in der Nähe dieser kleinen
Mission gebe es eine Menge Fischottern mit sehr feinem
Pelze, welche bei den Spaniern Perritos de agua, Wasser=
hunde heißen, und, was merkwürdiger ist, Eidechsen (Lagartos)
mit zwei Füßen. Dieser ganze Landstrich zwischen dem
Rio Cuchivero und der Stromenge am Baraguan sollte ein=
mal von einem guten Zoologen besucht werden. Der Lagarto
ohne Hinterbeine ist vielleicht eine Art Siren, abweichend
vom Siren lacertina in Carolina. Wäre es ein Saurier, ein
eigentlicher „Bimane" (Chirotes, Cuvier), so hätten die Ein=
geborenen das Tier nicht mit einer Eidechse verglichen. Außer
den Arrau=Schildkröten, von denen ich oben ausführlich ge=
sprochen, leben am Orinoko zwischen Uruana und Encara=
mada auch Landschildkröten, die sogenannten Morocoi in
zahlloser Menge. In der großen Sonnenhitze und Trocken=
heit stecken diese Tiere, ohne zu fressen, unter Steinen oder
in Löchern, die sie gegraben. Erst wenn sie nach den ersten
Regen spüren, daß die Erde feucht wird, kommen sie aus
ihrem Versteck hervor und fangen wieder an zu fressen. Die
Terekay oder Tajelus, Süßwasserschildkröten, haben
dieselbe Lebensweise. Ich habe schon oben vom Sommer=
schlaf mancher Tiere unter den Tropen gesprochen. Die
Eingeborenen kennen die Löcher, in denen die Schildkröten
im ausgetrockneten Boden schlafen, und graben sie 40 bis
48 cm tief in Menge auf einmal aus. Nach Pater Gili,
der solches mit angesehen, ist dies nicht gefahrlos, weil sich
im Sommer häufig Schlangen mit den Terekay eingraben.
Von der Insel Cucuruparu hatten wir bis zur Haupt=

stadt von Guyana, gemeiniglich Angostura genannt, noch
9 Tage zu fahren; es sind nicht ganz 430 km. Wir brachten
die Nacht selten am Lande zu; aber die Plage der Moskiten
nahm merklich ab, je weiter wir hinabkamen. Am 8. Juni
gingen wir bei einem Hofe (Hato de San Rafael del
Capuchino), dem Einflusse des Rio Apure gegenüber, ans
Land. Ich konnte gute Breiten= und Längenbeobachtungen
machen. Ich hatte vor zwei Monaten auf dem anderen Ufer
Stundenwinkel aufgenommen, und diese Bestimmungen waren
jetzt von Wert, um den Gang meines Chronometers zu kon=
trollieren und die Beobachtungsorte am Orinoko mit denen
an der Küste von Venezuela in Verbindung zu bringen. Die
Lage dieses Hofes am Punkte, wo der Orinoko aus der Rich=
tung von Süd nach Nord in die von West nach Ost umbiegt,
ist sehr malerisch. Granitfelsen erheben sich wie Eilande auf
den weiten Prärieen. Von ihrer Spitze sahen wir nordwärts
die Llanos oder Steppen von Calabozo sich bis zum Horizont
ausbreiten. Da wir seit lange an den Anblick der Wälder
gewöhnt waren, machte diese Aussicht einen großen Eindruck
auf uns. Nach Sonnenuntergang bekam die Steppe ein grau=
grünes Kolorit, und da die Sehlinie nur durch die Krüm=
mung der Erde abgebrochen wird, so gingen die Sterne wie
aus dem Schoße des Meeres auf und der erfahrenste See=
mann hätte glauben müssen, er stehe auf einer Felsenküste,
auf einem hinausspringenden Vorgebirge. Unser Wirt war
ein Franzose (François Doizan), der unter seinen zahlreichen
Herden lebte. Er hatte seine Muttersprache verlernt, schien
aber doch mit Vergnügen zu hören, daß wir aus seiner Hei=
mat kamen. Er hatte dieselbe vor 40 Jahren verlassen, und
er hätte uns gern ein paar Tage in seinem Hofe behalten.
Von den politischen Umwälzungen in Europa war ihm so
gut wie nichts zu Ohren gekommen. Er sah darin nur eine
Empörung gegen den Klerus und die Mönche. „Diese Em=
pörung,“ sagte er, „wird fortdauern, solange die Mönche
Widerstand leisten.“ Bei einem Manne, der sein ganzes
Leben an der Grenze der Missionen zugebracht, wo von nichts
die Rede ist, als vom Streit zwischen der geistlichen und der
weltlichen Gewalt, war eine solche Ansicht ziemlich natürlich.
Die kleinen Städte Caycara und Cabruta sind nur ein paar
Kilometer vom Hofe, aber unser Wirt war einen Teil des
Jahres hindurch völlig abgeschnitten. Durch die Ueberschwem=
mungen des Apure und des Orinoko wird der Capuchino

zur Insel und man kann mit den benachbarten Höfen nur zu Schiffe verkehren. Das Hornvieh zieht sich dann auf den höher gelegenen Landstrich, der südwärts der Bergkette der Encaramada zuläuft.

Am 9. Juni morgens begegneten uns eine Menge Fahrzeuge mit Waren, die mit Segeln den Orinoko und dann den Apure hinauffuhren. Es ist dies eine stark befahrene Handelsstraße zwischen Angostura und dem Hafen von Torunos in der Provinz Varinas. Unser Reisebegleiter, Don Nicolas Soto, der Schwager des Statthalters von Varinas, schlug denselben Weg ein, um zu seiner Familie zurückzukehren. Bei Hochwasser braucht man mehrere Monate gegen die Strömung des Orinoko, des Apure und des Rio Santo Domingo. Die Schiffsleute müssen ihre Fahrzeuge an Baumstämme binden und sie am Tau den Fluß hinaufziehen. In den starken Krümmungen des Flusses kommen sie oft in ganzen Tagen nicht über 380 bis 580 m vorwärts. Seit meiner Rückkehr nach Europa ist der Verkehr zwischen der Mündung des Orinoko und den Provinzen am östlichen Abhange der Gebirge von Merida, Pamplona und Santa Fé de Bogota ungleich lebhafter geworden, und es ist zu erwarten, daß die lange Fahrt auf dem Orinoko, dem Apure, der Portuguesa, dem Rio Santo Domingo, dem Orivante, Meta und Guaviare durch Dampfschiffe abgekürzt wird. Man könnte, wie an den großen Strömen in den Vereinigten Staaten, an den Ufern gefälltes Holz unter Schuppen niederlegen. Solche Veranstaltung wäre um so nötiger, da man sich in den Ländern, die wir bereist, nicht leicht trockenes Holz verschafft, wie man es zum starken Feuer unter dem Kessel einer Dampfmaschine braucht.

Unterhalb San Rafael del Capuchino gingen wir rechts bei Villa Caycara, an einer Bucht, Puerto Sedeño genannt, ans Land. Es stehen hier ein paar Häuser beisammen und diese führen den vornehmen Titel Villa. Alta Gracia, Ciudad de la Piedra, Real Corona, Borbon, lauter Villas zwischen dem Einfluß des Apure und Angostura, sind ebenso elend. Ich habe oben erwähnt, daß es bei den Präsidenten der Missionen und den Statthaltern der Provinzen Brauch war, wenn eben der Grund zu einer Kirche gelegt wurde, in Madrid für den Ort das Privilegium als Villa oder Ciudad nachzusuchen. Man wollte damit das Ministerium glauben machen, daß Bevölkerung und Wohlstand in den Kolonieen in rascher Zunahme begriffen seien. Bei Caycara, am „Cerro del Tirano", sieht man Bilder von Sonne und Mond, wovon oben die Rede war, eingehauen. „Das ist ein Werk der Alten" (das heißt unserer Väter), sagen die Eingeborenen. Man versichert, auf einem Fels weiter vom Ufer ab, Tecoma genannt, stehen die symbolischen Figuren 30 m hoch. Die Indianer kannten früher einen Landweg von Caycara nach Demerary und Essequibo. Sind etwa die Völker, welche die vom Reisenden Hortsmann beschriebenen Bilder eingehauen, auf diesem Wege an den See Amucu gekommen?

Caycara gegenüber, am nördlichen Ufer des Orinoko, liegt die Mission Cabruta, die als vorgeschobener Posten gegen die Kariben im Jahre 1740 vom Jesuiten Rotella an= gelegt wurde. Schon seit mehreren Jahrhunderten hatten die Indianer an diesem Fleck ein Dorf Namens Cabritu. Als der kleine Ort eine christliche Niederlassung wurde, glaubt man, derselbe liege unter dem 5. Grad der Breite, also um 2° 40' weiter nach Süd, als ich durch direkte Beobachtungen in San Rafael und an der Mündung des Rio Apure ge= funden. Man hatte damals keinen Begriff davon, welche Richtung ein Landweg nach Nueva Valencia und Caracas haben müßte, von welchen Orten man sich unendlich weit entfernt dachte. Ein Weib ist zuallererst von der Villa de San Juan Baptista del Pao über die Llanos nach Cabruta gegangen. Pater Gili erzählt, Donna Maria Bargas habe mit solcher Leidenschaft an den Jesuiten gehangen, daß sie es unternahm, auf eigene Hand einen Weg in die Missionen zu suchen. Man wunderte sich nicht wenig, als man sie in Cabruta von Norden her ankommen sah. Sie ließ sich bei den Jüngern des heiligen Ignatius nieder und starb in ihren Missionen am Orinoko. Von dieser Zeit an bevölkerte sich der südliche Strich der Llanos ziemlich stark, und der Weg aus den Thälern von Aragua über Calabozo nach San Fer= nando de Apure und nach Cabruta ist jetzt stark begangen. Am letzteren Ort hatte auch im Jahre 1754 der Befehlshaber der vielberufenen Grenzexpedition Werften angelegt und die Fahrzeuge zum Transport der Truppen an den oberen Ori= noko bauen lassen. Der kleine Berg nordöstlich von Cabruta ist sehr weit in den Steppen sichtbar und dient den Reisenden als Landmarke.

Wir schifften uns morgens in Caycara ein und fuhren mit der Strömung des Orinoko zuerst am Einflusse des Rio

Cuchivero, wohin eine alte Sage die Aikeam-benanos oder Weiber ohne Männer versetzt, dann am kleinen Dorf Alta Gracia, nach einer spanischen Stadt so genannt, vorüber. Hier in der Nähe hatte Don Jose de Jturriaga den Pueblo de Ciudad Real angelegt, der noch auf den neuesten Karten vorkommt, obgleich der Ort wegen der ungesunden Lage seit 50 Jahren gar nicht mehr besteht. Unterhalb der Stelle, wo sich der Orinoko gegen Ost wendet, hat man fortwährend zur rechten Hand Wälder, zur linken die Llanos oder Steppen von Venezuela. Die Wälder, die sich am Strom hinziehen, sind indessen nicht mehr so dicht, wie am oberen Orinoko. Die Bevölkerung nimmt merkbar zu, je näher man der Hauptstadt kommt; man trifft wenige Indianer mehr, dagegen Weiße, Neger und Mischlinge. Der Neger sind nicht viele, und leider ist hier, wie überall, die Armut ihrer Herren daran Schuld, daß sie nicht besser behandelt werden und ihr Leben nicht mehr geschont wird. Ein Einwohner von Caycara, B—a, war vor kurzem zu vierjährigem Gefängnis und 100 Piastern Geldbuße verurteilt worden, weil er in der Zornwut eine Negerin mit den Beinen an den Schweif seines Pferdes gebunden und sie im vollen Galopp über die Savanne geschleift hatte, bis sie vor Schmerz den Geist aufgab. Mit Vergnügen bemerke ich, daß die Audiencia allgemein getadelt wurde, weil sie eine so schändliche Behandlung nicht härter bestraft habe. Nur einige wenige Personen (und zwar gerade die, welche sich für die aufgeklärtesten und klügsten hielten) meinten, einen Weißen zu bestrafen, während die Schwarzen auf San Domingo in offenem Aufstand begriffen seien, erscheine nicht als staatsklug. Wenn Institutionen, die sich verhaßt gemacht haben, bedroht sind, fehlt es nie an Leuten, die zu Aufrechterhaltung derselben den Rat geben, daran festzuhalten, wenn sie auch der Gerechtigkeit und der Vernunft noch so offen widersprächen. Seit ich von diesen Ländern Abschied genommen, hat der Bürgerkrieg den Sklaven die Waffen in die Hände gegeben, und nach einer schrecklichen Erfahrung haben es die Einwohner von Venezuela zu bereuen, daß sie nicht auf die Stimme Don Domingo Tovars und anderer hochherziger Bürger gehört, die schon im Jahre 1795 im Cabildo von Caracas sich laut gegen die weitere Einführung von Negern ausgesprochen und Mittel, ihre Lage zu verbessern, in Vorschlag gebracht haben.

Nachdem wir am 10. Juni auf einer Insel mitten im
Strom (ich glaube auf der, welche bei Pater Caulin Acaru
heißt) die Nacht zugebracht, fuhren wir an der Mündung des
Rio Caura vorüber, der neben dem Aruy und Carony der
größte Nebenfluß des unteren Orinoko von rechts her ist.
Da ich während meines Aufenthalts in den Missionen
der Franziskaner viel geographisches Material über den Caura
sammeln konnte, habe ich eine Spezialkarte desselben ent=
worfen. Alle christlichen Niederlassungen befinden sich gegen=
wärtig nahe an der Mündung des Flusses, und die Dörfer
San Pedro, Aripao, Urbani und Guaraguaraico liegen nur
wenige Meilen hinter einander. Das erste ist das volkreichste
und hat doch nur 250 Seelen; San Luis de Guaraguaraico
ist eine Kolonie freigelassener oder flüchtiger Neger vom Esse=
quibo und verdient Aufmunterung von seiten der Regierung.
Die Versuche, die Sklaven an den Boden zu fesseln und sie
als Pächter der Früchte ihrer Arbeit als Landbauer genießen
zu lassen, sind höchst empfehlenswert. Der zum großen Teil
noch unberührte Boden am Rio Caura ist ungemein frucht=
bar; man findet dort Weiden für mehr als 15 000 Stück
Vieh; aber den armen Ansiedlern fehlt es gänzlich an Pfer=
den und an Hornvieh. Mehr als sechs Siebenteile der Ufer=
striche am Caura liegen wüste oder sind in den Händen wilder,
unabhängiger Stämme. Das Flußbett wird zweimal durch
Felsen eingeengt, und an diesen Stellen sind die Raudales
Mura und Para oder Paru; letzterer hat einen Trageplatz,
weil die Pirogen nicht darüber gehen können. Bei der
Grenzexpedition war am nördlichen Katarakt, dem von Mura,
eine kleine Schanze angelegt worden. Der Statthalter Don
Manuel Centurion hatte alsbald ein paar Häusern, welche
spanische (das heißt nicht indianische) Familien, Weiße und
Mulatten, bei der Schanze gebaut, den Titel Ciudad de
San Carlos gegeben. Südlich vom Katarakt Para, ge=
rade am Einflusse des Erevato in den Caura, lag damals
die Mission San Luis und von da führte ein Landweg nach
der Hauptstadt Angostura. Alle diese Civilisationsversuche
führten zu nichts. Oberhalb des Raudals von Mura steht
kein Dorf mehr, und die Eingeborenen haben sozusagen das
Land wieder zurückerobert. Indessen kann das Thal des Caura
wegen seines reichen Ertrags, und wegen der leichten Ver=
bindung mit dem Rio Ventuari, dem Carony und Cuyuni,
eines Tages von großer Bedeutung werden. Ich habe oben

auseinandergesetzt, wie wichtig die vier Flüsse sind, die von den Gebirgen der Parime in den Orinoko gehen. In der Nähe der Mündung des Caura, zwischen den Dörfern San Pedro de Alcantara und San Francisco de Aripao, bildete sich im Jahre 1792 durch einen Erdfall und infolge eines Erdbebens ein kleiner See von 580 m Durchmesser. Ein Stück Wald bei Aripao senkte sich 26 bis 32 m unter das Niveau des anstoßenden Bodens. Die Bäume blieben mehrere Monate grün; man glaubte sogar, manche haben unter Wasser Blätter getrieben. Diese Erscheinung verdient um so mehr Beachtung, da der Boden dort wahrscheinlich Granit ist. Ich bezweifle, daß die sekundären Formationen der Llanos sich südwärts bis zum Thale des Caura erstrecken.

Am 11. Juni landeten wir, um Sonnenhöhen aufzunehmen, am rechten Orinokoufer beim Puerto de los Frailes, 13,5 km oberhalb Ciudad de la Piedra. Der Punkt liegt unter 67° 26′ 20″ der Länge oder 1° 41′ ostwärts vom Einfluß des Apure. Weiterhin zwischen den Villas de la Piedra und Muitaco oder Real Corona kommt der Torno und der Höllenschlund, zwei Punkte, die früher von den Schiffern gefürchtet wurden. Der Orinoko ändert auf einmal seine Richtung; er fließt anfangs nach Ost, dann nach Nord-Nord-West und endlich wieder nach Ost. Etwas oberhalb des Caño Marapiche, der am nördlichen Ufer hereinkommt, teilt eine sehr lange Insel den Fluß in zwei Arme. Wir fuhren ohne Schwierigkeit südwärts an derselben vorbei; gegen Norden bildet eine Reihe kleiner, bei hohem Wasser halb bedeckter Felsen Wirbel und Stromschnellen. Dies heißt nun Boca del Infierno und der Raudal von Camiseta. Durch Diego de Ordaz' (1531) und Alonzo de Herreras (1535) erste Expeditionen wurde diese Stromsperre vielberufen. Die großen Katarakte von Atures und Maypures kannte man nicht und mit den plumpen Fahrzeugen (Vergantines), mit denen man eigensinnig den Strom hinauf wollte, war sehr schwer über die Stromschnellen zu kommen. Gegenwärtig fährt man den Orinoko zu jeder Jahreszeit von der Mündung bis zum Einflusse des Apure und des Meta ohne Besorgnis auf und ab. Die einzigen Fälle auf dieser Strecke sind die beim Torno oder Camiseta, bei Marimara und bei Cariven oder Carichana Vieja. Keines dieser drei Hindernisse ist zu fürchten, wenn man erfahrene indianische Steuerleute hat. Ich gehe auf diese hydrographischen Angaben darum

ein, weil die Verbindung zwischen Angostura und den Ufern
des Meta und des Apure, welche zum Ostabhang der Kordilleren von Neugranada führen, jetzt in politischer und
kommerzieller Beziehung von großem Belang ist. Die Fahrt
auf dem unteren Orinoko von der Mündung bis zur Provinz
Varinas ist allein wegen der starken Strömung beschwerlich.
Im Flußbett selbst sind nirgends stärkere Hindernisse zu überwinden, als auf der Donau zwischen Wien und Linz. Große
Felsschwellen, eigentliche Wasserfälle kommen erst oberhalb
des Meta. Daher bildet auch der obere Orinoko mit dem
Cassiquiare und dem Rio Negro ein besonderes Flußsystem,
das dem industriellen Leben in Angostura und auf dem
Küstenland von Caracas noch lange fremd bleiben wird.

Ich konnte auf einer Insel mitten in der Boca del In-
fierno, wo wir unsere Instrumente aufgestellt hatten, Stundenwinkel der Sonne aufnehmen. Der Punkt liegt nach dem
Chronometer unter 67° 10′ 31″ der Länge. Ich wollte die
Inklination der Magnetnadel und die Intensität der Kraft
beobachten, aber ein Gewitterregen vereitelte den Versuch.
Da der Himmel nachmittags wieder heiter wurde, schlugen wir
unser Lager auf einem breiten Gestade am südlichen Ufer des
Orinoko, beinahe im Meridian der kleinen Stadt Muitaco oder
Real Corona, auf. Mittels dreier Sterne fand ich die Breite
8° 0′ 26″, die Länge 67° 5′ 19″. Als die Observanten im
Jahre 1752 ihre ersten Entradas auf das Gebiet der Ka-
riben machten, bauten sie an diesem Punkt ein kleines Fort
oder eine Casa fuerte. Durch den Umstand, daß die hohen
Gebirge von Araguacais so nahe liegen, ist Muitaco einer
der gesundesten Orte am unteren Orinoko. Hier schlug Itur-
riaga im Jahre 1756 seinen Wohnsitz auf, um sich von den
Strapazen der Grenzexpedition zu erholen, und da er seine
Genesung dem mehr heißen als feuchten Klima zuschrieb, erhielt die Stadt oder vielmehr das Dorf Real Corona den
Namen Pueblo del puerto sano. Weiterhin gegen Ost ließen
wir nordwärts den Einfluß des Rio Pao, südwärts den des
Rio Arui. Letzterer Fluß ist ziemlich bedeutend; er kommt
in Raleghs Berichten häufig vor. Lange ließen die Geographen den Aroy oder Arvi (Arui), den Caroli (Carony)
und den Coari (Caura) aus dem vielberufenen See Cassipa
entspringen, der später der Laguna del Dorado Platz machte.
Je weiter wir abwärts kamen, desto langsamer wurde die
Strömung des Orinoko. Ich maß mehrmals am Ufer eine

Linie ab, um zu bestimmen, wie viel Zeit schwimmende Körper brauchten, um eine bekannte Strecke zurückzulegen. Oberhalb Alta Gracia, beim Einfluß des Rio Ujape, hatte ich 74 cm in der Sekunde gefunden; zwischen Muitaco und Borbon war die Geschwindigkeit nur noch 54 cm. Aus den barometrischen Messungen in den benachbarten Steppen geht hervor, um wie wenig der Boden vom 69. Grade der Länge bis zur Ostküste von Guyana fällt. Muitaco war der letzte Ort, wo wir am Ufer des Orinoko die Nacht unter freiem Himmel zubrachten; wir fuhren noch zwei Nächte durch, ehe wir unser Reiseziel, Angostura, erreichten. Eine solche Fahrt auf dem Thalweg eines großen Stroms ist ungemein bequem: man hat nichts zu fürchten außer den natürlichen Flößen aus Bäumen, die der Fluß, wenn er austritt, von den Ufern abreißt. In dunkeln Nächten scheitern die Pirogen an diesen schwimmenden Eilanden wie an Sandbänken.

Nur schwer vermöchte ich das angenehme Gefühl zu schildern, mit dem wir in Angostura, der Hauptstadt von Spanisch-Guyana, das Land betraten. Die Beschwerden, denen man in kleinen Fahrzeugen zur See unterworfen ist, sind nichts gegen das, was man auszustehen hat, wenn man unter einem glühenden Himmel, in einem Schwarm von Moskiten, monatelang in einer Piroge liegen muß, in der man sich wegen ihrer Unstätigkeit gar keine Bewegung machen kann. Wir hatten in 75 Tagen auf den fünf großen Flüssen Apure, Orinoko, Atabapo, Rio Negro und Cassiquiare 2250 km zurückgelegt, und auf dieser ungeheuren Strecke nur sehr wenige Orte angetroffen. Obgleich nach unserem Leben in den Wäldern unser Anzug nichts weniger als gewählt war, säumten wir doch nicht, uns Don Felipe de Ynciarte, dem Statthalter der Provinz Guyana, vorzustellen. Er nahm uns auf das zuvorkommendste auf und wies uns beim Sekretär der Intendanz unsere Wohnung an. Da wir aus fast menschenleeren Ländern kamen, fiel uns das Treiben in einer Stadt, die keine 6000 Einwohner hat, ungemein auf. Wir staunten an, was Gewerbfleiß und Handel dem civilisierten Menschen an Bequemlichkeit bieten; bescheidene Wohnräume kamen uns prachtvoll vor, wer uns anredete, erschien uns geistreich. Nach langer Entbehrung gewähren Kleinigkeiten hohen Genuß, und mit unbeschreiblicher Freude sahen wir zum erstenmal wieder Weizenbrot auf der Tafel des Statthalters. Vielleicht brauchte ich nicht bei Empfindungen zu verweilen, die jedem, der weite

Reisen gemacht hat, wohl bekannt sind. Sich wieder im Schoße der Kultur zu wissen, ist ein großer Genuß, aber er hält nicht lange an, wenn man für die Wunder der Natur im heißen Erdstrich ein lebendiges Gefühl hat. Die überstandenen Beschwerden sind bald vergessen, und kaum ist man auf der Küste, auf dem von den spanischen Kolonisten bewohnten Boden, so entwirft man den Plan, wieder ins Binnenland zu gehen.

Ein schlimmer Umstand nötigte uns, einen ganzen Monat in Angostura zu verweilen. In den ersten Tagen nach unserer Ankunft fühlten wir uns matt und schwach, aber vollkommen gesund. Bonpland fing an, die wenigen Pflanzen zu untersuchen, welche er vor den Wirkungen des feuchten Klimas hatte schützen können; ich war beschäftigt, Länge und Breite der Hauptstadt [1] zu bestimmen und die Inklination der Magnetnadel zu beobachten. Aber nicht lange, so wurden wir in der Arbeit unterbrochen; fast am selben Tage befiel uns eine Krankheit, die bei meinem Reisegefährten den Charakter eines ataktischen Fiebers annahm. Die Luft war zur Zeit in Angostura vollkommen gesund, und da sich bei dem einzigen Diener, den wir von Cumana mitgebracht, die Vorboten desselben Uebels einstellten, so zweifelte unsere Umgebung, von der wir aufs sorgfältigste gepflegt wurden, nicht daran, daß wir den Keim des Typhus aus den feuchten Wäldern am Cassiquiare mitgebracht. Es kommt häufig vor, daß sich bei Reisenden die Folgen der Miasmen erst dann äußern, wenn sie wieder in reinerer Luft sind und sich zu erholen anfangen. Eine gewisse geistige Anspannung kann eine Zeitlang die Wirkung krankmachender Ursachen hinausschieben. Da unser Diener dem heftigen Regen weit mehr als wir ausgesetzt gewesen war, entwickelte sich die Krankheit bei ihm furchtbar rasch. Seine Kräfte lagen so danieder, daß man uns am neunten Tage seinen Tod meldete. Es war aber nur eine mehrstündige Ohnmacht, auf die eine heilsame Krise eintrat. Zur selben Zeit wurde auch ich von einem sehr heftigen Fieber befallen; man gab mir mitten im Anfall ein Gemisch von Honig und Extrakt der China vom Rio Carony

---

[1] Die Hauptkirche von Santo Tome de la Nueva Guyana, gemeiniglich Angostura oder der Engpaß genannt, liegt nach meinen Beobachtungen unter 8° 8′ 11″ der Breite und 66° 15′ 21″ der Länge.

(Extractum corticis Angosturae). Es ist dies ein Mittel, das die Kapuziner in den Missionen höchlich preisen. Das Fieber wurde darauf stärker, hörte aber gleich am anderen Tage auf. Bonplands Zustand war sehr bedenklich, und wir schwebten mehrere Wochen in der höchsten Besorgnis. Zum Glück behielt der Kranke Kraft genug, um sich selbst behandeln zu können. Er nahm gelindere, seiner Konstitution angemessenere Mittel als die China vom Rio Carony. Das Fieber war anhaltend und wurde, wie fast immer unter den Tropen, durch eine Komplikation mit Ruhr noch gesteigert. Während der ganzen schmerzhaften Krankheit behielt Bonpland die Charakterstärke und die Sanftmut, die ihn auch in der schlimmsten Lage niemals verlassen haben. Mich ängstigten trübe Ahnungen. Der Botaniker Löffling, ein Schüler Linnés, war nicht weit von Angostura, am Ufer des Carony, ein Opfer seines Eifers für die Naturwissenschaft geworden. Wir hatten noch kein volles Jahr im heißen Erdstrich zugebracht, und mein nur zu treues Gedächtnis vergegenwärtigte mir alles, was ich in Europa über die Gefährlichkeit der Luft in den Wäldern gelesen hatte. Statt den Orinoko hinaufzufahren, hätten wir ein paar Monate im gemäßigten, gesunden Klima der Sierra Nevada von Merida zubringen können. Den Weg über die Flüsse hatte ich selbst gewählt, und in der Gefahr, in der mein Reisegefährte schwebte, erblickte ich die unselige Folge dieser unvorsichtigen Wahl.

Nachdem das Fieber in wenigen Tagen einen ungemeinen Grad von Heftigkeit erreicht hatte, nahm es einen weniger beunruhigenden Charakter an. Die Entzündung des Darmkanals wich auf die Anwendung erweichender Mittel, wozu Malvenarten dienten. Die Sida= und Melochia=Arten sind im heißen Erdstrich ungemein wirksam. Indessen ging es mit der Wiedergenesung des Kranken sehr langsam, wie immer bei noch nicht ganz akklimatisierten Europäern. Die Regenzeit dauerte noch immer an, und an die Küste von Cumana zurück mußten wir wieder über die Llanos, wo man auf halbüberschwemmtem Boden selten ein Obdach und etwas anderes als an der Sonne gedörrtes Fleisch zu essen findet. Um nicht Bonpland einem gefährlichen Rückfall auszusetzen, beschlossen wir bis zum 10. Juli in Angostura zu bleiben. Wir brachten diese Zeit zum Teil auf einer Pflanzung [1] in der Nachbar-

---

[1] Trapiche, Eigentum von Don Felix Ferreras.

schaft zu, wo Mangobäume und Brotfruchtbäume[1] gezogen werden. Letztere waren im sechsten Jahr bereits über 13 m hoch. Manche Artokarpusblätter, die wir maßen, waren 92 cm lang und 48 cm breit, bei einem Gewächs aus der Familie der Dikotyledonen eine sehr auffallende Größe.

Ich beschließe dieses Kapitel mit einer kurzen Beschreibung des spanischen Guyana (Provincia de la Guyana), welche einen Teil der alten Capitania general von Caracas ausmacht. Nachdem ich ausführlich berichtet, was die Flüsse Apure, Orinoko, Atabapo, Rio Negro und Cassiquiare an Momenten zur Geschichte unseres Geschlechts und an Naturerzeugnissen Bemerkenswertes bieten, erscheint es von Wert, diese zerstreuten Züge zusammenzufassen und ein allgemeines Bild eines Landes zu entwerfen, das einer großen Zukunft entgegengeht und schon jetzt die Augen Europas auf sich zieht. Ich beschreibe zuerst die Lage von Angostura, der jetzigen Hauptstadt der Provinz, und verfolge dann den Orinoko bis zum Delta, das er an seiner Mündung bildet. Ich entwickle darauf den wahren Lauf des Rio Carony, an dessen fruchtbaren Ufern die Mehrzahl der indianischen Bevölkerung der Provinz lebt, und beweise aus der Geschichte der Geographie, wie die fabelhaften Seen entstanden sind, die so lange unsere Karten verunziert haben.

Seit dem Ende des 16. Jahrhunderts haben hintereinander drei Städte den Namen Santo Tome de la Guyana geführt. Die erste lag der Insel Fajardo gegenüber beim Einflusse des Carony in den Orinoko; sie wurde von den Holländern unter dem Befehl des Kapitäns Adrian Janson im Jahre 1579 zerstört. Die zweite, gegründet im Jahre 1591 von Antonio de Berrio, etwa 54 km ostwärts vom Einflusse des Carony, wehrte sich mutig gegen Sir Walter Ralegh, den die spanischen Geschichtschreiber der Eroberung nur unter dem Namen des Korsaren Reali kennen. Die dritte Stadt, der jetzige Hauptort der Provinz, liegt 234 km westwärts vom Einflusse des Carony. Sie wurde im Jahre 1764 unter dem Statthalter Don Juaquin Moreno de Mendoza angelegt, und man unterscheidet sie in den offiziellen Schriftstücken von der zweiten Stadt, die gewöhnlich die Festung (el castillo oder las fortalezas) oder Altguyana (Vieja Guyana) heißt, als Santo Tome de la Nueva Guyana.

---

[1] Artocarpus incisa.

Da dieser Name sehr lang ist, so sagt man dafür im gemeinen Leben Angostura (Engpaß). [1] Die Bevölkerung dieser Länder weiß kaum, daß die Namen Santiago de Leon und Santo Tome auf unseren Karten die beiden Hauptstädte von Venezuela und Guyana bedeuten.

Angostura, dessen Länge und Breite sich nach astronomischen Beobachtungen schon oben angegeben, lehnt sich an einen kahlen Hügel von Hornblendeschiefer. Die Straßen sind gerade und laufen meist dem Strome parallel. Viele Häuser stehen auf dem nackten Fels, und hier, wie in Carichana und in manchen Missionen, glaubt man, daß durch die schwarzen stark von der Sonne erhitzten Flächen die Luft ungesund werde. Für gefährlicher halte ich die Lachen stehenden Wassers (Lagunas y anegadizos), die hinter der Stadt gegen Südost sich hinziehen. Die Häuser in Angostura sind hoch, angenehm und meistens aus Stein. Diese Bauart beweist, daß man sich hierzulande vor den Erdbeben nicht sehr fürchtet; leider gründet sich aber diese Sicherheit keineswegs auf einen Schluß aus zuverlässigen Beobachtungen. Im Küstenland von Neuandalusien spürt man allerdings zuweilen sehr starke Stöße, die sich nicht über die Llanos hinüber fortpflanzen. Von der furchtbaren Katastrophe in Cumana am 4. Februar 1797 fühlte man in Angostura nichts, aber beim großen Erdbeben vom Jahre 1766, das jene Stadt gleichfalls zerstörte, wurde der Granitboden beider Orinokoufer bis zu den Katarakten von Atures und Maypures erschüttert. Südlich von denselben spürt man zuweilen Stöße, die sich auf das Becken des oberen Orinoko und des Rio Negro beschränken. Dieselben scheinen von einem vulkanischen Herd auszugehen, der von dem auf den Kleinen Antillen weit abliegt. Nach den Angaben der Missionäre in Javita und San Fernando de Atabapo waren im Jahr 1798 zwischen dem Guaviare und dem Rio Negro sehr starke Erdbeben, die nordwärts, Maypures zu, nicht

---

[1] Daß es eine Stadt Angostura gebe, erfuhr man in Europa durch den Handel der Katalonier mit der China vom Rio Carony, welche die heilkräftige Rinde der Bonplandia trifoliata ist. Da diese Rinde von Nueva Guyana kam, so nannte man sie Corteza oder Cascarilla del Angostura, Cortex Angosturae. Die Botaniker wußten so wenig, woher diese geographische Benennung rührte, daß sie anfangs Angustura und dann Augusta schrieben.

mehr gespürt wurden. Man kann nicht aufmerksam genug
alles beachten, was die Gleichzeitigkeit der Bodenschwingungen
und die Unabhängigkeit derselben auf zusammenhängenden
Landstrichen betrifft. Alles weist darauf hin, daß die Be=
wegung sich nicht an der Oberfläche fortpflanzt, sondern durch
sehr tiefe Spalten, die in verschiedene Herde auslaufen.

Die Umgebung der Stadt Angostura bietet wenig Ab=
wechselung; indessen ist die Aussicht auf den Strom, der einen
ungeheuren von Südwest nach Nordost laufenden Kanal dar=
stellt, höchst großartig. Nach einem langen Streit über die
Verteidigung des Platzes und die Kanonenschußweite wollte
die Regierung genau wissen, wie breit der Strom bei dem
Punkte sei, welcher der Engpaß heißt, und wo ein Fels
liegt (el Peñon), der bei Hochwasser ganz bedeckt wird. Ob=
gleich bei der Provinzialregierung ein Ingenieur angestellt ist,
hatte man wenige Monate vor meiner Ankunft in Angostura
aus Caracas Don Matias Yturbur hergeschickt, um den Ori=
noko zwischen der geschleiften Schanze San Gabriel und der
Redoute San Rafael messen zu lassen. Ich hörte in nicht
zuverlässiger Weise, bei dieser Messung haben sich etwas über
800 varas castellanas (669 m) ergeben. Der Stadtplan,
welcher der großen Karte von Südamerika von La Cruz Ol=
medilla beigegeben ist, gibt 940 (785 m) an. Ich selbst habe
den Strom zweimal sehr genau trigonometrisch gemessen, ein=
mal beim Engpaß selbst zwischen den beiden Schanzen San
Gabriel und San Rafael, und dann ostwärts von Angostura
auf dem großen Spaziergang (Alameda) beim Embarcadero
del ganado. Ich fand für den ersteren Punkt (als Minimum
der Breite) 1130 m, für letzteren 955 m. Der Strom ist
also hier noch immer vier= bis fünfmal breiter als die Seine
beim Pflanzengarten, und doch heißt diese Strecke am Ori=
noko eine Einschnürung, ein Engpaß. Nichts gibt einen
besseren Begriff von der Wassermasse der großen Ströme
Amerikas als die Dimensionen dieser sogenannten Engpässe.
Der Amazonenstrom ist nach meiner Messung beim Pongo
de Rentema 423 m, beim Pongo de Manseriche, nach La
Condamine, 48 und beim Engpaß Pauxis 1750 m breit.
Letzterer Engpaß ist also beinahe so breit als der Orinoko im
Engpaß beim Baraguan. [1]

Bei Hochwasser überschwemmt der Strom die Quais, und

---

[1] Ich fand denselben 1732 m breit.

es kommt vor, daß Unvorsichtige in der Stadt selbst den Kro=
kodilen zur Beute werden. Ich setze aus meinem Tagebuche
einen Fall her, der während Bonplands Krankheit vorge=
kommen. Ein Guaykari=Indianer von der Insel Margarita
wollte seine Piroge in einer Bucht anbinden, die nicht drei
Fuß tief war. Ein sehr wildes Krokodil, das immer in der
Gegend herumstrich, packte ihn beim Bein und schwamm vom
Ufer weg, wobei es an der Oberfläche blieb. Das Geschrei
des Indianers zog eine Menge Zuschauer herbei. Man sah,
wie der Unglückliche mit unerhörter Entschlossenheit zuerst ein
Messer in der Tasche seines Beinkleides suchte. Da er es
nicht fand, packte er den Kopf des Krokodils und stieß ihm
die Finger in die Augen. In den heißen Landstrichen Ame=
rikas ist es jedermann bekannt, daß dieses mit einem harten,
trockenen Schuppenpanzer bedeckte fleischfressende Reptil an
den wenigen weichen, nicht geschützten Körperteilen, wie an
den Augen, den Achselhöhlen, den Nasenlöchern und unterhalb
des Unterkiefers, wo zwei Bisamdrüsen sitzen, sehr empfindlich
ist. Der Guaykari ergriff das Mittel, durch das Mungo=
Parks Neger und das Mädchen in Uritucu, von denen oben
die Rede war, sich gerettet; aber er war nicht so glücklich
wie sie, und das Krokodil machte den Rachen nicht auf, um
seine Beute fahren zu lassen. Im Schmerz tauchte aber das
Tier unter, ertränkte den Indianer, erschien wieder auf der
Wasserfläche und schleppte den Leichnam auf eine Insel dem
Hafen gegenüber. Ich kam im Moment an Ort und Stelle,
wo viele Einwohner von Angostura das schreckliche Ereignis
mit angesehen hatten.

Da das Krokodil vermöge des Baues seines Kehlkopfes,
seines Zungenbeins und der Faltung seiner Zunge seine
Beute unter Wasser wohl packen, aber nicht verschlingen kann,
so verschwindet selten ein Mensch, ohne daß man ganz nahe
an der Stelle, wo das Unglück geschehen, nach ein paar Stun=
den das Tier zum Vorschein kommen und am nächsten Ufer
seine Beute verschlingen sieht. Weit mehr Menschen, als
man in Europa glaubt, werden alljährlich Opfer ihrer Un=
vorsichtigkeit und der Gier der Reptilien. Es kommt beson=
ders in den Dörfern vor, deren Umgegend häufig überschwemmt
wird. Dieselben Krokodile halten sich lange am nämlichen
Orte auf. Sie werden von Jahr zu Jahr kecker, zumal, wie
die Indianer behaupten, wenn sie einmal Menschenfleisch ge=
kostet haben. Die Tiere sind so schlau, daß sie sehr schwer zu

erlegen find. Eine Kugel dringt nicht durch ihre Haut, und der Schuß ist nur dann tödlich, wenn er in den Rachen oder in die Achselhöhle trifft. Die Indianer, welche sich selten der Feuerwaffen bedienen, greifen das Krokodil mit Lanzen an, sobald es an starken, spitzen eisernen Haken, auf die Fleisch gesteckt ist und die mit einer Kette an einem Baumstamm befestigt sind, angebissen hat. Man geht dem Tier erst dann zu Leibe, wenn es sich lange abgemüht hat, um vom Eisen, das ihm in der oberen Kinnlade steckt, loszukommen. Es ist nicht wahrscheinlich, daß man es je dahin bringt, das Land von Krokodilen zu säubern, da aus einem Labyrinth zahlloser Flüsse Tag für Tag neue Schwärme vom Ostabhang der Anden über den Meta und den Apure an die Küsten von Spanisch=Guyana herabkommen. Mit dem Fortschritt der Kultur wird man es nur dahin bringen, daß die Tiere scheuer werden und leichter zu verscheuchen sind.

Man erzählt rührende Fälle, wo afrikanische Sklaven ihr Leben aufs Spiel setzten, um ihren Herren das Leben zu retten, die in den Rachen eines Krokodils geraten waren. Vor wenigen Jahren ergriff zwischen Uritucu und der Mission de abaxo in den Llanos von Calabozo ein Neger auf das Geschrei seines Herrn ein langes Messer (machete) und sprang in den Fluß. Er stach dem Tiere die Augen aus und zwang es so, seine Beute fahren zu lassen und sich unter dem Wasser zu verbergen. Der Sklave trug seinen sterbenden Herrn ans Ufer, aber alle Versuche, ihn wieder zum Leben zu bringen, blieben fruchtlos; er war ertrunken, denn seine Wunden waren nicht tief. Das Krokodil scheint, wie der Hund, beim Schwimmen die Kinnladen nicht fest zu schließen. Es braucht kaum erwähnt zu werden, daß die Kinder des Verstorbenen, obgleich sie sehr arm waren, dem Sklaven die Freiheit schenkten.

Für die Anwohner des Orinoko und seiner Nebenflüsse sind die Gefahren, denen sie ausgesetzt sind, ein Gegenstand der täglichen Unterhaltung. Sie haben die Sitten des Krokodils beobachtet, wie der Torero die Sitten des Stieres. Sie wissen die Bewegungen des Tieres, seine Angriffsmittel, den Grad seiner Keckheit gleichsam voraus zu berechnen. Sehen sie sich angegriffen, so greifen sie mit der Geistesgegenwart und Entschlossenheit, die den Indianern, den Zambos, überhaupt den Farbigen eigen sind, zu all den Mitteln, die man sie von Kindheit auf kennen gelehrt. In Ländern, wo die

Natur so gewaltig und furchtbar erscheint, ist der Mensch beständig gegen die Gefahr gerüstet. Wir haben oben erwähnt, was das junge indianische Mädchen sagte, das sich selbst aus dem Rachen des Krokodils losgemacht: „Ich wußte, daß es mich fahren ließ, wenn ich ihm die Finger in die Augen drückte." Dieses Mädchen gehörte der dürftigen Volksklasse an, wo die Gewöhnung an physische Not die moralische Kraft steigert; es ist aber wahrhaft überraschend, wenn man in von schrecklichen Erdbeben zerrütteten Ländern, auf der Hochebene von Quito, Frauen aus den höchsten Gesellschaftsklassen im Augenblick der Gefahr dieselbe Kaltblütigkeit, dieselbe überlegte Entschlossenheit entwickeln sieht.

Ich gebe zum Beleg dafür nur ein Beispiel. Als am 4. Februar 1797 36000 Indianer in wenigen Minuten ihren Tod fanden, rettete eine junge Mutter sich und ihre Kinder dadurch, daß sie im Augenblick, wo der geborstene Boden sie verschlingen wollte, ihnen zurief, die Arme auszustrecken. Als man gegen das mutige Weib Verwunderung über eine so außerordentliche Geistesgegenwart äußerte, erwiderte sie ganz einfach: „Ich habe von Jugend auf gehört: überrascht dich das Erdbeben im Hause, so stelle dich unter die Verbindungsthür zwischen zwei Zimmern; bist du im Freien und fühlst du, daß der Boden unter dir sich aufthut, so strecke beide Arme aus und suche dich an den Rändern der Spalte zu halten." So ist der Mensch in diesen wilden oder häufigen Zerrüttungen unterworfenen Ländern gerüstet, den Tieren des Waldes entgegenzutreten, sich aus dem Rachen der Krokodile zu befreien, sich aus dem Kampfe der Elemente zu retten.

So oft in sehr heißen und nassen Jahren bösartige Fieber in Angostura herrschen, streitet man darüber, ob die Regierung wohl gethan, die Stadt von Vieja Guyana an den Engpaß zwischen der Insel Maruanta und dem Einfluß des Rio Orocopiche zu verlegen. Man behauptet, der alten Stadt seien, da sie näher an der See gelegen, die kühlen Seewinde mehr zu gute gekommen, und die große Sterblichkeit, die dort geherrscht, sei nicht sowohl örtlichen Ursachen als der Lebensweise der Einwohner zuzuschreiben gewesen. An den fruchtbaren, feuchten Ufern des Orinoko unterhalb des Einflusses des Carony wachsen in überschwenglicher Menge Wassermelonen (Patillas), Bananen und Papayas.[1]

---

[1] Die Frucht der Carica Papaya.

Diese Früchte wurden roh gegessen, sogar unreif, und da das Volk dem Genuß geistiger Getränke übermäßig ergeben war, so nahm infolge dieser unordentlichen Lebensweise die Volkszahl Jahr um Jahr ab. In den Archiven von Caracas liegen eine Menge Schriften, die davon handeln, daß die jeweilige Hauptstadt von Guyana notwendig verlegt werden müsse. Nach den mir mitgeteilten Aktenstücken schlug man bald vor, wieder in die Fortaleza, das heißt nach Vieja Guyana zu ziehen, bald die Hauptstadt ganz nahe an der großen Mündung des Orinoko (45 km westwärts vom Kap Barima, am Einfluß des Rio Acquire) anzulegen, bald sie 112 km unterhalb Angostura auf die Savanne zu stellen, auf der das Dorf San Miguel liegt. Es war allerdings eine engherzige Politik, wenn die Regierung glaubte, „zur besseren Verteidigung der Provinz den Hauptort in der ungeheuren Entfernung von 382 km von der See anlegen zu müssen und auf dieser Strecke keine Stadt erbauen zu dürfen, die den Einfällen des Feindes bloßgestellt wäre". Zu dem Umstand, daß europäische Fahrzeuge den Orinoko sehr schwer bis Angostura hinaufkommen (weit schwerer als auf dem Potomac bis Washington), kommt noch der andere für die Agrikulturindustrie sehr nachteilige, daß der Mittelpunkt des Handels oberhalb der Stelle liegt, wo die Ufer des Stromes den Fleiß des Kolonisten am meisten lohnen. Es ist nicht einmal richtig, daß die Stadt Angostura oder Santo Tome de la Nueva Guyana da angelegt worden, wo im Jahr 1764 das bebaute Land anfing; damals wie jetzt war die Hauptmasse der Bevölkerung von Guyana in den Missionen der katalonischen Kapuziner zwischen den Flüssen Carony und Cuyuni. Nun ist aber dieses Gebiet, das wichtigste in der ganzen Provinz, wo sich der Feind Hilfsmittel aller Art verschaffen kann, eben durch Vieja Guyana geschützt — oder man nimmt dies doch an — in keiner Weise aber durch die Werke der neuen Stadt Angostura.

Die in Vorschlag gebrachte Stelle bei San Miguel liegt ein Stück ostwärts vom Einfluß des Carony, also zwischen der See und dem bevölkertsten Landstriche. Legt man den Hauptort der Provinz noch weiter unten, ganz nahe am Ausfluß des Orinoko an, wie de Pons will, so hat man weniger von der Nähe der Kariben zu besorgen, die man sich leicht vom Leibe hielte, als vom Umstand, daß der Feind über die kleinen westlichen Mündungen des Orinoko, die Caños Macareo und Manamo, den Platz umgehen und in das Innere der Provinz vordringen könnte. Bei einem Flusse, dessen Delta schon 205 km von der See den Anfang nimmt, kommen, wenn es sich von der Anlage einer großen Stadt handelt, zwei Interessen ins Spiel, die militärische Verteidigung und die Rücksicht auf Handel und Ackerbau. Der Handel verlangt, daß die Stadt so nahe als möglich bei der großen Mündung, der Boca de Navios liege; aus dem Gesichtspunkt der militärischen Sicherung stände sie besser oberhalb des Beginns des Deltas, westlich vom Punkt, wo der Caño Manamo vom Hauptstrome abgeht und durch mannigfache Verzweigungen mit den acht kleinen Mündungen (Bocas chicas) zwischen der Insel Cangrejos und der Mündung des Rio Guarapiche in Verbindung steht. Die Lage von Vieja wie von Nueva Guyana entspricht der letzteren Bedingung. Die der alten Stadt hat noch den weiteren Vorteil, daß sie in gewissem Grade die schönen Niederlassungen der katalonischen Kapuziner am Carony deckt. Man könnte dieselben angreifen, wenn man vom rechten Ufer des Brazo Imataca aus Land ginge; aber die Mündung des Carony, in der die Pirogen die Unruhe des Wassers von den nahen Katarakten her (Salto de Carony) spüren, ist durch die Werke von Altguyana verteidigt.

Ich bin bei dieser Erörterung ins einzelne gegangen, weil diese dünn bevölkerten Länder durch die politischen Ereignisse in neuester Zeit große Wichtigkeit erhalten haben. Ich habe die verschiedenen Pläne besprochen, soweit ich bei meiner Lage und meinem Verhältnis zur spanischen Regierung die Oertlichkeiten am unteren Orinoko habe kennen lernen. Es ist Zeit, daß man der in den spanischen und portugiesischen Kolonieen herrschenden Sucht, Städte zu versetzen wie Nomadenlager, entgegentritt. Nicht als ob die Gebäude in Angostura zu bedeutend und zu fest wären, als daß man an eine Zerstörung der Stadt denken könnte; bei ihrer Lage am Fuße eines Felsens scheint sie sich schwer weiter ausdehnen zu können; aber trotz dieser Uebelstände läßt man doch lieber stehen, was seit fünfzig Jahren gediehen ist. Unmerklich verknüpft sich mit der Existenz einer Hauptstadt, so klein sie auch sein mag, das Bewußtsein gesicherter öffentlicher Zustände, und wenn das Handelsinteresse eine teilweise Abänderung durchaus verlangt, so könnte man ja später, während Angostura der Sitz der Verwaltung und der Mittelpunkt der Geschäfte bliebe, näher an der großen Mündung des Orinoko einen anderen Hafen anlegen. So ist ja Guayra der Stapelplatz von Caracas, und so mag eines Tages Veracruz der Hafen von Xalapa werden. Die Fahrzeuge aus Europa und aus den Vereinigten Staaten, die mehrere Monate in diesen Strichen verweilen, könnten, wenn sie wollten, bis Angostura hinauf gehen, die anderen nähmen ihre Ladung im Hafen zunächst der Punta Barima ein, wo sich in Friedenszeit die Magazine, die Seilerbahnen und die Werfte befänden. Zur Deckung des Landes zwischen der Hauptstadt und dem Stapelplatz oder dem Puerto de la Boca grande gegen einen feindlichen Einfall befestigte man die Ufer des Orinoko nach einem dem Terrain angepaßten Verteidigungssystem, etwa bei Imataca oder Zacupana, bei Barrancas oder San Rafael (an der Stelle, wo der Caño Manama vom Hauptstrom abgeht), bei Vieja Guyana, bei der Insel Faxardo (dem Einfluß des Carony gegenüber) und beim Einfluß des Mamo. In diese Werke, die ohne große Kosten zu beschaffen wären, flüchteten sich auch die Kanonierschaluppen, die an den Punkten stationiert sind, welche die feindlichen Fahrzeuge, wenn sie gegen die Strömung heraufsegeln, in Sicht haben müssen, um neue Schläge zu machen. Diese Verteidigungsmittel scheinen mir um so dringender geboten, da sie nur zu lange vernachlässigt worden sind.[1]

Die Nordküsten von Südamerika sind größtenteils durch eine Bergkette gedeckt, die von West nach Ost streichend zwischen dem Uferstrich und den Llanos von Neuandalusien, Barcelona, Venezuela und Varinas liegt. Diese Küsten haben die Aufmerksamkeit des Mutterlandes wohl zu ausschließlich in Anspruch genommen: dort liegen sechs feste Plätze mit schönem, zahlreichem Geschütz, nämlich Cartagena, San Carlos de Maracaybo, Porto Cabello, La Guayra, der Moro de Nueva Barcelona und Cumana. Die Ostküsten von Spanisch-Amerika, die von Guyana und Buenos Ayres sind niedrig und ohne Schutz; einem unternehmenden Feinde fällt es nicht schwer, ins Innere des Landes bis zum Ostabhange der Kordilleren von Neugranada und Chile vorzudringen. Die Richtung des

---

[1] Man sollte es kaum glauben, daß während meines Aufenthaltes in Angostura die Gesamtverteidigungsmittel der Provinz aus 7 Lanchas canoneras und 600 Mann aller Farben und Waffengattungen bestanden, eingerechnet die sogenannten Garnisonen der vier Grenzforts, der Destacamentos von Nueva Guyana, San Carlos del Rio Negro, Guirior und Cuyuni.

Rio be la Plata,¹ der durch den Uruguay, Parana und Pa=
raguay gebildet wird, nötigt das angreifende Heer, wenn es
ostwärts vordringen will, über die Steppen (Pampas) bis
Cordova oder Mendoza zu ziehen; aber nördlich vom Aequa=
tor, in Spanisch=Guyana bietet der Lauf des Orinoko² und
seiner beiden großen Nebenflüsse Apure und Meta in der
Richtung eines Parallelkreises eine Wasserstraße, auf der sich
Munition und Lebensmittel leicht fortbringen lassen. Wer
Herr von Angostura ist, dringt nach Gefallen nordwärts in
die Steppen von Cumana, Barcelona und Caracas, nordwest=
wärts in die Provinz Barinas, westwärts in die Provinzen
am Casanare bis an den Fuß der Gebirge von Pamplona,
Tunja und Santa Fé de Bogota vor. Zwischen der Provinz
Spanisch=Guyana und dem reichen, stark bevölkerten, gut an=
gebauten Uferstriche liegen nur die Niederungen am Orinoko,
Apure und Meta. Die festen Plätze (Cumana, La Guayra
und Porto Cabello) schützen diese Länder kaum vor einer
Landung an der Nordküste. An diesen Angaben über die
Bodenbildung und die gegenwärtige Verteilung der festen
Punkte mag es genügen. Man ersieht daraus wohl hinläng=
lich, daß zur politischen Sicherung der vereinigten Provinzen
Caracas und Neugranada eine Deckung der Orinokomündungen
unumgänglich ist, und daß Spanisch=Guyana, obgleich kaum
urbar gemacht und so dünn bevölkert, im Kampfe zwischen
den Kolonieen und dem Mutterlande eine große Bedeutung
erlangt. Diese militärische Bedeutung des Landes erkannte
der berühmte Ralegh schon vor 200 Jahren. Im Berichte
über seine erste Expedition kommt er öfters darauf zurück, wie
leicht es der Königin Elisabeth wäre, „auf dem Orinoko und
den zahllosen Flüssen, die sich in denselben ergießen", einen
großen Teil der spanischen Kolonieen zu erobern. Wir haben
oben angeführt, daß Girolamo Benzoni im Jahre 1545 die
Revolutionen auf San Domingo, „das in kurzem Eigentum
der Schwarzen werden müsse", vorhersagte. Hier finden wir
in einem Werke, das 1596 erschien, einen Feldzugsplan, der
sich durch Ereignisse der jüngsten Zeit als ganz richtig er=
wiesen hat.

Zn den ersten Jahren nach der Gründung stand die
Stadt Angostura in keinem unmittelbaren Verkehr mit dem

¹ Von Süden nach Norden auf 22 Breitengrade.
² Von Westen nach Osten auf 13 Längengrade.

Mutterlande. Die Einwohner beschränkten sich darauf, dürres Fleisch und Tabak auf die Antillen und über den Rio Cayuni in die holländische Provinz am Essequibo zu schmuggeln. Man erhielt unmittelbar aus Spanien weder Wein, noch Oel, noch Mehl, die drei gesuchtesten Einfuhrartikel. Im Jahre 1771 schickten einige Handelsleute die erste Goelette nach Cadiz, und seitdem wurde der direkte Tauschhandel mit den andalusischen und katalonischen Häfen sehr lebhaft. Seit 1785 nahm die Bevölkerung von Angostura,[1] nachdem sie lange sehr zurückgeblieben war, stark zu, indessen war sie bei meinem Aufenthalte in Guyana noch weit hinter der Bevölkerung der nächsten englischen Stadt Stabrock zurück. Die Mündungen des Orinoko haben etwas vor allen Häfen von Terra Firma voraus: man verkehrt aus denselben am raschesten mit der spanischen Halbinsel. Man fährt zuweilen von Cadiz zur Punta Barima in 18 bis 20, und nach Europa zurück in 30 bis 35 Tagen. Da diese Mündungen unter dem Winde aller Inseln liegen, so können die Schiffe von Angostura einen vorteilhafteren Verkehr mit den Kolonieen auf den Antillen unterhalten als Guayra und Porto Cabello. Die Handelsleute in Caracas sehen daher auch immer mit eifersüchtigen Blicken auf die Fortschritte der Industrie in Spanisch-Guyana, und da Caracas bisher der höchste Regierungssitz war, so wurde der Hafen von Angostura noch weniger begünstigt als die Häfen von Cumana und Nueva Barcelona. Der innere Verkehr ist am lebhaftesten mit der Provinz Barinas. Aus derselben kommen nach Angostura Maultiere, Kakao, Indigo, Baumwolle und Zucker, und sie erhält dafür „Generos", das heißt europäische Manufakturprodukte. Ich sah lange Fahrzeuge (Lanchas) abgehen, deren Ladung auf 8000 bis 10 000 Piaster geschätzt wurde. Diese Fahrzeuge fahren zuerst den Orinoko bis Cabruta, dann den Apure bis San Vicente, endlich den Rio Santo Domingo bis Torunos hinauf, welches

---

[1] Im Jahre 1768 hatte Angostura nur 500 Einwohner. Eine im Jahre 1780 vorgenommene Zählung ergab 1513 (nämlich 455 Weiße, 449 Neger, 363 Mulatten und Zambos, 246 Indianer). Im Jahre 1789 war die Bevölkerung auf 4590, und 1800 auf 6600 Seelen gestiegen. Der Hauptort der englischen Kolonie Demerary, die Stadt Stabrock, liegt nur 225 km südostwärts von der Mündung des Orinoko. Sie hat, nach Bolingbroke, gegen 10 000 Einwohner.

11

der Stapelplatz von Varinas Nuevas ist. Die kleine Stadt San Fernando de Apure, die ich oben beschrieben, dient als Niederlage bei diesem Flußhandel, der durch die Einführung der Dampfschiffahrt noch weit bedeutender werden kann.

Das linke Ufer des Orinoko und alle Mündungen des Stromes, mit Ausnahme der Boca de Navios, gehören zu der Provinz Cumana. Dieser Umstand hat schon lange Anlaß zum Projekt gegeben, Angostura gegenüber (da wo gegenwärtig die Batterie San Rafael steht) eine neue Stadt zu gründen, um vom Gebiete der Provinz Cumana selbst, und ohne über den Orinoko setzen zu müssen, die Maultiere und das dürre Fleisch der Llanos ausführen zu können. Kleinliche Eifersüchteleien, wie sie immer zwischen zwei benachbarten Regierungen im Schwange sind, werden diesem Plane Vorschub leisten; aber beim gegenwärtigen Zustande des Ackerbaues im Lande ist zu wünschen, daß er noch lange vertagt bleibt. Warum sollte man an den Ufern des Orinoko zwei konkurrierende Städte bauen, die kaum 780 m auseinander lägen?

Ich habe im bisherigen das Land beschrieben, das wir auf einer 2250 km langen Flußfahrt durchzogen; es bleibt jetzt nur noch das kleine 3,52 Längengrade betragende Stück zwischen der gegenwärtigen Hauptstadt und der Mündung des Orinoko übrig. Eine genaue Kenntnis des Deltas und des Laufes des Rio Carony ist für die Hydrographie und den europäischen Handel von gleichem Belange. Um den Flächenraum und die Bildung eines von Flußarmen durchschnittenen und periodischen Ueberschwemmungen unterworfenen Landes beurteilen zu können, hatte ich die astronomische Lage der Punkte, wo die Spitze und die äußersten Arme des Deltas liegen, zu ermitteln. Churruca, der mit Don Juaquin Fidalgo den Auftrag hatte, die Nordküsten von Terra Firma und die Antillen aufzunehmen, hat Länge und Breite der Boca de Manamo, der Punta Bara und von Vieja Guyana bestimmt. Aus Espinosas Denkschriften kennen wir die wahre Lage der Punta Barima, und ich glaube daher, wenn ich nach den Punkten Puerto España auf der Insel Trinidad und dem Schlosse San Antonio bei Cumana (Punkten, welche durch meine eigenen Beobachtungen und durch Oltmanns scharfsinnige Untersuchungen gegeben sind) eine Reduktion vornehme und dadurch die absoluten Längen näher bestimme, hinlänglich genaue Angaben machen zu können. Es ist wünschenswert, daß einmal auf einer ununterbrochenen Fahrt auf chrono-

metrischem Wege die Meridianunterschiede zwischen Puerto
España und den kleinen Mündungen des Orinoko, zwischen
San Rafael (der Spitze des Deltas) und Santo Tome de
Angostura bestimmt werden.

Die ganze Ostküste von Südamerika vom Kap San
Roque, und besonders vom Hafen von Maranham bis zum
Gebirgsstock von Paria ist so niedrig, daß, nach meiner Ansicht, das Delta des Orinoko und seine Bodenbildung nicht
wohl den Anschwemmungen eines Stromes zugeschrieben
werden kann. Ich will nach der Aussage der Alten nicht in
Abrede ziehen, daß das Nildelta einst ein Busen des Mittel-
meers war, der allmählich durch Anschwemmung ausgefüllt
wurde. Es begreift sich leicht, daß sich an der Mündung
aller großen Ströme da, wo die Geschwindigkeit der Strömung rasch abnimmt, eine Bank, ein Eiland bildet, daß sich
Material absetzt, das nicht weiter geschwemmt werden kann.
Es ist ebenso begreiflich, daß der Fluß, da er um diese Bank
herum muß, sich in zwei Arme spaltet, und daß die Anschwemmungen, da sie an der Spitze des Deltas einen Stützpunkt finden, sich immer weiter ausbreiten, während die Fluß-
arme auseinander weichen. Der Vorgang bei der ersten
Gabelung wiederholt sich bei jedem einzelnen Stromstücke, so
daß die Natur durch denselben Prozeß ein Labyrinth kleiner ge-
gabelter Kanäle hervorbringen kann, die sich im Laufe der
Jahrhunderte, je nach der Stärke und der Richtung der Hochgewässer, ausfüllen oder vertiefen. Auf diese Weise hat sich
unzweifelhaft der Hauptstamm des Orinoko 112 km westwärts
von der Boca de Navios in zwei Arme, den von Zacupana
und den von Imataca, geteilt. Das Netz kleinerer Zweige
dagegen, die gegen Nord vom Flusse abgehen und deren Mündungen Bocas chicas (die kleinen Mündungen) heißen, scheint
mir eine Erscheinung, die ganz mit der Bildung der Delta
von Nebenflüssen übereinkommt. Wenn mehrere hundert
Kilometer von der Küste ein Fluß (z. B. der Apure oder
Jupura) sich mittels einer Menge von Zweigen mit einem
anderen Flusse verbindet, so sind diese mannigfachen Gabelungen
nur Rinnen in einem völlig ebenen Boden. Ebenso verhält es
sich mit den ozeanischen Delta überall, wo bei allgemeinen
Ueberflutungen in Zeiten, bevor Orinoko und Amazonenstrom
bestanden, die Küsten mit erdigen Niederschlägen bedeckt wurden. Ich bezweifle, daß alle ozeanischen Delta einst Meerbusen, oder, wie einige neuere Geographen sich ausdrücken,

negative Delta waren. Wenn einmal die Mündungen des Ganges, des Indus, des Senegal, der Donau, des Amazonenstromes, des Orinoko und des Mississippi geologisch genauer untersucht sind, wird sich zeigen, daß nicht alle denselben Ursprung haben, man wird dann zwischen Küsten unterscheiden, die infolge der sich häufenden Anschwemmungen rasch in die See hinaus vorrücken, und Küsten, die sich innerhalb des allgemeinen Umrisses der Kontinente halten; man wird unterscheiden zwischen einem, von einem gegabelten Strome gebildeten Landstriche, und den von ein paar Seitenarmen durchzogenen Niederungen, die zu einem aufgeschwemmten Lande gehören, das mehrere tausend Quadratmeilen Flächenraum hat.

Das Delta des Orinoko zwischen der Insel Cangrejos und der Boca de Manamo (der Landstrich, wo die Guaraunen wohnen) läßt sich mit der Insel Marajo oder Joanes an der Mündung des Amazonenstromes vergleichen. Dort liegt das aufgeschwemmte Land nördlich, hier südlich vom Hauptstamme des Stromes. Aber die Insel Joanes schließt sich nach ihrer Form der allgemeinen Bodenbildung in der Provinz Maranhāo gerade so an, wie die Küste bei den Bocas chicas des Orinoko den Küsten am Rio Essequibo und am Meerbusen von Paria. Nichts weist darauf hin, daß einmal letzterer Meerbusen südwärts von der Boca de Manamo bis Vieja Guyana ins Land hinein gereicht oder daß der Amazonenstrom die ganze Bucht zwischen Villa Vistosa und Gran Para mit seinen Gewässern gefüllt hat. Nicht alles, was an den Flüssen liegt, ist ihr Werk. Meist haben sie sich in aufgeschwemmtem Lande ein Bett gegraben, aber diese Anschwemmungen sind von höherem geologischem Alter, hängen mit den großen Umwälzungen zusammen, die unser Planet erlitten. Es ist zu ermitteln, ob zwischen den gegabelten Zweigen eines Flusses der Schlick nicht auf einer Schicht von Geschieben liegt, wie man sie sehr weit vom fließenden Wasser findet. Die Arme des Orinoko weichen auf 87 km auseinander; es ist dies die Breite des ozeanischen Deltas zwischen Punta Barima und der am weitesten nach West gelegenen Boca chica. Dieser Landstrich ist bis jetzt nicht genau aufgenommen, und so kennt man auch nicht die Zahl der Mündungen. Nach der gemeinen Annahme hat der Orinoko ihrer sieben, und dies erinnert an die im Altertume so berufenen septem ostia Nili. Aber das ägyptische Delta war nicht immer auf diese Zahl beschränkt, und an den überschwemmten Küsten von Guyana

kann man wenigstens elf ganz ansehnliche Mündungen zählen.
Nach der Boca de Navios, welche die Schiffer nach der Punta
Barima erkennen, sind vom größten Werte für die Schiffahrt
die Bocas Mariusas, Macareo, Pedernales und Manamo
grande. Der Strich des Deltas westwärts von der Boca
Macareo wird von den Gewässern des Meerbusens von Paria
oder Golfo triste bespült. Dieses Becken wird durch die Ostküste der Provinz Cumana und die Westküste der Insel
Trinidad gebildet; es steht mit dem Meere der Antillen durch
die vielberufenen Bocas de Dragos (Mündungen des Drachen)
in Verbindung, welche die Küstenpiloten seit Christoph Kolumbus' Zeit ziemlich uneigentlich als die Mündungen des
Crinoko betrachten.

Will ein Schiff von der hohen See her in die Haupt-
mündung des Crinoko, die Bocas de Navios einlaufen, so
muß es die Punta Barima in Sicht bekommen. Das rechte,
südliche Ufer ist das höhere; es kommt auch nicht weit davon
landeinwärts, zwischen dem Caño Barima, dem Aquire und
dem Cuyuni, das Granitgestein auf dem morastigen Boden
zu Tage. Das linke oder nördliche Stromufer, welches über
das Delta bis zur Boca de Mariusas und der Punta Bara
läuft, ist ganz niedrig; man erkennt es von weitem nur an
den Gruppen von Mauritiapalmen, welche die Landschaft
zieren. Der Baum ist der Sagobaum dieses Landstriches;[1]
man gewinnt daraus das Mehl zum Yurumabrote, und

---

[1] Das nahrhafte Satzmehl oder Farine médullaire der Sagobäume findet sich vorzugsweise bei einer Gruppe von Palmen, die
Kunth Calameen nennt; es kommt indessen auch in den Stämmen
von Cycas revoluta, Phoenix farinifera, Corypha umbraculifera
und Caryota urens vor und wird im Indischen Archipel von diesen
Bäumen gesammelt und in den Handel gebracht. Der echte asiatische
Sagobaum (Sagus Rumphii oder Metroxylon Sagu, Roxburgh)
gibt mehr Nahrungsstoff als alle anderen nutzbaren Gewächse. Von
einem einzigen Stamme gewinnt man im fünften Jahre zuweilen
300 kg Sago oder Mehl (denn das Wort Sagu bedeutet im am-
boinischen Dialekt Mehl). Crawfurd, der sich so lange auf dem
Indischen Archipel aufgehalten hat, berechnet, daß auf 4029 Quadrat-
metern 435 Sagobäume wachsen können, die über 4000 kg Mehl
jährlich geben. Dieser Ertrag ist dreimal so hoch als beim Getreide,
und doppelt so hoch als bei der Kartoffel in Frankreich. Die Bananen geben auf derselben Bodenfläche noch mehr Nahrungsstoff
als der Sagobaum.

die Mauritia ist keineswegs eine „Küstenpalme", wie Chamae-
rops humilis, wie der gemeine Kokosbaum und Commerſons
Lodoicea, ſondern geht, als „Sumpfpalme", bis zu den
Quellen des Orinoko hinauf. Während der Ueberſchwem-
mungen nehmen ſich dieſe Mauritiabüſche wie ein Wald aus,
der aus dem Waſſer taucht. Der Schiffer, wenn er bei Nacht
durch die Kanäle des Orinokodeltas fährt, ſieht mit Ueber-
raſchung die Wipfel der Palmen von großen Feuern beleuchtet.
Dies ſind die an den Baumäſten aufgehängten Wohnungen
der Guaraunen (Raleghs Tivitiva und Uaraueti). Dieſe
Völkerſchaften ſpannen Matten in der Luft aus, füllen ſie
mit Erde und machen auf einer befeuchteten Thonſchicht ihr
Haushaltungsfeuer an. Seit Jahrhunderten verdanken ſie
ihre Freiheit und politiſche Unabhängigkeit dem unfeſten,
ſchlammigen Boden, auf dem ſie in der trockenen Jahreszeit
umherziehen und auf dem nur ſie ſicher gehen können, ihrer
Abgeſchiedenheit auf dem Delta des Orinoko, ihrem Leben
auf den Bäumen, wohin religiöſe Schwärmerei ſchwerlich je
amerikaniſche Styliten[1] treibt.

Ich habe ſchon anderswo bemerkt, daß die Mauritiapalme,
der „Lebensbaum" der Miſſionäre, den Guaraunen nicht nur beim
Hochwaſſer des Orinoko eine ſichere Behauſung bietet, ſondern
ihnen in ſeinen ſchuppigen Früchten, in ſeinem mehligen Staube,
in ſeinem zuckerreichen Safte, endlich in den Faſern ſeiner Blatt-
ſtiele Nahrungsmittel, Wein und Schnüre zu Stricken und Hängematten gibt. Gleiche Gebräuche wie bei den Indianern auf
dem Delta des Orinoko herrſchten früher im Meerbuſen von
Darien (Uraba) und auf den meiſten zeitweiſe unter Waſſer
ſtehenden Landſtrichen zwiſchen dem Guarapiche und der Mündung des Amazonenſtromes. Es iſt ſehr merkwürdig, auf der
niedrigſten Stufe menſchlicher Kultur das Leben einer ganzen
Völkerſchaft an eine einzige Palmenart gekettet zu ſehen, In-
ſekten gleich, die ſich nur von einer Blüte, vom ſelben Teile
eines Gewächſes nähren.

Es iſt nicht zu verwundern, daß die Breite der Haupt-

---

[1] Simeon Siſanites, ein Syrier, war der Stifter dieſer Sekte.
Er brachte in myſtiſcher Beſchaulichkeit 37 Jahre auf 5 Säulen zu,
von denen die letzte 36 m hoch war. Die Säulenheiligen,
sancti columnares, wollten auch in Deutſchland, im Trierſchen,
ihre luftigen Klöſter einführen, aber die Biſchöfe widerſetzten ſich
einem ſo tollen, halsbrechenden Unternehmen.

mündung des Orinoko (Boca de Navios) so verschieden geschätzt wird. Die große Insel Cangrejos ist nur durch einen schmalen Kanal von dem unter Wasser stehenden Boden getrennt, der zwischen den Bocas Ruina und Mariusas liegt, so daß 37 oder 25 km herauskommen, je nachdem man (in einer der Strömung entgegengesetzten Richtung) von der Punta Barima zum nächsten gegenüberliegenden Ufer, oder von derselben Punta zum östlichen Teile der Insel Cangrejos mißt. Ueber die Wasserstraße läuft eine Sandbank, eine Barre, in 5,5 m Tiefe; man gibt derselben eine Breite von 4870 bis 5450 m. Wie beim Amazonenstrome, beim Nil und allen Flüssen, die sich in mehrere Arme teilen, ist auch beim Orinoko die Mündung nicht so groß, als man nach der Länge seines Laufes und nach der Breite, die er noch mehrere hundert Kilometer weit im Lande hat, vermuten sollte. Man weiß nach Malaspinas Aufnahme, daß der Rio de la Plata von Punta del Este bei Maldonado bis zum Cabo San Antonio über 187 km breit ist; fährt man aber nach Buenos Ayres hinauf, so nimmt die Breite so rasch ab, daß sie Colonia del Sacramento gegenüber nur noch 39 km beträgt. Was man gemeiniglich die Mündung des Rio de la Plata heißt, ist eben ein Meerbusen, in den sich der Uruguay und der Parana ergießen, zwei Flüsse, die nicht so breit sind wie der Orinoko. Um die Größe der Mündung des Amazonenstromes zu übertreiben, rechnet man die Inseln Marajo und Caviana dazu, so daß von Punta Tigioca bis zu Cabo del Norte die ungeheure Breite von 3½° oder 315 km herauskommt; betrachtet man aber näher das hydraulische System des Kanals Tagypuru, des Rio Tocantins, des Amazonenstromes und des Araguari, die ihre ungeheuren Wassermassen vereinigen, so sieht man, daß diese Schätzung rein aus der Luft gegriffen ist. Zwischen Macapa und dem westlichen Ufer der Insel Marajo (Ilha de Joanes) ist der eigentliche Amazonenstrom in zwei Arme geteilt, die zusammen nur 49,5 km breit sind. Weiter unten läuft das Nordufer der Insel Marajo in der Richtung eines Parallels fort, während die Küste von portugiesisch Guyana zwischen Macapa und Cabo del Norte von Süd nach Nord streicht. So kommt es, daß der Amazonenstrom bei den Inseln Mariana und Caviana, da wo die Gewässer des Stromes und die des Atlantischen Ozeans zuerst aufeinander stoßen, einen gegen 74 km breiten Meerbusen bildet. Der Orinoko steht noch mehr hinsichtlich der Länge des Laufes als der Breite im Binnenlande dem Amazonenstrome nach), er ist ein Fluß zweiter Ordnung; man darf aber nicht vergessen, daß alle diese Einteilungen nach der Länge des Laufes oder der Breite der Mündungen sehr willkürlich sind. Die Flüsse der britannischen Inseln laufen in Meerbusen oder Süßwasserseen aus, in denen durch die Ebbe und Flut des Meeres die Wasser periodisch hin und her getrieben werden; sie weisen uns deutlich darauf hin, daß man die Bedeutung eines hydraulischen Systemes nicht einzig nach der Breite der Mündungen schätzen darf. Jede Vorstellung von relativer Größe ist schwankend, solange man nicht durch Messung der Geschwindigkeit und des Flächenraumes von Querschnitten die Wassermassen vergleichen kann. Leider sind Aufnahmen derart an Bedingungen geknüpft, die der einzelne Reisende nicht erfüllen kann. So muß man das ganze Flußbett sondieren können, und zwar in verschiedenen Jahreszeiten. Da scheinbar sehr breite Flüsse meist nicht sehr tiefe, von mehreren parallelen Rinnen durchzogene Becken sind, so führen sie auch weit weniger Wasser, als man auf den ersten Blick glaubt. Zwischen dem Maximum und dem Minimum des Wasserstandes während der großen Ueberschwemmungen und in der trockenen Jahreszeit kann die Wassermasse um das Fünfzehn- bis Zwanzigfache größer oder kleiner sein.

Sobald man Punta Barima umsegelt hat und in das Bett des Orinoko selbst eingelaufen ist, findet man dieses nur 5850 m breit. Höhere Angaben beruhen auf dem Versehen, daß die Steuerleute den Fluß auf einer Linie messen, die nicht senkrecht auf die Richtung der Strömung gezogen ist. Die Insel Cangrejos zu befestigen, bei der das Wasser 7,8 bis 9,75 m tief ist, wäre unnütz; die Fahrzeuge wären hier außerhalb Kanonenschußweite. Das Labyrinth von Kanälen, die zu den kleinen Mündungen führen, wechselt Tag für Tag nach Gestalt und Tiefe. Viele Steuerleute sind der festen Ansicht, die Caños Cocuina, Pedernales und Macareo, durch welche der Küstenhandel mit der Insel Trinidad getrieben wird, seien in den letzten Jahren tiefer geworden und der Strom ziehe sich immer mehr von der Boca de Navios weg und wende sich mehr nach Nordwest. Vor dem Jahre 1760 wagten sich Fahrzeuge mit mehr als 3 bis 4 m Tiefgang selten in die kleinen Kanäle des Deltas. Gegenwärtig scheut man die „kleinen Mündungen" des Orinoko fast gar nicht mehr, und feindliche Schiffe, welche nie diese Striche befahren haben, finden an den Guaraunen willige, geübte Wegweiser. Die Civilisierung dieser Völkerschaft, deren Wohnsitze sich zum Orinoko verhalten wie die der Rhengahyba oder Igaruana zum Amazonenstrome, ist für jede Regierung, die am Orinoko Herr bleiben will, von großem Belange.

Ebbe und Flut sind im April, beim tiefsten Wasserstande, bis über Angostura hinauf zu spüren, also mehr als 382 km landeinwärts. Beim Einflusse des Carony, 270 km von der Küste, steigt das Wasser durch Stauung um 40 cm. Diese Schwingungen der Wasserfläche, diese Unterbrechung des Laufes sind nicht mit der aufsteigenden Flut zu verwechseln. Bei der großen Mündung des Orinoko am Kap Barima beträgt die Fluthöhe 60 bis 92 cm, dagegen weiter gegen Nordwest, im Golfo triste, zwischen der Boca Pedernales, dem Rio Guarapiche und der Westküste von Trinidad, 2,2 bis 2,8, sogar 9,75 m. So viel macht auf einer Strecke von 135 bis 180 km der Einfluß des Umrisses der Küsten aus, sowie der Umstand, daß die Gewässer durch die Bocas de Dragos langsamer abfließen. Wenn man in ganz neuen Werken angegeben findet, der Orinoko verursache 2 bis 3° in die hohe See hinaus besondere Strömungen, die Farbe des Seewassers verändere sich dadurch und im Golfo triste sei süßes Wasser (Gumillas Mar dulce), so sind das lauter Fabeln. Die Strömung geht an dieser ganzen Küste vom Kap Orange an nach Nordwest, und der Einfluß der süßen Gewässer des Orinoko auf die Stärke dieser allgemeinen Strömung, auf die Durchsichtigkeit und die Farbe des Meerwassers bei reflektiertem Lichte ist selten weiter als 13 bis 18 km nordostwärts von der Insel Cangrejos zu spüren. Das Wasser im Golfo triste ist gesalzen, nur weniger, als im übrigen Meere der Antillen wegen der kleinen Mündungen des Orinokodeltas und der Wassermasse, welche der Rio Guarapiche hereinbringt. Aus denselben Gründen gibt es keine Salzwerke an diesen Küsten, und ich habe in Angostura Schiffe aus Cadiz ankommen sehen, die Salz, ja, was für die Industrie in den Kolonieen bezeichnend ist, Backsteine zum Bau der Hauptkirche geladen hatten.

Den Umstand, daß die unbedeutende Flut an der Küste im Bette des Orinoko und des Amazonenstromes so ungemein weit aufwärts zu spüren ist, hat man bis jetzt als einen sicheren Beweis angesehen, daß beide Ströme auf einer Strecke von 382 und 900 km nur um wenige Fuß fallen können. Dieser Beweis erscheint aber durchaus nicht als stichhaltig, wenn man bedenkt, daß die Stärke der sich fortpflanzenden Schwankungen im Niveau von vielen örtlichen Umständen abhängig ist, von der Form, den Krümmungen und der Zahl der ineinander mündenden Kanäle, vom Widerstande des Grundes, auf dem die Flutwelle heraufkommt, vom Abprallen des Wassers an den gegenüberliegenden Ufern und von der Einschnürung des Stromes in einen Engpaß. Ein gewandter Ingenieur, Bremontier, hat in neuester Zeit dargethan, daß im Bette der Garonne die Flutwellen wie auf einer geneigten Ebene weit über das Niveau der See an der Mündung des Flusses hinaufgehen. Im Orinoko kommen die ungleich hohen Fluten von Punta Barima und vom Golfo triste in ungleichen Intervallen durch die große Wasserstraße der Boca de Navios und durch die engen, gewundenen, zahlreichen Bocas chicas herauf. Da diese kleinen Kanäle am selben Punkte, bei San Rafael, vom Hauptstamme abgehen, so wäre es von Interesse, die Verzögerung des Eintrittes der Flut und die Fortpflanzung der Flutwellen im Bette des Orinoko oberhalb und unterhalb San Rafael, auf der See bei Kap Barima und im Golfo triste bei der Boca Manamo zu beobachten. Die Wasserbaukunst und die Theorie der Bewegung von Flüssigkeiten in engen Kanälen müßten beide Nutzen aus einer Arbeit ziehen, für welche der Orinoko und der Amazonenstrom besonders günstige Gelegenheit böten.

Bei der Fahrt auf dem Flusse, ob nun die Schiffe durch die Boca de Navios einlaufen oder sich durch das Labyrinth der Bocas chicas wagen, sind besondere Vorsichtsmaßregeln erforderlich, je nachdem das Bett voll oder der Wasserstand sehr tief ist. Die Regelmäßigkeit, mit der der Orinoko zu bestimmten Zeiten anschwillt, war von jeher für die Reisenden ein Gegenstand der Verwunderung, wie ja auch das Austreten des Nils für die Philosophen des Altertums ein schwer zu lösendes Problem war. Der Orinoko und der Nil laufen, der Richtung des Ganges, Indus, Rio de la Plata und Euphrat entgegen, von Süd nach Nord; aber die Quellen des Orinoko liegen um 5 bis 6° näher am Aequator als die des Nil. Da uns die zufälligen Wechsel im Luftkreise täglich so stark auffallen, wird uns die Anschauung schwer, daß in großen Zeiträumen die Wirkungen dieses Wechsels sich gegenseitig ausgleichen sollen, daß in einer

langen Reihe von Jahren die Unterschiede im durchschnittlichen
Betrage der Temperatur, der Feuchtigkeit und des Luftdruckes
von Monat zu Monat ganz unbedeutend sind, und daß die
Natur, trotz der häufigen partiellen Störungen, in der Reihen=
folge der meteorologischen Erscheinungen einen festen Typus
befolgt. Die großen Ströme sammeln die Wasser, die auf
einer mehrere tausend Quadratmeilen großen Erdfläche nieder=
fallen, in einen Behälter. So ungleich auch die Regenmenge
sein mag, die im Laufe der Jahre in diesem oder jenem Thale
fällt, auf den Wasserstand der Ströme von langem Lauf
haben dergleichen lokale Wechsel so gut wie keinen Einfluß.
Die Anschwellungen sind der Ausdruck des mittleren Feuch=
tigkeitsstandes im ganzen Becken; sie treten Jahr für Jahr
in denselben Verhältnissen auf, weil ihr Anfang und ihre
Dauer eben auch vom Durchschnitt der scheinbar sehr ver=
änderlichen Epochen des Eintrittes und des Endes der Regen=
zeit unter den Breiten, durch welche der Hauptstrom und
seine Nebenflüsse laufen, abhängig sind. Es folgt daraus,
daß die periodischen Schwankungen im Wasserstande der Ströme,
gerade wie die unveränderliche Temperatur der Höhlen und
der Quellen, sichtbar darauf hinweisen, daß Feuchtigkeit und
Wärme auf einem Striche von beträchtlichem Flächenraum
von einem Jahre zum anderen regelmäßig verteilt sind. Die=
selben machen starken Eindruck auf die Einbildungskraft des
Volkes, wie ja Ordnung in allen Dingen überrascht, wo die
ersten Ursachen schwer zu erfassen sind, wie ja die Durch=
schnittstemperaturen aus einer langen Reihe von Monaten
und Jahren den in Verwunderung setzen, der zum erstenmal
eine Abhandlung über klimatische Verhältnisse zu Gesicht be=
kommt. Ströme, die ganz in der heißen Zone liegen, zeigen
in ihren periodischen Bewegungen die wundervolle Regel=
mäßigkeit, die einem Erdstriche eigen ist, wo derselbe Wind
fast immer Luftschichten von derselben Temperatur herführt,
und wo die Deklinationsbewegung der Sonne jedes Jahr
zur selben Zeit mit der elektrischen Spannung, mit dem Auf=
hören der Seewinde und dem Eintritte der Regenzeit eine
Störung des Gleichgewichtes verursacht. Der Orinoko, der
Rio Magdalena und der Kongo oder Zaïre sind die einzigen
großen Ströme im Aequinoktialstriche des Erdballes, die in der
Nähe des Aequators entspringen und deren Mündung in
weit höherer Breite, aber noch innerhalb der Tropen liegt.
Der Nil und der Rio de la Plata laufen in zwei ent=

gegengesetzten Halbkugeln aus der heißen in die gemäßigte Zone.[1]

Solange man den Rio Paragua bei Esmeralda mit dem Rio Guaviare verwechselte und die Quellen des Orinoko südwestwärts am Ostabhange der Anden suchte, schrieb man das Steigen des Stromes dem periodischen Schmelzen des Schnees zu. Dieser Schluß war so unrichtig, als wenn man früher den Nil durch das Schneewasser aus Abessinien austreten ließ. Die Kordilleren von Neugranada, in deren Nähe die westlichen Nebenflüsse des Orinoko, der Guaviare, der Meta und der Apure entspringen, reichen, mit einziger Ausnahme der Paramos von Chita und Mucuchies, so wenig zu der Grenze des ewigens Schnees hinauf als die abessinischen Alpen. Schneeberge sind im heißen Erdstriche weit seltener, als man gewöhnlich glaubt; und die Schneeschmelze, die in keiner Jahreszeit bedeutend ist, wird zur Zeit der Hochwasser des Orinoko keineswegs stärker. Die Quellen dieses Stromes liegen (ostwärts von Esmeralda) in den Gebirgen der Parime, deren höchste Gipfel nicht über 2340 bis 2530 m hoch sind, und von Grita bis Neiwa (von 7½ bis 3° der Breite) hat der östliche Zweig der Kordillere viele Paramos von 3500 bis 3700 m Höhe, aber nur eine Gruppe von Nevados, das heißt Bergen, höher als 4680 m und zwar die fünf Pichacos de Chita. In den schneelosen Paramos von Cundinamarca entspringen die drei großen Nebenflüsse des Orinoko von Westen her. Nur kleinere Nebenflüsse, die in den Meta und Apure fallen, nehmen einige Aguas de nieve auf, wie der Rio Casanare, der vom Nevado de Chita, und der Rio de Santo Domingo, der von der Sierra Nevada de Merida herunterkommt und durch die Provinz Barinas läuft.

---

[1] In Asien laufen der Ganges, der Brahmaputra und die majestätischen indisch-chinesischen Flüsse dem Aequator zu. Die ersteren kommen aus der gemäßigten Zone in die heiße. Der Umstand, daß die Flüsse entgegengesetzte Richtungen haben (dem Aequator oder den gemäßigten Erdstrichen zu), äußert Einfluß auf den Eintritt und die Größe der Ueberschwemmungen, auf die Art und die Mannigfaltigkeit der Produkte längs der Ufer, auf die größere oder geringere Lebhaftigkeit des Handels, und, darf ich nach dem, was wir über die Völker Aegyptens, Meroes und Indiens wissen, wohl sagen, auf den Gang der Kultur die Stromthäler entlang.

Die Ursache des periodischen Austretens des Orinoko wirkt in gleichem Maße auf alle Flüsse, die im heißen Erd= strich entspringen. Nach der Frühlings=Tag= und Nachtgleiche verkündet das Aufhören der Seewinde den Eintritt der Regen= zeit. Das Steigen der Flüsse, die man als natürliche Re= genmesser betrachten kann, ist der Regenmenge, die in den verschiedenen Landstrichen fällt, proportional. Mitten in den Wäldern am oberen Orinoko und Rio Negro schienen mir über 2,43 bis 2,7 m Regen im Jahre zu fallen. Die Ein= geborenen unter dem trüben Himmel von Esmeralda und am Atabapo wissen daher auch ohne die geringste Kenntnis von der Physik, so gut wie einst Eudorus und Eratosthenes,[1] daß das Austreten großer Ströme allein vom tropischen Regen herrührt. Der ordnungsmäßige Verlauf im Steigen und Fallen des Orinoko ist folgender. Gleich nach der Frühlings= Tag= und Nachtgleiche (das Volk nimmt den 25. März an) bemerkt man, daß der Fluß zu steigen anfängt, anfangs nur um 2,5 cm in 24 Stunden; im April fällt der Fluß zu= weilen wieder; das Maximum des Hochwassers erreicht er im Juli, bleibt voll (im selben Niveau) vom Ende Juli bis zum 25. August, und fällt dann allmählich, aber langsamer, als er gestiegen. Im Januar und Februar ist er auf dem Mi= nimum. In beiden Welten haben die Ströme der nördlichen heißen Zone ihre Hochwasser ungefähr zur selben Zeit. Ganges, Niger und Gambia erreichen wie der Orinoko ihr Maximum im August.[2] Der Nil bleibt um zwei Monate zurück, sei es infolge gewisser lokaler klimatischer Verhältnisse in Abessinien, sei es wegen der Länge seines Laufes vom Lande Berber oder vom 17. Breitengrade bis zur Teilung am Delta. Die ara= bischen Geographen behaupten, in Sennaar und Abessinien steige der Nil schon im April (ungefähr wie der Orinoko); in Kairo wird aber das Steigen erst gegen das Sommer= solstitium merklich und der höchste Wasserstand tritt Ende September ein.[3] Auf diesem erhält sich der Fluß bis Mitte Oktober; das Minimum fällt im April und Mai, also in eine Zeit, wo in Guyana die Flüsse schon wieder zu steigen anfangen. Aus dieser raschen Uebersicht ergibt sich, daß wenn auch die Form der natürlichen Kanäle und lokale klimatische

---

[1] Strabo Lib. XVII. Diodorus Siculus Lib. I, c. 5.
[2] Etwa 40 bis 50 Tage nach dem Sommersolstitium.
[3] Etwa 80 bis 90 Tage nach dem Sommersolstitium.

Verhältnisse eine Verzögerung herbeiführen, die große Er-
scheinung des Steigens und Fallens der Flüsse in der heißen
Zone sich überall gleich bleibt. Auf den beiden Tierkreisen,
die man gewöhnlich den tatarischen und chaldäischen
oder ägyptischen nennt (auf dem Tierkreise, der das Bild der
Ratte, und auf dem, der die Bilder der Fische und des
Wassermanns hat) beziehen sich besondere Konstellationen auf
die periodischen Ueberschwemmungen der Flüsse. Wahre
Cyklen, Zeiteinteilungen, wurden allmählich zu Teilungen des
Raumes; da aber die physikalische Erscheinung der Ueber-
schwemmungen eine so allgemeine ist, so konnte der Tierkreis,
der durch die Griechen auf uns gekommen und der durch das
Vorrücken der Tag= und Nachtgleichen ein geschichtliches Denk-
mal von hohem Alter wird, weit von Theben und dem heiligen Nilthale entstanden sein. Auf den Tierkreisen der Neuen
Welt, z. B. auf dem mexikanischen, kommen auch Zeichen für
Regen und Ueberschwemmung vor, die dem Chu (der
Ratte) des chinesischen und tibetanischen Cyllus der Tse und
den Fischen und dem Wassermann des zwölfteiligen
Tierkreises entsprechen. Diese zwei mexikanischen Zeichen sind
das Wasser (atl) und der Cipactli, das Seeungeheuer
mit einem Horne. Dieses Tier ist zugleich die Fischgazelle
der Hindu, der Steinbock unseres Tierkreises, der Deu-
kalion der Griechen und der Noah (Coxcox) der Azteken.
So finden wir denn die allgemeinen Ergebnisse der vergleichenden Hydrographie schon auf den astrologischen Denk-
mälern, in den Zeiteinteilungen und den religiösen Ueberlieferungen von Völkern, die geographisch und dem Grade ihrer
Geistesbildung nach am weitesten auseinander liegen.

Da die Aequatorialregen auf den Niederungen eintreten,
wenn die Sonne durch das Zenith den Ortes geht, das heißt,
wenn ihre Deklination der Zone zwischen dem Aequator und
einem der Wendekreise gleichnamig wird, so fällt das Wasser
im Amazonenstrom, während es im Orinoko merklich steigt.
In einer sehr scharfsinnigen Erörterung über den Ursprung
des Rio Kongo hat man die Physiker bereits auf die Modi-
fikationen aufmerksam gemacht, welche das periodische Steigen
im Laufe eines Flusses erleiden muß, bei dem Quellen und
Mündung nicht auf derselben Seite der Aequinoktiallinie
liegen. Bei den hydraulischen Systemen des Orinoko und
des Amazonenstromes verwickeln sich die Umstände in noch
auffallenderer Weise. Sie sind durch den Rio Negro und den

Cassiquiare, einen Arm des Orinoko, verbunden, und diese Verbindung bildet zwischen zwei großen Flußbecken eine schiffbare Linie, über welche der Aequator läuft. Der Amazonenstrom hält nach Angaben, die mir an den Ufern desselben gemacht worden, die Epochen des Steigens und Fallens lange nicht so regelmäßig ein als der Orinoko; indessen fängt er meist im Dezember an zu steigen und erreicht sein Maximum im März. Mit dem Mai fällt er wieder und im Juli und August, also zur Zeit, wo der untere Orinoko das Land weit und breit überschwemmt, ist sein Wasserstand im Minimum. Da infolge der allgemeinen Bodenbildung kein südamerikanischer Fluß von Süd nach Nord über den Aequator laufen kann, so äußern die Ueberschwemmungen des Orinoko Einfluß auf den Amazonenstrom, durch die des letzteren dagegen erleiden die Oszillationen des Orinoko keine Störung in ihrem Gange. Aus diesen Verhältnissen ergibt sich, daß beim Amazonenstrom und dem Orinoko die konkaven und die konvexen Spitzen der Kurve, welche der steigende und fallende Wasserstand beschreibt, einander sehr regelmäßig entsprechen, da sie den sechsmonatlichen Unterschied bezeichnen, der durch die Lage der Ströme in entgegengesetzten Hemisphären bedingt wird. Nur dauert es beim Orinoko nicht so lange, bis er zu steigen anfängt; er steigt merklich, sobald die Sonne über den Aequator gegangen ist; der Amazonenstrom dagegen wächst erst zwei Monate nach dem Aequinoktium. Bekanntlich tritt in den Wäldern nördlich von der Linie der Regen früher ein, als in den nicht so stark bewaldeten Niederungen der südlichen heißen Zone. Zu dieser örtlichen Ursache kommt eine andere, die vielleicht auch im Spiele ist, wenn der Nil so spät steigt. Der Amazonenstrom erhält einen großen Teil seiner Gewässer von der Kordillere der Anden, wo, wie überall in den Gebirgen, die Jahreszeiten einen eigentümlichen, dem der Niederungen meist entgegengesetzten Typus haben.

Das Gesetz des Steigens und Fallens des Orinoko ist in Bezug auf das räumliche Moment oder die Größe der Schwankungen schwerer zu ermitteln als hinsichtlich des zeitlichen, des Eintretens der Maxima und Minima. Da meine eigenen Messungen des Wasserstandes sehr unvollständig sind, teile ich Schätzungen, die sehr stark voneinander abweichen, nur unter allem Vorbehalt mit. Die fremden Schiffen nehmen an, daß der untere Orinoko gewöhnlich um 29,2 m steige; Pons, der bei seinem Aufenthalte in Caracas im allgemeinen sehr genaue Notizen gesammelt hat, bleibt bei 25,3 m stehen. Der Wasserstand wechselt natürlich nach der Breite des Bettes und der Zahl der Nebenflüsse, die in den Hauptstamm des Stromes hereinkommen. Der Nil steigt in Oberägypten um 9,7 bis 11,3 m, bei Kairo um 8,1, an der Nordseite des Deltas um 1,3 m. Bei Angostura scheint der Strom im Durchschnitt nicht über 7,8 bis 8 m zu steigen. Es liegt hier mitten im Flusse eine Insel, wo man den Wasserstand so bequem beobachten könnte wie am Nilmesser (Megyas) an der Spitze der Insel Rudah. Ein ausgezeichneter Gelehrter, der sich in neuester Zeit am Orinoko aufgehalten hat, Zea, wird meine Beobachtungen über einen so wichtigen Punkt ergänzen. Das Volk glaubt, alle 25 Jahre steige der Orinoko um 1 m höher als sonst; auf diesen Cyklus ist man aber keineswegs durch genaue Messungen gekommen. Aus den Zeugnissen des Altertums geht hervor, daß die Niveauschwankungen des Nil nach Höhe und Dauer seit Jahrtausenden sich gleich geblieben sind. Es ist dies ein sehr beachtenswerter Beweis, daß der mittlere Feuchtigkeits- und Wärmezustand im weiten Nilbecken sich verändert. Wird diese Stetigkeit der physikalischen Erscheinungen, dieses Gleichgewicht der Elemente sich auch in der Neuen Welt erhalten, wenn einmal die Kultur ein paar hundert Jahre alt ist? Ich denke, man kann die Frage bejahen, denn alles, was die Gesamtkraft des Menschen vermag, kann auf die allgemeinen Ursachen, von denen das Klima Guyanas abhängt, keinen Einfluß äußern.

Nach der Barometerhöhe von San Fernando de Apure finde ich, daß der Fall des Apure und unteren Orinoko von dieser Stadt bis zur Boca de Navios 49 mm auf den Kilometer beträgt.[1] Man könnte sich wundern, daß bei einem solchen kaum merklichen Falle die Strömung so stark ist; ich erinnere aber bei dieser Gelegenheit daran, daß nach Messungen, die von Hastings angeordnet worden, der Ganges auf einer Strecke von 111 km (die Krümmungen eingerechnet) auch nur 2,2 cm auf den Kilometer fällt und daß die mittlere Geschwindigkeit dieses Stromes in der trockenen Jahres-

---

[1] Der Apure für sich hat einen Fall von 18,8 cm auf den Kilometer.

zeit 5,5, in der Regenzeit 11 bis 15 km in der Stunde be=
trägt. Die Stärke der Strömung hängt also, beim Ganges
wie beim Orinoko, nicht sowohl vom Gefälle des Bettes ab,
als von der starken Anhäufung des Wassers im oberen Strom=
lauf infolge der starken Regenniederschläge und der vielen
Zuflüsse. Schon seit 250 Jahren sitzen europäische Ansiedler
an den Mündungen des Orinoko, und in dieser langen Zeit
haben sich, nach einer von Geschlecht zu Geschlecht fortge=
pflanzten Ueberlieferung, die periodischen Oszillationen des
Stromes (der Zeitpunkt, wo er zu steigen anfängt und der
höchste Wasserstand) nie um mehr als 12 bis 15 Tage
verzögert.

Wenn Fahrzeuge mit großem Tiefgange im Januar und
Februar mit dem Seewinde und der Flut nach Angostura
hinaufgehen, so laufen sie Gefahr, auf dem Schlamme aufzu=
fahren. Die Wasserstraße ändert sich häufig nach Breite und
Richtung; bis jetzt aber bezeichnet noch nirgends eine Bake
die Anschwemmungen, die sich überall im Flusse bilden, wo
das Wasser seine ursprüngliche Geschwindigkeit verloren hat.
Südlich vom Kap Barima besteht sowohl über den Fluß
dieses Namens als über den Rio Moroca und mehrere Esteres
(aestuaria) eine Verbindung mit der englischen Kolonie am
Essequibo. Man kann mit kleinen Fahrzeugen bis zum Rio
Poumaron, an dem die alten Niederlassungen Zeland und
Middelburg liegen, ins Land hineinkommen. Diese Verbin=
dung hatte früher für die Regierung in Caracas nur darum
einige Wichtigkeit, weil dadurch dem Schleichhandel Vorschub
geleistet wurde; seit aber Berbice, Demerary und Essequibo
einem mächtigen Nachbar in die Hände gefallen sind, be=
trachten die Hispano=Amerikaner dieselbe aus dem Gesichts=
punkte der Sicherheit der Grenze. Flüsse, die der Küste parallel
laufen und nur 9 bis 11 km davon entfernt bleiben, sind
dem Uferstriche zwischen dem Orinoko und dem Amazonenstrom
eigentümlich.

45 km vom Kap Barima teilt sich das große Bett
des Orinoko zum erstenmal in zwei 3900 m breite Arme;
dieselben sind unter den indianischen Namen Zacupana und
Imataca bekannt. Der erstere, nördlichere, steht westwärts
von den Inseln Cangrejos und Burro mit den Bocas chicas
Lauran, Ruina und Mariusas in Verbindung. Die Insel
Burro verschwindet beim Hochwasser, ist also leider nicht zu
befestigen. Das südliche Ufer des brazo Imataca ist von

einem Labyrinth kleiner Wasserrinnen zerschnitten, in welche sich der Rio Imataca und der Rio Aquire ergießen. Auf den fruchtbaren Savannen zwischen dem Imataca und dem Cuyuni erhebt sich eine lange Reihe Granithügel, Ausläufer der Korbillere der Parime, die südlich von Angostura den Horizont begrenzt, die vielberufenen Katarakte des Rio Carony bildet und dem Orinoko beim Fort Vieja Guyana wie ein vorgeschobenes Kap nahe rückt. Die volkreichen Missionen der Kariben und Guayanos unter der Obhut der katalonischen Kapuziner liegen den Quellen des Imataca und des Aquire zu. Am weitesten gegen Ost liegen die Missionen Miamu, Cumamu und Palmar auf einem bergigen Landstriche, der sich gegen Tupuquen, Santa Maria und Villa de Upata hinzieht. Geht man den Rio Aquire hinauf und über die Weiden gegen Süd, so kommt man zur Mission Belem de Tumeremo und von da an den Zusammenfluß des Curumu mit dem Rio Cuyuni, wo früher der spanische Posten oder Destacamento de Cuyuni lag. Ich mache diese einzelnen topographischen Angaben, weil der Rio Cuyuni oder Cuduvini auf eine Strecke von 2½ bis 3 Längegraden dem Orinoko parallel von Ost nach West läuft, und eine vortreffliche natürliche Grenze zwischen dem Gebiete von Caracas und Englisch-Guyana abgibt.

Die beiden Arme des Orinoko, der Zacupana und Imataca bleiben 63 km weit getrennt; weiter oben findet man die Gewässer des Stromes in einem sehr breiten Bette beisammen. Dieses Stromstück ist gegen 36 km lang; an seinem westlichen Ende erscheint eine zweite Gabelung, und da die Spitze des Deltas im nördlichen Arme des gegabelten Flusses liegt, so ist dieser Teil des Orinoko für die militärische Verteidigung des Landes von großer Bedeutung. Alle Kanäle, die den Bocas chicas zulaufen, entspringen am selben Punkte aus dem Stamme des Orinoko. Der Arm (Caño Manamo), der beim Dorfe San Rafael abgeht, verzweigt sich erst nach einem Laufe von 13 bis 18 km, und ein Werk, das man oberhalb der Insel Chaguanes anlegte, würde Angostura gegen einen Feind decken, der durch eine der Bocas chicas eindringen wollte. Zu meiner Zeit lagen die Kanonierschaluppen östlich von San Rafael, am nördlichen Ufer des Orinoko. Diesen Punkt müssen die Fahrzeuge in Sicht bekommen, die durch die nördliche Wasserstraße bei San Rafael, welche die breiteste, aber seichteste ist, nach Angostura hinaufsegeln.

27 km oberhalb des Punktes, wo der Orinoko einen

Zweig an die Bocas chicas abgibt, liegt das alte Fort (Los castillos de la Vieja oder Antigua Guyana), das im 16. Jahrhundert zuerst angelegt wurde. An diesem Punkte liegen viele felsige Eilande im Strome, der hier gegen 1266 m breit sein soll. Die Stadt ist fast ganz zerstört, aber die Werke stehen noch und verdienen alle Aufmerksamkeit von seiten der Regierung von Terra Firma. In der Batterie auf einem Hügel nordwestwärts von der alten Stadt hat man eine prachtvolle Aussicht. Bei Hochwasser ist die alte Stadt ganz von Wasser umgeben. Lachen, die in den Orinoko münden, bilden natürliche Bassins für Schiffe, welche auszubessern sind. Hoffentlich, wenn der Friede diesen schönen Ländern wieder geschenkt ist und keine engherzige Staatskunst mehr den Fortschritt der Industrie hemmt, werden sich Werften an diesen Lachen bei Vieja Guyana erheben. Kein Strom nach dem Amazonenstrom kann aus den Wäldern, durch die er läuft, so prächtiges Schiffsbauholz liefern. Diese Hölzer aus den großen Familien der Laurineen, der Guttiferen, der Rutaceen und der baumartigen Schotengewächse bieten nach Dichtigkeit, spezifischer Schwere und mehr oder weniger harziger Beschaffenheit alle nur wünschenswerten Abstufungen. Was im Lande allein fehlt, das ist ein leichtes, elastisches Mastholz mit parallelen Fasern, wie die Nadelhölzer der gemäßigten Landstriche und der hohen Gebirge unter den Tropen es liefern.

Ist man an den Werken von Vieja Guyana vorbei, so wird der Orinoko wieder breiter. Hinsichtlich des Anbaues des Landes zeigen beide Ufer einen auffallenden Kontrast. Gegen Nord sieht man nur den öden Strich der Provinz Cumana, die unbewohnten Steppen (Llanos), die sich bis jenseits der Quellen des Rio Mamo, dem Plateau oder der Mesa von Guanipa zu, erstrecken. Südwärts sieht man drei volkreiche Dörfer, die zu den Missionen am Carony gehören, San Miguel de Uriala, San Felix und San Joaquin. Letzteres Dorf, am Carony unmittelbar unterhalb des großen Kataraktes gelegen, gilt für den Stapelplatz der katalonischen Missionen. Fährt man weiter gegen West, so hat der Steuermann zwischen der Mündung des Carony und Angostura die Klippen Guarampo, die Untiefe des Mamo und die Piedra del Rosario zu vermeiden. Ich habe nach dem umfangreichen Material, das ich mitgebracht, und nach den astronomischen Untersuchungen, deren Hauptergebnisse ich oben mitgeteilt, eine Karte des Landes zwischen dem Delta des Orinoko, dem Carony und dem Cuyuni entworfen. Es ist dies der Teil von Guyana, der wegen der Nähe der Küste eines Tages für europäische Ansiedler die meiste Anziehungskraft haben wird.

In ihrem gegenwärtigen Zustande steht die ganze Be= völkerung dieser großen Provinz, mit Ausnahme einiger spa= nischer Kirchspiele (Pueblos y villas de Españoles), unter der Regierung zweier Mönchsorden. Schätzt man die Zahl der Einwohner von Guyana, die nicht in wilder Unabhängig= keit leben, auf 35000, so leben etwa 24000 in den Mis= sionen und sind dem unmittelbaren Einflusse des weltlichen Armes so gut wie entzogen. Zur Zeit meiner Reise hatte das Gebiet der Franziskaner von der Kongregation der Obser= vanten 7300 Einwohner, das der Capuchinos catalanes 17000; ein auffallendes Mißverhältnis, wenn man bedenkt, wie klein letzteres Gebiet ist gegenüber den ungeheuren Ufer= strecken am oberen Orinoko, Atabapo, Cassiquiare und Rio Negro. Aus diesen Angaben geht hervor, daß gegen zwei Dritteile der Bevölkerung einer Provinz von 16800 Meilen Flächeninhalt zwischen dem Rio Imataca und der Stadt Santo Tome de Angostura auf einem 250 km langen und 135 km breiten Striche zusammengedrängt sind. Diese beiden mönchischen Regierungen sind den Weißen gleich unzugäng= lich und bilden einen status in statu. Ich habe bisher nach meinen eigenen Beobachtungen die der Observanten be= schrieben, und es bleibt mir jetzt noch übrig mitzuteilen, was ich über das andere Regiment, das der katalonischen Kapu= ziner, in Erfahrung gebracht. Verderbliche bürgerliche Zwiste und epidemische Fieber haben in den letzten Jahren den Wohl= stand der Missionen am Carony, nachdem er lange im Zu= nehmen gewesen, heruntergebracht; aber trotz dieser Verluste ist der Landstrich, den wir besuchen wollen, noch immer national= ökonomisch sehr interessant.

Die Missionen der katalonischen Kapuziner hatten im Jahre 1804 zum wenigsten 60000 Stücke Vieh auf den Sa= vannen, die sich vom östlichen Ufer des Carony und Para= gua bis zu den Ufern des Imataca, Curumu und Cuyuni erstrecken; sie grenzen gegen Südost an das englische Guyana oder die Kolonie Essequibo, gegen Süd, an den öden Ufern des Paragua und Paraguamusi hinauf und über die Kordillere von Pacaraimo, laufen sie bis zu den portugiesischen Nieder=

laſſungen am Rio Branco. Dieſer ganze Landſtrich iſt offen, voll ſchöner Savannen, ganz anders als das Land, über das wir am oberen Orinoko gekommen ſind. Undurchdringlich werden die Wälder erſt dem Süden zu, gegen Nord ſind Wieſengründe, von bewaldeten Hügeln durchſchnitten. Die maleriſchten Landſchaften ſind bei den Fällen des Carony und in der 487 m hohen Bergkette zwiſchen den Nebenflüſſen des Orinoko und denen des Cuyuni. Hier liegen Villa de Upata, der Hauptort der Miſſionen, Santa Maria und Cupapui. Auf kleinen Hochebenen herrſcht ein geſundes, gemäßigtes Klima; Kakao, Reis, Baumwolle, Indigo und Zucker wachſen überall in Fülle, wo der unberührte, mit dicker Grasnarbe bedeckte Boden beackert wird. Die erſten chriſtlichen Niederlaſſungen reichen, glaube ich, nicht über das Jahr 1721 hinauf. Die Elemente der gegenwärtigen Bevölkerung ſind drei indianiſche Völkerſchaften, die Guayanos, die Kariben und die Guaica. Letztere ſind ein Gebirgsvolk und lange nicht von ſo kleinem Wuchſe wie die Guaica, die wir in Esmeralda getroffen. Sie ſind ſchwer an die Scholle zu feſſeln und die drei jüngſten Miſſionen, in denen ſie beiſammen lebten, Cura, Curucuy und Arechica, ſind bereits wieder eingegangen. Von den Guayanos erhielt im 16. Jahrhundert die ganze weite Provinz ihren Namen; ſie ſind nicht ſo intelligent, aber ſanftmütiger, und leichter, wenn nicht zu civiliſieren, doch zu bändigen, als die Kariben. Ihre Sprache ſcheint zum großen Stamme der karibiſchen und tamanakiſchen Sprachen zu gehören. Sie iſt mit denſelben in den Wurzeln und grammatiſchen Formen verwandt, wie unter ſich Sanskrit, Perſiſch, Griechiſch und Deutſch. Bei etwas, das ſeinem Weſen nach unbeſtimmt iſt, laſſen ſich nicht leicht feſte Formen aufſtellen, und man verſtändigt ſich ſehr ſchwer über die Unterſchiede zwiſchen Dialekt, abgeleiteter Sprache und Stammſprache. Durch die Jeſuiten in Paraguay kennen wir in der ſüdlichen Halbkugel eine andere Horde Guayanos, die in den dichten Wäldern am Parana leben. Obgleich ſich nicht in Abrede ziehen läßt, daß die Völker, die nördlich und ſüdlich vom Amazonenſtrom hauſen, durch weite Wanderzüge in gegenſeitige Verbindung getreten ſind, ſo möchte ich doch nicht entſcheiden, ob jene Guayanos am Parana und Uruguay mit denen am Carony mehr gemein haben als einen gleichlautenden Namen, was auf einem Zufall beruhen kann.

Die bedeutendſten chriſtlichen Niederlaſſungen liegen jetzt

zwischen den Bergen bei Santa Maria, der Mission San Miguel und dem östlichen Ufer des Carony, von San Buenaventura bis Guri und dem Stapelplatz San Joaquin, auf einem Landstrich von nur 9300 qkm beisammen. Gegen Ost und Süd sind die Savannen fast gar nicht bewohnt; dort liegen nur weit zerstreut die Missionen Belem, Tumuremo, Tupuquen, Puedpa und Santa Clara. Es wäre zu wünschen, daß der Boden vorzugsweise abwärts von den Flüssen bebaut würde, wo das Terrain höher und die Luft gesünder ist. Der Rio Carony, ein herrlich klares, an Fischen armes Wasser, ist von Villa de Barceloneta an, die etwas über dem Einflusse des Paragua liegt, bis zum Dorfe Guri frei von Klippen. Weiter nordwärts schlängelt er sich zwischen zahllosen Eilanden und Felsen durch, und nur die kleinen Kanoen der Kariben wagen sich in diese Raudales oder Stromschnellen des Carony hinein. Zum Glück teilt sich der Fluß häufig in mehrere Arme, so daß man denjenigen wählen kann, der nach Wasserstand am wenigsten Wirbel und Klippen über dem Wasser hat. Der große Salto, vielberufen wegen der malerischen Reize der Landschaft, liegt etwas oberhalb des Dorfes Aguacagua oder Carony, das zu meiner Zeit eine Bevölkerung von 700 Indianern hatte. Der Wasserfall soll 5 bis 6 m hoch sein, aber die Schwelle läuft nicht über das ganze mehr als 100 m breite Flußbett. Wenn sich einmal die Bevölkerung mehr gegen Ost ausbreitet, so kann sie die kleinen Flüsse Imataca und Aquire benutzen, die ziemlich gefahrlos zu befahren sind. Die Mönche, die gern einsam hausen, um sich der Aufsicht der weltlichen Macht zu entziehen, wollten sich bis jetzt nicht am Orinoko ansiedeln. Indessen können die Missionen am Carony nur auf diesem Flusse oder auf dem Cuyuni und dem Essequibo ihre Produkte ausführen. Der letztere Weg ist noch nicht versucht worden, obgleich an einem der bedeutendsten Nebenflüsse des Cuyuni, am Rio Juruario, bereits mehrere christliche Niederlassungen liegen. Dieser Nebenfluß zeigt bei Hochgewässer die merkwürdige Erscheinung einer Gabelung; er steht dann über den Juraricuima und den Aurapa mit dem Rio Carony in Verbindung, so daß der Landstrich zwischen dem Orinoko, der See, dem Cuyuni und dem Carony zu einer wirklichen Insel wird. Furchtbare Stromschnellen erschweren die Schiffahrt auf dem oberen Cuyuni; man hat daher in der neuesten Zeit versucht, einen Weg in die Kolonie Essequibo viel weiter gegen Südost zu bahnen, wobei man an den Cuyuni weit unterhalb der Mündung des Cucumu käme.

In diesem ganzen südlichen Landstriche ziehen Horden unabhängiger Kariben umher, die schwachen Reste des kriegerischen Volksstammes, der sich bis zu den Jahren 1733 und 1735 den Missionären so furchtbar machte, um welche Zeit der ehrwürdige Bischof Gervais de Labrid,[1] Kanonikus des Metropolitankapitels zu Lyon, der Pater Lopez und mehrere andere Geistliche von den Kariben erschlagen wurden. Dergleichen Unfälle, die früher ziemlich häufig vorkamen, sind jetzt nicht mehr zu befahren, weder in den Missionen am Carony noch in denen am Orinoko; aber die unabhängigen Kariben sind wegen ihres Verkehrs mit den holländischen Kolonisten am Essequibo für die Regierung von Guyana noch immer ein Gegenstand des Mißtrauens und des Hasses. Diese Stämme leisten dem Schleichhandel an den Küsten und durch die Kanäle oder Esteres zwischen dem Rio Barima und dem Rio Moroca Vorschub; sie treiben den Missionären das Vieh weg und verleiten die neubekehrten Indianer (die unter der Glocke leben), wieder in den Wald zu laufen. Die freien Horden haben überall den natürlichen Trieb, sich den Fortschritten der Kultur und dem Vordringen der Weißen zu widersetzen. Die Kariben und Aruaken verschaffen sich in Essequibo und Demerary Feuergewehre, und als der Handel mit amerikanischen Sklaven (Poitos) in Blüte stand, beteiligten sich Abenteurer von holländischem Blut an den Einfällen an den Paragua, Erevato und Ventuario. Die Menschenjagd wurde an diesen Flüssen betrieben, wie wahrscheinlich noch jetzt am Senegal und Gambia. In beiden Welten haben die Europäer dieselben Kunstgriffe gebraucht, dieselben Unthaten begangen, um einen Handel zu treiben, der die Menschheit schändet. Die Missionäre am Carony und Orinoko schreiben alles Ungemach, das sie von den freien Kariben zu erdulden haben, dem Hasse ihrer Nachbarn, der calvinistischen Prädikanten am Essequibo, zu. Ihre Schriften sind daher auch voll Klagen über die Secta diabolica de Calvins y de Lutero und gegen die Ketzer in Holländisch-Guyana, die sich zuweilen herausnehmen, das Missionswesen zu treiben und Keime der Gesittung unter den Wilden ausstreuen zu wollen.

---

[1] Von Benedikt XIII. zum Bischof für die vier Weltteile (obispo para las quatro partes del mundo) geweiht.

Unter allen vegetabilischen Erzeugnissen dieses Landes ist durch die Betriebsamkeit der katalonischen Kapuziner der Baum, von dem die Cortex Angosturae kommt, fälsch= lich „China von Carony" genannt, am berühmtesten geworden. Wir haben ihn zuerst als eine neue, von der Cinchona ganz verschiedene Gattung der Familie der Meliaceen bekannt ge= macht. Früher meinte man, dieses wirksame Arzneimittel aus Südamerika komme von der Brucea ferruginea, die in Abessinien wächst, von der Magnolia glauca und Magnolia Plumieri. Während der schweren Krankheit meines Reise= gefährten schickte Ravago einen vertrauten Mann in die Mis= sionen am Carony und ließ uns durch die Kapuziner in Upata blühende Zweige des Baumes verschaffen, den wir wünschten beschreiben zu können. Wir bekamen sehr schöne Exemplare, deren 40 cm lange Blätter einen sehr angenehmen aroma= tischen Geruch verbreiteten. Wir sahen bald, daß der Cu= spare (dies ist der indianische Name der Cascarilla oder der Corteza del Angostura) eine neue Gattung bildet; und bei Uebersendung von Orinokopflanzen an Wildenow ersuchte ich diesen, die Gattung nach Bonpland zu benennen. Der jetzt unter dem Namen Bonplandia trifoliata bekannte Baum wächst 21 bis 27 km vom östlichen Ufer des Carony am Fuße der Hügel, welche die Missionen Copapui, Upata und Alta Gracia einschließen. Die Kariben gebrauchen einen Aufguß der Rinde des Cuspare als ein stärkendes Mittel. Bonpland hat denselben Baum westwärts von Cumana im Meerbusen Santa Fé entdeckt, und dort kann er für Neu= andalusien ein Ausfuhrartikel werden.

Die katalonischen Mönche bereiten einen Extrakt aus der Cortex Angosturae, das sie in die Klöster ihrer Provinz versenden und das im nördlichen Europa bekannter zu sein verdiente. Hoffentlich wird die gegen Fieber und Ruhr so wirksame Rinde der Bonplandia auch ferner angewendet, ob= gleich man unter dem Namen „Falsche Angostura" eine andere Rinde eingeführt hat, die mit jener häufig verwechselt wird. Diese „Falsche Angostura" oder „Angostura pseudoferrugi= nosa" kommt, wie man behauptet, von der Brucea anti= dyssenterica; sie wirkt sehr stark auf die Nerven, bringt heftige Anfälle von Starrkrampf hervor und enthält nach Pelletiers und Caventous Versuchen ein eigentümliches Alkali, das mit dem Morphium und dem Strychnin Aehnlichkeit hat. Der Baum, von dem die echte Cortex Angosturae kommt,

ist nicht sehr häufig, und es erscheint daher als wünschenswert, daß man ihn anpflanzt. Die katalonischen Ordensleute
sind ganz dazu geeignet, diesen Kulturzweig in Aufnahme
zu bringen. Sie sind haushälterischer, betriebsamer und rüh-
riger als die anderen Missionäre. Bereits haben sie in einigen
Dörfern Gerbereien und Baumwollspinnereien angelegt, und
wenn sie fortan die Indianer die Früchte ihrer Arbeit genießen
lassen, so finden sie sicher an der eingeborenen Bevölkerung
kräftige Unterstützung. Da hier die Mönche auf kleinem Gebiet beisammen leben, fühlen sie ihre politische Bedeutung,
und sie haben zu wiederholten Malen der weltlichen Gewalt
wie der des Bischofs Widerstand geleistet. Die Statthalter
in Angostura haben mit sehr ungleichem Erfolg mit ihnen
gekämpft, je nachdem das Ministerium in Madrid sich der
kirchlichen Hierarchie gefällig erzeigen wollte oder ihre Macht
zu beschränken suchte. Im Jahre 1768 ließ Don Manuel
Centurion den Missionären über 20 000 Stück Vieh weg-
nehmen und sie unter die dürftigsten Einwohner verteilen.
Diese auf ziemlich ungesetzliche Weise geübte Freigebigkeit
hatte wichtige Folgen. Der Statthalter wurde auf die Klage
der katalonischen Mönche abgesetzt, obgleich er das Gebiet
der Missionen gegen Süd bedeutend erweitert und über dem
Zusammenflusse des Carony mit dem Paragua die Villa
Barceloneta und bei der Vereinigung des Paragua mit dem
Paraguamusi die Ciudad Guirior gegründet hatte. Seit
jener Zeit bis auf die politischen Stürme, welche gegenwärtig
in den spanischen Kolonieen toben, vermied die bürgerliche Behörde sorgfältig jede Einmischung in die Angelegenheiten der
Kapuziner. Man gefällt sich darin, ihren Wohlstand zu übertreiben, wie man früher bei den Jesuiten in Paraguay gethan.

Die Missionen am Carony vereinigen infolge der Bodenbildung[1] und des Wechsels von Savannen und Ackerland die
Vorzüge der Llanos von Calabozo und der Thäler von Aragua. Der wahre Reichtum des Landes beruht auf der Viehzucht und dem Bau von Kolonialprodukten. Es ist zu wünschen, daß hier, wie in der schönen furchtbaren Provinz Venezuela, die Bevölkerung dem Landbau treu bleibt und nicht
so bald darauf ausgeht, Erzgruben zu suchen. Deutschlands
und Mexikos Beispiel beweist allerdings, daß Bergbau und

---

[1] Kleine Hochebenen zwischen den Bergen bei Upata, Cumamu
und Tupuquen scheinen über 290 m Meereshöhe zu haben.

eine blühende Landwirtschaft keineswegs unverträglich sind; aber nach Volksjagen kommt man über die Ufer des Carony zum See Dorado und zum Palast des vergoldeten Man= nes,[1] und da dieser See und dieser Palast ein Lokalmy= thus sind, so wäre es gefährlich, Erinnerungen zu wecken, die sich allmählich zu verwischen beginnen. Man hat mich ver= sichert, noch bis zum Jahre 1760 seien die freien Kariben zum Cerro de Pajarcima, einem Berge südlich von Vieja Guyana gekommen, um das verwitterte Gestein auszuwaschen. Der dabei gewonnene Goldstaub wurde in Kalebassen der Crescentia Cujete aufbewahrt und in Essequibo an die Hollän= der verkauft. Noch später mißbrauchten mexikanische Berg= leute die Leichtgläubigkeit des Intendanten von Caracas, Don Jose Avalo, und legten mitten in den Missionen am Carony, bei der Villa Upata in den Cerros del Potrero und Chirica große Hüttenwerke an. Sie erklärten, die ganze Gebirgsart sei goldhaltig, und man baute Werkstätten und Schmelzöfen. Nachdem man beträchtliche Summen verschleudert, zeigte es sich, daß die Kiese keine Spur von Gold enthielten. Diese Versuche, so fruchtlos sie waren, riefen den alten Aberglauben wach, daß in Guyana „jedes glänzende Gestein una madre del oro sei". Man begnügte sich damit, Glimmerschiefer zu schmelzen; bei Angostura zeigte man mir Schichten von Horn= blendeschiefer ohne fremdartige Beimengung, die man unter dem wunderlichen Namen: schwarzes Golderz, oro negro, ausbeutete.

Zur Vervollständigung der Beschreibung des Orinoko teile ich an dieser Stelle die Hauptergebnisse meiner Unter= suchungen über den Dorado, über das Weiße Meer oder Laguna Parime und die Quellen des Orinoko mit, wie sie auf den neuesten Karten gezeichnet sind. Die Vorstellung von einem überschwenglich reichen Goldlande war seit dem Ende des 16. Jahrhunderts mit der anderen verbunden, daß ein großer Binnensee den Orinoko, den Rio Branco und den Rio Essequibo zugleich mit Wasser speise. Ich glaube durch genauere Kenntnis der Oertlichkeiten, durch langes mühsames Studium der spanischen Schriftsteller, die vom Dorado han= deln, besonders aber durch Vergleichung sehr vieler alten, chronologisch geordneten Karten den Quellen dieses Irrtums auf die Spur gekommen zu sein. Allen Märchen liegt etwas

---

[1] El Dorado, d. h. el rey ó hombre dorado.

Wirkliches zu Grunde; das vom Dorado gleicht den Mythen
des Altertums, die bei ihrer Wanderung von Land zu Lande
immer den verschiedenen Oertlichkeiten angepaßt wurden. Um
Wahrheit und Irrtum zu unterscheiden, braucht man in den
Wissenschaften meistens nur die Geschichte der Vorstellungen
und ihre allmähliche Entwickelung zu verfolgen. Die Unter=
suchung, mit der ich dieses Kapitel beschließe, ist nicht allein
deshalb von Belang, weil sie Licht verbreitet über die Vor=
gänge bei der Eroberung und über die lange Reihe unglück=
licher Expeditionen, die unternommen worden, um den Dorado
zu suchen, und deren letzte (man schämt sich, es sagen zu
müssen) in das Jahr 1775 fällt; neben diesem rein histori=
schen Interesse haben sie noch ein anderes unmittelbareres
und allgemeineres: sie können dazu dienen, die Geographie
von Südamerika zu berichtigen, und auf den Karten, die ge=
genwärtig erscheinen, die großen Seen und das seltsame Fluß=
netz auszumerzen, die wie aufs Geratewohl zwischen dem 60.
und 69. Längengrad eingezeichnet werden. In Europa glaubt
kein Mensch mehr an die Schätze in Guyana und an das
Reich des großen Patiti. Die Stadt Manoa und ihre mit
massiven Goldplatten bedeckten Paläste sind längst verschwun=
den; aber der geographische Apparat, mit dem die Sage vom
Dorado aufgeputzt war, der See Parime, in dem sich, wie
im See bei Mexiko, so viele herrliche Gebäude spiegelten,
wurde von den Geographen gewissenhaft beibehalten. Im
Laufe von drei Jahrhunderten erlitten dieselben Sagen ver=
schiedene Umwandlungen; aus Unkenntnis der amerikanischen
Sprachen hielt man Flüsse für Seen und Trageplätze für
Flußverzweigungen; man rückte einen See (den Cassipa) um
5 Breitengrade zu weit nach Süd, während man einen anderen
(den Parime oder Dorado) 450 km weit weg vom west=
lichen Ufer des Rio Branco auf das östliche versetzte. Durch
solch mancherlei Umwandlungen ist das Problem, das uns
hier vorliegt, weit verwickelter geworden, als man gewöhnlich
glaubt. Der Geographen, welche bei Entwerfung einer Karte
die drei Fundamentalpunkte, die Maße, die Vergleichung der
beschreibenden Schriften und die etymologische Untersuchung
der Namen immer im Auge haben, sind sehr wenige. Fast
alle seit 1775 erschienenen Karten von Südamerika sind, was
das Binnenland zwischen den Steppen von Venezuela und
dem Amazonenstrom, zwischen dem Ostabhang der Anden und
den Küsten von Cayenne betrifft, reine Kopieen der großen

spanischen Karte des La Cruz Olmedilla. Eine Linie darauf,
welche den Landstrich bezeichnet, den Don Jose Solano entdeckt und durch seine Truppen und Emissäre zur Ruhe gebracht haben wollte, hielt man für den Weg, den der Kommissär zurückgelegt, während er nie über San Fernando de
Atabapo, das 720 km vom angeblichen See Parime liegt,
hinausgekommen ist. Man versäumte es, das Werk des Pater
Caulin zu Rate zu ziehen, des Geschichtschreibers von Solanos
Expedition, der nach den Angaben der Indianer sehr klar
auseinandersetzt, „wie der Name des Flusses Parime das
Märchen vom Dorado und einem Binnenmeere veranlaßt hat".
Ganz unbenutzt ließ man ferner eine Karte vom Orinoko,
die drei Jahre jünger ist als die von La Cruz, und die
von Surville nach dem ganzen zuverlässigen wie hypothetischen
Material in den Archiven des Despacho universal de Indias
gezeichnet wurde. Die Fortschritte der Geographie, soweit
sie sich auf den Karten zu erkennen geben, sind weit langsamer, als man nach der Menge brauchbarer Resultate, die
in den Litteraturen der verschiedenen Völker zerstreut sind,
glauben sollte. Astronomische Beobachtungen, topographische
Nachweisungen häufen sich viele Jahre lang an, ohne daß sie
benutzt werden, und aus sonst sehr lobenswertem Konserva-
tismus wollen die Kartenzeichner oft lieber nichts Neues
bringen, als einen See, eine Bergkette oder ein Flußnetz opfern,
die man nun einmal seit Jahrhunderten eingezeichnet hat.

Da die fabelhaften Sagen vom Dorado und vom See
Parime nach dem Charakter der Länder, denen man sie an-
passen wollte, verschiedentlich gewendet worden sind, so ist
herauszufinden, was daran richtig sein mag und was rein
chimärisch ist. Um nicht zu sehr ins einzelne zu gehen, was
besser der „Analyse des geographischen Atlas" vorbehalten
bleibt, mache ich den Leser vor allem auf die Oertlichkeiten
aufmerksam, welche zu verschiedenen Zeiten der Schauplatz
der Expeditionen zur Entdeckung des Dorado gewesen. Hat
man sich mit der Physiognomie des Landes und mit den
örtlichen Umständen, wie wir sie jetzt zu beschreiben imstande
sind, bekannt gemacht, so wird einem klar, wie die verschiedenen Voraussetzungen auf unseren Karten nach und nach
entstehen und einander modifizieren konnten. Um einen Irrtum zu berichtigen, hat man nur die wechselnden Gestalten
zu betrachten, unter denen er zu verschiedenen Zeiten aufgetreten ist.

Bis zur Mitte des 18. Jahrhunderts war das unge=
heure Gebiet zwischen den Bergen von Französisch = Guyana
und den Wäldern am oberen Orinoko, zwischen den Quellen
des Rio Carony und dem Amazonenstrom (von 0 bis 4°
nördlicher Breite und vom 57. bis 68. Grade der Länge) so wenig
bekannt, daß die Geographen nach Gefallen Seen, Flußver=
bindungen, mehr oder weniger hohe Berge einzeichnen konnten.
Sie haben sich dieser Freiheit in vollem Maße bedient, und
die Lage der Seen, wie der Lauf und die Verzweigungen
der Flüsse wurden so verschiedenartig dargestellt, daß es nicht
zu wundern wäre, wenn sich unter den zahllosen Karten ein
paar fänden, die das Richtige getroffen hätten. Heutzutage
ist das Feld der Hypothesen sehr bedeutend kleiner geworden.
Die Länge von Esmeralda am oberen Orinoko ist von mir
bestimmt; weiter nach Ost, mitten in den Niederungen der
Parime (ein unbekanntes Land, wie Wangara und Dar=Saley
in Afrika) ist ein 90 km breiter Strich von Nord nach Süd
an den Ufern des Rio Carony und des Rio Branco hin,
unter dem 63. Grade der Länge, bereits begangen. Es ist dies
der gefährliche Weg, den Don Antonio Santos von Santo
Tome de Angostura an den Rio Negro und den Amazonen=
strom eingeschlagen, derselbe, auf dem in neuester Zeit An=
siedler aus Surinam mit den Bewohnern von Gran Para
verkehrt haben. Dieser Weg schneidet die Terra incognita
der Parime in zwei ungleiche Stücke; zugleich setzt er den
Quellen des Orinoko Grenzen, so daß man dieselben nicht
mehr nach Belieben gegen Ost schieben kann, weil sonst das
Bett des oberen Orinoko, der von Ost nach West läuft, über
das Bett des Rio Branco liefe, der von Nord nach Süd
fließt. Verfolgt man den Rio Branco oder den Streifen
Bauland, der zur Capitania general von Gran Para gehört,
so sieht man Seen, die von den Geographen zum Teil aus
der Luft gegriffen, zum Teil vergrößert sind, zwei gesonderte
Gruppen bilden. Die erste derselben begreift die Seen, die
man zwischen Esmeralda und den Rio Branco verlegt, zur
zweiten gehören die, welche man auf dem Landstrich zwischen
dem Rio Branco und den Bergen von Französisch= und Hollän=
disch = Guyana einander gegenüber liegen läßt. Aus dieser
Uebersicht ergibt sich, daß die Frage, ob es ostwärts vom
Rio Branco einen See Parime gibt, mit der Frage nach den
Quellen des Orinoko gar nichts zu thun hat.

Außer dem eben bezeichneten Landstriche (dem Dorado de

la Parime, durch den der Rio Branco läuft) gibt es 1170 km gegen West am Ostabhange der Kordilleren der Anden ein anderes Land, das in den Expeditionen zur Aufsuchung des Dorado ebenso berufen ist. Es ist dies das Mesopotamien zwischen dem Caqueta, dem Rio Negro, dem Uaupes und dem Jurubesh, von dem ich oben ausführlich gesprochen, der Do= rado der Omagua, wo der See Manoa des Pater Acuña, die Laguna de oro der Guanesindianer und das Goldland liegen, aus dem Pater Fritz gegen das Ende des 17. Jahrhunderts in seiner Mission am Amazonenstrom Gold= bleche erhalten hat.

Die ersten und zumal berühmtesten Unternehmungen zur Auffindung des Dorado waren gegen den Ostabhang der Anden von Neugranada gerichtet. Voll Verwunderung über den Bericht eines Indianers aus Tacunga von den Schätzen des Königs oder Zaque von „Cundirumarca", schickte Seba= stian de Belalcazar im Jahre 1535 die Hauptleute Añasco und Ampudia aus, das Vallo del Dorado zu suchen, das zwölf Tagereisen von Huallabamba, also in den Gebirgen zwischen Pasto und Popayan liegen sollte. Die Nachrichten, welche Pedro de Añasco von den Eingeborenen eingezogen, in Verbindung mit den späteren Mitteilungen des Diaz de Pineda (1536), der die Provinzen Quixos und Canela zwi= schen dem Rio Napo und dem Rio Pastaça entdeckt hatte, brachten auf die Vorstellung, daß östlich von den Nevados von Tunguragua, Cayambe und Popayan „weite Ebenen liegen, reich an edlen Metallen, wo die Eingeborenen Rüstun= gen aus massiven Golde trügen". Als man nun diese Schätze aufsuchte, entdeckte Gonzalo Pizarro (1539) zufällig den amerikanischen Zimtbaum (Laurus cinnamomoides) und gelangte Francisco de Orellana über den Napo hinunter in den Amazonenstrom. Von da an wurden zu gleicher Zeit von Venezuela, Neugranada, Quito und Peru, ja von Bra= silien und vom Rio de la Plata aus Expeditionen zur Er= oberung des Dorado unternommen. Am längsten haben sich die Züge in das Land südlich vom Guaviare, Rio Fragua und Caqueta im Gedächtnis erhalten, und durch sie vor allen hat das Märchen von den Schätzen der Manaos, der Oma= gua und Guaypes, wie von der Existenz der Lagunas de oro und der Stadt des vergoldeten Königs (der große Patiti, der große Moxo, der große Paru oder Enim) Verbreitung gefunden. Da Orellana zwischen den Neben=

flüssen des Jupura und des Rio Negro Götzenbilder von massivem Golde gefunden hatte, so glaubte man an ein Gold=
land zwischen dem Papamene und dem Guaviare. Seine
Erzählung und die Reiseberichte Jorges de Espira (Georg
von Speier), Hernans Perez de Guezada und Felipes de
Urre (Philipp von Hutten) verraten, neben vielen Uebertrei=
bungen, genaue Lokalkenntnisse. Betrachtet man sie rein aus
geographischem Gesichtspunkte, so sieht man, daß das Bestre=
ben der ersten Konquistadoren fortwährend dahin ging, zum
Landstriche zwischen den Quellen des Rio Negro, des Uaupes
(Guape) und des Jupura oder Caqueta zu gelangen. Diesen
Landstrich haben wir oben, zum Unterschied vom **Dorado
der Parime**, den **Dorado der Omagua** genannt. Aller=
dings hieß alles Land zwischen dem Amazonenstrom und dem
Orinoko im allgemeinen „Provincias del Dorado"; aber auf
diesem ungeheuren, mit Wäldern, Savannen und Gebirgen
bedeckten Raume strebte man, wenn man den großen See mit
goldreichen Ufern und den vergoldeten König suchte, doch
immer nur zwei Punkten zu, nordöstlich und südwestlich vom
Rio Negro, nämlich der Parime (dem Isthmus zwischen dem
Carony, Essequibo und Rio Branco) und den alten Wohn=
plätzen der Manaos an den Ufern des Jurubesh. Die Lage der
letzteren Landstriches, der in der Geschichte der „Eroberung" vom
Jahre 1535 bis zum Jahre 1560 vielberufen war, habe ich
oben angegeben; ich habe nun noch von der Bodenbildung
zwischen den spanischen Missionen am Carony und den por=
tugiesischen am Rio Branco zu sprechen. Es ist dies das
Land in der Nähe des oberen Orinoko, Esmeraldas und
von Holländisch= und Französisch=Guyana, das am Ende des
16. Jahrhunderts Raleghs Unternehmungen und übertriebene
Berichte in so hellem Glanze strahlen ließen.

Infolge des Laufes des Orinoko, indem er nacheinander
erst gegen West, dann gegen Nord und endlich gegen Ost
fließt, liegt seine Mündung fast im selben Meridian wie seine
Quellen; geht man daher von Altguyana gegen Süd, so
kommt man über das ganze Land, in das die Geographen
nacheinander ein Binnenmeer (Mar blanco) und die verschie=
denen Seen versetzen, die mit der Sage vom **Dorado der
Parime** verknüpft sind. Zuerst kommt man an den Rio
Carony, zu dem zwei fast gleich starke Zweige zusammentreten,
der eigentliche Carony und der Rio Paragua. Die Missionäre
von Piritu nennen letzteren Fluß einen See (laguna). Er

ist voll Klippen und kleiner Wasserfälle; „da er aber über
ein völlig ebenes Land läuft, tritt er zugleich häufig sehr
stark aus und man kann sein eigentliches Bett (su verdadera
caxa) kaum erkennen". Die Eingeborenen nennen ihn Paragua oder Parava, was auf karibisch Meer oder großer
See bedeutet. Diese örtlichen Verhältnisse und diese Benennung sind ohne Zweifel die Veranlassung geworden, daß
man aus dem Rio Paragua, einem Nebenflusse des Carony,
einen See gemacht und denselben Cassipa genannt hat,
nach den Cassipagoten, die in der Gegend wohnten. Ralegh
gab diesem Wasserbecken 58,5 km Breite, und da alle Seen
der Parime Goldsand haben müssen, so ermangelt er nicht zu
versichern, wenn sommers das Wasser falle, finde man daselbst Goldgeschiebe von bedeutendem Gewichte.

Da die Quellen der Nebenflüsse des Carony, Arui und
Caura (Caroli, Arvi und Caora der alten Geographen) ganz
nahe bei einander liegen, so kam man auf den Gedanken, alle
diese Flüsse aus dem angeblichen See Cassipa entspringen zu
lassen. Sanson vergrößert den See auf 189 km Länge und
67,5 km Breite. Die alten Geographen kümmern sich wenig
darum, ob sie die Zuflüsse an beiden Ufern immer in derselben
Weise einander gegenübersetzen, und so geben sie die Mündung
des Carony und den See Cassipa, der durch den Carony mit
dem Orinoko zusammenhängt, zuweilen oberhalb des Einflusses des Meta an. So schiebt Hondius den See bis zum
2. und 3. Breitengrad hinunter und gibt ihm die Gestalt
eines Rechteckes, dessen größte Seiten von Nord nach Süd
gerichtet sind. Dieser Umstand ist bemerkenswert, weil man,
indem man nach und nach dem See Cassipa eine südlichere
Breite gab, denselben vom Carony und Arui loslöste und ihn
Parime nannte. Will man diese Metamorphose in ihrer allmählichen Entwickelung verfolgen, so muß man die Karten,
die seit Raleghs Reise bis heute erschienen sind, vergleichen.
La Cruz, dem alle neueren Geographen nachgezeichnet haben,
läßt seinem See Parime die längliche Gestalt des Sees Cassipa,
obgleich diese Gestalt von der des alten Sees Parime oder
Rupunuwini, dessen große Achse von Ost nach West gerichtet
war, völlig abweicht. Ferner war dieser alte See (der des
Hondius, Sanson und Coronelli) von Bergen umgeben und
es entsprang kein Fluß daraus, während der See Parime des
La Cruz und der neueren Geographen mit dem oberen Orinoko
zusammenhängt, wie der Cassipa mit dem unteren Orinoko.

Ich habe hiermit den Ursprung der Fabel vom See Cassipa erklärt, sowie den Einfluß, den sie auf die Vorstellung gehabt, als ob der Orinoko aus dem See Parime entspränge. Sehen wir jetzt, wie es sich mit dem letzteren Wasserbecken verhält, mit dem angeblichen Binnenmeere, das bei den Geographen des 16. Jahrhunderts Rupunuwini heißt. Unter 4 oder 4,5° der Breite (leider fehlt es in dieser Richtung, südlich von Santo Tome de Angostura, auf 8° weit ganz an astronomischen Beobachtungen) verbindet eine lange, schmale Kordillere, Pacaraimo, Quimiropaca und Ucucuamo genannt, die von Ost nach Südwest streicht, den Bergstock der Parime mit den Bergen von Holländisch- und Französisch-Guyana. Sie bildet die Wasserscheide zwischen dem Carony, Rupunury oder Rupunuwini und dem Rio Branco, und somit zwischen den Thälern des unteren Orinoko, des Essequibo und des Rio Negro. Nordwestlich von dieser Kordillere von Pacaraimo, über die nur wenige Europäer gekommen sind (im Jahre 1739 der deutsche Chirurg Nikolaus Hortsmann, im Jahre 1775 ein spanischer Offizier, Don Antonio Santos, im Jahre 1791 der portugiesische Oberst Barata, und im Jahre 1811 mehrere englische Kolonisten) kommen der Mocapra, der Paraguamusi und der Paragua herab, die in den Carony fallen; gegen Nordost kommt der Rupunuwini herunter, ein Nebenfluß des Essequibo; gegen Süd vereinigen sich der Tacutu und der Uraricuera zum vielberufenen Rio Parime oder Rio Branco. Dieser Isthmus zwischen den Zweigen des Rio Essequibo und des Rio Branco (das heißt zwischen dem Rupunuwini einerseits, und dem Pirara, Mahu und Uraricuera oder Rio Parime andererseits) ist als der eigentliche klassische Boden des Dorado der Parime zu betrachten. Am Fuße der Berge von Pacaraimo treten die Flüsse häufig aus, und oberhalb Santa Rosa heißt das rechte Ufer des Urariapara, der sich in den Uraricuera ergießt, „el valle de la inundacion". Ferner findet man zwischen dem Rio Parime und dem Xurumu große Lachen; auf den in neuester Zeit in Brasilien gezeichneten Karten, die über diesen Landstrich sehr genau sind, finden sich diese Wasserstücke angegeben. Weiter nach West kommt der Caño Pirara, der in den Mahu läuft, aus einem Binsensee. Das ist der von Nikolaus Hortsmann beschriebene See Amucu, derselbe, über den mir Portugiesen aus Barcelos, die am Rio Branco (Rio Parime oder Rio Paravigiana) gewesen waren, während meines Aufenthaltes in San Carlos del Rio Negro genaue Notizen gegeben haben. Der See Amucu ist mehrere Meilen breit und hat zwei kleine Inseln, die ich Santas Islas Ipomucena nennen hörte. Der Rupununwini, an dessen Ufer Hortsmann Felsen mit hieroglyphischen Bildern entdeckt hat, kommt diesem See ganz nahe, steht aber in keiner Verbindung mit demselben. Der Trageplatz zwischen dem Rupununwini und dem Mahu liegt weiter gegen Nord, wo der Berg Ucucuamo sich erhebt, der bei den Eingeborenen noch jetzt der Goldberg heißt. Sie gaben Hortsmann den Rat, um den Rio Mahu herum eine Silbergrube (ohne Zweifel großblätteriger Glimmer), Diamanten und Smaragde zu suchen: der Reisende fand aber nichts als Bergkristall. Aus seinem Berichte scheint hervorzugehen, daß der ganze nach Ost streichende Zug der Gebirge am oberen Orinoko (Sierra Parime) aus Graniten besteht, in denen, wie am Pik Duida, häufig Drusen und offene Gänge vorkommen. In dieser Gegend, die noch immer für sehr goldreich gilt, leben an der West=grenze von Holländisch=Guyana die Macusi, Aturajos und Acuvajos; später fand Santos diese Völkerschaften zwischen dem Rupununwini, dem Mahu und der Bergkette Pacaraimo angesiedelt. Das glimmerreiche Gestein am Berge Ucucuamo, der Name des Rio Parime, das Aus= treten der Flüsse Urariapara, Parime und Xurumu, besonders aber der See Amucu (der nahe beim Rio Rupunuwini liegt und für die Hauptquelle des Rio Parime gilt) haben die Fabel vom Weißen Meere und dem Dorado der Parime veranlaßt. Alle diese Momente (und eben dadurch wirkten sie zu einer Vorstellung zusammen) finden sich auf einer von Nord nach Süd 36 bis 40 km breiten, von Ost nach West 180 km langen Strecke nebeneinander. Diese Lage gab man auch bis zum Anfange des 16. Jahrhunderts dem Weißen Meere, nur daß man es in der Richtung eines Parallels verlängerte. Dieses Weiße Meer ist nun aber nichts anderes als der Rio Parime, der auch Weißer Fluß, Rio Branco oder de aguas blancas heißt und diesen ganzen Landstrich, über den er läuft, unter Wasser setzt. Auf den ältesten Karten heißt das Weiße Meer Rupunuwini, und daraus geht hervor, daß die Sage eben hier zu Hause ist, da unter allen Nebenflüssen des Essequibo der Rio Rupunuwini dem See Amucu am nächsten kommt. Bei seiner ersten Reise (1595) machte sich Ralegh noch keine bestimmte Vorstellung von der Lage des Dorado und des Sees Parime, den er für gesalzen hielt und den er ein „zweites Kaspisches Meer" nennt. Erst bei der zweiten, gleichfalls auf Raleghs Kosten unternommenen Reise (1596) gab Lawrence Keymis die Oertlichkeiten des Dorado so bestimmt an, daß, wie mir dünkt, an der Identität der Parime de Manoa mit dem See Amucu und dem Isthmus zwischen dem Rupunuwini (der in den Essequibo läuft) und dem Rio Parime oder Rio Branco gar nicht zu zweifeln ist. „Die Indianer," sagt Keymis, „fahren den Essequibo südwärts in 20 Tagen hinauf. Um die Stärke des Flusses anzudeuten, nennen sie ihn den Bruder des Ori= noko. Nach 20tägiger Fahrt schaffen sie ihre Kanoen über einen Trageplatz in einem einzigen Tage aus dem Flusse Dessekebe auf einen See, den die Jaos Roponowini, die Kariben Parime nennen. Dieser See ist groß wie ein Meer; es fahren unzählige Kanoen darauf, und ich vermute (die Indianer hatten ihm also nichts davon gesagt), daß es der= selbe See ist, an dem die Stadt Manoa liegt." Hondius gibt eine merkwürdige Abbildung von jenem Trageplatz, und da nach der damaligen Vorstellung die Mündung des Carony unter dem 4. Breitengrad (statt unter 8° 8') lag, so setzte man den Trageplatz ganz nahe an den Aequator. Zur selben Zeit ließ man den Viapoco (Oyapoc) und den Rio Cayane (Maroni?) aus jenem See Parime kommen. Der Umstand, daß die Kariben den westlichen Zweig des Rio Branco ebenso nennen, hat vielleicht soviel dazu beigetragen, den See Amucu in der Einbildung zu vergrößern, als die Ueberschwemmungen der verschiedenen Nebenflüsse des Uraricuera von der Mündung des Tacutu bis zum Valle de la inundacion.

Wir haben oben gesehen, daß die Spanier den Rio Paragua oder Parava, der in den Carony fällt, für einen See hielten, weil das Wort Parava Meer, See, Fluß bedeutet. Ebenso scheint Parime großes Wasser im all= gemeinen zu bedeuten, denn die Wurzel par kommt in kari= bischen Benennungen von Flüssen, Lachen, Seen und Meeren vor. Im Arabischen und im Persischen dienen ebenso bahr und deria gleichmäßig zur Bezeichnung des Meeres, der Seen und der Flüsse, und dieser Brauch, der sich bei vielen Völkern in beiden Welten findet, hat auf den alten Karten Seen in Flüsse und Flüsse in Seen umgewandelt. Zur Bekräftigung des eben Gesagten führe ich einen sehr achtbaren Zeugen auf,

Pater Caulin. „Als ich," sagt dieser Missionär, der sich länger als ich am unteren Orinoko aufgehalten hat, „die Indianer fragte, was denn die Parime sei, so erwiderten sie, es sei nichts als ein Fluß, der aus einer Bergkette komme, an deren anderem Abhange der Essequibo entspringe." Caulin weiß nichts vom See Amucu, und erklärt den Glauben an ein Binnenmeer nur aus den Ueberschwemmungen der Ebenen, a las inundaciones dilatadas por los bajos del pays.[1] Ihm zufolge rühren alle Mißgriffe der Geographen von dem leidigen Umstande her, daß alle Flüsse in Guyana an ihren Mündungen andere Namen haben als an ihren Quellen. „Ich zweifle nicht," sagt er weiter, „daß einer der oberen Zweige des Rio Branco derselbe Rio Parime ist, den die Spanier für einen See gehalten haben (a quien suponian laguna)." Diese Notizen hatte der Geschichtschreiber der Grenzexpedition an Ort und Stelle gesammelt, und er hätte wohl nicht geglaubt, daß La Cruz und Surville richtige Begriffe und alte Vorstellungen vermengen und auf ihren Karten das Mar Dorado oder Mar Blanco wieder zum Vorschein bringen würden. So kommt es, daß, obgleich ich seit meiner Rückkehr aus Amerika vielfach den Beweis geführt, daß ein Binnenmeer, aus dem der Orinoko entspränge, gar nicht existiert, in neuester Zeit unter meinem Namen eine Karte[2] erschienen ist, auf der die Laguna de Parime wiederum auftritt.

Aus allem Bisherigen geht hervor: 1) daß die Laguna Rupunuvini oder Parime aus Raleghs Reise und auf den Karten des Hondius ein chimärischer See ist, zu dem der See Amucu und die häufigen Ueberschwemmungen der Nebenflüsse des Uraricuera Veranlassung gegeben; 2) daß die Laguna Parime auf Survilles Karte der See Amucu ist, aus dem der Rio Pirara und (zugleich mit dem Mahu, dem Tacutu, dem Uraricuera oder dem eigentlich sogenannten Rio Parime) der Rio Branco entspringt; 3) daß die Laguna Parime des La Cruz eine eingebildete Erweiterung des Rio Parime (der mit dem Orinoko verwechselt wird) unterhalb der Vereinigung des Mahu mit dem Turumu ist. Von der Mündung des Mahu bis zu der des Tacutu beträgt die Entfernung kaum 0° 40'; La Cruz macht 7 Breitengrade daraus.

---

[1] Dies ist auch Walkenaers und Malte Bruns Ansicht.

[2] Carte de l'Amérique, dressée sur les observations de Mr. de Humboldt, par Fried. Wien 1818.

Er nennt das obere Stück des Rio Branco (in das der Mahu fällt) Orinoko oder Puruma. Dies ist ohne allen Zweifel der Xurumu, ein Nebenfluß des Tacutu, der den Einwohnern des benachbarten Forts San Joaquim wohlbekannt ist. Alle Namen, die in der Sage vom Dorado vorkommen, finden sich unter den Nebenflüssen des Rio Branco. Geringfügige örtliche Verhältnisse und die Erinnerung an den Salzsee in Mexiko, zumal aber an den See Manoa im Dorado der Omagua wirkten zusammen zur Ausmalung eines Bildes, das der Einbildungskraft Raleghs und seiner beiden Unterbefehlshaber, Kennis und Masham, den Ursprung verdankt. Nach meiner Ansicht lassen sich die Ueberschwemmungen des Rio Branco höchstens mit denen des Red River in Louisiana zwischen Natchitotches und Cados vergleichen, keineswegs aber mit der Laguna de los Xarayes, die eine periodische Ausbreitung des Rio Paraguay ist.[1]

Wir haben im Bisherigen ein **Weißes Meer** besprochen, durch das man den Hauptstamm des Rio Branco laufen läßt, und ein zweites,[2] das man ostwärts von diesem Flusse setzt, und das mit demselben mittels des Caño Pirara zusammenhängt. Noch gibt es einen dritten See,[3] den man westwärts vom Rio Branco verlegt, und über den ich erst kürzlich interessante Angaben im handschriftlichen Tagebuch des Chirurgen Hortsmann gefunden habe. „Zwei Tagereisen unterhalb des Einflusses des Mahu (Tacutu) in den Rio Parime (Uraricuera) liegt auf einem Berggipfel ein See, in dem dieselben Fische vorkommen wie im Parime; aber die Wasser des ersteren sind schwarz, die des letzteren weiß." Hat nun nicht vielleicht Surville nach einer dunkeln Kunde von diesem Wasserbecken auf der Karte, die er zu Pater Caulins Werk entworfen, sich einen 45 km langen Alpensee ausgedacht, bei dem (gegen Ost) der Orinoko und der Idapa, ein Nebenfluß des Rio Negro, zumal entspringen? So unbestimmt die

---

[1] Diese periodischen Ueberschwemmungen des Rio Paraguay haben in der südlichen Halbkugel lange dieselbe Rolle gespielt, wie der See Parime in der nördlichen. Hondius und Sanson ließen aus der Laguna de los Xarayes den Rio de la Plata, den Rio Tapajos (einen Nebenfluß des Amazonenstroms), den Rio Tocantins und den Rio de San Francisco entspringen.

[2] Survilles See, der für den See Amucu steht.

[3] Der See, den Surville Laguna tenida hasta ahora por la Laguna Parime nennt.

Angabe des Chirurgen aus Hildesheim lautet, so läßt sich doch unmöglich annehmen, daß der Berg, auf dessen Gipfel sich ein See befindet, nördlich vom Parallel von 2° ½' liege, und diese Breite kommt ungefähr mit der des Cerro Unturan überein. Es ergibt sich daraus, daß Hortsmanns Alpsee, der d'Anvilles Aufmerksamkeit entgangen ist, und der vielleicht mitten in einer Berggruppe liegt, nordöstlich vom Trageplatz zwischen dem Idapa und Mavaca und südöstlich vom Orinoko, oberhalb Esmeralda, zu suchen ist.

Die meisten Geschichtschreiber, welche die ersten Jahrhunderte nach der Eroberung beschrieben haben, schienen der festen Ansicht, daß die Namen Provincias und Pais del Dorado ursprünglich jeden goldreichen Landstrich bedeuteten. Sie vergessen den etymologischen Sinn des Wortes Dorado (der Vergoldete) und bemerken nicht, daß die Sage ein Lokalmythus ist, wie ja auch fast alle Mythen der Griechen, Hindu und Perser. Die Geschichte vom vergoldeten Manne ist ursprünglich in den Anden von Neugranada zu Hause, besonders auf den Niederungen am Ostabhange derselben; nur allmählich, wie ich oben gezeigt, sieht man sie 1350 km gegen Ost-Nord-Ost von den Quellen des Caqueta an die des Rio Branco und des Essequibo herüberrücken. Man hat in verschiedenen Gegenden von Südamerika bis zum Jahr 1536 Gold gesucht, ohne daß das Wort Dorado ausgesprochen worden wäre, und ohne daß man an die Existenzen eines anderen Mittelpunktes der Kultur und der Schätze als das Reich der Inka von Cuzco geglaubt hätte. Länder, aus denen gegenwärtig auch nicht die kleinste Menge edlen Metalls in den Handel kommt, die Küste von Paria, Terra Firma (Castilla del Oro), die Berge von Santa Marta und die Landenge Darien waren damals so vielberufen, wie in neuerer Zeit der goldhaltige Boden in Sonora, Choco und Brasilien.

Diego de Ordaz (1531) und Alonzo de Herrera (1535) zogen auf ihren Entdeckungsreisen an den Ufern des unteren Orinoko hin. Ersterer ist der berüchtigte Konquistador von Mexiko, der sich rühmte, Schwefel aus dem Krater des Pics Popokatepetl geholt zu haben, und dem Karl V. die Erlaubnis erteilte, einen brennenden Vulkan im Wappen zu führen. Ordaz war zum Adelantado allen Landes ernannt worden, das er zwischen Brasilien und Venezuela erobern könnte, und das damals das Land der deutschen Kompanie der Welser (Belzares) hieß, und ging auf seinem Zuge von der Mündung des Amazonenstromes aus. Er sah dort in den Händen der Eingeborenen „faustgroße Smaragde". Es waren ohne Zweifel Stücke Saussurit, von dem dichten Feldspat, den wir vom Orinoko zurückgebracht, und den La Condamine an der Mündung des Rio Tapajos in Menge angetroffen. Die Indianer sagten Diego de Ordaz, „wenn er so und so viele Sonnen gegen Westen hinauffahre, komme er an einen großen Fels (peña) von grünem Gestein"; bevor er aber diesen vermeintlichen Smaragdberg (Euphotitgestein?) erreichte, machte ein Schiffbruch allen weiteren Entdeckungen ein Ende. Mit genauer Not retteten sich die Spanier in zwei kleinen Fahrzeugen. Sie eilten, aus der Mündung des Amazonenstromes hinauszukommen, und die Strömungen, die in diesen Strichen stark nach Nordwest gehen, führten Ordaz an die Küste von Paria oder auf das Gebiet der Kaziken von Yuripari (Uriapari, Viapari). Sedeño hatte die Casa fuerte de Paria gebaut, und da dieser Posten ganz nahe an der Mündung des Orinoko lag, beschloß der mexikanische Konquistador, eine Expedition auf diesem großen Strome zu versuchen. Er hielt sich zuerst in Carao (Caroa, Carora) auf, einem großen indianischen Dorfe, das mir etwas ostwärts vom Einfluß des Carony gelegen zu haben scheint; er fuhr sofort nach Cabruta (Cabuta, Cabritu) hinauf und an den Einfluß des Meta (Metacuyu), wo er mit großen Fährlichkeiten seine Fahrzeuge über den Raudal von Cariven schaffte. Wir haben oben gesehen, daß das Bett des Orinoko bei der Einmündung des Meta voll Klippen ist. Die Aruakenindianer, die Ordaz als Wegweiser dienten, rieten ihm, den Meta hinaufzufahren; sie versicherten ihm, weiter gegen West finde er bekleidete Menschen und Gold in Menge. Ordaz wollte lieber auf dem Orinoko weiterfahren, aber die Katarakte bei Tabaje (vielleicht sogar die bei Atures) nötigten ihn, seine Entdeckungen aufzugeben.

Auf diesem Zuge, der lange vor den des Orellana fällt und also der bedeutendste war, den die Spanier bis dahin auf einem Strome der Neuen Welt unternommen, hörte man zum erstenmal den Namen Orinoko aussprechen. Ordaz, der Anführer der Expedition, versichert, von der Mündung bis zum Einfluß des Meta heiße der Strom Uriaparia, oberhalb dieses Einflusses aber Orinucu. Dieses Wort (ähnlich gebildet wie die Worte Tamanacu, Otomacu, Sinarucu) gehört wirklich der tamanakischen Sprache an, und da die Tamanaken südöstlich von Encaramada wohnen, so ist es natürlich, daß die Konquistadoren den jetzigen Namen des Stromes erst in der Nähe des Rio Meta zu hören bekamen. Auf diesem Nebenfluß erhielt Diego de Ordaz von den Eingeborenen die erste Kunde von civilisierten Völkern, welche auf den Hochebenen der Anden von Neugranada wohnen, „von einem gewaltigen, einäugigen Fürsten und von Tieren, kleiner als Hirsche, auf denen man aber reiten könne, wie die Spanier auf den Pferden". Ordaz zweifelte nicht, daß diese Tiere Lama oder Ovejas del Peru seien. Soll man annehmen, daß die Lama, die man in den Anden vor dem Pflug und als Lasttiere, aber nicht zum Reiten brauchte, früher nördlich und östlich von Quito verbreitet gewesen? Ich finde wirklich, daß Orellana welche am Amazonenstrom gesehen hat, oberhalb des Einflusses des Rio Negro, also in einem Klima, das von dem der Hochebene der Anden bedeutend abweicht. Das Märchen von einem auf Lama berittenen Heere von Omagua mußte dazu dienen, den Bericht der Begleiter Felipes de Urre über ihren ritterlichen Zug an den oberen Orinoko auszuschmücken. Dergleichen Sagen sind äußerst beachtenswert, weil sie darauf hinzuweisen scheinen, daß die Haustiere Quitos und Perus bereits angefangen hatten von den Kordilleren herabzukommen und sich allmählich in den östlichen Landstrichen von Südamerika zu verbreiten.

Im Jahre 1533 wurde Herrera, der Schatzmeister bei Diegos de Ordaz' Expedition, vom Statthalter Geronimo de Ortal mit der weiteren Erforschung des Orinoko und des Meta beauftragt. Er brachte zwischen Punta Barima und dem Einflusse des Carony fast 13 Monate mit dem Bau platter Fahrzeuge und den notwendigen Zurüstungen zu einer langen Reise hin. Man liest nicht ohne Verwunderung die Erzählung dieser kühnen Unternehmungen, wobei man drei-, vierhundert Pferde einschiffte, um sie ans Land zu setzen, so oft die Reiterei an einen oder dem anderen Ufer etwas ausrichten konnte. Wir finden bei Herreras Expedition dieselben Stationen wieder, die wir bereits kennen gelernt: die Feste Paria, das indianische Dorf Uriaparia (wahrscheinlich unterhalb Imataca an einem Punkte, wo sich die Spanier wegen der Ueberschwemmung des Deltas kein Brennholz verschaffen konnten), Caroa in der Provinz Carora, die Flüsse Caranaca (Caura?) und Caxavana (Cuchivero?), das Dorf Cabritu (Cabruta) und den Raudal am Einfluß des Meta. Da der Rio Meta sehr berühmt war, weil seine Quellen und seine

Nebenflüsse den goldhaltigen Kordilleren von Neugranada (Cundinamarca) nahe liegen, so versuchte er ihn hinaufzufahren. Er fand daselbst civilisiertere Völker als am Orinoko, die aber das Fleisch stummer Hunde aßen. In einem Gefecht wurde Herrera durch einen mit Curaresaft (Nierva) vergifteten Pfeil getötet; sterbend ernannte er Alvaro de Ordaz zu seinem Stellvertreter. Dieser führte (1535) die Trümmer der Expediton nach der Feste Paria zurück, nachdem er vollends die wenigen Pferde eingebüßt, die einen achtzehnmonatlichen Feldzug ausgehalten.

Dunkle Gerüchte über die Schätze der Völker am Meta und anderen Nebenflüssen am Ostabhang der Kordilleren von Neugranada veranlaßten nacheinander, in den Jahren 1535 und 1536, Geronimo de Ortal, Nikolaus Federmann und Jorge de Espira (Georg von Speier) zu Expeditionen auf Landwegen gegen Süd und Südwest. Vom Vorgebirge Paria bis zum Cabo de la Vela hatte man schon seit den Jahren 1498 und 1500 in den Händen der Eingeborenen kleine gegossene Goldbilder gesehen. Die Hauptmärkte für diese Amulette, die den Weibern als Schmuck dienten, waren die Dörfer Curiana (Coro) und Cauchieto (beim Rio la Hacha). Die Gießer in Cauchieto erhielten das Metall aus einem Bergland weit gegen Süden. Die Expeditionen des Ordaz und des Herrera hatten das Verlangen, diese goldreichen Landstriche zu erreichen, natürlich gesteigert. Georg von Speier brach (1535) von Coro auf und zog über die Gebirge von Merida an den Apure und Meta. Er ging über diese beiden Flüsse nahe bei ihren Quellen, wo sie noch nicht breit sind. Die Indianer erzählten ihm, weiter vorwärts ziehen weiße Menschen auf den Ebenen umher. Speier, der sich nahe am Amazonenstrome glaubte, zweifelte nicht, daß diese umherziehenden Spanier, Schiffbrüchige von der Expedition des Ordaz seien. Er zog über die Savannen von San Juan de los Llanos, die reich an Gold sein sollten, und blieb lange in einem indianischen Dorfe, Pueblo de Nuestra Señora, später Fragua genannt, südöstlich vom Paramo de la Suma Paz. Ich war am Westabhange dieses Bergstocks, in Fusagasuga, und hörte, die Ebenen gegen Ost am Fuße der Berge seien noch jetzt bei den Eingeborenen wegen ihres Reichtums berufen. Im volkreichen Dorfe Fragua fand Speier eine Casa del Sol (Sonnentempel) und ein Jungfrauenkloster, ähnlich denen in Peru und Neugranada. Hatte sich hier der

Kultus gegen Ost ausgebreitet, oder sind etwa die Ebenen bei San Juan die Wiege desselben? Nach der Sage war allerdings Bochica, der Gesetzgeber von Neugranada und Oberpriester von Iraca, von den Ebenen gegen Ost auf das Plateau von Bogota heraufgekommen. Da aber Bochica in einer Person Sohn und Sinnbild der Sonne ist, so kann seine Geschichte rein astrologische Allegorien enthalten. Auf seinem weiteren Zuge nach Süd ging Speier über die zwei Zweige des Guaviare, den Ariare und Guayavero, und gelangte ans Ufer des großen Rio Papamene oder Caqueta. Der Widerstand, den er ein ganzes Jahr lang in der Provinz Los Choques fand, machte dieser denkwürdigen Expedition ein Ende (1537). Nikolaus Federmann und Geronimo de Ortal verfolgten von Macarapana und der Mündung des Rio Neveri aus Jorges de Espira Spuren. Ersterer suchte Gold im großen Magdalenenstrome, letzterer wollte einen Sonnentempel am Ufer des Meta entdecken. Da man die Landessprache nicht verstand, sah man am Fuße der Kordilleren überall einen Abglanz der großartigen Tempel von Iraca (Sogamozo), dem damaligen Mittelpunkt der Kultur in Cundinamarca.

Ich habe bis jetzt aus geographischem Gesichtspunkt die Reisen besprochen, welche auf dem Orinoko und gegen West und Süd an den Ostabhang der Anden unternommen wurden, bevor sich die Sage vom Dorado unter den Konquistadoren verbreitet hatte. Diese Sage stammt, wie wir oben angeführt, aus dem Königreich Quito, wo Luis Daça im Jahre 1535 einen Indianer aus Neugranada traf, der von seinem Fürsten (ohne Zweifel vom Zippa von Bogota oder vom Zaque von Tunja) abgesandt war, um von Atahualpa, dem Inka von Peru, Kriegshilfe zu erbitten. Dieser Abgesandte pries wie gewöhnlich die Schätze seiner Heimat; was aber den Spaniern, die mit Daça in der Stadt Tacunga (Llactaconga) waren, ganz besonders auffiel, das war die Geschichte von einem vornehmen Mann, „der, den Körper mit Goldstaub bedeckt, in einen See mitten im Gebirge ging". Dieser See könnte die Laguna de Tota, etwas ostwärts vom Sogamozo (Iraca) und Tunja (Hunca) sein, wo das geistliche und das weltliche Haupt des Reiches Cundinamarca oder Condirumarca ihren Sitz hatten; da sich aber keinerlei geschichtliche Erinnerung an diesen See knüpft, so glaube ich vielmehr, daß mit dem, in welchen man den vergoldeten großen Herrn gehen ließ, der heilige See Guatavita, ostwärts von den Steinsalzgruben vor Zipaquira, gemeint ist. Ich sah am Rande dieses Wasserbeckens die Reste einer in den Fels gehauenen Treppe, die bei den gottesdienstlichen Waschungen gebraucht wurde. Die Indianer erzählen, man habe Goldstaub und Goldgeschirr hineingeworfen, als Opfer für die Götzen des Adoratorio de Guatavita. Man sieht noch die Spuren eines Einschnittes, den die Spanier gemacht, um den See trocken zu legen. Da der Sonnentempel von Sogamozo den Nordküsten von Terra Firma ziemlich nahe liegt, so wurden die Vorstellungen vom vergoldeten Mann bald auf einen Oberpriester von der Sekte des Bochica oder Idacanzas übergetragen, der sich gleichfalls jeden Morgen, um das Opfer zu verrichten, auf Gesicht und Hände, nachdem er dieselben mit Fett eingerieben, Goldstaub kleben ließ. Nach anderen Nachrichten, die in einem Schreiben Oviedos an den berühmten Kardinal Bembo aufbehalten sind, suchte Gonzalo Pizarro, als er den Landstrich entdeckte, wo die Zimtbäume wachsen, zugleich „einen großen Fürsten, von dem hierzulande viel die Rede geht, der immer mit Goldstaub überzogen ist, so daß er vom Kopf zu Fuß aussieht wie una figura d'oro lavorata di mano d'un buonissimo orifice. Der Goldstaub wird mittels eines wohlriechenden Harzes am Leibe befestigt; da aber diese Art Anzug ihm beim Schlafen unbequem wäre, so wäscht sich der Fürst jeden Abend und läßt sich morgens wieder vergolden, welches beweist, daß das Reich des Dorado ungemein viele Goldgruben haben muß.“ Es ist ganz wohl anzunehmen, daß unter den von Bochica eingeführten gottesdienstlichen Zeremonien eine war, die zu einer so allgemein verbreiteten Sage Anlaß gab. Fand man doch in der Neuen Welt die allerwunderlichsten Gebräuche. In Mexiko bemalten sich Opferpriester den Körper; ja sie trugen eine Art Meßgewand mit hängenden Aermeln aus gegerbter Menschenhaut. Ich habe Zeichnungen derselben bekannt gemacht, die von den alten Einwohnern von Anahuac herrühren und in ihren gottesdienstlichen Büchern aufbehalten sind.

Am Rio Caura und in anderen wilden Landstrichen von Guyana, wo der Körper bemalt statt tättowiert wird, reiben sich die Eingeborenen mit Schildkrötenfett ein und kleben sich metallisch glänzende, silberweiße und kupferrote Glimmerplättchen auf die Haut. Von weitem sieht dies aus, als trügen sie mit Borten besetzte Kleider. Der Sage vom ver-

goldeten Mann liegt vielleicht ein ähnlicher Brauch zu
Grunde, und da es in Neugranada zwei souveräne Fürsten
gab,[1] den Lama in Jraca und das weltliche Oberhaupt oder
den Zaque in Tunja, so ist es nicht zu verwundern, daß das=
selbe Zeremoniell bald dem König, bald dem Oberpriester zu=
geschrieben wird. Auffallender erscheint es, daß man vom
Jahre 1535 an das Land des Dorado ostwärts von den
Anden gesucht hat. Robertson nimmt in seiner Geschichte des
neuen Kontinents an, die Sage sei zuerst Orellana (1540)
am Amazonenstrom zu Ohren gekommen; aber das Buch des
Fray Pedro Simon, dem Quesadas, des Eroberers von Cundi=
rumarca, Aufzeichnungen zu Grunde liegen, beweist das Gegen=
teil, und bereits im Jahre 1536 suchte Gonzalo Diaz de
Pineda den vergoldeten Mann jenseits der Niederungen
der Provinz Quixos. Der Gesandte aus Bogota, den Daça
im Königreich Quito getroffen, hatte von einem ostwärts
gelegenen Lande gesprochen; that er etwa so, weil die Hochebene
von Neugranada nicht nordwärts, sondern nordostwärts von
Quito liegt? Man sollte meinen, die Sage von einem nackten,
mit Goldstaub überzogenen Mann müßte ursprünglich in einem
heißen Lande zu Hause sein, und nicht auf den kalten Hoch=
ebenen von Cundirumarca, wo ich den Thermometer oft unter
4 oder 5° fallen sah; indessen ist das Klima infolge der un=
gewöhnlichen Bodenbildung auch in Guatavita, Tunja, Jraca
und am Ufer des Sogamozo sehr verschieden. Nicht selten
behält man gottesdienstliche Gebräuche bei, die aus einem
anderen Erdstrich herrühren, und nach alten Sagen ließen die
Muysca ihren ersten Gesetzgeber und Stifter ihres Gottes=
dienstes, Bochica, aus den Ebenen ostwärts von den Kordilleren
herkommen. Ich lasse unentschieden, ob diese Sagen auf einer
geschichtlichen Thatsache beruhten oder ob damit, wie schon
oben bemerkt, nur angedeutet sein sollte, daß der erste Lama,
der Sohn und Sinnbild der Sonne ist, notwendig aus Län=
dern gegen Aufgang gekommen sein müsse. Wie dem sei, so
viel ist gewiß, der Ruf, den der Orinoko, der Meta und die
Provinz Papamene zwischen den Quellen des Guaviare und
Caqueta durch die Expeditionen des Ordaz, Herrera und
Georgs von Speier bereits erlangt, trug dazu bei, die Sage

---

[1] Gerade wie im alten Reiche Meroe, in Tibet, und wie der
Dairi und der Kubo in Japan.

vom Dorado in der Nähe des Ostabhanges der Kordilleren
zu firieren.

Daß auf der Hochebene von Neugranada drei Heerhaufen
zusammentrafen, machte, daß sich in ganz Amerika, soweit
es von den Spaniern besetzt war, die Kunde von einem noch
zu erobernden reichen, stark bevölkerten Lande verbreitete.
Sebastian de Belalcazar zog von Quito über Popayan nach
Bogota (1536); Nikolaus Federmann kam von Venezuela,
von Ost her über die Ebenen am Meta. Diese beiden Anführer trafen auf der Hochebene von Condirumarca bereits
den vielberufenen Adelantado Gonzalo Ximenes de Que-
saba, von dem ich einen Nachkommen bei Zipaquira barfuß
das Vieh habe hüten sehen. Das zufällige Zusammentreffen
der drei Konquistadoren, eines der merkwürdigsten und dra-
matischten Ereignisse in der Geschichte der Eroberung, fand
im Jahre 1538 statt. Belalcazar erhitzte durch seine Berichte
die Phantasie abenteuerlustiger Krieger; man verglich, was
der Indianer aus Tacunga Luis Daça erzählt, mit den verworrenen Vorstellungen von den Schätzen eines großen einäugigen Königs und von einem bekleideten, auf Lama reiten-
den Volke, die Ordaz vom Meta mitgebracht. Pedro de
Limpias, ein alter Soldat, der mit Federmann auf der Hochebene von Bogota gewesen war, brachte die erste Kunde vom
Dorado nach Coro, wo das Andenken an die Expedition
Georgs von Speier (1535 bis 1537) an den Rio Papamene
noch ganz frisch war. Von dieser selben Stadt Coro aus
unternahm auch Felipe de Hutten (Urre, Utre) seine vielberufene Reise in das Gebiet der Omagua, während Pizarro,
Orellana und Hernan Perez de Quesada, der Bruder des
Adelantado, das Goldland am Rio Napo, längs des Amazonenstromes und in der östlichen Kette der Anden von Neugranada suchten. Die Eingeborenen, um ihrer unbequemen
Gäste los zu werden, versicherten allerorten, zum Dorado
sei leicht zu kommen, und zwar ganz in der Nähe. Es war
wie ein Phantom, das vor den Spaniern entwich und ihnen
beständig zurief. Es liegt in der Natur des flüchtigen Erden-
bewohners, daß er das Glück in der unbekannten Weite sucht.
Der Dorado, gleich dem Atlas und den Hesperischen Inseln,
rückte allgemach vom Gebiete der Geographie auf das der
Mythendichtung hinüber.

Die vielfachen Unternehmungen zur Aufsuchung dieses
eingebildeten Landes zu erzählen, liegt nicht in meiner Absicht.

Ohne Zweifel verdankt man denselben großenteils die Kennt=
nis vom Inneren Amerikas; sie leisteten der Geographie Dienste,
wie ja der Irrtum oder gewagte Theorieen nicht selten zur
Wahrheit führen; aber in der vorliegenden Erörterung kann
ich mich nur bei den Umständen aufhalten, die auf die Ent=
werfung der alten und neuen Karten unmittelbar Einfluß
gehabt haben. Hernan Perez de Quesada suchte nach der
Abreise seines Bruders, des Adelantado, nach Europa von
neuem (1539), diesmal aber im Berglande nordöstlich von
Bogota, den Sonnentempel (Casa del Sol), von dem Gero=
nimo de Ortal (1536) am Meta hatte sprechen hören. Der
von Bochica eingeführte Sonnendienst und der hohe Ruf des
Heiligtums zu Iraca oder Sogamozo gaben Anlaß zu jenen
verworrenen Gerüchten von Tempeln und Götzenbildern aus
massivem Golde; aber auf den Bergen wie in den Niede=
rungen glaubte man immer weit davon zu sein, weil die
Wirklichkeit den chimärischen Träumen der Einbildungskraft
so wenig entsprach. Francisco de Orellana fuhr, nachdem er
mit Pizarro den Dorado in der Provincia de los canelos
und an den goldhaltigen Ufern des Napo vergebens gesucht,
den großen Amazonenstrom hinunter (1540). Er fand dort
zwischen den Mündungen des Javari und des Rio de la
Trinidad (Yupura?) einen goldreichen Landstrich, genannt
Machiparo (Muchifaro), in der Nähe des Aomaguas oder
Omaguas. Diese Kunde trug dazu bei, daß der Dorado
südostwärts verlegt wurde, denn Omaguas (Om=Aguas,
Aguas), Dit=Aguas und Papamene waren Benennungen
für dasselbe Land, für das, welches Georg von Speier auf
seinem Zuge an den Caqueta entdeckt hatte. Mitten auf den
Niederungen nordwärts vom Amazonenstrom wohnten die
Omagua, die Manaos oder Manoas und die Guaypes
(Uaupes oder Guayupes), drei mächtige Völker, deren letzteres,
dessen Wohnsitze westwärts am Guaupe oder Uaupe liegen,
schon in den Reiseberichten Quesadas und Huttens erwähnt
wird. Diese beiden in der Geschichte Amerikas gleich berühmten
Konquistadoren kamen auf verschiedenen Wegen in die Llanos
von San Juan, die damals Valle de Nuestra Señora
hießen. Hernan Perez de Quesada ging (1541) über die Kor=
dilleren von Cundinamarca, wahrscheinlich zwischen den Para=
mos Chingasa und Suma Paz, während Felipe de Hutten,
in Begleitung Pedros de Limpias (desselben, der von den
Hochebenen von Bogota die erste Kunde vom Dorado nach

Venezuela gebracht hatte) von Nord nach Süd den Weg ein=
schlug, auf dem Georg von Speier am Ostabhang der Ge=
birge hingezogen war. Hutten brach von Coro, dem Haupt=
sitz der deutschen Faktorei oder Gesellschaft der Welser
auf, als Heinrich Rembold an der Spitze derselben stand.
Nachdem er über die Ebenen am Casanare, Meta und Caguan
gezogen (1541), kam er an den oberen Guaviare (Guayare),
den man lange für den Ursprung des Orinoko gehalten hat
und dessen Mündung ich auf dem Wege von San Fernando
de Atabapo an den Rio Negro gesehen habe. Nicht weit
vom rechten Ufer des Guaviare kam Hutten in die Stadt
der Guaypes, Macatoa. Das Volk daselbst trug Kleider,
die Felder schienen gut angebaut, alles deutete auf eine Kul=
tur, die sonst diesem heißen Landstrich im Osten der Kor=
dilleren fremd war. Wahrscheinlich war Georg von Speier
bei seinem Zuge an den Rio Caqueta und in die Provinz
Papamene weit oberhalb Macatoa über den Guaviare gegan=
gen, bevor die beiden Zweige dieses Flusses, der Ariari und
der Guayavero, sich vereinigen. Hutten erfuhr, auf dem Wege
weiter nach Südost komme er auf das Gebiet der großen
Nation des Omagua, deren Priester=König Quareca heiße und
große Herden von Lama besitze. Diese Spuren von Kul=
tur, diese alten Verbindungen mit der Hochebene von Quito
scheinen mir sehr bemerkenswert. Wir haben schon oben er=
wähnt, daß Orellana bei einem indianischen Häuptling am
Amazonenstrom Lama gesehen, und daß Ordaz auf den
Ebenen am Meta davon hatte sprechen hören.

Ich halte mich nur an das, was in den Bereich der
Geographie fällt, und beschreibe weder nach Hutten jene un=
ermeßlich große Stadt, die er von weitem gesehen, noch
das Gefecht mit den Omagua, wobei 39 Spanier (ihrer 14
sind in den Nachrichten aus jener Zeit namentlich aufgeführt)
mit 15 000 Indianern zu thun hatten. Diese lügenhaften
Gerüchte haben zur Ausschmückung der Sage vom Dorado
sehr viel beigetragen. Der Name der Stadt der Omagua
kommt in Huttens Bericht nicht vor, aber die Manoas, von
denen Pater Fritz noch im 17. Jahrhundert in seiner Mission
Yurimaguas Goldbleche erhielt, sind Nachbarn der Omagua.
Später wurde der Name Manoa aus dem Lande der Ama=
zonen auf eine eingebildete Stadt im Dorado der Parime
übergetragen. Der bedeutende Ruf, in dem die Länder
zwischen dem Caqueta (Papamene) und Guaupe (einem

Nebenflusse des Rio Negro) standen, veranlaßte (1560) Pedro
de Ursua zu der unheilvollen Expedition, welche mit der Em=
pörung des Tyrannen Aguirre endigte. Als er den Caqueta
hinabfuhr, um sofort in den Amazonenstrom zu gelangen,
hörte Ursua von der Provinz Caricuri sprechen. Diese
Benennung weist deutlich auf das Goldland hin, denn, wie
ich sehe, heißt Gold auf tamanakisch Caricuri, auf karibisch
Carucuru. Sollte der Ausdruck für Gold bei den Völkern
am Orinoko ein Fremdwort sein, wie Zucker und Coton
in den europäischen Sprachen? Dies wiese wohl darauf hin,
daß diese Völker die edlen Metalle mit den fremden Erzeug=
nissen haben kennen lernen, die ihnen von den Kordilleren[1]
oder von den Ebenen am Ostabhang der Anden zugekommen.

Wir kommen jetzt zum Zeitpunkt, wo der Mythus vom
Dorado sich im östlichen Strich von Guyana, zuerst beim
angeblichen See Cassipa (an den Ufern des Paragua, eines
Nebenflusses des Carony) und dann zwischen den Quellen
des Rio Essequibo und des Rio Branco, festsetzte. Dieser
Umstand ist vom bedeutendsten Einflusse auf die Geographie
dieser Länder gewesen. Antonio de Berrio, der Schwieger=
sohn und einzige Erbe des großen Adelantado Ximenez de
Quesada, ging westwärts von Tunja über die Kordilleren,
schiffte sich auf dem Rio Casanare ein und fuhr auf diesem
Fluß, auf dem Meta und Orinoko hinab nach der Insel
Trinidad. Wir wissen von dieser Reise fast nur, was Ralegh
davon berichtet; sie scheint wenige Jahre vor die erste Grün=
dung von Vieja Guyana im Jahr 1591 zu fallen. Einige
Jahre darauf (1595) ließ Berrio durch seinen Maese de
Campo, Domingo de Vera, eine Expedition von 2000 Mann
ausrüsten, welche den Orinoko hinaufgehen und den Dorado
erobern sollte, den man jetzt das Land Manoa, sogar
Laguna de la Gran Manoa zu nennen anfing. Reiche
Grundeigentümer verkauften ihre Höfe, um den Kreuzzug mit=
zumachen, dem sich zwölf Observanten und zehn Weltgeistliche
anschlossen. Die Mären eines gewissen Martinez (Juan
Martin de Albujar?), der bei der Expedition des Diego de
Ordaz wollte zurückgelassen und von Stadt zu Stadt in die

---

[1] Im Peruanischen oder dem Quichua (Lengua del Inga)
heißt Gold Cori, woher Chichicori, Goldstaub, und Corikoya,
Golderz.

Hauptstadt des Dorado geschleppt worden sein, hatten Berrios
Phantasie erhitzt. Was dieser Konquistador auf der Fahrt
den Orinoko herab selbst beobachtet, ist schwer von dem zu
unterscheiden, was er, wie er angibt, aus einem in Por=
torico aufbewahrten Tagebuche des Martinez geschöpft hat.
Man sieht, man hatte damals vom neuen Kontinent im all=
gemeinen dieselben Vorstellungen, wie wir so lange von
Afrika. Man meinte tiefer im Lande mehr Kultur anzu=
treffen als an den Küsten. Bereits Juan Gonzalez, den
Diego de Ordaz abgesandt hatte, die Ufer des Orinoko zu
untersuchen (1531), behauptete, „je weiter man auf dem
Orinoko hinaufkomme, desto stärker werde die Bevölkerung“.
Berrio erwähnt zwischen den Mündungen des Meta und des
Cuchivero der häufig unter Wasser stehenden Provinz Ama=
paja, wo er viele kleine gegossene goldene Götzenbilder ge=
funden, ähnlich denen, welche in Cauchieto östlich von Coro
verfertigt wurden. Er meinte, dieses Gold komme aus dem
Granitboden des bergigen Landes zwischen Carichana, Uruana
und dem Cuchivero. Und allerdings haben in neuerer Zeit
die Eingeborenen in der Quebrada del tigre bei der Mif=
fion Encamerada ein Goldgeschiebe gefunden. Oftwärts von
der Provinz Amapaja erwähnt Berrio des Rio Carony (Ca=
roly), den man aus einem großen See entspringen ließ, weil
man einen der Nebenflüsse des Carony, den Rio Paragua
(Fluß des großen Wassers), aus Unbekanntschaft mit den
indianischen Sprachen für ein Binnenmeer gehalten hatte.
Mehrere spanische Geschichtschreiber glaubten, dieser See, die
Quelle des Carony, sei Berrios Gran Manoa; aber aus
den Nachrichten, die Berrio Ralegh mitgeteilt, ist ersichtlich,
daß man annahm, die Laguna de Manoa (del Dorado
oder de Parime) liege südlich vom Rio Paragua, aus dem
man die Laguna Cassipa gemacht hatte. „Diese beiden
Wasserbecken hatten goldhaltigen Sand; aber am Ufer des
Cassipa lag Macureguaria (Margureguaira), die Hauptstadt
des Kazifen Aromaja und die vornehme Stadt des eingebil=
deten Reiches Guyana.“

Da diese häufig überschwemmten Landstriche von jeher von
Völkern karibischen Stammes bewohnt waren, die tief ins
Land hinein mit den entlegensten Gegenden einen ungemein
lebhaften Handel trieben, so ist nicht zu verwundern, daß man
hier bei den Indianern mehr Gold fand als irgendwo. Die
Eingeborenen im Küstenland brauchten dieses Metall nicht

allein zum Schmuck und zu Amuletten, sondern auch in gewissen Fällen als Tauschmittel. Es erscheint daher ganz natürlich, daß das Gold an den Küsten von Paria und bei den Völkern am Orinoko verschwunden ist, seit der Verkehr mit dem Inneren durch die Europäer abgeschnitten wurde. Die unabhängig gebliebenen Eingeborenen sind gegenwärtig unzweifelhaft elender, träger und versunkener als vor der Eroberung. Der König von Morequito, derselbe, dessen Sohn Ralegh nach England mitgenommen hatte, war im Jahre 1594 nach Cumana gekommen, um gegen eine große Menge massiver Goldbilder eiserne Geräte und europäische Waren einzutauschen. Dieses unerwartete Auftreten eines indianischen Häuptlings steigerte noch den Ruf der Schätze des Orinoko. Man stellte sich vor, der Dorado müsse nicht weit vom Lande sein, aus dem der König von Morequito gekommen; und da das Land dort häufig unter Wasser stand und die Flüsse die allgemeinen Namen „großes Meer", „großes Wasserstück" führten, so mußte sich der Dorado am Ufer eines Sees befinden. Man dachte nicht daran, daß das Gold, das die Kariben und andere Handelsvölker mitbrachten, so wenig ein Erzeugnis ihres Bodens war, als die brasilianischen und ostindischen Diamanten Erzeugnisse der europäischen Länder sind, wo sie sich am meisten zusammenhäufen. Berrios Expedition, die, während die Schiffe in Cumana, bei Margarita und Trinidad anlegten, sehr stark an Mannschaft geworden war, ging über Morequito (bei Vieja Guyana) dem Rio Paragua, einem Nebenfluß des Carony, zu; aber Krankheiten, der wilde Mut der Eingeborenen und der Mangel an Lebensmitteln setzten dem Zug der Spanier unübersteigliche Hindernisse entgegen. Alle gingen zu Grunde bis auf dreißig, welche im kläglichsten Zustand zum Posten Santo Tome zurückkamen.

Diese Unfälle kühlten den Eifer, mit dem bis zur Mitte des 17. Jahrhunderts der Dorado aufgesucht wurde, keineswegs ab. Der Statthalter von Trinidad, Antonio de Berrio, wurde von Sir Walter Ralegh gefangen genommen, als dieser im Jahr 1595 den vielberufenen Einfall auf die Küste von Venezuela und an die Mündungen des Orinoko machte. Von Berrio und anderen Gefangenen, die Kapitän Preston bei der Einnahme von Caracas gemacht, konnte Ralegh alles in Erfahrung bringen, was man damals von den Ländern südwärts von Vieja Guyana wußte. Er glaubte an die

Märchen, welche Juan Martin de Albujar ausgeheckt, und zweifelte weder an der Existenz der beiden Seen Cassipa und Rupunuwini, noch am Bestehen des großen Reiches des Inka, das flüchtige Fürsten (nach Atahualpas Tode) an den Quellen des Rio Essequibo gegründet haben sollten. Die Karte, welche Ralegh entworfen und deren Geheimhaltung er Lord Charles Howard empfahl, besitzen wir nicht mehr; aber der Geograph Hondius hat diese Lücke ausgefüllt; ja er gibt seiner Karte ein Verzeichnis von Längen- und Breitenangaben bei, wobei die Laguna del Dorado und die kaiserliche Stadt Manoas vorkommen. Während Ralegh an der Punta del Gallo (auf der Insel Trinidad) sich aufhielt, ließ er durch seine Unterbefehlshaber die Mündungen des Orinoko, namentlich die von Capuri, Gran Amana (Manamo grande) und Macureo (Macareo) untersuchen. Da seine Schiffe einen bedeutenden Tiefgang hatten, hielt es sehr schwer, in die Bocas chicas einzulaufen, und er mußte sich flache Fahrzeuge bauen lassen. Er bemerkte die Feuer der Trivitivas (Tibitibies) vom Stamme der Guaraunen auf den Mauritiapalmen, deren Frucht, fructum squamorum, similem Palmae Pini, er zuerst nach Europa gebracht hat. Es wundert mich, daß von der Niederlassung, die Berrio unter dem Namen Santo Tome (la Vieja Guyana) gegründet, so gut wie gar nicht die Rede ist; und doch reicht dieselbe bis zum Jahre 1591 hinauf, und obgleich nach Fray Pedro Simon „Religion und Politik jeden Handelsverkehr zwischen Christen (Spaniern) und Ketzern (Holländern und Engländern) verbieten", wurde damals, am Ende des 16. Jahrhunderts, wie gegenwärtig ein lebhafter Schleichhandel über die Mündungen des Orinoko getrieben. Ralegh ging über den Fluß Europa (Guarapo) und „die Ebenen der Saymas (Chaymas), die im selben Niveau bis Cumana und Caracas fortstreichen"; in Morequito (vielleicht etwas nordwärts von Villa de Upata in den Missionen am Carony) machte er Halt, und hier bestätigte ihm ein alter Kazike alle phantastischen Vorstellungen Berrios von einem Einfall fremder Völker (Orejones und Epuremei) in Guyana. Die Katarakten des Caroli (Carony), welcher Fluß damals für den kürzesten Weg zu den beiden am See Cassipa und am See Rupunuwini oder Dorado gelegenen Städten Macureguarai und Manoa galt, steckten der Expedition ein Ziel.

Ralegh hat den Orinoko nur auf einer Strecke von kaum

270 km befahren; er nennt aber nach den schwankenden An-
gaben, die er zusammengebracht, die oberen Zuflüsse, den
Cari, den Pao, den Apure (Capuri?), den Guarico (Voari?),
den Meta, sogar „in der Provinz Varaguan den großen
Wasserfall Athule (Atures), der aller weiteren Flußfahrt ein
Ende macht". Trotz seiner Uebertreibungen, die sich für einen
Staatsmann wenig ziemen, bieten Raleghs Berichte wichtiges
Material zur Geschichte der Geographie. Der Orinoko oberhalb des Einflusses des Apure war damals den Europäern
so wenig bekannt, als heutzutage der Lauf des Nigir unterhalb Segu. Man hatte die Namen verschiedener, weit ent-
fernter Nebenflüsse vernommen, aber man wußte nicht, wo
sie lagen; man zählte ihrer mehr auf, als wirklich sind, wenn
derselbe Name, verschieden ausgesprochen oder vom Ohr unrichtig aufgefaßt, verschieden klang. Andere Irrtümer haben
vielleicht ihre Quellen darin, daß dem spanischen Statthalter
Antonio de Berrio wenig daran gelegen sein konnte, Ralegh
richtige, genaue Notizen zu geben; letzterer beklagt sich auch
über seinen Gefangenen „als einen Menschen ohne Bildung,
der Ost und West nicht zu unterscheiden wisse". Ob Ralegh
an alles, was er vorbringt, an die Binnenmeere, so groß wie
das Kaspische Meer, an die kaiserliche Stadt Manoa (imperial
and golden city), an die prächtigen Paläste, welche der
„Kaiser Inga von Guayana" nach dem Vorbild seiner peruanischen Ahnen erbaut, — ob er an all das wirklich geglaubt
oder sich nur so angestellt, das will ich hier nicht untersuchen.
Der gelehrte Geschichtschreiber von Brasilien, Southey, und
der Biograph Raleghs, Cayley, haben in neuester Zeit viel
Licht über diesen Punkt verbreitet. Daß der Führer der Expedition und die unter ihm Befehlenden ungemein leichtgläubig
waren, ist schwerlich zu bezweifeln. Man sieht, Ralegh paßte
alles von vornherein angenommenen Voraussetzungen an.
Sicher war er selbst getäuscht, wenn es aber galt, die Phantasie der Königin Elisabeth zu erhitzen und die Plane seiner
ehrgeizigen Politik durchzuführen, so ließ er keinen Kunstgriff
der Schmeichelei unversucht. Er schildert der Königin „das
Entzücken der barbarischen Völker beim Anblick ihres Bild-
nisses; der Name der erhabenen Jungfrau, welche sich Reiche
zu unterwerfen weiß, soll bis zum Lande der kriegerischen
Weiber am Orinoko und Amazonenstrom dringen; er versichert, als die Spanier den Thron von Cuzco umgestoßen,
habe man eine alte Prophezeiung gefunden, der zufolge die

Dynastie der Inka dereinst Großbritannien ihre Wiederher=
stellung zu danken haben werde; er gibt den Rat unter dem
Vorwand, das Gebiet gegen äußere Feinde schützen zu wollen,
Besatzungen von drei=, viertausend Mann in die Städte des
Inka zu legen und diesen so zu einem jährlichen Tribut von
300 000 Pfund Sterling an Königin Elisabeth zu nötigen;
endlich äußert er mit einem Blick in die Zukunft, alle diese
gewaltigen Länder Südamerikas werden eines Tages Eigentum
der englischen Nation sein".

Raleghs vier Fahrten auf dem unteren Orinoko fallen
zwischen die Jahre 1595 und 1617. Nach all diesen vergeb=
lichen Unternehmungen ließ der Eifer, mit dem man den
Dorado aufsuchte, allmählich nach. Fortan kam keine Ex=
pedition mehr zustande, an der sich zahlreiche Kolonisten be=
teiligten, wohl aber Unternehmungen einzelner, zu denen
nicht selten die Statthalter der Provinzen aufmunterten. Die
Kunde vom Goldland der Manoasindianer am Jurubesh und
von der Laguna de oro, die durch die Reisen der Patres
Acuña (1688) und Fritz (1637) in Umlauf kam, trugen das
Ihrige dazu bei, daß die Vorstellungen vom Dorado in den
portugiesischen und spanischen Kolonieen im Norden und Süden
des Aequators wieder rege wurden. In Cuença im König=
reich Quito traf ich Leute, die im Auftrag des Bischofs Marfil
östlich von den Kordilleren auf den Ebenen von Macas die
Trümmer der Stadt Logroño, die in einem goldreichen Lande
liegen sollte, aufgesucht hatten. Aus dem schon mehrmals
erwähnten Tagebuche Hortsmanns ersehen wir, daß man im
Jahre 1740 von Holländisch=Guyana her zum Dorado zu
gelangen glaubte, wenn man den Essequibo hinauffuhr. In
Santo Tome de Angostura entwickelte der Statthalter Don
Manuel Centurion ungemeinen Eifer, um zum eingebildeten
See Manoa zu bringen. Arimuicaipi, ein Indianer von der
Nation der Ipurucoten, fuhr den Rio Carony hinab und
entzündete durch lügenhafte Berichte die Phantasie der spani=
schen Kolonisten. Er zeigte ihnen am Südhimmel die Ma=
gelhaensschen Wolken, deren weißliches Licht er für den Wider=
schein der silberhaltigen Felsen mitten in der Laguna Parime
erklärte. Es war dies eine sehr poetische Schilderung des
Glanzes des Glimmer= und Talkschiefers seines Landes. Ein
anderer indianischer Häuptling, bei den Kariben am Essequibo
als Kapitän Jurado bekannt, gab sich vergebliche Mühe,
den Statthalter Centurion zu enttäuschen. Man machte frucht=

lose Versuche auf dem Caura und dem Rio Paragua. Mehrere
hundert Menschen kamen bei diesen tollen Unternehmungen
elend ums Leben. Die Geographie zog indessen einigen
Nutzen daraus. Nicolas Rodriguez und Antonio Santos
wurden vom spanischen Statthalter auf diese Weise gebraucht
(1775 bis 1780). Letzterer gelangte auf dem Carony, dem
Paragua, dem Paraguamusi, dem Anocapra und über die
Berge Pacaraimo und Quimiropaca an den Uraricuera und
den Rio Branco. Die Reisetagebücher dieser abenteuerlichen
Unternehmungen haben mir treffliche Notizen geliefert.

Die Seekarten, welche der Florentiner Reisende Amerigo
Vespucci[1] in den ersten Jahren des 16. Jahrhunderts als
Piloto mayor der Casa de Contratacion zu Sevilla entworfen und auf die er, vielleicht in schlauer Absicht, den
Namen Terra de Amerigo gesetzt, sind nicht auf uns gekommen. Die älteste geographische Urkunde des neuen Kontinents ist die einer römischen Ausgabe des Ptolemäus vom
Jahr 1508 beigegebene Weltkarte des Johann Ruysch.[2] Man
erkennt darauf Yucatan und Honduras (den südlichsten Teil
von Mexiko), die als eine Insel unter dem Namen Culicar
dargestellt sind. Eine Landenge von Panama ist nicht vorhanden, sondern eine Meerenge, durch die man geradeaus
von Europa nach Indien fahren kann. Auf der großen südlichen Insel (Südamerika) steht der Name Terra de Careas,
die von zwei Flüssen, dem Rio Lareno und dem Rio For-
moso, begrenzt ist. Diese Careas sind ohne Zweifel die
Einwohner von Caria, welchen Namen Christoph Columbus
bereits im Jahre 1498 vernommen hatte und mit dem lange
Zeit ein großer Teil von Amerika bezeichnet wurde. Der
Bischof Geraldini sagt in einem Briefe an Papst Leo X. aus
dem Jahr 1516 deutlich: „Insula illa, quae Europa et Asia
est major, quam indocti continentem Asiae appellant, et
alii Americam vel Pariam nuncupant." Auf der Weltkarte von 1508 finde ich noch keine Spur vom Orinoko.
Dieser Strom erscheint zum erstenmal unter dem Namen Rio
dulce auf der berühmten Karte, die Diego Ribero, Kosmo-

---

[1] Gestorben im Jahre 1512, wie Muñoz aus Urkunden in den
Archiven von Simancas erwiesen hat.

[2] Auf den Karten, die dem Ptolemäus von 1506 beigegeben sind, sieht man noch keine Spur von den Entdeckungen des
Columbus.

graph Kaiſer Karls V., im Jahr 1529 entworfen und die
Sprengel im Jahre 1795 mit einem gelehrten Kommentar
herausgegeben hat. Weder Columbus (1498) noch Alonſo
de Guba, bei dem Amerigo Veſpucci war (1499), hatten die
eigentliche Mündung des Orinoko geſehen. Sie hatten die-
ſelbe mit der nördlichen Oeffnung des Meerbuſens von Paria
verwechſelt, dem man, wie denn Uebertreibungen derart bei
den Seefahrern jener Zeit ſo häufig vorkommen, eine ungeheure Maſſe ſüßen Waſſers zuſchrieb. Vicente Pañez Pinçon,
nachdem er die Mündung des Rio Marañon entdeckt, war
auch der erſte, der die Mündung des Orinoko ſah (1500).
Er nannte dieſen Strom Rio dulce, welcher Name ſich
ſeit Ribero lange auf den Karten erhalten hat und zuweilen irrtümlich dem Maroni und dem Eſſequibo beigelegt
wurde.

Der große See Parime erſcheint auf den Karten erſt
nach Raleghs erſter Reiſe. Jodocus Hondius war der Mann,
der mit dem Jahre 1599 den Vorſtellungen der Geographen
eine beſtimmte Richtung gab und das Innere von Spaniſch-
Guyana als ein völlig bekanntes Land darſtellte. Der Iſth-
mus zwiſchen dem Rio Branco und dem Rio Rupunuwini
(einem Nebenfluß des Eſſequibo) wird von ihm in den 900 km
langen, 180 km breiten See Rupuniwini, Carime oder
Dorado, zwiſchen dem 1° 45' ſüdlicher und dem 2° nördlicher Breite verwandelt. Dieſes Binnenmeer, größer als
das Kaſpiſche Meer, wird bald mitten in ein gebirgiges Land,
ohne Verbindung mit irgend einem anderen Fluß, hineinge-
zeichnet, bald läßt man den Rio Oyapok (Waiapago, Joapoc,
Viapoco) und den Rio de Cayana daraus entſpringen. Der
erſtere Fluß wurde im achten Artikel des Utrechter Vertrages
mit dem Rio de Vincente Pinçon (Rio Calſoene oder Maya-
cari?) verwechſelt und blieb bis zum letzten Wiener Kongreß
der Gegenſtand endloſer Streitigkeiten zwiſchen den franzö-
ſiſchen und den portugieſiſchen Diplomaten. Der letztere iſt
eine chimäriſche Verlängerung des Tonnegrande oder aber des
Oyac (Wia?). Das Binnenmeer (Laguna Parime) wurde
anfangs ſo geſtellt, daß ſein weſtliches Ende in den Meridian
des Zuſammenfluſſes des Apure und des Orinoko fiel; allmählich aber ſchob man es nach Oſt vor, ſo daß das weſtliche
Ende ſüdlich von den Mündungen des Orinoko zu liegen kam.
Dieſer Wechſel zog auch Abänderungen in der reſpektiven Lage
des Sees Parime und des Sees Caſſipa, ſowie in der Richtung

des Laufs des Orinoko nach sich). Diesen großen Strom läßt man von seiner Mündung bis über den Meta hinauf, gleich dem Magdalenenstrom, von Süd nach Nord laufen. Die Nebenflüsse, die man aus dem See Cassipa kommen ließ, der Carony, der Arui und der Caura, laufen damit in der Richtung eines Parallels, während sie in der Wirklichkeit in der Richtung eines Meridians liegen. Außer dem Parime und dem Cassipa gab man auf den Karten einen dritten See an, aus dem man den Aprouague (Apurwaca) kommen ließ. Es war damals bei den Geographen allgemeiner Brauch, alle Flüsse mit großen Seen in Verbindung zu bringen. Auf diese Weise verband Ortelius den Nil mit dem Zaire oder Rio Kongo, die Weichsel mit der Wolga und dem Dnjepr. Im nördlichen Mexiko, in den angeblichen Königreichen Quivira und Cibola, die durch die Lügen des Mönchs Marcos de Niza berühmt geworden, hatte man ein großes Binnenmeer eingezeichnet, aus dem man den kalifornischen Rio Colorado entspringen ließ.[1] Vom Rio Magdalena lief ein Arm in den See Maracaybo, und der See Xarayes, in dessen Nähe man einen südlichen Dorado setzte, stand mit dem Amazonenstrom, mit dem Miari (Meary) und dem Rio San Francisco in Verbindung. Die meisten dieser hydrographischen Träume sind verschwunden; nur die Seen Cassipa und Dorado haben sich lange nebeneinander auf unseren Karten erhalten.

Verfolgt man die Geschichte der Geographie, so sieht man den Cassipa, der als ein rechtwinkeliges Viereck dargestellt wird, sich allmählich auf Kosten des Dorado vergrößern. Letzterer wurde zuweilen ganz weggelassen, aber nie wagte man es, sich am ersteren zu vergreifen, der nichts ist als der durch periodische Ueberschwemmungen geschwellte Rio Paragua (ein Nebenfluß des Carony). Als d'Anville durch Solanos Expedition in Erfahrung brachte, daß der Orinoko seine Quellen keineswegs westwärts am Abhang der Anden von Pasto habe,

---

[1] Es ist dies der mexikanische Dorado, wo man auf den Küsten Schiffe voll Waren aus Catayo (China) gefunden haben wollte und wo Fray Marcos (wie Hutten im Lande der Omagua) die vergoldeten Dächer einer großen Stadt, einer der Siete Ciudades, von weitem sah. Die Einwohner haben große Hunde, en los quales quando se mudan cargan su menage. Spätere Entdeckungen lassen übrigens keinen Zweifel, daß dieser Landstrich früher ein Mittelpunkt der Kultur war.

sondern von Osten her von den Gebirgen der Parime herab=
komme, nahm er in der zweiten Ausgabe seiner schönen Karte
von Amerika (1760) die Laguna Parime wieder auf und
ließ sie ganz willkürlich durch den Mazuruni und den Cuyuni
mit drei Flüssen (dem Orinoko, dem Rio Branco und dem
Essequibo) in Verbindung stehen. Er verlegte sie unter den
3. bis 4. Grad nördlicher Breite, wohin man bisher den
See Cassipa gesetzt hatte.

Der spanische Geograph La Cruz Olmedilla (1775) folgte
d'Anvilles Vorgang. Der alte, unter dem Aequator gelegene
See Parime war vom Orinoko ganz unabhängig; der neue,
der an der Stelle des Cassipa und wieder in der Gestalt
eines Vierecks auftrat, dessen längste Seiten von Süd nach
Nord laufen,[1] zeigt die seltsamsten hydraulischen Verbindungen.
Bei La Cruz entspringt der Orinoko unter dem Namen Pa=
rime und Puruma (Xuruma?) im gebirgigen Lande zwischen
den Quellen des Ventuari und des Caura (unter dem 5. Grad
der Breite im Meridian der Mission Esmeralda) aus einem
kleinen See, der Ipava heißt. Dieser See läge auf meiner
Reisekarte nordöstlich von den Granitbergen von Cunevo,
woraus zur Genüge hervorgeht, daß wohl ein Nebenfluß des
Rio Branco oder des Orinoko daraus entspringen könnte,
nicht aber der Orinoko selbst. Dieser Rio Parime oder Pu=
ruma nimmt nach einem Lauf von 180 km gegen Ost=Nord=
Ost und von 270 km gegen Südost den Rio Mahu auf, den
wir bereits als einen der Hauptzweige des Rio Branco kennen;
darauf läuft er in den See Parime, den man 135 km lang
und 90 km breit macht. Aus diesem See entspringen un=
mittelbar drei Flüsse, der Rio Ucamu (Ocamo), der Rio Idapa
(Siapa) und der Rio Branco. Der Orinoko oder Puruma
ist als unterirdische Durchsickerung am Westabhang der Sierra
Mei, welche den See oder das Weiße Meer gegen Westen
begrenzt, gezeichnet. Diese zweite Quelle des Orinoko liegt
unter dem 2. Grad nördlicher Breite und $3\frac{1}{2}°$ ostwärts
vom Meridian von Esmeralda. Nachdem der neue Fluß
225 km gegen West=Nord=West gelaufen, nimmt er zu=
erst den Ucamu auf, der aus dem Parime kommt, sodann
den Rio Maquiritari (Padamo), der zwischen dem See Ipava

---

[1] Die große Achse des eigentlichen Sees Parime war von
Ost nach West gerichtet.

und einem anderen Alpsee, von La Cruz Laguna Cavija genannt, entspringt. Da See maypurisch Cavia heißt, so bedeutet das Wort Laguna Cavia, wie Laguna Parime, nichts als Wasserbecken, laguna de agua. Diese seltsame Flußzeichnung ist nun das Vorbild für fast alle neueren Karten von Guyana geworden. Ein Mißverständnis, das aus der Unkenntnis des Spanischen entsprang, hat der Karte des La Cruz, auf der richtige Angaben mit systematischen, den alten Karten entnommenen Vorstellungen vermengt sind, vollends großes Ansehen verschafft. Eine punktierte Linie umgibt den Landstrich, über den Solano einige Erkundigung hatte ein= ziehen können; diese Linie hielt man für den von Solano zurückgelegten Weg, so daß dieser das südwestliche Ende des Weißen Meeres gesehen haben müßte. Auf der Karte des La Cruz steht geschrieben: „Dieser Weg bezeichnet, was vom Statthalter von Caracas, Don Jose Solano, entdeckt und zur Ruhe gebracht worden ist." Nun weiß man aber in den Missionen, daß Solano nie über San Fernando de Atabapo hinausgekommen ist, daß er den Orinoko ostwärts vom Einflusse des Guaviare gar nicht gesehen und daß er seine Nachrichten über diese Länder nur von gemeinen Sol= daten haben konnte, die der Sprachen der Eingeborenen un= kundig waren. Das Werk des Pater Caulin, der ja der Geschichtschreiber der Expedition war, das Zeugnis Don Apo= linarios Diaz de la Fuente und Santos' Reise thun zur Ge= nüge dar, daß nie ein Mensch das Weiße Meer des La Cruz gesehen hat, das, wie aus den Namen der sich darein er= gießenden Flüsse hervorgeht, nichts ist als eine eingebildete Ausbreitung des westlichen Zweigs des Rio Branco oberhalb des Einflusses des Tacutu und des Uraricuera oder Rio Pa= rime. Ließe man aber auch Angaben gelten, deren Unrichtig= keit jetzt zur Genüge dargethan ist, so sähe man nach all= gemein anerkannten hydrographischen Grundsätzen nicht ein, mit welchem Recht der See Ipava die Quelle des Orinoko heißen könnte. Wenn ein Fluß in einen See fällt und von diesem selben Wasserbecken drei andere abgehen, so weiß man nicht, welchem von diesen man den Namen des ersteren bei= legen soll. Noch viel weniger ist es zu rechtfertigen, wenn der Geograph denselben Namen einem Flusse läßt, dessen Quelle durch eine hohe Bergkette vom See getrennt ist und der durch Durchsickerung unterirdisch entstanden sein soll.

Vier Jahre nach der großen Karte von La Cruz Olmedilla

erschien das Werk des Pater Caulin, der die Grenzexpedition
mitgemacht hatte. Das Buch wurde 1759 am Ufer des Orinoko selbst geschrieben, und nur einige Anmerkungen wurden
später in Europa beigefügt. Der Verfasser, ein Franziskaner
von der Kongregation der Observanten, zeichnet sich durch
seine Aufrichtigkeit aus, und an kritischem Geiste ist er allen
seinen Vorgängern überlegen. Er selbst ist nicht über den
großen Katarakt hinausgekommen, aber alles, was Solano
und Ituriaga Wahres und Schwankendes zusammengebracht,
stand zu seiner Verfügung. Zwei Karten, die Pater Caulin
im Jahre 1756 entworfen, wurden von Surville, einem Archiv-
beamten beim Staatssekretariat, in eine zusammengezogen und
nach angeblichen Entdeckungen vervollständigt (1778). Schon
oben, als von unserem Aufenthalte in Esmeralda (dem den
unbekannten Quellen zunächst gelegenen Punkte) die Rede war,
habe ich bemerkt, wie willkürlich man bei diesen Abänderungen
zu Werke ging. Sie gründeten sich auf die lügenhaften Berichte, mit denen man die Leichtgläubigkeit des Statthalters
Centurion und Don Apolinarios Diaz de la Fuente, eines
Kosmographen, der weder Instrumente, noch Kenntnisse, noch
Bücher hatte, Tag für Tag bediente.

Das Tagebuch Pater Caulins steht mit der Karte, die
demselben beigegeben ist, in fortwährendem Widerspruche. Der
Verfasser setzt die Umstände auseinander, welche zu der Fabel
vom See Parime Anlaß gegeben haben; aber die Karte bringt
diesen See auch wieder, nur schiebt sie ihn weit weg von den
Quellen des Orinoko, ostwärts vom Rio Branco. Nach Pater
Caulin heißt der Orinoko Rio Maraguaca unter dem Meridian
des Granitberges dieses Namens, der auf meiner Reisekarte
gezeichnet ist. „Es ist viel mehr ein Bergstrom als ein Fluß;
er kommt zugleich mit dem Rio Omaguaca und dem Macoma,
unter 2½° der Breite, aus dem kleinen See Cabiya." Dies
ist der See, aus dem La Cruz den Maquiritari (Padamo)
entspringen läßt und den er unter 5½° der Breite, nördlich
vom See Ipava, setzt. Die Existenz von Caulins Rio Macoma scheint sich auf ein verworrenes Bild der Flüsse Padamo,
Ocamo und Matacona zu gründen, von denen man vor meiner
Reise glaubte, sie stehen miteinander in Verbindung. Vielleicht
gab auch der See, aus dem der Macapa kommt (etwas westlich vom Amaguaca), Anlaß zu diesen Irrtümern hinsichtlich
des Ursprunges des Orinoko und der Quellen des Idapa in
der Nähe.

Surville setzt unter 2° 10' der Breite an die Stelle des Sees Parime des La Cruz einen anderen See ohne Namen, der nach ihm die Quelle des Ucamu (Ocamo) ist. In der Nähe dieses Alpensees entspringen aus derselben Quelle der Orinoko und der Idapa, ein Nebenfluß des Cassiquiare. Der See Amucu, die Quelle des Mahu, wird zum Mar Dorado oder zur Laguna Parime erweitert. Der Rio Branco hängt nur noch durch zwei seiner schwächsten Nebenflüsse mit dem Wasserbecken zusammen, aus dem der Ucamu kommt. Aus dieser rein hypothetischen Anordnung ergibt sich, daß der Orinoko aus keinem See entspringt und daß die Quellen desselben vom See Parime und dem Rio Branco durchaus unabhängig sind. Trotz der sich gabelnden Quelle ist das hydrographische System der Survilleschen Karte nicht so abgeschmackt als das auf der Karte des La Cruz. Wenn die neueren Geographen sich so lange beharrlich an die spanischen Karten gehalten haben, ohne dieselben miteinander zu vergleichen, so erscheint es doch auffallend, daß sie nicht wenigstens der neuesten Karte den Vorzug gegeben haben, der Survilleschen, die auf königliche Kosten und auf Befehl des Ministers für Indien, Don Jose de Galvez erschienen ist.

Ich habe hiermit, wie ich oben angekündigt, die wechselnden Gestalten entwickelt, welche die geographischen Irrtümer zu verschiedenen Zeiten angenommen. Ich habe auseinandergesetzt, wie die Bodenbildung, der Lauf der Ströme, die Namen der Nebenflüsse und die zahlreichen Trageplätze zur Annahme eines Binnenmeeres im Herzen von Guyana führen konnten. So trocken Erörterungen der Art sein mögen, für unnütz und unfruchtbar darf man sie nicht halten. Man ersieht daraus, was alles die Reisenden noch zu entdecken haben; sie stellen uns vor Augen, welcher Grad von Zuverlässigkeit lange Zeit wiederholten Behauptungen zukommt. Es verhält sich mit den Karten wie mit den Tafeln astronomischer Positionen in unseren für die Seefahrer bestimmten Ephemeriden. Von lange her ist zu ihrer Entwerfung das verschiedenartigste Material zusammengetragen worden, und zöge man nicht die Geschichte der Geographie zu Rate, so wäre später so gut wie gar nicht auszumitteln, auf welcher Autorität jede einzelne Angabe beruht.

Ehe ich den Faden meiner Erzählung wieder aufnehme, habe ich noch einige allgemeine Bemerkungen über die goldhaltigen Gebirgsarten zwischen dem Amazonenstrome und dem

Orinoko beizubringen. Wir haben dargethan, daß der Mythus vom Dorado, gleich den berühmtesten Mythen der Völker der Alten Welt, nacheinander auf verschiedene Oertlichkeiten bezogen worden ist. Wir haben denselben von Südwest nach Nordost, vom Ostabhange der Anden gegen die Ebenen am Rio Branco und Essequibo vorrücken sehen, ganz in der Richtung, in der die Kariben seit Jahrhunderten ihre Kriegs- und Handelszüge machten. Man sieht leicht, wie das Gold von den Kordilleren von Hand zu Hand durch eine Menge Völkerschaften bis an das Küstenland von Guyana gelangen konnte; waren doch, lange bevor der Pelzhandel englische, russische und amerikanische Schiffe an die Nordwestküsten von Amerika zog, eiserne Werkzeuge von Neumexiko und Kanada bis über die Rocky Mountains gewandert. Infolge eines Irrtums in der Länge, dessen Spuren man auf sämtlichen Karten des 16. Jahrhunderts begegnet, nahm man die gold- führenden Gebirge von Peru und Neugranada weit näher bei den Mündungen des Orinoko und des Amazonenstromes an, als sie in Wirklichkeit sind. Es ist einmal Sitte bei den Geographen, neu entdeckte Länder übermäßig zu vergrößern und ins Breite zu ziehen. Auf der Karte von Peru, welche Paulo di Forlani in Verona herausgab, liegt die Stadt Quito 1800 km von der Küste der Südsee unter dem Meridian von Cumana; die Kordillere der Anden füllt fast die ganze Oberfläche des spanischen, französischen und holländischen Guyana aus. Diese falsche Ansicht von der Breite der Anden ist ohne Zweifel im Spiel, wenn man den granitischen Ebenen am Ostabhange derselben so große Wichtigkeit zugeschrieben hat. Da man die Nebenflüsse des Amazonenstromes und des Orinoko oder (wie Raleghs Unterbefehlshaber aus Schmeichelei für ihren Oberen sagten) des Rio Raleana beständig ver- wechselte, so bezog man auf diesen alle Sagen, die einem über den Dorado von Quiros, über die Omagua und Manoas zu Ohren gekommen. Nach des Geographen Hondius An- nahme lagen die durch ihre Chinawälder berühmten Anden von Loxa nur 90 km vom See Parime und dem Ufer des Rio Branco. Bei dieser Nähe erschien die Kunde, daß sich der Inka in die Wälder von Guyana geflüchtet und daß die Schätze aus Cuzco in die östlichsten Striche von Guyana geschafft worden, glaubwürdig. Fuhr man den Meta oder den Amazonenstrom hinauf, so sah man allerdings zwischen dem Purus, dem Jupura und dem Iquiari die Eingeborenen

civilisierter werden. Man fand dort Amulette und kleine
Götzenbilder aus gegossenem Golde, künstlich geschnitzte Stühle
und dergleichen; aber von solchen Spuren einer aufkeimenden
Kultur zu den Städten und steinernen Häusern, wie Ralegh
und seine Nachfolger sie beschreiben, ist ein großer Sprung.
Wir haben ostwärts von den Kordilleren, in der Provinz
Jaen de Bracamoros, auf dem Wege von Lora an den Amazonenstrom herab, die Trümmer großer Gebäude gezeichnet;
bis hierher waren die Inka mit ihren Waffen, mit ihrer
Religion und mit ihren Künsten vorgedrungen. Die sich selbst
überlassenen Eingeborenen am Orinoko waren vor der Eroberung etwas civilisierter als jetzt die unabhängigen Horden.
Sie hatten dem Flusse entlang volkreiche Dörfer und standen
mit südlicher wohnenden Völkern in regelmäßigem Handelsverkehr; aber nichts weist darauf hin, daß sie je ein steinernes
Gebäude errichtet hätten. Wir haben auf unserer ganzen
Flußfahrt nie die Spur eines solchen gesehen.

Obgleich nun aber Spanisch-Guyana seinen Ruf, ein
reiches Land zu sein, großenteils seiner geographischen Lage
und den Irrtümern der alten Karten zu danken hat, so ist
man deshalb doch nicht zu der Behauptung berechtigt, daß
auf diesem Flächenraume von 1660500 qkm zwischen dem
Orinoko und dem Amazonenstrome, ostwärts von den Anden
von Quito und Neugranada, gar keine goldhaltige Gebirgsart vorkomme. Soweit ich dieses Land zwischen dem 2. und
8. Grad der Breite und dem 66. und 71. Grad der Länge
kennen gelernt habe, besteht es durchgängig aus Granit und
aus einem Gneis, der in Glimmerschiefer und Talkschiefer
übergeht. Diese Gebirgsarten kommen in den hohen Gebirgen der Parime, wie in den Niederungen am Atabapo und
Cassiquiare zu Tage. Der Granit überwiegt über die anderen
Gebirgsarten, und wenn auch der Granit von alter Formation
überall fast durchgängig keine Golderze enthält, so ist daraus
doch nicht zu folgern, daß der Granit der Parime gar keinen
Gang, keine Schicht goldhaltigen Quarzes einschließe. Ostwärts vom Cassiquiare, den Quellen des Orinoko zu, sahen
wir dergleichen Schichten und Gänge häufiger auftreten. Nach
seinem Bau, nach der Beimischung von Hornblende und anderen
gleich bedeutsamen geologischen Merkmalen scheint mir der
Granit in diesem Landstrich von neuerer Formation zu sein,
vielleicht jünger als der Gneis und analog den zinnhaltigen
Graniten, den Hyalomikten und Pegmatiten. Die jüngeren

Granite sind nun aber nicht so arm an Metallen, und manche goldführende Flüsse und Bäche in den Anden, im Salzburgischen, im Fichtelgebirge und auf der Hochebene beider Kastilien machen es wahrscheinlich, daß diese Granite hin und wieder gediegenes Gold und in der ganzen Gebirgsmasse goldhaltigen Schwefelkies und Bleiglanz eingesprengt enthalten, wie Zinn, Magneteisenstein und Eisenglimmer. Der Bergstock der Parime, in dem mehrere Gipfel 2530 m Meereshöhe erreichen, war vor unserer Reise an den Orinoko fast ganz unbekannt, und doch ist er gegen 650 km lang und 360 km breit, und wenn er auch überall, wo Bonpland und ich darüber gekommen sind, uns in seinem Bau sehr gleichförmig schien, so läßt sich doch keineswegs behaupten, daß nicht im Inneren dieses gewaltigen Bergstockes sehr metallreiche Glimmerschiefer und Uebergangsgebirgsarten dem Granit aufgelagert sein könnten.

Wie oben bemerkt, verdankt Guyana seinen hohen Ruf als metallreiches Land zum Teil dem Silberglanze des so häufig vorkommenden Glimmers. Der Spitzberg Calitamini, der jeden Abend bei Sonnenuntergang in rötlichem Feuer strahlt, nimmt noch jetzt die Aufmerksamkeit der Einwohner von Maypures in Anspruch. Eilande aus Glimmerschiefer im See Amucu steigern, wie die Eingeborenen einem vorlügen, den Glanz der Nebelflecken am Südhimmel. „Jeder Berg," sagt Ralegh, „jeder Stein in den Wäldern am Orinoko glänzt gleich edlen Metallen; ist das kein Gold, so ist es doch Madre del oro". Er versichert, Stufen von weißem goldhaltigen Quarz (harde withe spar) mitgebracht zu haben, und zum Beweise, wie reich diese Erze seien, beruft er sich auf die von den Münzbeamten zu London angestellten Versuche. Ich habe keinen Grund zu vermuten, daß die damaligen Scheidekünstler Königin Elisabeth täuschen wollten; ich will Raleghs Andenken keineswegs zu nahe treten und mit seinen Zeitgenossen argwöhnen, der goldhaltige Quarz, den er mitgebracht, sei gar nicht in Amerika erhoben worden. Ueber Dinge, die in der Zeit so weit abliegen, läßt sich kein Urteil fällen. Der Gneis der Küstenkette enthält Spuren von edeln Metallen, und in den Gebirgen der Parime bei der Mission Encaramada hat man hin und wieder Goldkörner gefunden. Wie sollte man nach einem rein negativen Zeugnisse nach dem Umstande, daß wir auf einer dreimonatlichen Reise keinen Gang gesehen, der am Ausgehenden goldhaltig gewesen wäre, auf die absolute Taubheit der Urgebirgsarten in Guyana schließen?

Um hier alles zusammenzufassen, was die Regierung dieses Landes über einen so lange bestrittenen Punkt aufzu- klären imstande ist, mache ich einige allgemeinere geologische Bemerkungen. — Die Gebirge Brasiliens liefern, trotz der zahlreichen Spuren von Erzlagern zwischen Sanct Paul und Villarica, bis jetzt nur Waschgold. Von den 78000 Mark Gold,[1] welche zu Anfang des 19. Jahrhunderts jährlich aus Amerika in den europäischen Handel geflossen sind, kommen mehr als sechs Siebenteile nicht aus der hohen Kordillere der Anden, sondern aus dem aufgeschwemmten Lande östlich und westlich von den Kordilleren. Diese Striche haben geringe Meereshöhe, wie die bei La Sonora (in Mexiko), bei Choco und Barbacoas' (in Neugranada), oder das Alluvium liegt auf Hochebenen, wie im Inneren Brasiliens.[2] Ist es nun nicht wahrscheinlich, daß andere goldhaltige Anschwemmungen der nördlichen Halbkugel zu, bis an die Ufer des oberen Orinoko und des Rio Negro, streichen, deren Becken ja mit dem des Amazonenstromes zusammenfällt? Als vom Dorado de Canelas, von dem der Omagua und am Iquiari die Rede war, bemerkte ich, daß alle Flüsse, welche von West her kommen, reichlich Gold führen, und zwar sehr weit von den Kordilleren weg. Von Loxa bis Popayan bestehen die Kor- dilleren abwechselnd aus Trachyt und aus Urgebirge. Die Ebenen bei Zamora, Logroño und Macas (Sevilla del Oro), der große Rio Napo mit seinen Nebenflüssen (dem Ansupi und dem Coca in der Provinz Quixos), der Caqueta von Mocoa bis zum Einflusse des Fragua, endlich alles Land zwischen Jaen de Bracamoros und dem Guaviare behaupten noch immer ihren alten Ruf großen Metallreichtums. Weiter gegen Ost, zwischen den Quellen des Guainia (Rio Negro), des Uaupes, Iquiari und Jurubesch finden wir ein anderes unstreitig goldhaltiges Gebiet. Hierher setzen Acuña und Pater Fritz ihre Laguna del oro, und manches, was ich in San Carlos aus dem Munde der portugiesischen Amerikaner vernommen, macht vollkommen erklärlich, was La Condamine von den Goldblechen erzählt, die bei den Eingeborenen ge- funden worden. Gehen wir vom Iquiari auf das linke Ufer des Rio Negro, so betreten wir ein völlig unbekanntes Land

---

[1] Im Werte von 65878000 Frank.
[2] Villarica liegt 1270 m hoch, aber das große Plateau der Capitania Minas Geraes nur 584.

zwischen dem Rio Branco, den Quellen des Essequibo und
den Gebirgen von Portugiesisch-Guyana. Acuña spricht vom
Golde, das die nördlichen Nebenflüsse des Amazonenstromes
führen, wie der Rio Trombetas (Orizimina), der Curupatuba
und der Ginipape (Rio de Paru). Alle diese Flüsse, und
dieser Umstand scheint mir bemerkenswert, kommen von derselben Hochebene herab, auf deren nördlichem Abhange der
See Amucu, der Dorado Raleghs und der Holländer, der
Isthmus zwischen dem Rupunuri (Rupunuwini) und dem Rio
Mahu liegen. Nichts streitet wider die Annahme, daß auf-
geschwemmtes goldhaltiges Land weit von den Kordilleren der
Anden nördlich vom Amazonenstrome vorkommt, wie südlich
von demselben in den Gebirgen Brasiliens. Die Kariben am
Carony, Cuyuni und Essequibo haben von jeher im aufgeschwemmten Lande Goldwäscherei im kleinen getrieben. Das
Becken des Orinoko, des Rio Negro und des Amazonenstromes
wird nordwärts von den Gebirgen der Parime, südwärts von
denen von Minas Geraes und Matogrosso begrenzt. Häufig
stimmen die einander gegenüberliegenden Abhänge desselben
Thales im geologischen Verhalten überein.

Ich habe in diesem Bande die großen Provinzen Venezuela und Spanisch-Guyana beschrieben. Die Untersuchung
ihrer natürlichen Grenzen, ihrer klimatischen Verhältnisse und
ihrer Produkte hat mich dazu geführt, den Einfluß der Bodenbildung auf den Ackerbau, den Handel und den mehr oder
weniger langsamen Gang der gesellschaftlichen Entwickelung
zu erörtern. Ich habe nacheinander die drei Zonen durch-
wandert, die von Nord nach Süd, vom Mittelmeer der Antillen bis in die Wälder am oberen Orinoko und am Amazonenstrom hintereinander liegen. Hinter dem fruchtbaren
Uferstriche, dem Mittelpunkte des auf den Ackerbau gegründeten Wohlstandes, kommen die von Hirtenvölkern bewohnten
Steppen. Diese Steppen sind wiederum begrenzt von der
Waldregion, wo der Mensch, ich sage nicht der Freiheit, die
immer eine Frucht der Kultur ist, aber einer wilden Unabhängigkeit genießt. Die Grenze dieser zwei letzteren Zonen
ist gegenwärtig der Schauplatz des Kampfes, der über die
Unabhängigkeit und das Wohl Amerikas entscheiden soll. Die
Umwandlungen, die bevorstehen, können den eigentümlichen
Charakter jeder Region nicht verwischen; aber die Sitten und
die ganzen Zustände der Einwohner müssen sich gleichförmiger
färben. Durch diese Rücksicht mag eine zu Anfang des

19. Jahrhunderts unternommene Reise einen Reiz weiter er=
halten. Gerne sieht man wohl in einem Bilde nebeneinander
die Schilderung der civilisierten Völker am Meeresufer und
der schwachen Ueberreste der Eingeborenen am Orinoko, die
von keinem anderen Gottesdienste wissen außer der Verehrung
der Naturkräfte, und, gleich den Germanen des Tacitus,
deorum nominibus appellant secretum illud, quod sola
reverentia vident.

Sechsundzwanzigstes Kapitel.

Die Llanos del Pao oder des östlichen Striches der Steppen von Venezuela. - Missionen der Kariben. — Letzter Aufenthalt auf den Küsten von Nueva Barcelona, Cumana und Araya.

Es war bereits Nacht, als wir zum letztenmal über das Bett des Orinoko fuhren. Wir wollten bei der Schanze San Rafael übernachten und dann mit Tagesanbruch die Reise durch die Steppen von Venezuela antreten. Fast sechs Wochen waren seit unserer Ankunft in Angostura verflossen; wir sehnten uns nach der Küste, um entweder in Cumana oder in Nueva Barcelona ein Fahrzeug zu besteigen, das uns auf die Insel Cuba und von dort nach Mexiko brächte. Nach den Beschwerden, die wir mehrere Monate lang in engen Kanoen auf von Mücken wimmelnden Flüssen durchgemacht, hatte der Gedanke an eine lange Seereise für unsere Einbildungskraft einen gewissen Reiz. Wir gedachten nicht mehr nach Südamerika zurückzukommen. Wir brachten die Anden von Peru dem noch so wenig bekannten Archipel der Philippinen zum Opfer und beharrten bei unserem alten Plan, uns ein Jahr in Neuspanien aufzuhalten, mit der Galione von Acapulco nach Manilla zu gehen und über Basora und Aleppo nach Europa zurückzukehren. Wir dachten, wenn wir einmal die spanischen Besitzungen in Amerika im Rücken hätten, könnte der Sturz eines Ministeriums, dessen großherzigem Vertrauen ich so unbeschränkte Befugnisse zu danken hatte, der Durchführung unseres Unternehmens nicht mehr hinderlich werden. Lebhaft bewegten uns diese Gedanken während der einförmigen Reise durch die Steppen. Nichts hilft so leicht über die kleinen Widerwärtigkeiten des Lebens weg, als wenn der Geist mit der bevorstehenden Ausführung eines gewagten Unternehmens beschäftigt ist.

Unsere Maultiere warteten unser am linken Ufer des
Orinoko. Durch die Pflanzensammlungen und die geologischen
Suiten, die wir seit Esmeralda und dem Rio Negro mit uns
führten, war unser Gepäck bedeutend stärker geworden. Da
es mißlich gewesen wäre, uns von unseren Herbarien zu
trennen, so mußten wir uns auf eine sehr langsame Reise
durch die Llanos gefaßt machen. Durch das Zurückprallen
der Sonnenstrahlen vom fast pflanzenlosen Boden war die
Hitze ungemein stark. Indessen stand der hundertteilige Ther=
mometer bei Tag doch nur auf 30 bis 34, bei Nacht auf
27 bis 28°. Wie fast überall unter den Tropen war es daher
nicht sowohl der absolute Hitzegrad als das Andauern der=
selben, was widrig auf unsere Organe wirkte. Wir brauchten
13 Tage, um über die Steppen zu kommen, wobei wir uns
in den Missionen der Kariben und in der kleinen Stadt Pao
etwas aufhielten. Ich habe oben das physische Gemälde
dieser unermeßlichen Ebenen entworfen, die zwischen den Wäl=
dern von Guyana und der Küstenkette liegen. Der östliche
Strich der Llanos, über den wir von Angostura nach Nueva
Barcelona kamen, bietet denselben öden Anblick wie der
westliche, über den wir von den Thälern von Aragua nach
San Fernando am Apure gegangen waren. In der trockenen
Jahreszeit, welche hier Sommer heißt, obgleich dann die
Sonne in der südlichen Halbkugel ist, weht der Seewind in
den Steppen von Cumana weit stärker als in denen von
Caracas; denn diese weiten Ebenen bilden, gleich den ange=
bauten Fluren der Lombardei, ein nach Ost offenes, nach Nord,
Süd und West durch hohe Urgebirgsketten geschlossenes Becken.
Leider kam uns dieser erfrischende Wind, von dem die Llaneros
(die Steppenbewohner) mit Entzücken sprechen, nicht zu gute.
Nordwärts vom Aequator war Regenzeit; in den Llanos selbst
regnete es freilich nicht, aber durch den Wechsel in der Ab=
weichung der Sonne hatte das Spiel der Polarströmungen längst
aufgehört. In diesen Landstrichen am Aequator, wo man sich
nach dem Zug der Wolken orientieren kann, und wo die Schwan=
kungen des Quecksilbers im Barometer fast wie eine Uhr die
Stunde weisen, ist alles einem regelmäßigen, gleichförmigen
Typus unterworfen. Das Aufhören der Seewinde, der Ein=
tritt der Regenzeit und die Häufigkeit elektrischer Entladungen
sind durch unabänderliche Gesetze verknüpfte Erscheinungen.
Beim Einfluß des Apure in den Orinoko, am Berge
Sacuima, hatten wir einen französischen Landwirt getroffen,

der unter seinen Herden in völliger Abgeschiedenheit lebte. Es war das der Mann, der in seiner Einfalt glaubte, die politischen Revolutionen in der Alten Welt und die daraus entsprungenen Kriege rühren nur „vom langen Widerstande der Observanten" her. Kaum hatten wir die Llanos von Neubarcelona betreten, so brachten wir die erste Nacht wieder bei einem Franzosen zu, der uns mit der liebenswürdigsten Gast= freundlichkeit aufnahm. Er war aus Lyon gebürtig, hatte das Vaterland in früher Jugend verlassen und schien sich um alles, was jenseits des Atlantischen Meeres, oder, wie man hier für Europa ziemlich geringschätzig sagt, „auf der anderen Seite der großen Lache" (del otro lado del charco) vor= geht, sehr wenig zu kümmern. Wir sahen unseren Wirt be= schäftigt, große Holzstücke mittels eines Leimes, der Guayca heißt, aneinander zu fügen. Dieser Stoff, dessen sich auch die Tischler in Angostura bedienen, gleicht dem besten aus dem Tierreich gewonnenen Leim. Derselbe liegt ganz fertig zwischen Rinde und Splint einer Liane aus der Familie der Kombretaceen.[1] Wahrscheinlich kommt er in seinem chemischen Verhalten nahe überein mit dem Vogelleim, einem vegetabi= lischen Stoff, der aus den Beeren der Mistel und der inneren Rinde der Stechpalme gewonnen wird. Man erstaunt, in welcher Masse dieser klebrige Stoff ausfließt, wenn man die rankenden Zweige des Bejuco de Guayca abschneidet. So findet man denn unter den Tropen in reinem Zustande und in besonderen Organen abgelagert, was man sich in der ge= mäßigten Zone nur auf künstlichem Wege verschaffen kann.

Erst am dritten Tage kamen wir in die karibischen Mis= sionen am Cari. Wir fanden hier den Boden durch die Trocken= heit nicht so stark aufgesprungen wie in den Llanos von Cala= bozo. Ein paar Regengüsse hatten der Vegetation neues Leben gegeben. Kleine Grasarten und besonders jene kraut= artigen Sensitiven, von denen das halbwilde Vieh so fett wird, bildeten einen dichten Rasen. Weit auseinander stan= den hie und da Stämme der Fächerpalme (Corypha tectorum), der Rhopala (Chaparro) und Malpighia mit lederartigen, glänzenden Blättern. Die feuchten Stellen erkennt man von weitem an den Büschen von Mauritia, welche der Sagobaum dieses Landstriches ist. Auf den Küsten ist diese Palme das ganze Besitztum der Guarauneninbianer, und, was ziemlich auf=

---

[1] Combretum Guayca.

fallend ist, wir haben sie 1170 km weiter gegen Süd mitten
in den Wäldern am oberen Orinoko, auf den Grasfluren um
den Granitgipfel des Duida angetroffen. Der Baum hing in
dieser Jahreszeit voll ungeheurer Büschel roter, den Tannen=
zapfen ähnlicher Früchte. Unsere Affen waren sehr lüstern
nach diesen Früchten, deren gelbes Fleisch schmeckt wie über=
reife Aepfel. Die Tiere saßen zwischen unserem Gepäck auf
dem Rücken der Maultiere und strengten sich gewaltig an,
um der über ihren Köpfen hängenden Büschel habhaft zu
werden. Die Ebene schwankte wellenförmig infolge der Luft=
spiegelung, und als wir nach einer Stunde Wegs diese Palm=
stämme, die sich am Horizont wie Masten ausnahmen, er=
reichten, sahen wir mit Ueberraschung, wie viele Dinge an
das Dasein eines einzigen Gewächses geknüpft sind. Die
Winde, vom Laub und den Zweigen im raschen Zuge aufge=
halten, häufen den Sand um den Stamm auf. Der Geruch
der Früchte, das glänzende Grün locken von weitem die Zug=
vögel her, die sich gern auf den Wedeln der Palme wiegen.
Ringsum vernimmt man ein leises Rauschen. Niedergedrückt
von der Hitze, gewöhnt an die trübselige Stille der Steppe,
meint man gleich einige Kühlung zu spüren, wenn sich das
Laub auch nur ein wenig rührt. Untersucht man den Boden
an der Seite abwärts vom Winde, so findet man ihn noch
lange nach der Regenzeit feucht. Insekten und Würmer,[1]
sonst in den Llanos so selten, ziehen sich hierher und pflanzen
sich fort. So verbreitet ein einzeln stehender, häufig ver=
krüppelter Baum, den der Reisende in den Wäldern am Ori=
noko gar nicht beachtete, in der Wüste Leben um sich her.

Wir langten am 13. Juli im Dorfe Cari[2] an, der
ersten der karibischen Missionen, die unter den Mönchen
von der Kongregation der Observanten aus dem Kollegium von
Piritu[3] stehen. Wir wohnten, wie gewöhnlich, im Kloster, das

---

[1] Zu welcher Gattung gehören die Würmer (arabisch Soul),
welche Kapitän Lyon, der Reisebegleiter meines mutigen unglücklichen
Freundes Ritchie, in der Wüste Fezzan in Lachen gefunden, die von
den Arabern gegessen werden und wie Kaviar schmecken? Sollten
es nicht Insekteneier sein, ähnlich dem Aguautle, den ich in
Mexiko auf dem Markte habe verkaufen sehen, und der an der
Oberfläche des Sees Tezcuco gefischt wird?
[2] Nuestra Señora del Socorro del Cari, gegründet im
Jahre 1761.
[3] Diese Missionäre nennen sich Padres Misioneros Ob-

heißt beim Pfarrer. Wir hatten außer den Pässen des General=
kapitäns der Provinz Empfehlungen der Bischöfe und des
Guardians der Missionen am Orinoko. Von den Küsten von
Neukalifornien bis Valdivia und an die Mündung des Rio
de la Plata, auf einer Strecke von 9000 km, lassen sich alle
Schwierigkeiten einer langen Landreise überwinden, wenn man
des Schutzes der amerikanischen Geistlichkeit genießt. Die
Macht, welche diese Körperschaft im Staate ausübt, ist zu fest
begründet, als daß sie in einer neuen Ordnung der Dinge
so bald erschüttert werden könnte. Unserem Wirt war un=
begreiflich, „wie Leute aus dem nördlichen Europa von den
Grenzen von Brasilien her, über Rio Negro und Orinoko, und
nicht auf dem Wege von Cumana her zu ihm kamen". Er
behandelte uns ungemein freundlich, verleugnete indessen keines=
wegs die etwas lästige Neugier, welche das Erscheinen eines nicht
spanischen Europäers in Südamerika immer rege macht. Die
Mineralien, die wir gesammelt, mußten Gold enthalten; so
sorgfältig getrocknete Pflanzen konnten nur Arzneigewächse
sein. Hier, wie in so vielen Ländern in Europa, meint man,
die Wissenschaft sei nur dann eine würdige Beschäftigung für
den Geist, wenn dabei für die Welt ein materieller Nutzen
herauskomme.

Wir fanden im Dorfe Cari über 500 Kariben und in
den Missionen umher sahen wir ihrer noch viele. Es ist höchst
merkwürdig, ein Volk vor sich zu haben, das, früher nomadisch,
erst kürzlich an feste Wohnsitze gefesselt worden und sich durch
Körper= und Geisteskraft von allen anderen Indianern unter=
scheidet. Ich habe nirgends anderswo einen ganzen so hoch=
gewachsenen (1,78 bis 1,88 m) und so kolossal gebauten Volks=
stamm gesehen. Die Männer, und dies kommt in Amerika
ziemlich häufig vor, sind mehr bekleidet als die Weiber. Diese
tragen nur den Guayuco oder Gürtel in Form eines Ban=
des, bei den Männern ist der ganze Unterteil des Körpers
bis zu den Hüften in ein Stück dunkelblauen, fast schwarzen
Tuches gehüllt. Diese Bekleidung ist so weit, daß die Kariben,
wenn gegen Abend die Temperatur abnimmt, sich eine Schul=
ter damit bedecken. Da ihr Körper mit Onoto bemalt ist,
so gleichen ihre großen, malerisch drapierten Gestalten von
weitem, wenn sie sich in der Steppe vom Himmel abheben, an=

servantes del Colegio de la purisima Concepcion de propa-
ganda fide en la Nueva Barcelona.

tiken Bronzestatuen. Bei den Männern ist das Haar sehr charak=
teristisch geschnitten, nämlich wie bei den Mönchen oder den
Chorknaben. Die Stirne ist zum Teil glatt geschoren, wo=
durch sie sehr hoch erscheint. Ein starker, kreisrund geschnittener
Haarbüschel fängt erst ganz nahe am Scheitel an. Diese
Aehnlichkeit der Kariben mit den Mönchen ist nicht etwa eine
Folge des Lebens in den Missionen; sie rührt nicht, wie man
fälschlich behauptet hat, daher, daß es die Eingeborenen ihren
Herren und Meistern, den Patres Franziskanern, gleich thun
wollen. Die Stämme, die zwischen den Quellen des Carony
und des Rio Branco in wilder Unabhängigkeit verharren,
zeichnen sich durch eben diesen Cerquillo de frailes
aus, den schon bei der Entdeckung von Amerika die frühesten
spanischen Geschichtschreiber den Völkern von karibischem
Stamme zuschrieben. Alle Glieder dieses Stammes, die wir
bei unserer Fahrt auf dem unteren Orinoko und in den Mis=
sionen von Piritu gesehen, unterscheiden sich von den übrigen
Indianern nicht allein durch ihren hohen Wuchs, sondern auch
durch ihre regelmäßigen Züge. Ihre Nase ist nicht so breit
und platt, ihre Backenknochen springen nicht so stark vor, der
ganze Gesichtsausdruck ist weniger mongolisch. Aus ihren
Augen, die schwärzer sind als bei den anderen Horden in
Guyana, spricht Verstand, fast möchte man sagen Nachdenk=
lichkeit. Die Kariben haben etwas Ernstes in ihrem Benehmen
und etwas Schwermütiges im Blick, wie die Mehrzahl der
Ureinwohner der Neuen Welt. Der ernste Ausdruck ihrer
Züge wird noch bedeutend dadurch gesteigert, daß sie die Aug=
brauen mit dem Saft des Caruto färben, sie stärker machen
und zusammenlaufen lassen; häufig machen sie sich im ganzen
Gesicht schwarze Flecke, um grimmiger auszusehen. Die Ge=
meindebeamten, der Governador und die Alkalden, die allein
das Recht haben, lange Stöcke zu tragen, machten uns ihre
Aufwartung. Es waren junge Indianer von achtzehn, zwanzig
Jahren darunter; denn ihre Wahl hängt einzig vom Gut=
dünken des Missionärs ab. Wir wunderten uns nicht wenig,
als uns an diesen mit Onoto bemalten Kariben das wichtig
thuende Wesen, die gemessene Haltung, das kalte, herabsehende
Benehmen entgegentraten, wie man sie hin und wieder bei
Beamten in der Alten Welt findet. Die karibischen Weiber
sind nicht so kräftig und häßlicher als die Männer. Die Last
der häuslichen Geschäfte und der Feldarbeit liegt fast ganz
auf ihnen. Sie baten uns dringend um Stecknadeln, die sie

in Ermanglung von Taschen unter die Unterlippe steckten; sie durchstechen damit die Haut so, daß der Kopf der Nadel im Munde bleibt. Diesen Brauch haben sie aus ihrem wilden Zustande mit herübergenommen. Die jungen Mädchen sind rot bemalt und außer dem Guayuco ganz nackt. Bei den verschiedenen Völkern beider Welten ist der Begriff der Nackt= heit nur ein relativer. In einigen Ländern Asiens ist es einem Weibe nicht gestattet, auch nur die Fingerspitzen sehen zu lassen, während eine Indianerin vom karibischen Stamme sich gar nicht für nackt hält, wenn sie einen zwei Zoll breiten Guayuco trägt. Dabei gilt noch diese Leibbinde für ein weni= ger wesentliches Kleidungsstück als die Färbung der Haut. Aus der Hütte zu gehen, ohne mit Onoto gefärbt zu sein, wäre ein Verstoß gegen allen karibischen Anstand.

Die Indianer in den Missionen von Piritu nahmen unsere Aufmerksamkeit um so mehr in Anspruch, als sie einem Volke angehören, das durch seine Kühnheit, durch seine Kriegs= züge und seinen Handelsgeist auf die weite Landstrecke zwischen dem Aequator und den Nordküsten bedeutenden Einfluß geübt hat. Allerorten am Orinoko hatten wir das Andenken an jene feindlichen Einfälle der Kariben lebendig gefunden; die= selben erstreckten sich früher von den Quellen des Carony und des Erevato bis zum Ventuari, Atacavi und Rio Negro. Die karibische Sprache ist daher auch eine der verbreitetsten in diesem Teile der Welt; sie ist sogar (wie im Westen der Alleghanies die Sprache der Lenni=Lenape oder Algonkin und die der Natchez oder Muskoghi) auf Völker übergegangen, die nicht desselben Stammes sind.

Ueberblickt man den Schwarm von Völkern, die in Süd= und Nordamerika ostwärts von den Kordilleren der Anden hausen, so verweilt man vorzugsweise bei solchen, die lange über ihre Nachbarn geherrscht und auf dem Schauplatz der Welt eine wichtigere Rolle gespielt haben. Der Geschicht= schreiber fühlt das Bedürfnis, die Ereignisse zu gruppieren, Massen zu sondern, zu den gemeinsamen Quellen so vieler Bewegungen und Wanderungen im Leben der Völker zurück= zugehen. Große Reiche, eine förmlich organisierte priesterliche Hierarchie und eine Kultur, wie sie auf den ersten Entwicke= lungsstufen der Gesellschaft durch eine solche Organisation ge= fördert wird, fanden sich nur auf den Hochgebirgen im Westen. In Mexiko sehen wir eine große Monarchie, die zerstreute kleine Republiken einschließt, in Cundinamarca und Peru

wahre Priesterstaaten. Befestigte Städte, Straßen und große
steinerne Gebäude, ein merkwürdig entwickeltes Lebenssystem,
Sonderung der Kasten, Männer= und Frauenklöster, geistliche
Brüderschaften mit mehr oder minder strenger Regel, sehr
verwickelte Zeiteinteilungen, die mit den Kalendern, den Tier=
kreisen und der Astrologie der kultivierten asiatischen Völker
Verwandtschaft haben, all das gehört in Amerika nur einem
einzelnen Landstrich an, dem langen und schmalen Streifen
Alpenland, der sich vom 30. Grad nördlicher bis zum 25.
südlicher Breite erstreckt. In der Alten Welt ging der Zug
der Völker von Ost nach West; nacheinander traten Basken
oder Iberer, Kelten, Germanen und Pelasger auf. In der
Neuen Welt gingen ähnliche Wanderungen in der Richtung
von Nord nach Süd. In beiden Halbkugeln richtete sich die
Bewegung der Völker nach dem Zug der Gebirge; aber im
heißen Erdstrich wurden die gemäßigten Hochebenen der Kor=
dilleren von bedeutenderem Einflusse auf die Geschicke des
Menschengeschlechtes als die Gebirge in Centralasien und
Europa. Da nun nur civilisierte Völker eine eigentliche Ge=
schichte haben, so geht die Geschichte der Amerikaner in der
Geschichte einiger weniger Gebirgsvölker auf. Tiefes Dunkel
liegt auf dem unermeßlichen Lande, das sich vom Ostabhang
der Kordilleren zum Atlantischen Ozean erstreckt, und gerade
deshalb nimmt alles, was in diesem Lande auf das Ueber=
gewicht einer Nation über die andere, auf weite Wanderzüge,
auf physiognomische, fremde Abstammung verratende Züge
deutet, unser Interesse so lebhaft in Anspruch.

Mitten auf den Niederungen von Nordamerika hat ein
mächtiges ausgestorbenes Volk freisrunde, viereckige, achteckige
Festungswerke gebaut, Mauern, 11,7 km lang, Erdhügel von
195 bis 230 m Durchmesser und 45 m Höhe, die bald rund
sind, bald mehrere Stockwerke haben und Tausende von
Skeletten enthalten. Diese Skelette gehörten Menschen an,
die nicht so hoch gewachsen, untersetzter waren als die gegen=
wärtigen Bewohner dieser Länder. Andere Gebeine, in Ge=
webe gehüllt, die mit denen auf den Sandwichs= und Viti=
inseln Aehnlichkeit haben, findet man in natürlichen Höhlen
in Kentucky. Was ist aus jenen Völkern in Louisiana ge=
worden, die vor den Lenni=Lenape, den Shawanoes im Lande
saßen, vielleicht sogar vor den Sioux (Nadowessier, Dacota)
am Missouri, die stark „mongolisiert" sind und von denen
man, nach ihren eigenen Sagen, annimmt, daß sie von den

afiatifchen Küften herübergekommen? Auf den Niederungen
von Südamerika trifft man, wie oben bemerkt, kaum ein paar
künftliche Hügel (cerros hechos a mano) an, nirgends Be=
feftigungen wie am Ohio. Auf einem fehr großen Landftrich,
am unteren Orinoko wie am Caffiquiare und zwifchen den
Quellen des Effequibo und Rio Branco, findet man indeffen
Granitfelfen, die mit fymbolifchen Bildern bedeckt find. Diefe
Bildwerke weifen darauf hin, daß die ausgeftorbenen Ge=
fchlechter anderen Völkern angehörten, als die jetzt diefe Länder
bewohnen. Im Weften, auf dem Rücken der Kordillere der
Anden, erfcheinen die Gefchichte von Mexiko und die von
Cundinamarca und Peru ganz unabhängig voneinander; aber
auf den Niederungen gegen Often zeigt eine kriegerifche Na=
tion, die lange als die herrfchende aufgetreten, in den Gefichts=
zügen und dem Körperbau Spuren fremder Abftammung. Die
Kariben haben noch Sagen, die auf einen Verkehr zwifchen
beiden Hälften Amerikas in alter Zeit hinzudeuten fcheinen.
Eine folche Erfcheinung verdient ganz befondere Aufmerkfam=
keit; fie verdient folche, wie tief auch die Verfunkenheit und
die Barbarei fein mag, in der die Europäer am Ende des
15. Jahrhunderts alle Völker des neuen Kontinents mit Aus=
nahme der Gebirgsvölker antrafen. Wenn es wahr ift, daß
die meiften Wilden, wie ihre Sprachen, ihre kosmogonifchen
Mythen und fo viele andere Merkmale darzuthun fcheinen, nur
verwilderte Gefchlechter find, Trümmer, die einem großen
gemeinfamen Schiffbruch entgangen, fo wird es doppelt von
Wichtigkeit, zu unterfuchen, auf welchen Wegen diefe Trüm=
mer aus einer Halbkugel in die andere geworfen worden find.

Das fchöne Volk der Kariben bewohnt heutzutage nur
einen kleinen Teil der Länder, die es vor der Entdeckung
von Amerika inne hatte. Durch die Greuel der Europäer
ift dasfelbe auf den Antillen und auf den Küften von Darien
völlig ausgerottet, wogegen es unter der Miffionszucht in den
Provinzen Nueva Barcelona und Spanifch = Guyana volk=
reiche Dörfer gegründet hat. Man kann, glaube ich, die Zahl
der Kariben, die in den Llanos von Piritu und am Carony
und Cuyuni wohnen, auf mehr als 35000 veranfchlagen.
Rechnete man dazu die unabhängigen Kariben, die weftwärts
von den Gebirgen von Cayenne und Pacaraimo zwifchen den
Quellen des Effequibo und des Rio Branco haufen, fo käme
vielleicht eine Gefamtzahl von 40000 Köpfen von einer,
mit anderen eingeborenen Stämmen nicht gemifchten Raffe

heraus. Ich lege auf diese Angaben um so mehr Gewicht, als vor meiner Reise in vielen geographischen Werken von den Kariben nur wie von einem ausgestorbenen Volkstamm die Rede war. Da man vom Inneren der spanischen Kolonien auf dem Festland nichts wußte, setzte man voraus, die kleinen Inseln Dominica, Guadeloupe und St. Vincent seien der Hauptwohnsitz dieses Volkes gewesen, und von demselben bestehe (auf allen östlichen Antillen) nichts mehr als versteinerte oder vielmehr in einem Madreporenkalk eingeschlossene Skelette.[1] Nach dieser Voraussetzung wären die Kariben in Amerika ausgestorben, wie die Guanchen auf dem Archipel der Kanarien.

Stämme, welche, demselben Volke angehörig, sich gemeinsamen Ursprung zuschreiben, werden auch mit denselben Namen bezeichnet. Meist wird der Name einer einzelnen Horde von den benachbarten Völkern allen anderen beigelegt; zuweilen werden auch Ortsnamen zu Volksnamen, oder letztere entspringen aus Spottnamen oder aus der zufälligen Verdrehung eines Wortes infolge schlechter Aussprache. Das Wort „Caribes", das ich zuerst in einem Briefe des Peter Martyr d'Anghiera finde, kommt von Calina und Caripuna, wobei aus l und p r und b wurden. Ja es ist sehr merkwürdig, daß dieser Name, den Kolumbus aus dem Munde der haytischen Völker hörte, bei den Kariben auf den Inseln und bei denen auf dem Festland zugleich vorkam. Aus Carina oder Calina machte man Galibi (Karibi), wie in Französisch-Guyana eine Völkerschaft heißt, die von weit kleinerem Wuchse ist als die Einwohner am Cari, aber eine der zahlreichen Mundarten der karibischen Sprache spricht. Die Bewohner der Inseln nannten sich in der Männersprache Calinago, in der Weibersprache Callipinan. Dieser Unterschied zwischen beiden Geschlechtern in der Sprechweise ist bei den Völkern von karibischem Stamm auffallender als bei anderen amerikanischen Nationen (den Omagua, Guarani und Chiquitos), bei welchen derselbe nur wenige Begriffe betrifft, wie z. B. die Worte Mutter und Kind. Es begreift sich, wie

---

[1] Diese Skelette wurden im Jahre 1805 von Cortes gefunden. Sie sind in einer Madreporen-Breccie eingeschlossen, welche die Neger sehr naiv maçonne von Dieu nennen, und die, neuer Formation wie der italienische Travertin, Topfscherben und andere Produkte der Menschenhand enthält. Daurion Lavaysse und Dr. König machten in Europa zuerst diese Erscheinung bekannt, die eine Zeitlang die Aufmerksamkeit der Geologen in Anspruch nahm.

die Weiber bei ihrer abgeschlossenen Lebensweise sich Redens=
arten bilden, welche die Männer nicht annehmen mögen.
Schon Cicero[1] bemerkt, daß die alten Sprachformen sich vor=
zugsweise im Munde der Weiber erhalten, weil sie bei ihrer
Stellung in der Gesellschaft nicht so sehr den Lebenswechseln
(dem Wechsel von Wohnort und Beschäftigung) ausgesetzt
sind, wodurch bei den Männern die ursprüngliche Reinheit
der Sprache leicht leidet. Bei den karibischen Völkern ist
aber der Unterschied zwischen den Mundarten beider Geschlechter
so groß und auffallend, daß man zur befriedigenden Erklä=
rung desselben sich nach einer anderen Quelle umsehen muß.
Diese glaubte man nun in dem barbarischen Brauche zu fin=
den, die männlichen Gefangenen zu töten und die Weiber
der Besiegten als Sklaven fortzuschleppen. Als die Kariben
in den Archipel der Kleinen Antillen einfielen, kamen
sie als eine kriegerische Horde, nicht als Kolonisten, die ihre
Familien bei sich hatten. Die Weibersprache bildete sich nun
in dem Maße, als die Sieger sich mit fremden Weibern ver=
banden. Damit kamen neue Elemente herein, Worte wesent=
lich verschieden von den karibischen Worten,[2] die sich im
Frauengemach von Geschlecht zu Geschlecht fortpflanzten, doch
so, daß der Bau, die Kombinationen und die grammatischen
Formen der Männersprache Einfluß darauf äußerten. So voll=
zog sich hier in einem beschränkten Verein von Individuen,
was wir an der ganzen Völkergruppe des neuen Kontinents
beobachten. Völlige Verschiedenheit hinsichtlich der Worte
neben großer Aehnlichkeit im Bau, das ist die Eigentümlich=
keit der amerikanischen Sprachen von der Hudsonsbai bis
zur Magelhaensschen Meerenge. Es ist verschiedenes Material
in ähnlichen Formen. Bedenkt man nun, daß die Erschei=
nung fast von einem Pol zum anderen über die ganze Hälfte
unseres Planeten reicht, betrachtet man die Eigentümlichkeiten
in den grammatischen Kombinationen (die Formen für die
Genera bei den drei Personen des Zeitwortes, die Redupli=
kationen, die Frequentative, die Duale), so kann man sich
nicht genug wundern, wie einförmig bei einem so beträcht=

---

[1] Cicero, De oratore. Lib. III, c. 12.
[2] Ich gebe hier einige Beispiele von diesem Unterschiede zwischen der Sprache der Männer (M) und der Weiber (W): Insel oubao (M), acaera (W); Mensch ouekelli (M), eyeri (W); Mais ichen (M), atica (W).

lichen Bruchteil des Menschengeschlechtes der Entwickelungs=
gang in Geist und Sprache ist.

Wir haben gesehen, daß die Mundart der karibischen
Weiber auf den Antillen Reste einer ausgestorbenen Sprache
enthält. Was war dies für eine Sprache? Wir wissen es
nicht. Einige Schriftsteller vermuten, es könnte die Sprache
der Ygneri oder der Ureinwohner der karibischen Inseln sein,
von denen sich schwache Ueberreste auf Guadeloupe erhalten
haben; andere fanden darin Aehnlichkeit mit der alten Sprache
von Cuba oder mit den Sprachen der Arnaken und Apa=
lachiten in Florida; allein alle diese Annahmen gründen sich
auf eine höchst mangelhafte Kenntnis der Mundarten, die
man zu vergleichen unternommen.

Liest man die spanischen Schriftsteller des 16. Jahrhun=
derts mit Aufmerksamkeit, so sieht man, daß die karibischen
Völkerschaften damals auf einer Strecke von 18 bis 19 Breiten=
graden, von den Jungfraueninseln ostwärts von Portorico
bis zu den Mündungen des Amazonenstromes ausgebreitet
waren. Daß ihre Wohnsitze auch gegen West, längs der Küsten=
kette von Santa Marta und Venezuela sich erstreckt, erscheint
weniger gewiß. Indessen nennen Lopez de Gomara und die
ältesten Geschichtschreiber Caribana nicht, wie seitdem ge=
schehen, das Land zwischen den Quellen des Orinoko und
den Gebirgen von Französisch=Guyana,[1] sondern die sumpfigen
Niederungen zwischen den Mündungen des Rio Atrato und
des Rio Sinu. Ich war, als ich von der Havana nach Por=
tobelo wollte, selbst auf diesen Küsten und hörte dort, das
Vorgebirge, das den Meerbusen von Darien oder Uraba gegen
Ost begrenzt, heiße noch jetzt Punta Caribana. Früher war
so ziemlich die Ansicht herrschend, die Kariben der antillischen
Inseln stammen von den kriegerischen Völkern in Darien ab,
und haben sogar den Namen von ihnen. „Inde Uraban ab
orientali prehendit ora, quam appellant indigenae Caribana,
unde Caribes insulares originem habere nomenque retinere
dicuntur." So drückt sich Anghiera in den Oceanica aus.

---

[1] Karte des Hondius von 1599, die der lateinischen Ausgabe
von Raleghs Reisebeschreibung beigegeben ist. In der holländischen
Ausgabe heißen die Llanos von Caracas zwischen den Gebirgen von
Merida und dem Rio Pao „Caribana". Man sieht hier wieder,
was so oft in der Geschichte der Geographie vorkommt, daß eine
Benennung allmählich von Westen nach Osten gerückt wurde.

Ein Neffe Amerigo Vespuccis hatte ihm gesagt, von dort bis zu den Schneegebirgen von Santa Marta seien alle Eingeborenen „e genere Caribium sive Canibalium". Ich ziehe nicht in Abrede, daß echte Kariben am Meerbusen von Darien gehaust haben können, und daß sie durch die östlichen Strömungen dahin getrieben worden sein mögen; es kann aber ebenso gut sein, daß die spanischen Seefahrer, die auf die Sprachen wenig achteten, jede Völkerschaft von hohem Wuchs und wilder Gemütsart Karibe und Kanibale nannten. Jedenfalls erscheint es sehr unwahrscheinlich, daß das karibische Volk auf den Antillen und in der Parime sich selbst nach dem Lande, in dem es ursprünglich lebte, genannt haben sollte. Ostwärts von den Anden und überall, wohin die Kultur noch nicht gedrungen ist, geben vielmehr die Völker den Landstrichen, wo sie sich niedergelassen, die Namen. Wir haben schon mehrmals Gelegenheit gehabt zu bemerken, daß die Worte Caribes und Canibales bedeutsam zu sein scheinen, daß es wohl Beinamen sind, die auf Mut und Kraft, selbst auf Geistesüberlegenheit anspielen.[1] Es ist sehr bemerkenswert, daß die Brasilianer, als die Portugiesen ins Land kamen, ihre Zauberer gleichfalls Caribes nannten. Wir wissen, daß die Kariben in der Parime das wanderlustigste Volk in Amerika waren; vielleicht spielten schlaue Köpfe in diesem umherziehenden Volk dieselbe Rolle wie die Chaldäer in der Alten Welt. Völkernamen hängen sich leicht an gewisse Gewerbe, und als unter den Cäsaren so viele Formen des Aberglaubens aus dem Orient in Italien eindrangen, kamen die Chaldäer so wenig von den Ufern des Euphrat, als die Menschen, die man in Frankreich Egyptiens und Bohémiens nennt (die einen indischen Dialekt reden, Zigeuner), vom Nil und von der Elbe.

Wenn eine und dieselbe Nation auf dem Festlande und auf benachbarten Inseln lebt, so hat man die Wahl zwischen zwei Annahmen: sie sind entweder von den Inseln auf den Kontinent, oder von dem Kontinent auf die Inseln gewandert. Diese Streitfrage erhebt sich auch bei den Iberern (Basken), die sowohl in Spanien als auf den Inseln im Mittelmeer ihre Wohnsitze hatten;[2] ebenso bei den Malaien, die auf der

---

[1] Vespucci sagt: Se eorum lingua Charaibi, hoc est magnae sapientiae viros vocantes.

[2] Wilhelm von Humboldt: „Urbewohner Hispaniens", S. 167.

Halbinsel Malakka und im Distrikt Menangkabau auf der Insel Sumatra Autochthonen zu sein scheinen.[1] Der Archipel der großen und der kleinen Antillen hat die Gestalt einer schmalen, zerrissenen Landzunge, die der Landenge von Panama parallel läuft und nach der Annahme mancher Geographen einst Florida mit dem nordöstlichen Ende von Südamerika verband. Es ist gleichsam das östliche Ufer eines Binnenmeeres, das man ein Becken mit mehreren Ausgängen nennen kann. Diese sonderbare Bildung des Landes hat den verschiedenen Wandersystemen, nach denen man die Niederlassung der karibischen Völker auf den Inseln und auf dem benachbarten Festlande zu erklären suchte, zur Stütze gedient. Die Kariben des Festlandes behaupten, die kleinen Antillen seien vor Zeiten von den Aruaken bewohnt gewesen, einer kriegerischen Nation, deren Hauptmasse noch jetzt an den ungesunden Ufern des Surinam und des Berbice lebt. Diese Aruaken sollen, mit Ausnahme der Weiber, von den Kariben, die von den Mündungen des Orinoko hinübergekommen, sämtlich ausgerottet worden sein, und sie berufen sich zur Bewahrheitung dieser Sage auf die Aehnlichkeit zwischen der Sprache der Aruaken und der Weibersprache bei den Kariben. Man muß aber bedenken, daß die Aruaken, wenn sie gleich Feinde der Kariben sind, doch mit ihnen zur selben Völkerfamilie gehören, und daß das Aruakische und das Karibische einander so nahe stehen wie Griechisch und Persisch, Deutsch und Sanskrit. Nach einer anderen Sage sind die Kariben auf den Inseln von Süden hergekommen, nicht als Eroberer, sondern aus Guyana von den Aruaken vertrieben, die ursprünglich über alle benachbarten Völker das Uebergewicht hatten. Endlich eine dritte, weit verbreitetere und auch wahrscheinlichere Sage läßt die Kariben aus Nordamerika, namentlich aus Florida kommen. Ein Reisender, der sich rühmt, alles zusammengebracht zu haben, was auf diese Wanderungen von Nord nach Süd Bezug hat, Bristof, behauptet, ein Stamm der Confachiqui habe lange mit den Apalachiten im Kriege gelegen; diese haben jenem Stamme den fruchtbaren Distrikt Amana

---

[1] Wenn ich das Wort Autochthone brauche, so will ich damit keineswegs aussprechen, daß die Völker hier geschaffen worden, was gar nicht Sache der Geschichte ist, sondern nur so viel sagen, daß wir von keinem anderen Volke wissen, das älter wäre als das autochthone.

abgetreten und sofort ihre neuen Bundesgenossen Karibes (d. h.
tapfere Fremdlinge) genannt; aber infolge eines Zwistes
über den Gottesdienst seien die Confachiquicaribes aus Flo=
rida vertrieben worden. Sie gingen zuerst in ihren kleinen
Kanoen auf die Yucayas oder die lucayischen Inseln (auf Ci=
gatco und die zunächstliegenden Inseln), von da nach Ayay
(Hayhay, heutzutage Santa Cruz) und auf die kleinen An=
tillen, endlich auf das Festland von Südamerika. Dies,
glaubt man, sei gegen das Jahr 1100 unserer Zeitrechnung
geschehen; allein bei dieser Schätzung nimmt man an (wie
bei manchen orientalischen Mythen), „bei der Mäßigkeit und
Sitteneinfalt der Wilden" könne die mittlere Dauer einer
Generation 180 bis 200 Jahre betragen haben, wodurch dann
eine bestimmte Zeitangabe als völlig aus der Luft gegriffen
erscheint. Auf dieser ganzen langen Wanderung hatten die
Kariben die großen Antillen nicht berührt, wo indessen die
Eingeborenen gleichfalls aus Florida zu stammen glaubten.
Die Insulaner auf Cuba, Hayti und Borriken (Portorico)
waren nach der einstimmigen Aussage der ersten Konquistadoren
von den Kariben völlig verschieden; ja bei der Entdeckung von
Amerika waren diese bereits von der Gruppe der kleinen lu=
cayischen Inseln abgezogen, auf denen, wie in allen von Schiff=
brüchigen und Flüchtlingen bewohnten Ländern, eine erstaun=
liche Mannigfaltigkeit von Sprachen herrschte.

Die Herrschaft, welche die Kariben so lange über einen
großen Teil des Festlandes ausgeübt, und das Andenken an ihre
alte Größe gab ihnen ein Gefühl von Würde und nationaler
Ueberlegenheit, das in ihrem Benehmen und ihren Aeuße=
rungen zu Tage kommt. „Nur wir sind ein Volk," sagen sie
sprichwörtlich, „die anderen Menschen (oquili) sind dazu da,
uns zu dienen." Die Kariben sehen auf ihre alten Feinde
so hoch herab, daß ich ein zehnjähriges Kind vor Wut schäumen
sah, weil man es einen Cabre oder Cavere nannte. Und
doch hatte es in seinem Leben keinen Menschen dieses un=
glücklichen Volkes gesehen, von dem die Stadt Cabruta (Ca=
britu) ihren Namen hat und das von den Kariben fast völlig
ausgerottet wurde. Ueberall, bei halb barbarischen Horden
wie bei den civilisiertesten Völkern in Europa, finden wir
diesen eingewurzelten Haß und die Namen feindlicher Völker
als die gröbsten Schimpfworte gebraucht.

Der Missionär führte uns in mehrere indianische Hütten,
wo Ordnung und die größte Reinlichkeit herrschten. Mit

Verdruß sahen wir hier, wie die karibischen Mütter schon die kleinsten Kinder quälen, um ihnen nicht nur die Waden größer zu machen, sondern am ganzen Bein vom Knöchel bis oben am Schenkel das Fleisch stellenweise hervorzutreiben. Bänder von Leder oder Baumwollenzeug werden 5 bis 8 cm voneinander fest umgelegt und immer stärker angezogen, so daß die Muskeln zwischen zwei Bandstreifen überquellen. Unsere Kinder im Wickelzeug haben lange nicht so viel zu leiden als die Kinder bei den karibischen Völkern, bei einer Nation, die dem Naturzustand noch so viel näher sein soll. Umsonst arbeiten die Mönche in den Missionen, ohne Rousseaus Werke oder auch nur den Namen des Mannes zu kennen, diesem alten System des Kinderaufziehens entgegen; der Mensch, der eben aus den Wäldern kommt, an dessen Sitteneinfalt wir glauben, ist keineswegs gelehrig, wenn es sich von seinem Putz und von seinen Vorstellungen von Schönheit und Anstand handelt. Ich wunderte mich übrigens, daß der Zwang, dem man die armen Kinder unterwirft, und der den Blutumlauf hemmen sollte, der Muskelbewegung keinen Eintrag thut. Es gibt auf der Welt kein kräftigeres und schnellfüßigeres Volk als die Kariben.

Wenn die Weiber ihren Kindern Beine und Schenkel modeln, um Wellenlinien hervorzubringen, wie die Maler es nennen, so unterlassen sie es in den Llanos wenigstens, ihnen von der Geburt an den Kopf zwischen Kissen und Brettern platt zu drücken. Dieser Brauch, der früher auf den Inseln und bei manchen karibischen Stämmen in der Parime und in Französisch-Guyana so verbreitet war, kommt in den Missionen, die wir besucht haben, nicht vor. Die Leute haben dort gewölbtere Stirnen als die Chaymas, Otomaken, Macos, Marvaitanos und die meisten Eingebornen am Orinoko. Nach systematischem Begriffe sind ihre Stirnen, wie sie ihren geistigen Fähigkeiten entsprechen. Diese Beobachtung überraschte uns um so mehr, da die in manchen anatomischen Werken abgebildeten Karibenschädel[1] sich von allen Menschenschädeln durch die niedrigste Stirne und den kleinsten Gesichtswinkel unterscheiden. Man hat aber in unseren osteologischen Sammlungen Kunstprodukte mit Naturbildungen verwechselt. Die

---

[1] Ich führe als Beispiel nur eine vom berühmten Pater Camper gezeichnete Tafel an: Viri adulti cranium ex Caraibensium insula Sancti Vicentii in Museo Clinii asservatum, 1785.

„fast stirnlosen" sogenannten Karibenschädel von der Insel Sankt Vincent sind zwischen Brettern gemodelte Köpfe von Zambos (schwarzen Kariben), Abkömmlingen von Negern und wirklichen Kariben. Der barbarische Brauch, die Stirne platt zu drücken, kommt übrigens bei mehreren Völkern vor, die nicht desselben Stammes sind; man hat denselben in neuester Zeit auch in Nordamerika angetroffen; aber der Schluß von einer gewissen Uebereinstimmung in Sitten und Gebräuchen auf gleiche Abstammung ist sehr gewagt.

Reist man in den karibischen Missionen, so sollte man bei dem daselbst herrschenden Geiste der Ordnung und des Gehorsams gar nicht glauben, daß man sich unter Kannibalen befindet. Dieses amerikanische Wort von nicht ganz sicherer Bedeutung stammt wahrscheinlich aus der Sprache von Hayti oder Portorico. Es ist schon zu Ende des 15. Jahrhunderts, als gleichbedeutend mit Menschenfresser, in die europäischen Sprachen übergegangen. „Edaces humanarum carnium novi anthropophagi, quos diximus Caribes, alias Canibales appellari," sagt Anghiera in der dritten Dekade seiner Papst Leo X. gewidmeten Oceanica. Ich bezweifle keineswegs, daß die Inselkariben als eroberndes Volk die Ygneris oder alten Bewohner der Antillen, die schwach und unkriegerisch waren, grausam behandelt haben; dennoch ist anzunehmen, daß diese Grausamkeiten von den ersten Reisenden, welche nur Völker hörten, die von jeher Feinde der Kariben gewesen, übertrieben wurden. Nicht immer werden nur die Besiegten von den Zeitgenossen verleumdet; auch am Uebermut des Siegers rächt man sich, indem man das Register seiner Greuel vergrößert.

Alle Missionäre am Carony, am unteren Orinoko und in den Llanos del Cari, die wir zu befragen Gelegenheit gehabt, versichern, unter allen Völkern des neuen Kontinents seien die Kariben vielleicht am wenigsten Menschenfresser; und solches behaupten sie sogar von den unabhängigen Horden, die ostwärts von Esmeralda zwischen den Quellen des Rio Branco und des Essequibo umherziehen. Es begreift sich, daß die verzweifelte Erbitterung, mit der sich die unglücklichen Kariben gegen die Spanier wehrten, nachdem im Jahre 1504 ein königliches Ausschreiben sie für Sklaven erklärt hatte, sie vollends in den Ruf der Wildheit brachte, in dem sie stehen.[1] Der erste

---

[1] Dati erant in praedam Caribes ex diplomate regio. Missus

Gedanke, diesem Volke zu Leibe zu gehen und es seiner Freiheit und seiner natürlichen Rechte zu berauben, rührt von Christoph Kolumbus her, der die Ansichten des 15. Jahrhunderts teilte und durchaus nicht immer so menschlich war, als man im 18. aus Haß gegen seine Verkleinerer behauptete. Später wurde der Licentiat Rodrigo de Figueroa vom Hofe beauftragt (1520), auszumachen, welche Völkerschaften in Südamerika für karibischen oder kannibalischen Stammes gelten könnten, und welche Guatiaos wären, d. h. friedliche, von lange her mit den Kastilianern befreundete Indianer. Dieses ethno= graphische Aktenstück, „El auto de Figueroa" genannt, ist eine der merkwürdigsten Urkunden für die Barbarei der ersten Kon= quistadoren. Nie hatte Systemsucht so trefflich dazu gedient, die Leidenschaften zu beschönigen. Unsere Geographen gehen nicht willkürlicher zu Werke, wenn sie in Centralasien mon= golische und tatarische Völker unterscheiden, als Figueroa, wenn er zwischen Kannibalen und Guatiaos die Grenze zog. Ohne auf die Sprachverwandtschaft zu achten, erklärte man willkürlich alle Horden, denen man Schuld geben konnte, daß sie nach dem Gefechte einen Gefangenen verzehrt, für karibisch. Die Einwohner von Uriapari (der Halbinsel Paria) wurden Kariben, die Urinaken (die Uferbewohner am unteren Orinoko oder Orinuku) Guatiaos genannt. Alle Stämme, die Figueroa als Kariben bezeichnete, waren der Sklaverei verfallen; man konnte sie nach Belieben verkaufen oder niedermachen. In diesen blutigen Kämpfen wehrten sich die karibischen Weiber nach dem Tode ihrer Männer mit so verzweifeltem Mute, daß man sie, wie Anghiera sagt, für Amazonenvölker hielt. Die gehässigen Deklamationen eines Dominikanermönchs (Tho= mas Hortiz) trugen dazu bei, den Jammer zu verlängern, der auf ganzen Völkern lastete. Indessen, und man spricht es mit Vergnügen aus, gab es auch beherzte Männer, die mitten in den an den Kariben verübten Greueln die Stimme der Menschlichkeit und der Gerechtigkeit hören ließen. Manche Geistliche sprachen sich in entgegengesetztem Sinne aus, als sie anfangs gethan. In einem Jahrhundert, in dem man nicht hoffen durfte, die öffentliche Freiheit auf bürgerliche Ein= richtungen zu gründen, suchte man wenigstens die persönliche

---

est Johannes Poncius, qui Caribum terras depopuletur et in servitutem obscoenos hominum voratores redigat. Anghiera, Dec. I, Lib. 1; Dec. III, Lib. 6.

Freiheit zu verteidigen. „Es ist," sagt Gomara im Jahre 1551, „ein heiliges Gesetz (lex sanctissima), durch das unser Kaiser verboten hat, die Indianer zu Sklaven zu machen. Es ist gerecht, daß die Menschen, die alle frei zur Welt kommen, nicht einer des andern Sklaven werden."

Bei unserem Aufenthalt in den karibischen Missionen überraschte es uns, mit welcher Gewandtheit junge achtzehn-, zwanzigjährige Indianer, wenn sie zum Amte eines Alguacil oder Fiskal herangebildet sind, stundenlange Anreden an die Gemeinde halten. Die Betonung, die ernste Haltung, die Gebärden, mit denen der Vortrag begleitet wird, alles verrät ein begabtes, einer hohen Kulturentwickelung fähiges Volk. Ein Franziskaner, der so viel karibisch verstand, daß er zuweilen in dieser Sprache predigen konnte, machte uns darauf aufmerksam, wie lang und gehäuft die Sätze in den Reden der Indianer sind, und doch nie verworren und unklar werden. Eigentümliche Flexionen des Verbums bezeichnen zum voraus die Beschaffenheit des regierten Wortes, je nachdem es belebt ist oder unbelebt, in der Einzahl oder in der Mehrzahl. Durch kleine angehängte Formen (Suffixe) wird der Empfindung ein eigener Ausdruck gegeben, und hier, wie in allen auf dem Wege ungehemmter Entwickelung entstandenen Sprachen, entspringt die Klarheit aus dem ordnenden Instinkte,[1] der auf den verschiedensten Stufen der Barbarei und der Kultur als das eigentliche Wesen der menschlichen Geisteskraft erscheint. An Festtagen versammelt sich nach der Messe die ganze Gemeinde vor der Kirche. Die jungen Mädchen legen zu den Füßen des Missionärs Holzbündel, Mais, Bananenbüschel und andere Lebensmittel nieder, deren er in seinem Haushalt bedarf. Zugleich treten der Governador, der Fiskal und die Gemeindebeamten, lauter Indianer, auf, ermahnen die Eingeborenen zum Fleiß, teilen die Arbeiten, welche die Woche über vorzunehmen sind, aus, geben den Trägen Verweise, und — es soll nicht verschwiegen werden — prügeln die Unbotmäßigen unbarmherzig durch. Die Stockstreiche werden so kaltblütig hingenommen als ausgeteilt. Diese Akte der vollziehenden Justiz kommen dem Reisenden, der von Angostura an die Küste über die Llanos geht, sehr gedehnt vor und allzu-

---

[1] Wilhelm v. Humboldt, „Ueber das vergleichende Sprachstudium in Beziehung auf die verschiedenen Epochen der Sprachentwickelung" (Seite 13).

sehr gehäuft. Man sähe es lieber, wenn der Priester nicht vom Altar weg körperliche Züchtigungen verhängte, man wünschte, er möchte es nicht im priesterlichen Gewande mit ansehen, wie Männer und Weiber abgestraft werden; aber dieser Mißbrauch, oder, wenn man will, dieser Verstoß gegen den Anstand fließt aus dem Grundsatz, auf dem das ganze seltsame Missionsregiment beruht. Die willkürlichste bürgerliche Gewalt ist mit den Rechten, welche dem Geistlichen der kleinen Gemeinde zustehen, völlig verschmolzen, und obgleich die Kariben so gut wie keine Kannibalen sind, und so sehr man wünschen mag, daß sie mit Milde und Vorsicht behandelt werden, so sieht man doch ein, daß es zuweilen etwas kräftiger Mittel bedarf, um in einem so jungen Gemeinwesen die Ruhe auf= recht zu erhalten.

Die Kariben sind um so schwerer an feste Wohnsitze zu fesseln, da sie seit Jahrhunderten auf den Flüssen Handel getrieben haben. Wir haben dieses rührige Volk, ein Volk von Handelsleuten und von Kriegern, schon oben kennen ge= lernt, wie es Sklavenhandel trieb und mit seinen Waren von den Küsten von Holländisch=Guyana bis in das Becken des Amazonenstromes zog. Die wandernden Kariben waren die Bocharen des tropischen Amerika, und so hatte sie denn auch das tägliche Bedürfnis, die Gegenstände ihres kleinen Handels zu berechnen und einander Nachrichten mitzuteilen, dazu gebracht, die Handhabung der Quippos, oder, wie man in den Missionen sagt, der Cordoncillos con nudos, zu verbessern und zu erweitern. Diese Quippos oder Schnüre kommen in Kanada, in Mexiko (wo Boturini welche bei den Tlascaltefen bekam), in Peru, auf den Niederungen von Guyana, in Centralasien, in China und in Indien vor. Als Rosenkränze wurden sie in den Händen der abendländischen Christen Werkzeuge der Andacht; als Suampan dienten sie zu den Griffen der palpabeln oder Handarithmetik der Chinesen, Tataren und Russen.[1] Die unabhängigen Kariben,

---

[1] Die Quippos oder Schnüre der Völker im oberen Louisiana heißen Wampum. Anghiera (Dec. III, Lib. 9) erzählt einen sehr merkwürdigen Fall, aus dem hervorzugehen scheint, daß die umher= ziehenden Kariben mit gebundenen Büchern, wie denen der Mexi= taner und den unseren, nicht ganz unbekannt waren. Der inter= essanten Entdeckung von Bilderheften bei den Panosindianern am Ucayale habe ich anderswo gedacht (Vues des Cordillères, T. I,

welche in dem noch so wenig bekannten Lande zwischen den
Quellen des Orinoko und den Flüssen Essequibo, Carony
und Parime (Rio Branco oder Rio de aguas blancas) hausen,
teilen sich in Stämme; ähnlich den Völkern am Missouri,
in Chile und im alten Germanien bilden sie eine Art politischer Bundesgenossenschaft. Eine solche Verfassung sagt am
besten der Freiheitsliebe dieser kriegerischen Horden zu, die
gesellschaftliche Bande nur dann vorteilhaft finden, wenn es
gemeinsame Verteidigung gilt. In ihrem Stolze sondern sich
die Kariben von allen anderen Stämmen ab, selbst von solchen, die der Sprache nach ihnen verwandt sind. Auf dieser
Absonderung bestehen sie auch in den Missionen. Diese sind
selten gediehen, wenn man den Versuch gemacht hat, Kariben
gemischten Gemeinden einzuverleiben, das heißt solchen, wo
jede Hütte von einer Familie bewohnt ist, die wieder einem
anderen Volke angehört und eine andere Mundart hat. Bei
den unabhängigen Kariben vererbt sich die Häuptlingswürde
vom Vater auf den Sohn, nicht durch die Schwesterkinder.
Letztere Erbfolge beruht auf einem grundsätzlichen Mißtrauen,
das eben nicht für große Sittenreinheit spricht; dieselbe herrscht
in Indien, bei den Aschanti in Afrika und bei mehreren
wilden Horden in Nordamerika.[1] Bei den Kariben müssen

pag. 72). Auch die Peruaner hatten neben den Quippos hiero-
glyphische Malereien, ähnlich den mexikanischen, nur roher. Be-
malter Blätter bedienten sie sich seit der Eroberung zum Beichten
in der Kirche. Vielleicht hatte der Karibe, der nach Anghieras Erzählung tief aus dem Lande nach Darien kam, Gelegenheit gehabt,
in Quito oder Cundinamarca ein peruanisches Buch zu sehen. Ich
brauche, wie die ersten spanischen Reisenden, das Wort Buch, weil
dasselbe keineswegs den Gebrauch einer Buchstabenschrift voraussetzt.

[1] Bei den Huronen (Wyandot) und Natchez vererbt sich die
oberste Würde in der weiblichen Linie; nicht der Sohn ist der Nachfolger, sondern der Sohn der Schwester oder der nächste Verwandte
von weiblicher Seite. Bei dieser Erbfolge ist man sicher, daß die
oberste Gewalt beim Blute des letzten Häuptlings bleibt; der Brauch
ist eine Gewähr für die Legitimität. Ich habe bei den königlichen
Dynastieen auf den Antillen alte Spuren dieser in Afrika und
Ostindien sehr verbreiteten Erbfolge gefunden. „In testamentis
autem quam fatue sese habeant, intelligamus: ex sorore prima
primogenitum, si insit, reliquunt regnorum haeredem; sin
minus, ex altera, vel tertia, si ex secunda proles desit: quia
a suo sanguine creatam sobolem eam certum est. Filios autem

die jungen Häuptlinge, wie die Jünglinge, die heiraten wollen, fasten und sich den seltsamsten Büßungen unterziehen. Man purgiert sie mit der Frucht gewisser Euphorbien, man läßt sie in Kasten schwitzen und gibt ihnen von den Marirri oder Piaches bereitete Mittel ein, die in den Landstrichen jenseits der Alleghanies Kriegstränke, Tränke zum Mutmachen (war-physics) heißen. Die karibischen Marirri sind die berühmtesten von allen; sie sind Priester, Gaukler und Aerzte in einer Person, und ihre Lehre, ihre Kunstgriffe und ihre Arzneien vererben sich. Letztere werden unter Auf= legen der Hände gereicht und mit verschiedenen geheimnis= vollen Gebärden oder Handlungen, wie es scheint, von Uralters her bekannte Manipulationen des tierischen Magnetismus. Ich hatte Gelegenheit, mehrere Leute zu sprechen, welche die verbündeten Kariben genau hatten beobachten können, ich konnte aber nicht erfahren, ob die Marirri eine Kaste für sich bilden. In Nordamerika hat man gefunden, daß bei den Shawanoes, die in mehrere Stämme zerfallen, die Priester, die die Opfer vornehmen (wie bei den Hebräern), nur aus einem Stamme, dem der Mequachakes, sein dürfen. Wie mir dünkt, muß alles, was man noch in Amerika über die Spuren einer alten Priesterkaste ausfindig macht, von be= deutendem Interesse sein, wegen jener Priesterkönige in Peru, die sich Söhne der Sonne nannten, und jener Sonnen= könige bei den Natchez, bei denen man unwillkürlich an die Heliaden der ersten östlichen Kolonie von Rhodus denkt. [1] Um Sitten und Gebräuche des karibischen Volkes vollkommen kennen zu lernen, müßte man die Missionen in den Llanos, die am Carony und die Savannen südlich von den Gebirgen von Pacaraimo zugleich besuchen. Je mehr man sie kennen lernt, versichern die Franziskaner, desto mehr müssen die Vor= urteile schwinden, die man gegen sie in Europa hat, wo sie für wilder, oder um mich des naiven Ausdrucks eines Herrn von Montmartin zu bedienen, für weit weniger liberal gelten als andere Völkerschaften in Guyana. [2] Die Sprache

---

uxorum suarum pro non legitimis habent. Uxores ducunt quotquot placet. Ex uxoribus cariores cum regulo sepeliri patiuntur. (Anghiera, Decas III, Lib. 9.)

[1] Diodorus Siculus, Lib. V, § 56.

[2] „Die Kariben sind ziemlich hübsch gewachsen und fleischicht; sie sind aber nicht sehr liberal, denn sie essen gern Menschenfleisch,

der Kariben auf dem Festlande ist dieselbe von den Quellen des Rio Branco bis zu den Steppen von Cumana. Ich war so glücklich, in Besitz einer Handschrift zu gelangen, die einen Auszug des Paters Sebastian Garcia aus der „Gramatica de la lengua Caribe del P. Fernando Ximenez" enthielt. Diese wertvolle Handschrift wurde bei Vaters[1] und meines Bruders, Wilhelm von Humboldt, nach noch weit umfassenderem Plane angelegten Untersuchungen über den Bau der amerikanischen Sprachen benützt.

Als wir von der Mission Cari aufbrechen wollten, gerieten wir in einen Wortwechsel mit unseren indianischen Maultiertreibern. Sie hatten, zu unserer nicht geringen Verwunderung, ausfindig gemacht, daß wir Skelette aus der Höhle von Ataruipe mit uns führten, und sie waren fest überzeugt, daß das Lasttier, das „die Körper ihrer alten Verwandten" trug, auf dem Wege zu Grunde gehen müsse. Alle unsere Vorsichtsmaßregeln, um die Skelette zu verbergen, waren vergeblich; nichts entgeht dem Scharfsinn und dem Geruch eines Kariben, und es brauchte das ganze Ansehen des Missionärs, um unser Gepäck in Gang zu bringen. Ueber den Rio Cari mußten wir im Boote fahren, über den Rio de agua clara waten, fast könnte ich sagen schwimmen. Wegen des Triebsands am Boden ist letzterer Uebergang bei Hochwasser sehr beschwerlich. Man wundert sich, daß in einem so ebenen Lande die Strömung so stark ist; die Steppenflüsse drängen aber auch, um mich eines ganz richtigen Ausdrucks des jüngeren Plinius zu bedienen, „nicht sowohl wegen des Bodenfalls, als wegen ihrer Fülle und wie durch ihr eigenes Gewicht vorwärts".[2] Wir hatten, ehe wir in die kleine Stadt Pao kamen, zwei schlechte Nachtlager in Matagorda und Los Riecietos. Ueberall dasselbe: kleine Rohrhütten mit Leder gedeckt, berittene Leute mit Lanzen, die das Vieh hüten, halb wilde Hornviehherden von auffallend gleicher Färbung, die den Pferden und Maultieren die Weide streitig machen. Keine Schafe, keine Ziegen auf diesen unermeßlichen Steppen! Die Schafe pflanzen sich in Amerika nur auf

---

Eidechsen und Krokodile." (Description générale de l'Amérique par Pierre d'Avity, Seigneur de Montmartin, 1660.)

  [1] Mithridates, Bd. III, Seite 685.

  [2] Epistolae, Lib. VIII, 8. Clitumnus non loci declivitate, sed ipsa sui copia et quasi pondere impellitur.

Plateaus, die über 1950 m hoch liegen, gut fort; nur dort wird die Wolle lang und zuweilen sehr schön. Im glühend heißen Klima der Niederungen, wo statt der Wölfe die Jaguare auftreten, können sich diese kleinen wehrlosen und in ihren Bewegungen schwerfälligen Wiederkäuer nicht in Masse halten.

Am 15. Juli langten wir in der Fundacion oder Villa del Pao an, die im Jahre 1744 gegründet wurde und sehr vorteilhaft gelegen ist, um zwischen Nueva Barcelona und Angostura als Stapelplatz zu dienen. Ihr eigentlicher Name ist Concepcion del Pao; Alcedo, La Cruz Olmedilla und viele andere Geographen gaben ihre Lage falsch an, weil sie den Ort entweder mit San Juan Baptista del Pao in den Llanos von Caracas, oder mit El Valle del Pao am Zarate verwechselten. Trotz des bedeckten Himmels erhielt ich einige Höhen von α im Centauren, nach denen sich die Breite des Orts bestimmen ließ. Dieselbe beträgt 8° 37′ 57″. Aus Sonnenhöhen ergab sich eine Länge von 67° 8′ 12″, Angostura unter 66° 15′ 21″ angenommen. Die astronomischen Bestimmungen in Calabozo und in Concepcion del Pao sind nicht ohne Belang für die Geographie dieser Landstriche, wo es inmitten der Grasfluren durchaus an festen Punkten fehlt. In der Umgegend von Pao findet man einige Fruchtbäume, eine seltene Erscheinung in den Steppen. Wir sahen sogar Kokosbäume, die trotz der weiten Entfernung von der See ganz kräftig schienen. Ich lege einiges Gewicht auf letztere Wahrnehmung, da man die Glaubwürdigkeit von Reisenden, welche den Kokosbaum, eine Küstenpalme, in Timbuktu, mitten in Afrika, angetroffen haben wollten, in Zweifel gezogen hat. Wir hatten öfters Gelegenheit, Kokosbäume mitten im Baulande am Magdalenenstrom, 450 km von der Küste, zu sehen.

In fünf Tagen, die uns sehr lang vorkamen, gelangten wir von der Villa del Pao in den Hafen von Nueva Barcelona. Je weiter wir kamen, desto heiterer wurde der Himmel, desto staubiger der Boden, desto glühender die Luft. Diese ungemein drückende Hitze rührt nicht von der Lufttemperatur her, sondern vom feinen Sand, der in der Luft schwebt, nach allen Seiten Wärme strahlt und dem Reisenden ins Gesicht schlägt, wie an die Kugel des Thermometers. Indessen habe ich in Amerika den hundertteiligen Thermometer mitten im Sandwinde niemals über 45,8° steigen sehen. Kapitän Lyon, den ich nach seiner Rückkehr von Murzuk zu sprechen das Vergnügen hatte, schien mir auch geneigt anzunehmen, daß die Temperatur von 52 Grad, der man in Fezzan so oft ausgesetzt ist, großenteils von den Quarzkörnern herrührt, die in der Luft suspendiert sind. Zwischen Pao und dem im Jahre 1749 gegründeten, von 500 Kariben bewohnten Dorfe Santa Cruz de Cachipo[1] kamen wir über den westlichen Strich des kleinen Plateau, das unter dem Namen Mesa de Amana bekannt ist. Dieses Plateau bildet die Wasserscheide zwischen dem Orinoko, dem Guarapiche und dem Küstenland von Neu-Andalusien. Die Erhöhung desselben ist so gering, daß es der Schiffbarmachung dieses Strichs der Llanos wenig Hindernisse in den Weg legen wird. Indessen konnte der Rio Mamo, der oberhalb des Einflusses des Carony in den Orinoko fällt und den d'Anville (ich weiß nicht, nach wessen Angabe) auf der ersten Ausgabe seiner großen Karte aus dem See von Valencia kommen und die Gewässer des Guayre aufnehmen läßt, nie als natürlicher Kanal zwischen zwei Flußbecken dienen. Es besteht in der Steppe nirgends eine Gabelteilung der Art. Sehr viele Kariben, welche jetzt in den Missionen von Piritu leben, saßen früher nördlich und westlich vom Plateau Amana zwischen Maturin, der Mündung de Rio Areo und dem Guarapiche; die Einfälle Don Josef Careños, eines der unternehmendsten Statthalter der Provinz Cumana, gaben im Jahr 1720 Anlaß zu einer allgemeinen Wanderung der unabhängigen Kariben an den unteren Orinoko.

Dieser ganze weitgedehnte Landstrich besteht, wie wir schon oben bemerkt, aus sekundären Gebirgsbildungen, die sich gegen Süden unmittelbar an die Granitgebirge am Orinoko lehnen. Gegen Nordwest trennt sich ein ziemlich schmaler Streif von Uebergangsgebirg von den aus Urgebirg bestehenden Bergen auf dem Küstenland von Caracas. Dieses gewaltige Auftreten von sekundären Bildungen, die ohne Unterbrechung einen Flächenraum von 1458000 qkm bedecken (wobei nur der gegen Süden vom Rio Apure, gegen Westen von der Sierra Nevada de Merida und vom Paramo de las Rosas begrenzte Teil der Llanos gerechnet ist), ist in diesen Erdstrichen eine um so merkwürdigere Erscheinung, da in der ganzen Sierra de la Parime, zwischen dem rechten Ufer des Orinoko und dem Rio Negro, gerade wie in Skandinavien, die sekundären Bildungen auffallenderweise gänzlich fehlen. Der rote

---

[1] Im Jahre 1754 hatte das Dorf nur 120 Seelen.

Sandstein, der hie und da Stücke fossilen Holzes (aus der Familie der Monokotyledonen) enthält, kommt in den Steppen von Calabozo überall zu Tage. Weiter gegen Osten sind Kalkstein und Gips demselben aufgelagert und machen ihn der geologischen Forschung unzugänglich. Weiter gegen Norden, der Mission San Josef de Curataquiche zu, fand Bonpland schöne gebänderte Stücke Jaspis oder „ägyptische Kiesel". Wir sahen dieselben nicht in der Gebirgsart eingeschlossen und wissen daher nicht, ob sie einem ganz neuen Konglomerat angehören oder dem Kalkstein, den wir am Morro von Nueva Barcelona angetroffen, und der kein Uebergangsgestein ist, obgleich er Schichten von Kieselschiefer enthält.

Man kann die Steppen oder Grasfluren von Südamerika nicht durchziehen, ohne in Gedanken bei der Aussicht zu verweilen, daß man sie eines Tages zu dem benützen wird, zu dem sie sich besser eignen als irgend ein Landstrich des Erdballs, zur Messung der Grade eines Erdbogens in der Richtung eines Meridians oder einer auf dem Meridian senkrechten Linie. Diese Operation wäre für die genaue Kenntnis der Gestalt der Erde von großer Wichtigkeit. Die Llanos von Venezuela liegen 13° ostwärts von den Punkten, wo einerseits die französischen Akademiker mittels Dreiecken, die sich auf die Gipfel der Kordilleren stützten, andererseits Mason und Dixon, ohne trigonometrische Mittel (auf den Ebenen von Pennsylvanien), ihre Messungen ausgeführt haben; sie liegen fast unter demselben Parallel (und dieser Umstand ist von großem Belang) wie die indische Hochebene zwischen Junne und Madura, wo Oberst Lambton so ausgezeichnet operierte. So viele Bedenken auch noch hinsichtlich der Genauigkeit der Instrumente, der Beobachtungsfehler und der Einflüsse örtlicher Anziehungen bestehen mögen, beim jetzigen Zustand unserer Kenntnisse ist nicht wohl in Abrede zu ziehen, daß die Erde ungleichförmig abgeplattet ist. Ist einmal zwischen den freien Regierungen von La Plata und Venezuela ein innigeres Verhältnis hergestellt, so wird man sich ohne Zweifel diesen Vorteil und den allgemeinen Frieden zu Nutze machen und nördlich und südlich vom Aequator, in den Llanos und in den Pampas die Messungen vornehmen, die wir hier in Vorschlag bringen. Die Llanos von Pao und Calabozo sind fast unter demselben Meridian gelegen wie die Pampas südlich von Cordova, und der Breitenunterschied dieser Niederungen, die so vollkommen eben sind, als hätte

lange Wasser darauf gestanden, beträgt 45 Grad. Diese geo=
dätischen und astronomischen Operationen wären bei der Be=
schaffenheit des Terrains auch gar nicht kostspielig. Schon
La Condamine hat im Jahre 1734 dargethan, wie vorteil=
hafter und besonders weniger zeitraubend es gewesen wäre,
wenn man die Akademiker in die (vielleicht etwas zu stark
bewachsenen und sumpfigen) Ebenen im Süden von Cayenne,
dem Einflusse des Rio Xingu in den Amazonenstrom zu, ge=
schickt hätte, statt sie auf den Hochebenen von Quito mit Frost,
Stürmen und vulkanischen Ausbrüchen kämpfen zu lassen.

Die spanisch=amerikanischen Regierungen dürfen keines=
wegs meinen, daß die in Rede stehenden, mit Pendelbeobach=
tungen verbundenen Messungen in den Llanos nur ein rein
wissenschaftliches Interesse hätten: dieselben gäben zugleich die
Hauptgrundlagen für Karten ab, ohne welche keine regelmäßige
Verwaltung in einem Lande bestehen kann. Bis jetzt mußte
man sich auf eine rein astronomische Aufnahme beschrän=
ken, und es ist dies das sicherste und rascheste Verfahren
bei einer Oberfläche von sehr großer Ausdehnung. Man
suchte einige Punkte an den Küsten und im Inneren ab=
solut zu bestimmen, das heißt nach Himmelserscheinungen
oder Reihen von Monddistanzen. Man stellte die Lage der
bedeutendsten Orte nach den drei Koordinaten der Breite, der
Länge und der Höhe fest. Die dazwischenliegenden Punkte
wurden mit den Hauptpunkten auf chronometrischem
Wege verknüpft. Durch den sehr gleichförmigen Gang der
Chronometer in Kanoen und durch die sonderbaren Krüm=
mungen des Orinoko wurde diese Anknüpfung erleichtert.
Man brachte die Chronometer zum Ausgangspunkte zurück,
oder man beobachtete zweimal (im Hinweg und im Herweg)
an einem dazwischenliegenden Punkte, man knüpfte die Enden
der chronometrischen Linien[1] an sehr weit auseinander
liegende Lokalitäten, deren Lage nach absoluten, das heißt rein
astronomischen Erscheinungen bestimmt ist, und so konnte man
die Summe der etwa begangenen Fehler schätzen. Auf diese
Weise (und vor meiner Reise war im Binnenlande die Länge

---

[1] Mit diesem nicht gebräuchlichen Ausdruck bezeichne ich Linien,
welche durch die Punkte laufen, die mittels Uebertragung der Zeit
bestimmt worden und somit voneinander abhängig sind. Von der
zweckmäßigen Richtung dieser Linien hängt die Genauigkeit einer
rein astronomischen Aufnahme ab.

keines Punktes bestimmt worden) habe ich Cumana, Ango=
stura, Esmeralda, San Carlos del Rio Negro, San Fernando
de Apure, Porto Cabello und Caracas astronomisch verknüpft.
Diese Beobachtungen umfassen eine Bodenfläche von mehr als
202000 qkm. Das System der Beobachtungspunkte auf dem
Küstenlande und die wertvollen Ergebnisse der Aufnahme bei
Fidalgos Seereise wurden mit dem System der Beobachtungs=
punkte am Orinoko und Rio Negro durch zwei chronometrische
Linien in Verbindung gebracht, deren eine über die Llanos
von Calabozo, die andere über die Llanos von Pao läuft.
Die Beobachtungen in der Parime bilden einen Streifen, der
eine ungeheure Landstrecke (1470000 qkm), auf der bis jetzt
nicht ein einziger Punkt astronomisch bestimmt ist, in zwei
Teile teilt. Durch diese verschiedenen Arbeiten, die ich mit
geringen Mitteln, aber nach einem allgemeinen Plane unter=
nommen, wurde, wie ich mir wohl schmeicheln darf, der erste
astronomische Grund zur Geographie dieser Länder gelegt;
es ist aber Zeit, dieselben vielfach wieder aufzunehmen, sie
zu berichtigen, besonders aber da, wo der Anbau des Landes
es gestattet, trigonometrische Messungen an ihre Stelle treten
zu lassen. An beiden Rändern der Llanos, die sich gleich
einem Meerbusen vom Delta des Orinoko bis zu den Schnee=
gebirgen von Merida ausdehnen, streichen im Norden und
im Süden zwei Granitketten parallel mit dem Aequator.
Diese früheren Küsten eines inneren Seebeckens sind in den
Steppen von weitem sichtbar und können zur Aufstellung von
Signalen dienen. Der Spitzberg Guacharo, der Corollor und
Turimiquiri, der Bergantin, die Morros San Juan und San
Sebastian, die Galera, welche die Llanos wie eine Felsmauer
begrenzt, der kleine Cerro de Flores, den ich in Calabozo,
und zwar in einem Moment gesehen habe, wo die Luftspie=
gelung beinahe Null war, werden am Nordrande der Nie=
derungen zum Dreiecknetz dienen. Diese Berggipfel sind großen=
teils sowohl in den Llanos als im angebauten Küstenlande
sichtbar. Gegen Süden liegen die Granitketten am Orinoko oder
in der Parime etwas abwärts von den Rändern der Steppen
und sind für geodätische Operationen nicht ganz so günstig.
Indessen werden die Berge oberhalb Angostura und Muitaco,
der Cerro del Tirano bei Caycara, der Pan de Azucar und
der Sacuima beim Einfluß des Apure in den Orinoko gute
Dienste leisten, namentlich wenn man die Winkel bei bedeck=
tem Himmel aufnimmt, damit nicht das Spiel der ungewöhn=

lichen Refraktionen über einem stark erhitzten Boden die Berg=
gipfel, welche unter zu kleinen Höhenwinkeln erscheinen, ver=
zieht und verrückt. Pulversignale, deren Widerschein am
Himmel so weit hin sichtbar ist, werden sehr förderlich sein.
Ich glaubte hier im Interesse der Sache angeben zu sollen,
was meine Ortskenntnis und das Studium der Geographie
von Amerika mir an die Hand gegeben. Ein ausgezeichneter
Geometer, Lenz, der bei mannigfaltigen Kenntnissen in allen
Zweigen der Mathematik im Gebrauch astronomischer Instru=
mente sehr geübt ist, beschäftigt sich gegenwärtig damit, die
Geographie dieser Länder weiter auszubilden und im Auftrag
der Regierung von Venezuela die Plane, die ich bereits im
Jahre 1799 der Beachtung des spanischen Ministeriums ver=
geblich empfohlen hatte, zum Teil auszuführen.

Am 26. Juli brachten wir die Nacht im indianischen
Dorfe Santa Cruz de Cachipo zu. Diese Mission wurde im
Jahre 1749 mit mehreren karibischen Familien gegründet,
welche an den überschwemmten, ungesunden Ufern der Lagu=
netas de Anache, gegenüber dem Einflusse des Rio Purnay
in den Orinoko, lebten. Wir wohnten beim Missionär[1] und
ersahen aus den Kirchenbüchern, welch rasche Fortschritte der
Wohlstand der Gemeinde durch seinen Eifer und seine Einsicht
gemacht hatte. Seit wir in die Mitte der Steppen gelangt
waren, hatte die Hitze so zugenommen, daß wir gerne gar
nicht mehr bei Tage gereist wären; wir waren aber unbe=
waffnet und die Llanos waren damals von ganzen Räuber=
banden unsicher gemacht, die mit raffinierter Grausamkeit die
Weißen, welche ihnen in die Hände fielen, mordeten. Nichts
kläglicher, als die Rechtspflege in diesen überseeischen Kolo=
nieen! Ueberall fanden wir die Gefängnisse mit Verbrechern
gefüllt, deren Urteil sieben, acht Jahre auf sich warten läßt.
Etwa ein Dritteil der Verhafteten entspringt, und die men=
schenleeren, aber von Herden wimmelnden Ebenen bieten ihnen
Zuflucht und Unterhalt. Sie treiben ihr Räubergewerbe zu
Pferde in der Weise der Beduinen. Die Ungesundheit der
Gefängnisse überstiege alles Maß, wenn sie sich nicht von
Zeit zu Zeit durch das Entspringen der Verhafteten leerten.
Es kommt auch nicht selten vor, daß Todesurteile, wenn sie
endlich spät genug von der Audiencia zu Caracas gefällt sind,
nicht vollzogen werden können, weil es an einem Nachrichter

---

[1] Fray Jose de las Piedras.

fehlt. Nach einem schon oben erwähnten barbarischen Brauch begnadigt man denjenigen der Uebelthäter, der es auf sich nehmen will, die anderen zu henken. Unsere Führer erzählten uns, kurz vor unserer Ankunft auf der Küste von Cumana habe ein wegen seiner Rohheit berüchtigter Zambo sich entschlossen, Henker zu werden und sich so der Strafe zu entziehen. Die Zurüstungen zur Hinrichtung machten ihn aber in seinem Entschlusse wankend; er entsetzte sich über sich selbst, er zog den Tod der Schande vor, die er vollends auf sich häufte, wenn er sich das Leben rettete, und ließ sich die Ketten, die man ihm abgenommen, wieder anlegen. Er saß nicht mehr lange; die Niederträchtigkeit eines Mitschuldigen half ihm zum Vollzug seiner Strafe. Ein solches Erwachen des Ehrgefühls in der Seele eines Mörders ist eine psychologische Erscheinung, die zum Nachdenken auffordert. Ein Mensch, der beim Berauben der Reisenden in der Steppe schon so oft Blut vergossen hat, schaudert beim Gedanken, sich zum Werkzeug der Gerechtigkeit hergeben, an anderen eine Strafe vollziehen zu sollen, die er, wie er vielleicht fühlt, selbst verdient hat.

Wenn schon in den ruhigen Zeiten, in denen Bonpland und ich das Glück hatten, die beiden Amerika zu bereisen, die Llanos den Uebelthätern, welche in den Missionen am Orinoko ein Verbrechen begangen, oder aus den Gefängnissen des Küstenlandes entsprungen waren, als Versteck dienten, wie viel schlimmer mußte dies noch infolge der bürgerlichen Unruhen werden, im blutigen Kampfe, der mit der Freiheit und Unabhängigkeit dieser gewaltigen Länder seine Endschaft erreichte! Die französischen „Landes" und unsere Heiden geben nur ein entferntes Bild jener Grasfluren auf dem neuen Kontinent, wo Flächen von 162 000 und 202 000 qkm so eben sind wie der Meeresspiegel. Die Unermeßlichkeit des Raumes sichert dem Landstreicher die Straflosigkeit; in den Savannen versteckt man sich leichter als in unseren Gebirgen und Wäldern, und die Kunstgriffe der europäischen Polizei sind schwer anwendbar, wo es wohl Reisende gibt, aber keine Wege, Herden, aber keine Hirten, und wo die Höfe so dünn gesäet sind, daß man, trotz des bedeutenden Einflusses der Luftspiegelung, ganze Tagereisen machen kann, ohne daß man einen am Horizont auftauchen sieht.

Zieht man über die Llanos von Caracas, Barcelona und Cumana, die von West nach Ost von den Bergen bei Truxillo

und Merida bis zur Mündung des Orinoko hintereinander
liegen, so fragt man sich, ob diese ungeheuren Landstrecken
von der Natur dazu bestimmt sind, ewig als Weideland zu
dienen, oder ob Pflug und Hacke sie eines Tages für den
Ackerbau erobern werden? Diese Frage ist um so wichtiger,
da die an beiden Enden von Südamerika gelegenen Llanos
der politischen Verbindung der Provinzen, die sie auseinander
halten, Hindernisse in den Weg legen. Sie machen, daß der
Ackerbau sich nicht von den Küsten von Venezuela Guyana
zu, sich nicht von Potosi gegen die Mündung des Rio de la
Plata ausbreiten kann. Die dazwischen geschobenen Steppen
behalten mit dem Hirtenleben einen Charakter von Roheit
und Wildheit, der sie isoliert und von der Kultur der schon
lange urbar gemachten Landstriche fern hält. Aus demselben
Grunde wurden sie im Freiheitskriege der Schauplatz des
Kampfes zwischen den feindlichen Parteien und sahen die
Einwohner von Calabozo fast unter ihren Mauern das Ge=
schick der verbündeten Provinzen Venezuela und Cundinamarca
sich entscheiden. Ich will wünschen, daß man bei den Grenz=
bestimmungen der neuen Staaten und ihrer Unterabteilungen
nicht zuweilen zu bereuen habe, die Bedeutung der Llanos
außer Augen gesetzt zu haben, sofern sie dahin wirken, Ge=
meinheiten auseinander zu halten, welche durch gemeinsame
Interessen aufeinander angewiesen sind. Die Steppen würden,
wie Meere oder die Urwälder unter den Tropen, als natür=
liche Grenzen dienen, wenn sie nicht von Heeren um so leichter
durchzogen würden, da sie mit ihren unzähligen Pferde=,
Maultier= und Viehherden Transport= und Unterhaltsmittel
aller Art bieten.

Nirgends in der Welt ist die Bodenbildung und die Be=
schaffenheit der Oberfläche so fest ausgeprägt; nirgends äußern
sie aber auch so bedeutenden Einfluß auf die Spaltung des
Gesellschaftskörpers, der durch die Ungleichheit nach Abstam=
mung, Farbe und persönlicher Freiheit schon genug zerrissen
ist. Es steht nicht in der Macht des Menschen, die klima=
tischen Unterschiede zu ändern, die aus der auf kleinem Flächen=
raum rasch wechselnden Bodenhöhe hervorgehen, und welche
die Quelle des Widerwillens sind, der zwischen den Bewoh=
nern der Terra caliente und denen der Terra fria
besteht, eines Widerwillens, der auf Gegensätzen im Charakter,
in Sitten und Gebräuchen beruht. Diese moralischen und
politischen Einflüsse machen sich besonders in Ländern geltend,

wo die Extreme von Landhöhe und Tiefland am auffallendsten
sind, wo Gebirge und Niederungen am massenhaftesten auf=
treten und sich am weitesten ausdehnen. Hierher gehören Neu=
granada oder Cundinamarca, Chile und Peru, wo die Inka=
sprache reich ist an treffenden, naiven Ausdrücken für diese
klimatischen Gegensätze in Temperament, Neigungen und
geistigen Fähigkeiten. Im Staate Venezuela dagegen bilden
die „Montañeros" in den Hochgebirgen von Bocono, Timotes
und Meriba nur einen unbedeutenden Bruchteil der Gesamt=
bevölkerung, und die volkreichen Thäler der Küstenkette von
Caracas und Caripe liegen nur 580 bis 780 m über dem
Meer. So kam es, daß, als die Staaten Venezuela und
Neugranada unter dem Namen Kolumbia verschmolzen wurden,
die bedeutende Gebirgsbevölkerung von Santa Fé, Popayan
Pasto und Quito, wo nicht ganz, doch über die Hälfte durch
den Zuwachs von 8 bis 900 000 Bewohnern der Terra caliente aufgewogen wurde. Der Oberflächenzustand des Bo=
dens ist nicht so unveränderlich als seine Reliefbildung und
so erscheint es als möglich, daß die scharfen Gegensätze zwi=
schen den undurchdringlichen Wäldern Guyanas und den baum=
losen, grasbewachsenen Llanos eines Tages verschwinden
könnten; aber wie viele Jahrhunderte brauchte es wohl, bis
ein solcher Wechsel in den unermeßlichen Steppen von Vene=
zuela am Meta, am Caqueta und in Buenos Ayres merkbar
würde? Die Beweise, die der Mensch von seiner Macht im
Kampfe gegen die Naturkräfte in Gallien, in Germanien und
in neuerer Zeit in den Vereinigten Staaten, immer aber außer=
halb der Tropen, gegeben hat, kann nicht wohl als Maßstab
für die voraussichtlichen Fortschritte der Kultur im heißen
Erdstriche dienen. Es war oben davon die Rede, wie lang=
sam man mit Feuer und Axt Wälder ausrodet, wenn die
Baumstämme 2,6 bis 5,2 m dick sind, wenn sie im Fallen
sich aneinander lehnen, und wenn das Holz, vom unaufhör=
lichen Regen befeuchtet, so ungemein hart ist. Die Frage,
ob die Llanos oder Pampas urbar zu machen sind, wird von
den Kolonisten, die darin leben, keineswegs einstimmig bejaht,
und ganz im allgemeinen läßt sich auch gar nicht darüber
entscheiden. Die Savannen von Venezuela entbehren größten=
teils des Vorteils, den die Savannen in Nordamerika dadurch
haben, daß sie der Länge nach von drei großen Flüssen, dem
Missouri, dem Arkansas und dem Red River von Natchitoches
durchzogen werden; durch die Savannen am Araure, bei Cala=

bozo und am Pao laufen die Nebenflüsse des Orinoko, von denen die östlichsten (Cari, Pao, Acaru und Manapire) in der trockenen Jahreszeit sehr wasserarm sind, nur der Quere nach). Alle diese Flüsse reichen nicht weit gegen Nord, so daß in der Mitte Steppen, weite, entsetzlich dürre Landstriche (Bancos und Mesas) bleiben. Am kulturfähigsten sind die westlichen, von der Portuguesa, vom Masparro und Orivante und den nahe bei einander liegenden Nebenflüssen derselben bewässerten Striche. Der Boden besteht aus mit Thon gemengtem Sand über einer Schicht von Quarzgeschieben. Die Dammerde, die Hauptnahrungsquelle der Gewächse, ist allerorten sehr dünn; sie erhält so gut wie keinen Zuwachs durch das dürre Laub, das in den Wäldern der heißen Zone abfällt wie in den gemäßigten Klimaten, wenn auch nicht so streng periodisch. Seit Jahrtausenden wächst aber auf den Llanos weder Baum noch Buschwerk; die einzelnen, in der Savanne zerstreuten Palmen liefern sehr wenig von jener Kohlen- und Wasserstoffverbindung, von jenem Extraktivstoff, auf dem (nach den Versuchen von Saussure, Davy und Braconnot) die Fruchtbarkeit des Bodens beruht. Die geselligen Gewächse, die in den Steppen fast ausschließlich herrschen, sind Monokotyledonen, und es ist bekannt, wie stark die Gräser den Boden aussaugen, in den sie ihre Wurzeln mit dichtgedrängten Fasern treiben. Diese Wirkung der Killingia-, Paspalum- und Cenchrusarten, aus denen der Rasen besteht, äußert sich überall gleich, wo aber das Gestein beinahe zu Tage kommt, da ist der Boden verschieden, je nachdem er auf rotem Sandstein oder auf festem Kalkstein und auf Gips liegt; sowie je nachdem die periodischen Ueberschwemmungen an den tiefsten Stellen Erdreich angeschwemmt haben oder das Wasser von den kleinen Plateaus die wenige Dammerde vollends weggespült hat. Bereits bestehen mitten im Weideland einzelne Pflanzungen an Stellen, wo sich fließendes Wasser oder ein paar Büsche der Mauritiapalme fanden. Diese Höfe, bei denen man Mais und Maniok baut, werden sich bedeutend vermehren, wenn es gelingt, mehr Bäume und Gebüsch fortzubringen.

Die Dürre der Mesas[1] und die große Hitze, die darauf herrscht, rühren nicht allein von der Beschaffenheit ihrer Oberfläche und der örtlichen Reverberation des Bodens her; ihre

---

[1] Kleine Plateaus, Bänke, die etwas höher liegen als die übrige Steppe.

klimatischen Verhältnisse hängen ab von der Umgebung, von der ganzen Steppe, von der die Mesas ein Teil sind. Bei den Wüsten in Afrika oder in Arabien, bei den Llanos in Südamerika, bei den großen Heiden, die von der Spitze von Jütland bis zur Mündung der Schelde fortstreichen, beruht die feste Begrenzung der Wüsten, der Llanos, der Heiden großenteils auf ihrer unermeßlichen Ausdehnung, auf der Kahlheit dieser Landstriche infolge einer Umwälzung, welche den früheren Pflanzenwuchs unseres Planeten vernichtet hat. Durch ihre Ausdehnung, ihr ununterbrochenes Fortstreichen und ihre Masse widerstehen sie dem Eindringen der Kultur, behalten sie, als wären sie in das Land einschneidende Buchten, ihren festen Uferumriß. Ich lasse mich nicht auf die große Frage ein, ob in der Sahara, diesem Mittelmeer von Flug=sand, der Keime des organischen Lebens heutzutage mehr werden. Je ausgebreiteter unsere geographischen Kenntnisse wurden, desto zahlreicher sahen wir im östlichen Teil der Wüste grüne Eilande, mit Palmen bedeckte Oasen zu Archipelen sich zusammendrängen und den Karawanen ihre Häfen öffnen; wir wissen aber nicht, ob seit Herodots Tode der Umriß der Oase nicht fortwährend derselbe geblieben ist. Unsere Ge=schichtsbücher sind von zu kurzem Datum und zu unvollstän=dig, als daß wir der Natur in ihrem langsamen, stetigen Gange folgen könnten.

Von diesen völlig öden Räumen, von denen ein gewalt=sames Ereignis die Pflanzendecke und die Dammerde weg=gerissen hat, von den syrischen und afrikanischen Wüsten, die in ihrem versteinerten Holz noch die Urkunden der erlittenen Veränderungen aufweisen, blicken wir zurück auf die mit Gräsern bewachsenen Llanos. Hier ist die Erörterung der Erscheinungen dem Kreise unserer täglichen Beobachtungen näher gerückt. In den amerikanischen Steppen angesiedelte Landwirte sind hinsichtlich der Möglichkeit eines umfassenderen Anbaues derselben ganz zu den Ansichten gekommen, wie ich sie aus dem klimatischen Einflusse der Steppen unter dem Gesichtspunkte als ununterbrochene Flächen oder Massen her=geleitet habe. Sie haben die Beobachtung gemacht, daß Hei=den, die rings von angebautem oder mit Holz bewachsenem Lande umgeben sind, nicht so lange dem Anbau Widerstand leisten, als Striche vom selben Umfange, die aber einer weiten Fläche von gleicher Beschaffenheit angehören. Die Beobach=tung ist richtig, ob nun das eingeschlossene Stück eine Gras=

flur ift ober mit Heiben bewachſen, wie im nördlichen Eu=
ropa, ober mit Ciſtus, Lentisken und Chamärops, wie in
Spanien, oder mit Kaktus, Argenome und Brathys, wie im
tropiſchen Amerika. Einen je größeren Raum der Pflanzen=
verein einnimmt, deſto ſtärkeren Widerſtand leiſten die geſelligen
Gewächſe dem Anbau. Zu dieſer allgemeinen Urſache kommt
in den Llanos von Venezuela der Umſtand, daß die kleinen
Grasarten während der Reiſe der Samen den Boden aus=
ſaugen, ferner der gänzliche Mangel an Bäumen und Buſch=
werk, die Sandwinde, deren Gluthitze geſteigert wird durch
die Berührung mit einem Boden, der zwölf Stunden lang
die Sonnenſtrahlen einſaugt, ohne daß je ein anderer Schatten
als der der Ariſtiden, Cenchrus und Paspalum darauf fällt.
Die Fortſchritte, welche der große Baumwuchs und der An=
bau dikotyledoniſcher Gewächſe in der Umgebung der Städte,
zum Beiſpiel um Calabozo und Pao gemacht haben, beweiſen,
daß man der Steppe Boden abgewinnen könnte, wenn man
ſie in kleinen Stücken angriffe, ſie nach und nach von der
Maſſe abſchlöſſe, ſie durch Einſchnitte und Bewäſſerungskanäle
zerſtückte. Vielleicht gelänge es, den Einfluß der den Boden
ausdörrenden Winde zu verringern, wenn man im großen,
auf 15 bis 20 Morgen, Pſidium, Kroton, Kaſſia, Tamarin=
den anſäete, Pflanzen, welche trockene, offene Stellen lieben.
Ich bin weit entfernt zu glauben, daß der Menſch je die
Savannen ganz austilgen wird, und daß die Llanos, die ja
als Weiden und für den Viehhandel ſo nutzbar ſind, jemals
angebaut ſein werden wie die Thäler von Aragua oder andere
den Küſten von Caracas und Cumana nahe gelegene Land=
ſtriche; aber ich bin überzeugt, daß ein beträchtliches Stück
dieſer Ebenen im Laufe der Jahrhunderte, unter einer den
Gewerbfleiß fördernden Regierung, das wilde Ausſehen ver=
lieren wird, das ſie ſeit der erſten „Eroberung" durch die
Europäer behauptet haben.

Dieſer allmähliche Wechſel, dieſes Wachſen der Bevölke=
rung werden nicht nur den Wohlſtand dieſer Länder ſteigern, ſie
werden auch auf die ſittlichen und politiſchen Zuſtände gün=
ſtigen Einfluß äußern. Die Llanos machen über zwei Drit=
teile des Stücks von Venezuela oder der alten Capitania
general von Caracas aus, das nördlich vom Orinoko und
Rio Apure liegt. Bei bürgerlichen Unruhen dienen nun aber
die Llanos durch ihre Oede und den Ueberfluß an Nahrungs=
mitteln, die ihre zahlloſen Herden liefern, der Partei, welche

die Fahne des Aufruhres entfalten will, zugleich als Schlupf=
winkel und als Stützpunkt. Bewaffnete Banden (Guerillas)
können sich darin halten und die Bewohner des Küstenlandes,
des Mittelpunktes der Kultur und des Bodenreichtums, be=
unruhigen. Wäre nicht der untere Orinoko durch den Patrio=
tismus einer kräftigen, kriegsgewohnten Bevölkerung hinläng=
lich verteidigt, so wäre beim gegenwärtigen Zustande der
Llanos ein feindlicher Einfall auf den Westküsten doppelt ge=
fährlich. Die Verteidigung der Ebenen und Spanisch=Guya=
nas hängen aufs engste zusammen, und schon oben, wo von
der militärischen Bedeutung der Mündungen des Orinoko die
Rede war, habe ich gezeigt, daß die Festungswerke und die
Batterien, womit man die Nordküste von Cumana bis Car=
tagena gespickt hat, keineswegs die eigentlichen Bollwerke
der vereinigten Provinzen von Venezuela sind. Zu diesem
politischen Interesse kommt ein anderes, noch wichtigeres und
dauernderes. Eine erleuchtete Regierung kann nur mit Be=
dauern sehen, daß das Hirtenleben mit seinen Sitten, welche
Faulheit und Landstreicherei so sehr befördern, auf mehr als
zwei Dritteilen ihres Gebietes herrscht. Der Teil der Küsten=
bevölkerung, der jährlich in die Llanos abfließt, um sich in
den Hatos de ganado[1] niederzulassen und die Herden zu
hüten, macht einen Rückschritt in der Kultur. Wer möchte
bezweifeln, daß durch die Fortschritte des Ackerbaues, durch
die Anlage von Dörfern an allen Punkten, wo fließendes
Wasser ist, sich die sittlichen Zustände der Steppenbewohner
wesentlich bessern müssen? Mit dem Ackerbau müssen mildere
Sitten, die Liebe zu festem Wohnsitz und die häuslichen Tu=
genden ihren Einzug halten.

Nach dreitägigem Marsch kam uns allmählich die Berg=
kette von Cumana zu Gesicht, die zwischen den Llanos, oder,
wie man hier oft sagen hört, „dem großen Meer von Grün"[2]
und der Küste des Meeres der Antillen liegt. Ist der Ber=
gantin über 1560 m hoch, so kann man ihn, auch nur eine
gewöhnliche Refraktion von $^1/_{14}$ des Bogens angenommen,
auf 50 km Entfernung sehen; aber die Luftbeschaffenheit

---

[1] Eine Art Hof, bestehend aus Schuppen, wo die Hateros
und Peones para el rodeo wohnen, d. h. die Leute, welche die
halbwilden Pferde= und Viehherden warten oder vielmehr beauf=
sichtigen.

[2] „Los Llanos son como un mar de yerbas."

entzog uns lange den schönen Anblick dieser Bergwand. Sie
erschien zuerst wie eine Wolkenschicht, welche die Sterne in
der Nähe des Pols beim Auf= und Untergang bedeckte;
allmählich schien diese Dunstmasse größer zu werden, sich zu
verdichten, sich bläulich zu färben, einen gezackten, festen Um=
riß anzunehmen. Was der Seefahrer beobachtet, wenn er
sich einem neuen Lande nähert, das bemerkt der Reisende
auch am Rande der Steppe. Der Horizont fing an sich gegen
Nord zu erweitern, und das Himmelsgewölbe schien dort
nicht mehr in gleicher Entfernung auf dem grasbewachsenen
Boden aufzuruhen.

Einem Llanero oder Steppenbewohner ist nur wohl,
wenn er, nach dem naiven Volksausdruck, „überall um sich
sehen kann“. Was uns als ein bewachsenes, leicht gewelltes,
kaum hie und da hügeliges Land erscheint, ist für ihn ein schreck=
liches, von Bergen starrendes Land. Unser Urteil über die
Unebenheit des Bodens und die Beschaffenheit seiner Ober=
fläche ist ein durchaus relatives. Hat man mehrere Monate
in den dichten Wäldern am Orinoko zugebracht, hat man sich
dort daran gewöhnt, daß man, sobald man vom Strome ab=
geht, die Sterne nur in der Nähe des Zenith und wie aus
einem Brunnen heraus sehen kann, so hat eine Wanderung
über die Steppen etwas Angenehmes, Anziehendes. Die
neuen Bilder, die man aufnimmt, machen großen Eindruck;
wie dem Llanero ist einem ganz wohl, „daß man so gut um
sich sehen kann“. Aber dieses Behagen (wir haben es an uns
selbst erfahren) ist nicht von langer Dauer. Allerdings hat
der Anblick eines unabsehbaren Horizonts etwas Ernstes,
Großartiges. Dieses Schauspiel erfüllt uns mit Bewunde=
rung, ob wir nun auf dem Gipfel der Anden und der Hoch=
alpen uns befinden, oder mitten auf dem unermeßlichen
Ozean, oder auf den weiten Ebenen von Venezuela und Tu=
cuman. Die Unermeßlichkeit des Raumes (die Dichter aller
Zungen haben solches ausgesprochen) spiegelt sich in uns selbst
wider; sie verknüpft sich mit Vorstellungen höherer Ordnung,
sie weitet die Seele dessen aus, der in der Stille einsamer
Betrachtung seinen Genuß findet. Allerdings aber hat der
Anblick eines schrankenlosen Raumes an jedem Orte wieder
einen eigenen Charakter. Das Schauspiel, dessen man auf
einem freistehenden Berggipfel genießt, wechselt, je nachdem
die Wolken, die auf der Niederung lagern, sich in Schichten
ausbreiten, sich zu Massen ballen, oder den erstaunten

Blick durch weite Ritzen auf die Wohnsitze des Menschen, das bebaute Land, den ganzen grünen Boden des Luftozeans niedertauchen lassen. Eine ungeheure Wasserfläche, belebt bis auf den Grund von tausenderlei verschiedenen Wesen, nach Färbung und Anblick wechselnd, beweglich an der Oberfläche, gleich dem Element, von dem sie aufgerührt wird, hat auf langer Seereise großen Reiz für die Einbildungskraft, aber die einen großen Teil des Jahres hindurch staubige, aufgerissene Steppe stimmt trübe durch ihre ewige Eintönigkeit. Ist man nach acht- oder zehntägigem Marsch gewöhnt an das Spiel der Luftspiegelung und an das glänzende Grün der Mauritiabüsche,[1] die von Meile zu Meile zum Vorschein kommen, so fühlt man das Bedürfnis mannigfaltigerer Eindrücke; man sehnt sich nach dem Anblick der gewaltigen Bäume der Tropen, des wilden Sturzes der Bergströme, der Gelände und Thalgründe, bebaut von der Hand des Landmanns. Wenn unglücklicherweise das Phänomen der afrikanischen Wüsten und der Llanos oder Savannen der Neuen Welt (ein Phänomen, dessen Ursache sich in dem Dunkel der frühesten Geschichte unseres Planeten verliert) noch einen größeren Raum befaßte, so wäre die Natur um einen Teil der herrlichen, dem heißen Erdstrich eigentümlichen Produkte ärmer.[2] Die nordischen Heiden, die Steppen an Wolga und Don sind kaum ärmer an Pflanzen und Tierarten als unter dem herrlichsten Himmel der Welt, im Erdstrich der Bananen und des Brotfruchtbaums, 567000 qkm Savannen, die im Halbkreise von Nordost nach Südwest, von den Mündungen des Orinoko bis zum Caqueta und Putumayo sich fortziehen.

---

[1] Die Fächerpalme, der guyanische Sagobaum.

[2] Berechnungen nach Karten in sehr großem Maßstabe haben mir folgendes ergeben: Die Llanos von Cumana, Barcelona und Caracas vom Delta des Orinoko bis zum nördlichen Ufer des Apure umfassen 160000 qkm; die Llanos zwischen dem Apure und dem oberen Amazonenstrome 425000 qkm; die Pampas nordwestlich von Buenos Ayres 810000 qkm; die Pampas südwärts vom Parallel von Buenos Ayres 607000 qkm. Der Gesamtflächenraum der grasbewachsenen Llanos in Südamerika beträgt demnach 1990000 qkm (Spanien hat 328000 qkm). Die große afrikanische Ebene, die sogenannte Sahara ist 4930000 qkm groß, die verschiedenen Oasen dazu gerechnet, aber nicht Bornu und Darfur. (Das Mittelmeer hat nur 1616000 qkm Oberfläche.)

Der überall sonst belebende Einfluß des tropischen Klimas macht sich da nicht fühlbar, wo ein mächtiger Verein von Grasarten fast jedes andere Gewächs ausgeschlossen hat. Beim Anblick des Bodens, an Punkten, wo die zerstreuten Palmen fehlen, hätten wir glauben können, in der gemäßigten Zone, ja noch viel weiter gegen Norden zu sein; aber bei Einbruch der Nacht mahnten uns die schönen Sternbilder am Süd= himmel (der Centaur, Canopus, und die zahllosen Nebelflecken, von denen das Schiff Argo glänzt) daran, daß wir nur 8° vom Aequator waren.

Eine Erscheinung, auf die bereits Deluc aufmerksam ge= worden und an der sich in den letzten Jahren der Scharfsinn der Geologen geübt hat, machte uns auf der Reise durch die Steppen viel zu schaffen. Ich meine nicht die Urgebirgs= blöcke, die man (wie am Jura) am Abhang der Kalkgebirge findet, sondern die ungeheuren Granit= und Syenitblöcke, die, innerhalb von der Natur scharf gezogener Grenzen, im nördlichen Holland und Deutschland und in den baltischen Ländern zerstreut vorkommen. Es scheint jetzt bewiesen, daß diese wie strahlenförmig verteilten Gesteine bei den alten Umwälzungen unseres Erdballs aus der skandinavischen Halb= insel gegen Süd herabgekommen sind, und daß sie nicht von den Granitketten des Harzes und in Sachsen stammen, denen sie nahe kommen, ohne indessen ihren Fluß zu erreichen. Ich bin auf den sandigen Ebenen der baltischen Länder ge= boren, und bis zu meinem 18. Jahre wußte ich, was eine Gebirgsart sei, nur von diesen zerstreuten Blöcken her, und so mußte ich doppelt neugierig sein, ob die Neue Welt eine ähnliche Erscheinung aufzuweisen habe. Und ich sah zu meiner Ueberraschung auch nicht einen einzigen Block der Art in den Planos von Venezuela, obgleich diese unermeßlichen Ebenen gegen Süden unmittelbar von einem ganz aus Granit gebauten Bergstock[1] begrenzt werden, der in seinen gezackten, fast säulen= förmigen Gipfeln die Spuren der gewaltigsten Zerrüttung zeigt. Gegen Norden sind die Planos von der Granitkette der Silla bei Caracas und von Porto Cabello durch eine Berg= wand getrennt, die zwischen Villa de Cura und Parapara aus Schiefergebirg, zwischen dem Bergantin und Caripe aus Kalkstein besteht. Das Nichtvorhandensein von Blöcken fiel mir ebenso an den Ufern des Amazonenstromes auf. Schon

---

[1] Die Sierra Parime.

La Condamine hatte versichert, vom Pongo de Manseriche bis zum Engpasse der Pauxis sei auch nicht der kleinste Stein zu finden. Das Becken des Rio Negro und des Amazonenstromes ist aber auch nichts als ein Llano, eine Ebene wie die in Venezuela und Buenos Ayres, und der Unterschied besteht allein in der Art des Pflanzenwuchses. Die beiden Llanos am Nord- und am Südende von Südamerika sind mit Gras bewachsen, es sind baumlose Grasfluren; das dazwischenliegende Llano, das am Amazonenstrom, welches im Striche der fast unaufhörlichen Aequatorialregen liegt, ist ein dichter Wald. Ich erinnere mich nicht gehört zu haben, daß auf den Pampas von Buenos Ayres oder auf den Savannen am Missouri[1] und in Neumexiko Granitblöcke vorkommen. Die Erscheinung scheint in der Neuen Welt überhaupt ganz zu fehlen, und wahrscheinlich auch in der afrikanischen Sahara; denn die Gesteinmassen, welche mitten in der Wüste zu Tage kommen und deren die Reisenden häufig erwähnen, sind nicht mit bloßen zerstreuten Bruchstücken zu verwechseln. Aus diesen Beobachtungen scheint hervorzugehen, daß die skandinavischen Granitblöcke, welche die sandigen Ebenen im Süden des Baltischen Meeres, in Westfalen und Holland bedecken, von einer besonderen, von Norden her ausgebrochenen Wasserflut, von einem rein örtlichen Vorgang herrühren. Das alte Konglomerat (der rote Sandstein), das nach meinen Beobachtungen zum großen Teil die Llanos von Venezuela und das Becken des Amazonenstromes bedeckt, schließt ohne Zweifel Trümmer der Urgebirgsbildungen ein, aus denen die benachbarten Berge bestehen; aber die Umwälzungen, von denen diese Gebirge so deutliche Spuren aufzuweisen haben, scheinen nicht von den Umständen begleitet gewesen zu sein, durch welche die Wegführung dieser Blöcke in weite Ferne begünstigt wurde. Diese geognostische Erscheinung ist um so unerwarteter, da sonst nirgends in der Welt eine Erdfläche vorkommt, die so eben wäre und sich so ohne alle Unterbrechung bis zum steilen Abhang einer ganz aus Granit aufgebauten Kordillere fortzöge. Bereits vor meinem Abgang von Europa war mir aufgefallen, daß die Urgebirgsblöcke weder in der Lombardei vorkommen noch auf der großen bayerischen Ebene, die ein alter, 490 m über dem Meeresspiegel liegender See-

---

[1] Kommen in Nordamerika nordwärts von den großen Seen Blöcke vor?

boden ift. Diese Ebene wird gegen Nord vom Granit der Oberpfalz, gegen Süd vom Alpenkalk, dem Uebergangsthon= schiefer und Glimmerschiefer Tirols begrenzt.

Am 23. Juli langten wir in der Stadt Nueva Barce= lona an, weniger angegriffen von der Hitze in den Llanos, an die wir längst gewöhnt waren, als von den Sandwinden, die auf die Länge schmerzhafte Schrunden in der Haut ver= ursachen. Vor sieben Monaten hatten wir auf dem Wege von Cumana nach Caracas ein paar Stunden am Morro von Barcelona angelegt, einem befestigten Felsen, der dem Dorfe Pozuelos zu nur durch eine Landzunge mit dem Festlande zusammenhängt. Im Hause eines reichen Handelsmannes von französischer Abkunft, Don Pedro Lavie, fanden wir die freund= lichste Aufnahme und alles, was zuvorkommende Gastfreund= schaft bieten kann. Lavie war beschuldigt worden, den un= glücklichen España, als er im Jahre 1796 sich als Flüchtling auf dieser Küste befand, aufgenommen zu haben, und wurde auf Befehl der Audiencia aufgehoben und nach Caracas ins Gefängnis geführt. Die Freundschaft des Statthalters von Cumana und die Erinnerung an die Dienste, die er dem auf= keimenden Gewerbfleiß des Landes geleistet, verhalfen ihm wieder zur Freiheit. Wir hatten ihn im Gefängnis besucht und uns bemüht ihn zu zerstreuen; jetzt hatten wir die Freude, ihn wieder im Schoße seiner Familie zu finden. Seine physischen Leiden hatten sich durch die Haft verschlimmert, und er erlag, bevor der Tag der Unabhängigkeit Amerikas ange= brochen war, den sein Freund Don Josef España bei seiner Hinrichtung verkündigt hatte. „Ich sterbe,“ sprach dieser Mann, ein Mann, wie geschaffen zur Durchführung großer Unternehmungen, „ich sterbe eines schimpflichen Todes; aber in kurzem werden meine Mitbürger mit Ehrfurcht meine Asche sammeln und mein Name wird mit Ehren genannt werden.“ Diese merkwürdigen Worte wurden am 8. Mai 1799 auf dem großen Platze zu Caracas gesprochen; sie wur= den mir noch im selben Jahre von Leuten mitgeteilt, von denen manche Españas Absichten so sehr verabscheuten, als andere sein Los betrauerten.

Schon oben war von der Bedeutung des Handels von Nueva Barcelona die Rede. Die kleine Stadt, die im Jahre 1790 kaum 10 000 Einwohner, im Jahre 1800 über 16 000 hatte, wurde 1637 von einem katalonischen Konquistador, Juan Urpin, gegründet. Man versuchte damals, aber vergeblich,

der ganzen Provinz den Namen Neukatalonien zu geben.
Da auf unseren Karten häufig zwei Städte statt einer, Bar=
celona und Cumanagoto, angegeben sind, oder man diese
zwei Namen für gleichbedeutend hält, so erscheint es nicht
nutzlos, die Quelle dieses Irrtums hier anzugeben. An der
Mündung des Rio Neveri stand früher eine indianische,
von Lucas Fararvo im Jahre 1588 gebaute Stadt, unter dem
Namen San Cristoval de los Cumanagotos. Dieselbe
war nur von Eingeborenen bewohnt, die von den Salzwerken
bei Apaicuare hierher gezogen waren. Im Jahre 1637 grün=
dete Urpin 9 km herwärts vom inneren Lande mit einigen
Einwohnern von Cumanagoto und vielen Kataloniern die
spanische Stadt Nueva Barcelona. 34 Jahre lang lagen
die Nachbargemeinden in beständigem Streit, bis im Jahre
1671 der Statthalter Angulo es dahin brachte, daß sie sich
an einer dritten Baustelle vereinigten, wo nunmehr die Stadt
Barcelona steht, die nach meinen Beobachtungen unter dem
10° 6' 52" der Breite liegt. Die alte Stadt Cumanagoto
ist im Lande vielberufen wegen eines wunderthätigen Bildes
der heil. Jungfrau,[1] das, wie die Indianer erzählen, im hohlen
Stamm eines Tutumo oder alten Flaschenkürbisbaumes
(Crescentia Cujete) gefunden worden ist. Dasselbe wurde
in Prozession nach Nueva Barcelona gebracht; aber so oft die
Geistlichkeit mit den Bewohnern der neuen Stadt unzufrieden
war, entfloh es bei Nacht und kehrte in den Baumstamm an
der Mündung des Flusses zurück. Dieses Wunder hörte nicht
eher auf, als bis man den Mönchen von der Regel des hei=
ligen Franziskus ein großes Kloster (das Kollegium der Pro=
paganda) gebaut hatte. Wir haben oben gesehen, daß der
Bischof von Caracas in einem ähnlichen Fall das Bild Unserer
lieben Frau de los Valencianos in die bischöflichen Archive brin=
gen ließ, und daß es dort dreißig Jahre unter Siegel blieb.

Das Klima von Barcelona ist nicht so heiß als das von
Cumana, aber feucht und in der Regenzeit etwas ungesund.
Bonpland hatte die beschwerliche Reise über die Llanos ganz
gut ausgehalten; er war wieder ganz bei Kräften und seine
große Thätigkeit die alte; ich dagegen war in Barcelona un=
wohler als in Angostura, unmittelbar nachdem die Reise auf
den Flüssen hinter uns lag. Einer der tropischen Regen, bei

---

[1] La milagrosa imagen de Maria Santisima del Socorro,
auch Virgen del Tutumo genannt.

denen bei Sonnenuntergang weit auseinander außerordentlich
große Tropfen fallen, hatte mir ein Unwohlsein zugezogen,
das einen Anfall des Typhus, der eben auf der Küste herrschte,
befürchten ließ. Wir verweilten fast einen Monat in Barcelona, im Genuß aller Bequemlichkeiten, welche die aufmerk-
samste Freundschaft bieten kann. Wir trafen hier auch wieder den trefflichen Ordensmann, Fray Juan Gonzales, dessen
ich schon erwähnt habe, und der vor uns am oberen Orinoko gewesen war. Er bedauerte, und mit Recht, daß wir auf den
Besuch dieses unbekannten Landes nur so wenige Zeit hatten
verwenden können; er musterte unsere Pflanzen und Tiere
mit dem Interesse, das auch der Ungebildetste für die Produkte eines Landes hat, wo er lange gelebt. Fray Juan
hatte beschlossen, nach Europa zurückzukehren und uns dabei
bis auf die Insel Cuba zu begleiten. Wir blieben fortan
sieben Monate beisammen; der Mann war munter, geistreich
und dienstfertig. Wer mochte ahnen, welches Unglück seiner
wartete! Er nahm einen Teil unserer Sammlungen mit; ein
gemeinschaftlicher Freund vertraute ihm ein Kind an, das
man in Spanien erziehen lassen wollte; die Sammlungen,
das Kind, der junge Geistliche, alles wurde von den Wellen
verschlungen.

Neun Kilometer südostwärts von Nueva Barcelona erhebt sich eine hohe Bergkette, die sich an den Cerro del Bergantin lehnt, den man von Cumana aus sieht. Der Ort
ist unter dem Namen Aguas calientes bekannt. Als ich
mich gehörig hergestellt fühlte, unternahmen wir an einem
frischen, nebeligen Morgen einen Ausflug dahin. Das mit
Schwefelwasserstoff geschwängerte Wasser kommt aus einem
quarzigen Sandstein, der demselben dichten Kalkstein aufgelagert ist, den wir beim Morro untersucht hatten. Die Temperatur desselben ist nur 43,2 ° (bei einer Lufttemperatur von
27°); es fließt zuerst 78 m weit über den Felsboden, stürzt
sich dann in eine natürliche Höhle, dringt durch den Kalkstein
und kommt am Fuß des Berges, am linken Ufer des kleinen
Flusses Narigual wieder zu Tage. Durch die Berührung
mit dem Sauerstoff der Luft schlagen die Quellen viel Schwefel
nieder. Die Luftblasen, welche sich stoßweise aus den Ther-
men entwickeln, habe ich hier nicht gesammelt, wie in Mariara.
Sie enthalten ohne Zweifel viel Stickstoff, weil der Schwefelwasserstoff das in der Quelle aufgelöste Gemenge von Sauerstoff und Stickstoff zersetzt. Die Schwefelwasser von San

Juan, die wie die am Bergantin aus dem Kalkstein kommen, haben auch nur eine geringe Temperatur (31,3°), während im selben Landstrich die Schwefelwasser von Mariara und Las Trincheras (bei Porto Cabello), die unmittelbar aus dem granitischen Gneis kommen, 58,9° und 90,4° heiß sind. Es ist als ob die Wärme, welche die Quellen im Erdinneren angenommen, abnähme, je weiter sie aus dem Urgebirge in die aufgelagerten sekundären Formationen gelangen.

Unser Ausflug zu den Aguas calientes am Bergantin endete mit einem leidigen Unfall. Unser Gastfreund hatte uns seine schönsten Reitpferde gegeben. Man hatte uns zugleich gewarnt, nicht durch den kleinen Fluß Narigual zu reiten. Wir gingen daher über eine Art Brücke oder vielmehr aneinander gelegte Baumstämme, und ließen unsere Pferde am Zügel hinüberschwimmen. Da verschwand das meinige auf einmal; es schlug noch eine Weile unter dem Wasser um sich, aber trotz alles Suchens konnten wir nicht ausfindig machen, was den Unfall veranlaßt haben mochte. Unsere Führer vermuteten, das Tier werde von den Kaimanen, die hier sehr häufig sind, an den Beinen gepackt worden sein. Meine Verlegenheit war sehr groß; denn bei dem Zartgefühl und dem großen Wohlstand unseres Gastfreundes konnte ich kaum daran denken, ihm einen solchen Verlust ersetzen zu wollen. Lavie ging unsere Betroffenheit näher als der Verlust seines Pferdes, und er suchte uns zu beruhigen, indem er, wohl mit Uebertreibung, versicherte, wie leicht man sich in den benachbarten Savannen schöne Pferde verschaffen könne.

Die Krokodile sind im Rio Neveri groß und zahlreich, besonders der Mündung zu; im ganzen aber sind sie nicht so bösartig als die im Orinoko. In der Gemütsart dieser Tiere beobachtet man in Amerika dieselben Kontraste wie in Aegypten und Rubien, wie man deutlich sieht, wenn man die Berichte des unglücklichen Burckhard und die Belzonis aufmerksam vergleicht. Nach dem Kulturzustand der verschiedenen Länder, nach der mehr oder weniger dichten Bevölkerung in der Nähe der Flüsse ändern sich auch die Sitten dieser großen Saurier, die auf trockenem Lande schüchtern sind und vor dem Menschen sogar im Wasser fliehen, wenn sie reichliche Nahrung haben und der Angriff mit einiger Gefahr verbunden ist. In Nueva Barcelona sieht man die Indianer das Holz auf sonderbare Weise zu Markt bringen. Große Scheite von Zygophyllum und Cäsalpinia werden in den Fluß

geworfen; sie treiben mit der Strömung fort und der Eigen=
tümer mit seinen ältesten Söhnen schwimmt bald hier= bald
dorthin, um die Stücke, die in den Krümmungen des Flusses
stecken bleiben, wieder flott zu machen. In den meisten
amerikanischen Flüssen, in denen Krokodile vorkommen, ver=
böte sich ein solches Verfahren von selbst. Die Stadt Bar=
celona hat nicht, wie Cumana, eine indianische Vorstadt, und
sieht man hie und da einen Indianer, so sind sie aus den
benachbarten Missionen, oder aus den über die Ebene zer=
streuten Hütten. Beide sind nicht von karibischem Stamm,
sondern ein Mischvolk von Cumanagoten, Palenques und
Piritu, von kleinem Wuchs, untersetzt, arbeitsscheu und dem
Trunk ergeben. Der gegorene Maniok ist hier das belieb=
teste Getränk; der Palmwein, den man am Orinoko hat, ist
an den Küsten so gut wie unbekannt. Es ist merkwürdig,
wie in den verschiedenen Erdstrichen der Mensch, um den Hang
zur Trunkenheit zu befriedigen, nicht nur alle Familien
monokotyledonischer und bikotyledonischer Gewächse herbeizieht,
sondern sogar den giftigen Fliegenschwamm (Amanita mus-
caria), von dem die Korjäken denselben Saft zu wiederholten
Malen fünf Tage hintereinander trinken, worauf sie aus ekel=
hafter Sparsamkeit gekommen sind.[1]

Die Paketboote (Correos), die von Coruna nach der
Havana und nach Mexiko laufen, waren seit drei Monaten
ausgeblieben. Man vermutete, sie seien von den englischen
Kreuzern aufgebracht worden. Da wir Eile hatten, nach
Cumana zu kommen, um mit der ersten Gelegenheit nach Vera=
cruz gehen zu können, so mieteten wir (am 26. August 1800)
ein Kanoe ohne Verdeck (Lancha). Solcher Fahrzeuge bedient
man sich gewöhnlich in diesen Strichen, wo ostwärts vom
Kap Codera die See fast nie unruhig ist. Die Lancha war

---

[1] Langsdorf (Wetterauisches Journal, Teil I, Seite 254) hat
diese sehr merkwürdige physiologische Erscheinung zuerst bekannt ge=
macht. Ich beschreibe sie hier, doch lieber lateinisch. — Coriae-
corum gens, in ora Asiae septentrioni opposita, potum sibi
excogitavit ex succo inebriante Agarici muscarii, qui succus
(aeque ut asparagorum), vel per humanum corpus transfusus,
temulentiam nihilominus facit. Quare gens misera et inops,
quo rarius mentis sit suae, propriam urinam bibit identidem;
continuoque mingens rursusque hauriens eundem succum (dicas,
ne ulla in parte mundi desit ebrietas) pauculis agaricis pro-
ducere in diem quintum temulentiam potest.

mit Kakao beladen und trieb Schleichhandel mit der Insel
Trinidad. Gerade deshalb glaubte der Eigner von den
feindlichen Fahrzeugen, welche damals alle spanischen Häfen
blockierten, nichts zu fürchten zu haben. Wir schifften unsere
Pflanzensammlungen, unsere Instrumente und unsere Affen
ein und hofften bei herrlichem Wetter eine ganz kurze Ueberfahrt von der Mündung des Rio Neveri nach Cumana zu
haben; aber kaum waren wir im engen Kanal zwischen dem
Festland und den Felseneilanden Borracha und Chimanas, so
stießen wir zu unserer großen Ueberraschung auf ein bewaff-
netes Fahrzeug, das uns anrief und zugleich auf große Entfernung einige Flintenschüsse auf uns abfeuerte. Es waren
Matrosen, die zu einem Kaper aus Halifax gehörten, und
unter ihnen erkannte ich an der Gesichtsbildung und der
Mundart einen Preußen, aus Memel gebürtig. Seit ich in
Amerika war, hatte ich nicht mehr Gelegenheit gehabt, meine
Muttersprache zu sprechen, und ich hätte mir wohl einen er-
freulicheren Anlaß dazu gewünscht. Unser Protestieren half
nichts und man brachte uns an Bord des Kapers, der that,
als ob er von den Pässen, die der Gouverneur von Trinidad
für den Schmuggel ausstellte, nichts wüßte, und uns für
gute Prise erklärte. Da ich mich im Englischen ziemlich fertig
ausdrücke, so ließ ich mich mit dem Kapitän in Unterhand-
lungen ein, um nicht nach Neuschottland gebracht zu werden;
ich bat ihn, mich an der nahen Küste ans Land zu setzen.
Während ich in der Kajüte meine und des Eigners des
Kanoes Rechte zu verfechten suchte, hörte ich Lärm auf dem
Verdeck. Einer kam und sagte dem Kapitän etwas ins Ohr.
Dieser schien bestürzt und ging hinaus. Zu unserem Glück
kreuzte auch eine englische Korvette (die Sloop Hawk) in
diesen Gewässern. Sie hatte durch Signale den Kapitän
des Kapers zu sich gerufen, und da dieser sich nicht beeilte
Folge zu leisten, feuerte sie eine Kanone ab und schickte einen
Midshipman zu uns an Bord. Dieser war ein sehr artiger
junger Mann und machte mir Hoffnung, daß man das Kanoe
mit Kakao herausgeben und uns des anderen Tages werde weiter
fahren lassen. Er schlug mir zugleich vor, mit ihm zu gehen,
mit der Versicherung, sein Kommandant, Kapitän Garnier von
der königlichen Marine, werde mir ein angenehmeres Nachtlager anbieten, als ich auf einem Fahrzeug aus Halifax fände.

Ich nahm das freundliche Anerbieten an und wurde von
Kapitän Garnier aufs höflichste aufgenommen. Er hatte mit

Vancouver die Reise an die Nordwestküste gemacht; und alles, was ich ihm von den großen Katarakten bei Atures und Maypures, von der Gabelteilung des Orinoko und von seiner Verbindung mit dem Amazonenstrom erzählte, schien ihn höchlich zu interessieren. Er nannte mir unter seinen Offizieren mehrere, die mit Lord Macartney in China gewesen waren. Seit einem Jahre war ich nicht mehr mit so vielen unterrichteten Männern beisammen gewesen. Man war aus den englischen Zeitungen über den Zweck meiner Reise im allgemeinen unterrichtet; man bewies mir großes Zutrauen und ich erhielt mein Nachtlager im Zimmer des Kapitäns. Beim Abschied wurde ich mit den Jahrgängen der astronomischen Ephemeriden beschenkt, die ich in Frankreich und Spanien nicht hatte bekommen können. Kapitän Garnier habe ich die Trabantenbeobachtungen zu verdanken, die ich jenseits des Aequators angestellt, und es wird mir zur Pflicht, hier dem aufrichtigen Danke für seine Gefälligkeit Ausdruck zu geben. Wenn man aus den Wäldern am Cassiquiare kommt und monatelang in den engen Lebenskreis der Missionäre wie gebannt war, so fühlt man sich ganz glücklich, wenn man zum erstenmal wieder Männer trifft, die das Leben zur See durchgemacht und auf einem so wechselvollen Schauplatz den Kreis ihrer Ideen erweitert haben. Ich schied vom englischen Schiff mit Empfindungen, die in mir unverwischt geblieben sind und meine Anhänglichkeit an die Laufbahn, der ich meine Kräfte gewidmet, noch steigerten.

Am folgenden Tag setzten wir unsere Ueberfahrt fort und wunderten uns sehr über die Tiefe der Kanäle zwischen den Caracasinseln, die so bedeutend ist, daß die Korvette beim Wenden fast an den Felsen streifte. Welch ein Kontrast im ganzen Ansehen zwischen diesen Kalkeilanden, die nach Richtung und Gestaltung an die große Katastrophe erinnern, die sie vom Festlande losgerissen, und jenem vulkanischen Archipel nordwärts von Lancerote, wo Basaltkuppen durch Hebung aus dem Meer emporgestiegen scheinen! Die vielen Alcatras, die größer sind als unsere Schwanen, und Flamingo, die in den Buchten fischten oder den Pelikanen ihre Beute abzujagen suchten, sagten uns, daß wir nicht mehr weit von Cumana wären. Es ist sehr interessant, bei Sonnenaufgang die Seevögel auf einmal erscheinen und die Landschaft beleben zu sehen. Solches erinnert an den einsamsten Orten an das rege Leben in unseren Städten beim ersten Morgengrauen.

Gegen neun Uhr morgens befanden wir uns vor dem Meer- busen von Cariaco, welcher der Stadt Cumana als Reede dient. Der Hügel, auf dem das Schloß San Antonio liegt, hob sich weiß von der dunkeln Bergwand im Inneren ab. Mit lebhafter Empfindung sahen wir das Ufer wieder, wo wir die ersten Pflanzen in Amerika gepflückt und wo ein paar Monate darauf Bonpland in so großer Gefahr geschwebt hatte. Zwischen den Kaktus, die 6,5 m hoch in Säulen- oder Kandelaberform dastehen, kamen die Hütten der Guaykeri zum Vorschein. Die ganze Landschaft war uns so wohl be- kannt, der Kaktuswald, und die zerstreuten Hütten, und der gewaltige Ceibabaum, unter dem wir bei Einbruch der Nacht so gerne gebadet. Unsere Freunde kamen uns aus Cumana entgegen; Menschen aller Stände, die auf unseren vielen botanischen Exkursionen mit uns in Berührung gekommen waren, äußerten ihre Freude um so lebhafter, da sich seit mehreren Monaten das Gerücht verbreitet hatte, wir haben an den Ufern des Orinoko den Tod gefunden. Anlaß dazu mochte Bonplands schwere Krankheit gegeben haben, oder auch der Umstand, daß unser Kanoe durch einen Windstoß ober- halb der Mission Uruana beinahe umgeschlagen wäre.

Wir eilten, uns dem Statthalter Don Vicente Emparan vorzustellen, dessen Empfehlungen und beständige Vorsorge uns auf der langen, nunmehr vollendeten Reise so ungemein förderlich gewesen waren. Er verschaffte uns mitten in der Stadt ein Haus,[1] das für ein Land, das starken Erdbeben ausgesetzt ist, vielleicht zu hoch, aber für unsere Instrumente ungemein bequem war. Es hatte Terrassen (Azoteas), auf denen man einer herrlichen Aussicht auf die See, auf die Landenge Araya und auf den Archipel der Caracas-, Picuita- und Borrachainseln genoß. Der Hafen von Cumana wurde täglich strenger blockiert und durch das Ausbleiben der spani- schen Postschiffe wurden wir noch drittehalb Monate festge- halten. Oft fühlten wir uns versucht, auf die dänischen Inseln überzusetzen, die einer glücklichen Neutralität genossen;

---

[1] Casa de Don Pasqual Martinez, nordwestlich vom großen Platz, an dem ich vom 28. Juli bis 17. November 1799 beobachtet hatte. Alle astronomischen Beobachtungen, sowie die über die Luft- spiegelung, nach dem 29. August 1800 sind im Hause Martinez angestellt. Ich erwähne dieses Umstandes, da er von Interesse sein mag, wenn einmal einer die Genauigkeit meiner Beobachtungen prüfen will.

wir besorgten aber, hätten wir einmal die spanischen Kolonieen verlassen, möchte es schwer halten, dahin zurückzukommen. Bei den umfassenden Befugnissen, wie sie uns in einer guten Stunde zu teil geworden, durfte man sich auf nichts einlassen, was den Lokalbehörden mißfallen konnte. Wir wendeten unsere Zeit dazu an, die Flora von Cumana zu vervollständigen, den östlichen Teil der Halbinsel Araya geognostisch zu untersuchen und eine ansehnliche Reihe von Trabantenimmersionen zu beobachten, wodurch die auf anderem Wege gefundene Länge des Orts bestätigt wurde. Wir stellten auch Versuche an über ungewöhnliche Strahlenbrechung, über Verdunstung und Luftelektrizität.

Die lebenden Tiere, die wir vom Orinoko mitgebracht, waren für die Einwohner von Cumana ein Gegenstand lebhafter Neugier. Der Kapuziner von Esmeralda (Simia chiropotes), der im Gesichtsausdruck so große Menschenähnlichkeit hat, und der Schlafaffe (Simia trivirgata), der Typus einer neuen Gruppe, waren an dieser Küste noch nie gesehen worden. Wir dachten dieselben der Menagerie im Pariser Pflanzengarten zu; denn die Ankunft einer französischen Eskadre, die ihren Angriff auf Curaçao hatte mißlingen sehen, bot uns unerwartet eine treffliche Gelegenheit nach Guadeloupe. General Jeannet und der Kommissär Bresseau, Agent der vollziehenden Gewalt auf den Antillen, versprachen uns, die Sendung zu besorgen. Aber Affen und Vögel gingen auf Guadeloupe zu Grunde, und nur durch einen glücklichen Zufall gelangte der Balg des Simia chiropotes, der sonst in Europa gar nicht existiert, vor einigen Jahren in den Pflanzengarten, nachdem schon früher der Couxio (Simia Satanas) und der Stentor oder Aluate aus den Steppen von Caracas (Simia ursina), die ich in meinem Recueil de zoologie et d'anatomie comparée abgebildet, daselbst angekommen waren. Die Anwesenheit so vieler französischer Soldaten und die Aeußerung politischer und religiöser Ansichten, die eben nicht ganz mit denen übereinstimmten, durch welche die Mutterländer ihre Macht zu befestigen meinen, brachten die Bevölkerung von Cumana in gewaltige Aufregung. Der Statthalter beobachtete den französischen Behörden gegenüber die angenehmen Formen, wie der Anstand und das innige Verhältnis, das damals zwischen Frankreich und Spanien bestand, sie vorschrieben. Auf den Straßen sah man die Farbigen sich um den Agenten des Direktoriums drängen, der

reich und theatralisch gekleidet war; da aber Leute mit ganz
weißer Haut, wo sie sich nur verständlich machen konnten,
mit unbescheidener Neugier sich auch danach erkundigten, wie=
viel Einfluß auf die Regierung von Guadeloupe die fran=
zösische Republik den Kolonisten einräume, so entwickelten die
königlichen Beamten doppelten Eifer in der Verproviantierung
der kleinen Eskadre. Fremde, die sich rühmten frei zu sein,
schienen ihnen überlästige Gäste, und in einem Lande, dessen
fortwährend steigender Wohlstand auf dem Schleichverkehr
mit den Inseln beruhte und auf einer Art Handelsfreiheit,
die man dem Ministerium abgerungen, erlebte ich es, daß
die Hispano=Europäer sich nicht entblödeten, die alte Weisheit
des Gesetzbuches (Leyes de Indias), demzufolge die Häfen
keinen fremden Fahrzeugen geöffnet werden sollen außer in
äußersten Notfällen, bis zu den Wolken zu erheben. Ich
hebe diese Gegensätze zwischen den unruhigen Wünschen der
Kolonisten und der argwöhnischen Starrheit der herrschenden
Kaste hervor, weil sie einiges Licht auf die großen politischen
Ereignisse werfen, welche, von lange her vorbereitet, Spanien
von seinen Kolonieen oder — vielleicht richtiger gesagt —
von seinen überseeischen Provinzen losgerissen haben.

Vom 3. bis zum 5. November verbrachten wir wieder
einige sehr angenehme Tage auf der Halbinsel Araya, über
dem Meerbusen von Cariaco, Cumana gegenüber, deren Perlen,
deren Salzlager und unterseeische Quellen flüssigen, farb=
losen Steinöls ich schon oben beschrieben habe. Wir hatten
gehört, die Indianer bringen von Zeit zu Zeit natürlichen
Alaun, der in den benachbarten Bergen vorkomme, in be=
deutenden Massen in die Stadt. An den Proben, die man
uns zeigte, sah man gleich, daß es weder Alaunstein war,
ähnlich dem Gestein von Tolfa und Piombino, noch jene
haarförmigen, seidenartigen Salze von schwefelsaurer Thon=
und Bittererde, welche Gebirgsspalten und Höhlen auskleiden,
sondern wirklich Massen natürlichen Alauns, mit muscheligem
oder unvollkommen blätterigem Bruch. Man machte uns Hoff=
nung, daß wir die Alaungrube im Schiefergebirg bei Mani=
quarez finden könnten. Eine so neue geognostische Erschei=
nung mußte unsere ganze Aufmerksamkeit in Anspruch nehmen.
Frater Juan Gonzalez und der Schatzmeister Don Manuel
Navarete, der uns seit unserer Ankunft auf dieser Küste mit
seinem Rat beigestanden hatte, begleiteten uns auf dem kleinen
Ausflug. Wir gingen am Vorgebirge Caney ans Land und

besuchten wieder das alte Salzwerk, das durch den Einbruch
des Meeres in einen See verwandelt worden, die schönen
Trümmer des Schlosses Araya und den Kalkberg Barigon,
der, weil er gegen West schroff abfällt, ziemlich schwer zu
besteigen ist. Der Salzthon, vermischt mit Erdpech und linsen=
förmigem Gips, und zuweilen in einen schwarzbraunen, salz=
freien Thon übergehend, ist eine auf dieser Halbinsel, auf der
Insel Margarita und auf dem gegenüberliegenden Festland
beim Schloß San Antonio in Cumana sehr verbreitete For=
mation. Sehr wahrscheinlich hat sie sogar zum Teil die
Spalten und das ganze zerrissene Wesen des Bodens veran=
laßt, das dem Geognosten auffällt, wenn er auf einer der
Anhöhen der Halbinsel Araya steht. Die aus Glimmerschiefer
und Tonschiefer bestehende Kordillere derselben ist gegen Nord
durch den Kanal von Cubagua von der ähnlich gebildeten
Bergkette der Insel Margarita getrennt; gegen Süden liegt der
Meerbusen von Cariaco zwischen der Kordillere und der hohen
Kalkgebirgskette des Festlandes. Der ganze dazwischen liegende
Boden scheint einst mit Salzthon ausgefüllt gewesen zu sein,
und vom Meere beständig angefressen, verschwand ohne Zweifel
die Formation allmählich und aus der Ebene wurden zuerst
Lagunen, dann Buchten und zuletzt schiffbare Kanäle. Der
neueste Vorgang am Schlosse Araya beim Einbruch des Meeres
in das alte Salzwerk, die Form der Lagune Chacopata und
ein 18 km langer See, der die Insel Margarita beinahe in
zwei Stücke teilt, sind offenbare Beweise dieser allmählichen
Abspülungen. Im seltsamen Umriß der Küsten, im Morro
von Chacopata, in den kleinen Inseln Caribes, Lobos und
Tunal, in der großen Insel Coche und dem Vorgebirg Carnero
und dem „der Manglebäume" glaubt man auch die Trümmer
einer Landenge vor sich zu haben, welche einst in der Rich=
tung von Nord nach Süd die Halbinsel Araya und die Insel
Margarita verband. Auf letzterer verbindet nur noch eine
ganz niedrige, 5850 m lange und nicht 390 m breite Land=
zunge gegen Nord die zwei unter dem Namen Vega de San
Juan und Macanao bekannten Berggruppen. Die Laguna
grande auf Margarita hat gegen Süd eine sehr enge Oeff=
nung und kleine Kanoen kommen „arastradas", das heißt
über einen Trageplatz, über die Landzunge oder den Damm
im Norden hinüber. Wenn sich auch heutzutage in diesen
Seestrichen das Wasser vom Festland zurückzuziehen scheint,
so wird doch höchst wahrscheinlich im Laufe der Jahrhunderte

entweder durch ein Erdbeben oder durch ein plötzliches An-
schwellen des Ozeans die große langgestreckte Insel Margarita
in zwei viereckige Felseneilande zerfallen.

Bei der Besteigung des Cerro del Barigon wiederholten
wir die Versuche, die wir am Orinoko über den Unterschied
zwischen der Temperatur der Luft und des verwitterten Gesteins gemacht hatten. Erstere betrug gegen 11 Uhr vormittags, des Seewinds wegen, nur 27°, letztere dagegen 49,6°.
Der Saft in den Fackeldisteln (Cactus quadrangularis) zeigte
38 bis 41°; soviel zeigte ein Thermometer, dessen Kugel ich in
den fleischigen, saftigen Stamm der Kaktus hineinsteckte. Diese
innere Temperatur eines Gewächses ist das Produkt der Wärme
des Sandes, in dem die Wurzeln sich verbreiten, der Lufttemperatur, der Oberflächenbeschaffenheit des den Sonnenstrahlen ausgesetzten Stammes und der Leitungsfähigkeit des
Holzes. Es wirkten somit sehr verwickelte Vorgänge zum Resultat zusammen. Der Kalkstein des Barigon, der zu der
großen Sandstein- und Kalkformation von Cumana gehört, besteht fast ganz aus Seeschaltieren, die so wohl erhalten sind,
wie die in den anderen tertiären Kalkgebilden in Frankreich und
Italien. Wir brachen für das königliche Kabinett zu Madrid
Blöcke ab, die Austern von 20 cm Durchmesser, Kammmuscheln,
Venusmuscheln und Polypengehäuse enthielten. Ich möchte
Naturforscher, welche bessere Paläontologen sind, als ich damals war, auffordern, diese Felsenküste genau zu untersuchen.
Sie ist europäischen Fahrzeugen, die nach Cumana, Guayra
oder Curaçao gehen, leicht zugänglich. Es wäre von großem
Interesse, auszumachen, ob manche dieser versteinerten Mol-
lusken- und Zoophytenarten noch jetzt das Meer der Antillen
bewohnen, wie es Bonpland vorkam, und wie es auf der
Insel Timor und wohl auch bei Grande-Terre auf Guadeloupe der Fall ist.

Am 4. November um 1 Uhr nachts gingen wir unter
Segel, um die natürliche Alaungrube aufzusuchen. Ich hatte
den Chronometer und mein großes Dollondsches Fernrohr
mit eingeschifft, um bei der Laguna chica, östlich vom Dorfe
Maniquarez, die Immersion des ersten Jupitertrabanten zu
beobachten. Daraus wurde indes nichts, da wir des widrigen
Windes wegen nicht vor Tag hinkamen. Nur das Schauspiel des Meerleuchtens, dessen Pracht durch die um unsere
Piroge gaukelnden Delphine noch erhöht wurde, konnte uns
für diese Verzögerung entschädigen. Wir fuhren wieder über

den Strich, wo auf dem Meeresboden aus dem Glimmerschiefer Quellen von Bergöl brechen, die man sehr weit
riecht. Bedenkt man, daß weiter nach Ost, bei Cariaco,
warme unterseeische Quellen so stark sind, daß sie die Temperatur des Meerbusens an der Oberfläche erhöhen, so läßt
sich wohl nicht bezweifeln, daß das Bergöl aus ungeheuren
Tiefen wie herauf destilliert wird, daß es aus den Urgebirgsbildungen kommt, unter denen der Herd aller vulkanischen
Erschütterungen liegt.

Die Laguna chica ist eine von steil abfallenden Bergen
umgebene Bucht, die mit dem Meerbusen von Cariaco nur
durch einen engen, 45 m tiefen Kanal zusammenhängt. Es
sieht aus, als wäre sie, wie auch der schöne Hafen von Acapulco, durch ein Erdbeben gebildet. Ein kleiner flacher Uferstrich scheint darauf hinzudeuten, daß die See sich hier vom
Lande zurückzieht wie an der gegenüberliegenden Küste von
Cumana. Die Halbinsel Araya verengert sich zwischen den
Vorgebirgen Mero und Las Minas auf 2730 m und ist bei
der Laguna chica von einem Seestrich zum anderen etwas
über 7800 m breit. Diese unbedeutende Strecke hatten wir
zurückzulegen, um zum natürlichen Alaun und zum Vorgebirge,
genannt Punta de Chuparuparu, zu gelangen. Der Gang
ist nur darum beschwerlich, weil gar kein Weg gebahnt ist
und man zwischen ziemlich tiefen Abgründen über völlig kahle
Felsgräten mit stark fallenden Schichten gehen muß. Der
höchste Punkt liegt gegen 428 m hoch, aber die Berge zeigen,
wie so häufig auf felsigen Landengen, die seltsamsten Bildungen. Die Tetas de Chacopata und de Cariaco, halbwegs
zwischen der Laguna chica und der Stadt Cariaco, sind
wahre Spitzberge, die von der Plattform des Schlosses in
Cumana aus ganz frei zu stehen scheinen. Dammerde findet
sich in diesem Landstrich nur bis zur Höhe von 58 m über
dem Meer. Oft regnet es 15 Monate lang gar nicht; fallen
aber auch nur ein paar Tropfen Wasser unmittelbar nach der
Blüte der Melonen, der Wassermelonen und Kürbisse, so
tragen dieselben, trotz der anscheinenden Trockenheit der Luft,
Früchte von 30 bis 35 kg. Ich sage die anscheinende Trockenheit der Luft, denn aus meinen hygrometrischen Beobachtungen
geht hervor, daß in Cumana und Araya die Luft fast zu
neun Zehnteilen mit Wasserdunst gesättigt ist. Diese zugleich
heiße und feuchte Luft speist die vegetabilischen Quellen,
die kürbisartigen Gewächse, die Agaven und Melokaktus, die

halb im Sand vergraben sind. Als wir die Halbinsel im vorigen Jahr besuchten, herrschte da furchtbarer Wassermangel. Die Ziegen, die kein Gras mehr fanden, gingen zu Hunderten zu Grunde. Während unseres Aufenthaltes am Orinoko schien sich die Reihenfolge der Jahreszeiten völlig umgekehrt zu haben. Es hatte in Araya, auf Cochen, sogar auf der Insel Margarita reichlich geregnet, und diese Güsse machten noch in der Erinnerung den Einwohnern so viel zu schaffen, als den Physikern in Europa ein Aerolithenfall.

Unser indianischer Führer kannte kaum die Richtung, in der wir den Alaun zu suchen hatten; die eigentliche Lagerstätte war ihm ganz unbekannt. Dieser Mangel an Ortskenntnis ist hier fast allen Führern eigen, die der faulsten Volksklasse angehören. Wir liefen fast auf Geratewohl sieben, acht Stunden zwischen den Felsen herum, auf denen nicht das geringste wuchs. Der Glimmerschiefer geht zuweilen in schwarzgrauen Thonschiefer über. Auch hier fiel mir wieder die ungemeine Regelmäßigkeit im Streichen und Fallen der Schichten auf. Sie streichen Nord 50 Grad Ost und fallen unter einem Winkel von 60 bis 70° nach Nordwest. Dieses allgemeine Streichungsverhältnis hatte ich auch am granitischen Gneis bei Caracas und am Orinoko, an den Hornblendeschiefern bei Angostura beobachtet, sogar an den meisten sekundären Formationen, die wir untersucht. Auf sehr weite Strecken bilden die Schichten denselben Winkel mit dem Meridian des Orts; sie zeigen einen Parallelismus (oder vielmehr Loxodromismus), der als eines der großen geognostischen Gesetze zu betrachten ist, die durch genaue Messung zu ermitteln sind. Gegen das Kap Chuparuparu zu sahen wir die Quarzgänge im Glimmerschiefer mächtiger werden. Wir fanden welche, 2 bis 4 m breit, voll kleiner büschelförmiger Kristalle von Titanerz. Vergeblich suchten wir darin nach Cyanit, den wir in Blöcken bei Maniquarez gefunden. Weiterhin erscheinen im Glimmerschiefer nicht Gänge, sondern kleine Schichten von Graphit oder Kohlenstoffeisen. Sie sind 5 bis 8 cm dick und streichen und fallen genau wie die Gebirgsart. Mit dem Graphit im Urgebirge tritt zum erstenmal in den Gebirgsschichten der Kohlenstoff auf, und zwar als nicht an Wasserstoff gebundener Kohlenstoff. Er ist älter als die Zeit, wo sich die Erde mit monokotyledonischen Gewächsen bedeckte.

Von diesen öden Bergen herab hatten wir eine großartige Aussicht auf die Insel Margarita. Zwei Berggruppen,

die bereits genannten, der Macanao und die Vega de San
Juan, steigen gerade aus dem Wasser auf. In der letzteren,
der östlichsten, liegt der Hauptort der Insel, La Asuncion, der
Hafen Pampatar und die Dörfer Pueblo de la Mar, Pueblo
del Norte und San Juan. Die westliche Gruppe, der Macanao, ist fast ganz unbewohnt. Die Landenge, welche diese
gewaltigen Glimmerschiefermassen verbindet, war kaum sichtbar; sie erschien durch die Luftspiegelung verzogen und man
erkannte dieses Zwischenglied des Landes, durch das die
Laguna grande läuft, nur an zwei kleinen zuckerhutförmigen
Bergen, die unter dem Meridian der Punta de Piedras liegen. Weiter herwärts sahen wir auf den kleinen öden Archipel
der vier Morros del Tunal, der Karibes und Lobos hinab.

Nach langem vergeblichem Suchen fanden wir endlich,
ehe wir zur Nordküste der Halbinsel Araya hinabgingen, in
einer ungemein schwer zugänglichen Schlucht (Aroyo del
Robalo) das Mineral, das man uns in Cumana gezeigt hatte.
Der Glimmerschiefer ging rasch in kohlenhaltigen, glänzenden
Thonschiefer über. Es war Ampelit; das Wasser (denn es
gibt hier kleine Quellen, und kürzlich hat man selbst beim
Dorfe Maniquarez eine gefunden) war mit gelbem Eisenoxyd geschwängert und hatte einen zusammenziehenden Geschmack. Die anstehenden Felswände waren mit ausgewit-
terter haarförmiger schwefelsaurer Thonerde bedeckt, und wirkliche 5 bis 8 cm dicke Schichten natürlichen Alauns strichen im
Thonschiefer fort, so weit das Auge reichte. Der Alaun ist
weißgrau, an der Oberfläche etwas matt, im Inneren hat er
fast Glasglanz; der Bruch ist nicht faserig, sondern unvollkommen muschelig. An nicht starken Bruchstücken ist er halb
durchsichtig. Der Geschmack ist süßlich, abstringierend, ohne
Bitterkeit. Ich fragte mich noch an Ort und Stelle, ob dieser
so reine Alaun, der ohne die geringste Lücke eine Schicht im
Thonschiefer bildet, gleichzeitig mit der Gebirgsart gebildet,
oder ob ihm ein neuerer, sozusagen sekundärer Ursprung
zuzuschreiben ist, wie dem salzsauren Natron, das man zuweilen in kleinen Gängen an Stellen findet, wo hochsohlige
Salzquellen durch Gips- oder Thonschichten hindurchgehen?
Nichts weist aber hier auf eine Bildungsweise hin, die auch
noch gegenwärtig vorkommen könnte. Das Schiefergestein
hat lediglich keine offene Spalte, zumal keine, die dem Streichen der Blätter parallel liefe. Man fragt sich ferner, ob
dieser Alaunschiefer eine dem Urglimmerschiefer von Araya

aufgelagerte Uebergangsbildung ist, oder ob er nur dadurch
entsteht, daß die Glimmerschieferschichten nach Zusammen=
setzung und Textur eine Veränderung erlitten haben? Ich
halte letztere Annahme für die wahrscheinlichere; denn der
Uebergang ist allmählich und Thonschiefer und Glimmerschiefer
scheinen mir hier einer und derselben Formation anzugehören.
Das Vorkommen von Cyanit, Titanerz und Granaten, und
daß kein lydischer Stein, daß nirgends ein Trümmergestein
zu finden ist, scheinen die Formation, die wir hier beschreiben,
dem Urgebirge zuzuweisen.

Als sich im Jahre 1783 bei einem Erdbeben in Aroyo
del Robalo eine große Felsmasse abgelöst hatte, lasen die
Guaykeri in Los Serritos 13 bis 15 cm starke, ungemein
durchsichtige und reine Alaunstücke auf. Zu meiner Zeit ver=
kaufte man in Cumana an Färber und Gerber das Pfund zu
zwei Realen (ein Viertel eines harten Piasters), während der
spanische Alaun zwölf Realen kostete. Dieser Preisunterschied
rührte weit mehr von Vorurteilen und von Hemmungen im
Handel her, als davon, daß der einheimische Alaun, der vor der
Anwendung durchaus nicht gereinigt wird, von geringerer
Güte wäre. Derselbe kommt auch in der Glimmer= und Thon=
schieferkette an der Nordwestküste von Trinidad vor, ferner
auf Margarita und beim Kap Chuparuparu nördlich vom
Cerro del Destiladero. Die Indianer lieben von Natur das
Geheimnis, und so verheimlichen sie auch gern die Orte, wo
sie den natürlichen Alaun graben; das Mineral muß aber
ziemlich reich sein, denn ich habe in ihren Händen ganz
ansehnliche Massen auf einmal gesehen. Es wäre für die
Regierung von Belang, entweder das oben beschriebene Mi=
neral oder die Alaunschiefer, die damit vorkommen, ordent=
lich abbauen zu lassen. Letztere könnte man rösten und sie
zur Auslaugung an der glühenden tropischen Sonne gra=
bieren.

Südamerika erhält gegenwärtig seinen Alaun aus Europa,
wie ihn Europa seinerseits bis zum 15. Jahrhundert von den
asiatischen Völkern erhielt. Vor meiner Reise kannten die
Mineralogen keine anderen Substanzen, aus denen man, ge=
röstet oder nicht, unmittelbar Alaun (schwefelsaures Alaunerde=
kali) gewann, als Gebirgsarten aus der Trachytformation
und kleine Gänge, welche Schichten von Braunkohlen und
bituminösem Holz durchsetzen. Beide Substanzen, so verschie=
denen Ursprungs sie sind, enthalten alle Elemente des Alauns,

nämlich Thonerde, Schwefelsäure und Kali. Die alaunhaltigen
Gesteine im Trachyt verschiedener Länder rühren unzweifelhaft
daher, daß schwefligsaure Dämpfe die Gebirgsart durchdrun=
gen haben. Sie sind, wie man sich in den Solfataren bei
Pozzuoli und auf dem Pik von Tenerifa überzeugen kann,
Produkte einer schwachen, lange andauernden vulkanischen
Thätigkeit. Das Wasser, das diese alaunhaltigen Gebirgs=
arten vulkanischer Herkunft durchdringt, setzt indessen kleine
Massen natürlichen Alauns ab; zur Gewinnung desselben
müssen die Gesteine geröstet werden. Ich kenne nirgends
Alaunniederschläge, ähnlich denen, wie ich sie aus Cumana
mitgebracht; denn die haarförmigen und faserigen Massen, die
man in Gängen in Braunkohlenschichten findet (an den Ufern
der Eger, zwischen Saaz und Komotau in Böhmen) oder
sich in Hohlräumen (Freienwalde in Brandenburg, Segario
in Sardinien) durch Auswitterung bilden, sind unreine Salze,
oft ohne Kali, vermengt mit schwefelsaurem Ammoniak und
schwefelsaurer Bittererde. Eine langsame Zersetzung der
Schwefelkiese, die vielleicht als ebensoviele kleine galvanische
Säulen wirken, macht die Gewässer, welche die Braunkohle
und die Alaunerde durchziehen, alaunhaltig. Aehnliche chemische
Vorgänge können nun aber in Ur= und Uebergangsschiefern
so gut wie in tertiären Bildungen stattfinden. Alle Schiefer,
und dieser Umstand ist sehr wichtig, enthalten gegen fünf
Prozent Kali, Schwefeleisen, Eisenperoxyd, Kohle u. s. w.
So viele ungleichartige Stoffe, in gegenseitiger Berührung und
von Wasser befeuchtet, müssen notwendig Neigung haben, sich
nach Form und Zusammensetzung zu verändern. Die ausge=
witterten Salze, welche in der Schlucht Robalo die Alaun=
schiefer in Menge bedecken, zeigen, wie sehr diese chemischen
Vorgänge durch die hohe Temperatur dieses Klimas gefördert
werden; aber — ich wiederhole es — in einem Gestein ohne
Spalten, ohne dem Streichen und Fallen seiner Schichten
parallel laufende Hohlräume ist ein natürlicher, seine Lager=
stätte völlig ausfüllender, halb durchsichtiger Alaun mit musche=
ligem Bruch als gleichen Alters mit der einschließenden Ge=
birgsart zu betrachten.

Nachdem wir lange in dieser Einöde unter den völlig
kahlen Felsen umhergeirrt, ruhten unsere Blicke mit Lust auf
den Malpighia= und Krotonbüschen, die wir auf dem Wege
zur Küste hinab trafen. Diese baumartigen Kroton waren
sogar zwei neue, durch ihren Habitus sehr interessante, der

Halbinsel Araya allein angehörige Arten.[1] Wir kamen zu
spät zur Laguna chica, um noch eine andere Bucht weiter
ostwärts, als Laguna grande oder del Obispo vielberufen,
besuchen zu können. Wir begnügten uns, dieselbe von den
sie beherrschenden Bergen herab zu bewundern. Außer den
Häfen von Ferrol und Acapulco gibt es vielleicht keinen mehr
von so sonderbarer Bildung. Es ist eine von Ost nach West
5 km lange, 1,8 km breite geschlossene Bucht. Die Glim=
merschieferfelsen, die den Hafen einschließen, lassen nur eine
490 m breite Einfahrt. Ueberall findet man 27 bis 36 m
Wassertiefe. Wahrscheinlich wird die Regierung von Cumana
diese geschlossene Bucht und die von Mochima, die 15 km
ostwärts von der schlechten Reede von Nueva Barcelona liegt,
einmal zu benützen wissen. Navaretes Familie erwartete uns
mit Ungeduld am Strand, und obgleich unser Kanoe ein
großes Segel führte, kamen wir doch erst bei Nacht nach
Maniquarez.

Wir blieben nur noch vierzehn Tage in Cumana. Da
wir alle Hoffnung aufgegeben hatten, ein Postschiff aus Co=
runa eintreffen zu sehen, so benützten wir ein amerikanisches
Fahrzeug, das in Nueva Barcelona Salzfleisch lud, um es
auf die Insel Cuba zu bringen. Wir hatten 16 Monate auf
diesen Küsten und im Inneren von Venezuela zugebracht. Wir
hatten zwar noch über 50 000 Frank in Wechseln auf die
ersten Häuser in der Havana; dennoch wären wir hinsichtlich
der baren Mittel in großer Verlegenheit gewesen, wenn uns
nicht der Statthalter von Cumana vorgeschossen hätte, so viel
wir verlangen mochten. Das Zartgefühl, mit dem Herr von
Emparan ihm ganz unbekannte Fremde behandelte, verdient
die höchste Anerkennung und meinen lebhaftesten Dank. Ich
erwähne dieser Umstände, die nur unsere Person betrafen, um
die Reisenden zu warnen, daß sie sich nicht zu sehr auf den
Verkehr unter den verschiedenen Kolonieen desselben Mutter=
landes verlassen. Wie es im Jahre 1799 in Cumana und
Caracas mit dem Handel stand, hätte man einen Wechsel
leichter auf Cadiz und London ziehen können, als auf Car=
tagena de Indias, die Havana oder Veracruz. Am 16. No=
vember verabschiedeten wir uns von unseren Freunden, um
nun zum drittenmal von der Mündung des Busens von

---

[1] Croton argyrophyllus und marginatus.

Cariaco nach Nueva Barcelona überzufahren. Die Nacht war köstlich kühl. Nicht ohne Rührung sahen wir die Mondscheibe zum letztenmal die Spitzen der Kokospalmen an den Ufern des Manzanares beleuchten. Lange hingen unsere Blicke an der weißlichen Küste, wo wir uns nur ein einziges Mal über die Menschen zu beklagen gehabt hatten. Der Seewind war so stark, daß wir nach nicht ganz sechs Stunden beim Morro von Nueva Barcelona den Anker auswarfen. Das Fahrzeug, das uns nach der Havana bringen sollte, lag segelfertig da.

———

Siebenundzwanzigstes Kapitel.

Allgemeine Bemerkungen über das Verhältnis des neuen zum alten Kontinent. — Ueberfahrt von den Küsten von Venezuela nach der Havana.

Als ich nach meiner Rückkehr nach Deutschland den „Essai politique sur la nouvelle Espagne" herausgab, veröffentlichte ich zugleich einen Teil des von mir über den Bodenreichtum von Südamerika gesammelten Materials. Diese vergleichende Schilderung der Bevölkerung, des Ackerbaues und des Handels aller spanischen Kolonieen wurde zu einer Zeit entworfen, wo große Mängel in der gesellschaftlichen Verfassung, das Prohibitivsystem und andere gleich verderbliche Mißgriffe in der Regierungskunst die Entwickelung der Kultur niederhielten. Seit ich auseinandergesetzt, welch unermeßliche Hilfsmittel den Völkern des gedoppelten Amerika durch ihre Lage an sich und durch ihren Handelsverkehr mit Europa und Asien in Aussicht ständen, sobald sie der Segnungen einer vernünftigen Freiheit genößen, hat eine der großen Umwälzungen, welche von Zeit zu Zeit das Menschengeschlecht aufrütteln, die gesellschaftlichen Zustände in den von mir durchreisten gewaltigen Ländern umgewandelt. Gegenwärtig teilen sich, kann man wohl sagen, drei Völker europäischer Abkunft in das Festland der Neuen Welt: das eine, das mächtigste, ist germanischen Stammes, die beiden anderen gehören nach Sprache, Litteratur und Sitten dem lateinischen Europa an. Die Teile der Alten Welt, die am weitesten gegen Westen vorspringen, die Iberische Halbinsel und die Britischen Inseln, sind auch diejenigen, deren Kolonieen die bedeutendste Ausdehnung haben; aber ein 18000 km langer, nur von Nachkommen von Spaniern und Portugiesen bewohnter Küstenstrich legt Zeugnis dafür ab, wie hoch sich die Völker der Halbinsel im 15. und 16. Jahrhundert durch ihre Unternehmungen zur See über die anderen seefahrenden Völker emporgeschwungen hatten. Die Verbreitung ihrer Sprachen von Kalifornien bis an den Rio de la Plata, auf dem Rücken der Kordilleren wie in den Wäldern am Amazonenstrom ist ein Denkmal nationalen Ruhms, das alle politischen Revolutionen überdauern wird.

Gegenwärtig überwiegt die Bevölkerung des spanischen und portugiesischen Amerika die von englischer Rasse ums Doppelte. Die französischen, holländischen und dänischen Besitzungen auf dem neuen Kontinent sind von geringem Umfang; zählt man aber die Völker her, welche auf das Geschick der anderen Halbkugel Einfluß äußern können, so sind noch zwei nicht zu übergehen, einerseits die Ansiedler slawischer Abkunft, die von der Halbinsel Alaska bis nach Kalifornien Niederlassungen suchen, andrerseits die freien Afrikaner auf Hayti, welche wahr gemacht haben, was der Mailänder Reisende Benzoni schon im Jahre 1545 vorausgesagt. Daß die Afrikaner auf einer Insel, zweieinhalbmal größer als Sizilien, im Schoße des Mittelmeeres der Antillen hausen, macht sie politisch um so wichtiger. Alle Freunde der Menschheit wünschen aufrichtig, daß eine Civilisation, welche wider alles Erwarten nach so viel Greueln und Blut Wurzel geschlagen, sich fort und fort entwickeln möge. Das russische Amerika gleicht bis jetzt nicht sowohl einer Ackerbaukolonie als einem der Kontore, wie sie die Europäer zum Verderben der Eingeborenen auf den Küsten von Afrika errichtet. Es besteht nur aus Militärposten, aus Sammelplätzen für Fischer und sibirische Jäger. Allerdings ist es eine merkwürdige Erscheinung, daß sich der Ritus der griechischen Kirche auf einem Striche Amerikas festgesetzt hat, und daß zwei Nationen, welche das Ost- und das Westende von Europa bewohnen, Russen und Spanier, Nachbarn werden auf einem Festlande, in das sie auf entgegengesetzten Wegen gekommen; aber beim halb wilden Zustand der Küsten von Ochotsk und Kamtschatka, bei der Geringfügigkeit der Mittel, welche die asiatischen Häfen liefern können, und bei der Art und Weise, wie bis jetzt die slawischen Kolonieen in der Neuen Welt verwaltet worden, müssen diese noch lange in der Kindheit verharren. Da man nun bei nationalökonomischen Untersuchungen gewöhnt ist, nur Massen ins Auge zu fassen, so stellt es sich heraus, daß das amerikanische Festland eigentlich nur unter drei große Nationen von englischer, spanischer und portugiesischer Abkunft geteilt ist. Die erste derselben, die Anglo-Amerikaner, ist zugleich nach dem englischen Volk in Europa diejenige, welche ihre Flagge über die weitesten Meeresstrecken trägt. Ohne entlegene Kolonieen hat sich ihr Handel zu einer Höhe aufgeschwungen, zu der niemals ein Volk der Alten Welt gelangt ist, mit Ausnahme desjenigen, das seine Sprache, den Glanz seiner Litteratur, seine Arbeitslust, seinen Hang zur Freiheit und einen Teil seiner bürgerlichen Einrichtungen nach Nordamerika hinübergetragen hat.

Die englischen und portugiesischen Ansiedler haben nur die Europa gegenüberliegenden Küsten bevölkert; die Kastilianer dagegen sind gleich zu Anfang der Eroberung über die Kette der Anden gedrungen und haben selbst in den am weitesten nach West gelegenen Landstrichen Niederlassungen gegründet. Nur dort, in Mexiko, Cundinamarca, Quito und Peru, fanden sie Spuren einer alten Kultur, ackerbauende Völker, blühende Reiche. Durch diesen Umstand, durch die rasche Zunahme einer eingeborenen Gebirgsbevölkerung, durch den fast ausschließlichen Besitz großer Metallschätze, und durch die Handelsverbindungen mit dem Indischen Archipel, die gleich mit dem Anfang des 16. Jahrhunderts in Gang kamen, erhielten die spanischen Besitzungen in Amerika ein ganz eigenes Gepräge. In den östlichen, von den englischen und portugiesischen Ansiedlern in Besitz genommenen Landstrichen waren die Eingeborenen umherziehende Jägervölker. Statt wie auf der Hochebene von Anahuac, in Guatemala und im oberen Peru, einen Bestandteil der arbeitsamen, ackerbauenden Bevölkerung zu bilden, zogen sie sich vor den vorrückenden Weißen größtenteils zurück. Man brauchte Arbeiterhände, man baute vorzugsweise Zuckerrohr, Indigo und Baumwolle, und dies, mit der Habsucht, welche so oft die Begleiterin des Gewerbefleißes ist und sein Schandfleck, führte den schändlichen Negerhandel herbei, der in seinen Folgen für beide Welten gleich verderblich geworden ist. Zum Glück ist auf dem Festlande von Spanisch-Amerika die Zahl der afrikanischen Sklaven so unbedeutend, daß sie sich zur Sklavenbevölkerung in Brasilien und in den südlichen Teilen der Vereinigten Staaten wie 1 zu 5 verhält. Die gesamten spanischen Kolonieen, mit Einschluß der Inseln Cuba und Portorico, haben auf einem Areal, das mindestens um ein Fünftel größer ist als Europa, nicht so viel Neger als der Staat Virginien allein. Mit den vereinigten Ländern Neuspanien und Guatemala

liefern die Hispano=Amerikaner das einzige Beispiel im heißen
Erdstrich, daß eine Nation von acht Millionen nach euro=
päischen Gesetzen und Einrichtungen regiert wird, Zucker,
Kakao, Getreide und Wein zumal baut, und fast keine Skla=
ven besitzt, die dem Boden von Afrika gewaltsam entführt
worden.

Die Bevölkerung des neuen Kontinents ist bis jetzt kaum
etwas stärker als die von Frankreich oder Deutschland. In
den Vereinigten Staaten verdoppelt sie sich in 23 bis 25 Jah=
ren; in Mexiko hat sie sich, sogar unter der Herrschaft des
Mutterlandes, in 40 bis 45 Jahren verdoppelt. Ohne der
Zukunft allzuviel zuzutrauen, läßt sich annehmen, daß in
weniger als anderthalbhundert Jahren Amerika so stark be=
völkert sein wird als Europa. Dieser schöne Wetteifer in
der Kultur, in den Künsten des Gewerbefleißes und des
Handels wird keineswegs, wie man so oft prophezeien hört,
den alten Kontinent auf Kosten des neuen ärmer machen;
er wird nur die Konsumtionsmittel und die Nachfrage danach,
die Masse der produktiven Arbeit und die Lebhaftigkeit des
Austausches steigern. Allerdings ist infolge der großen Um=
wälzungen, denen die menschlichen Gesellschaftsvereine unter=
liegen, das Gesamtvermögen, das gemeinschaftliche Erbgut
der Kultur, unter die Völker beider Welten ungleich verteilt;
aber allgemach stellt sich das Gleichgewicht her, und es ist
ein verderbliches, ja ich möchte sagen gottloses Vorurteil, zu
meinen, es sei ein Unheil für das alte Europa, wenn auf
irgend einem anderen Stück unseres Planeten der öffentliche
Wohlstand gedeiht. Die Unabhängigkeit der Kolonieen wird
nicht zur Folge haben, sie zu isolieren, sie werden vielmehr
dadurch den Völkern von alter Kultur näher gebracht werden.
Der Handel wirkt naturgemäß dahin, zu verbinden, was eifer=
süchtige Staatskunst so lange auseinander gehalten. Noch
mehr: es liegt im Wesen der Civilisation, daß sie sich aus=
breiten kann, ohne deshalb da, von wo sie ausgegangen, zu
erlöschen. Ihr allmähliches Vorrücken von Ost nach West, von
Asien nach Europa, beweist nichts gegen diesen Satz. Ein
starkes Licht behält seinen Glanz, auch wenn es einen größe=
ren Raum beleuchtet. Geistesbildung, die fruchtbare Quelle
des Nationalwohlstands, teilt sich durch Berührung mit; sie
breitet sich aus, ohne von der Stelle zu rücken. Ihre Be=
wegung vorwärts ist keine Wanderung; im Orient kam uns
dies nur so vor, weil barbarische Horden sich Aegyptens, Klein=

afiens bemächtigt hatten, und Griechenlands, des einst freien,
der verlassenen Wiege der Kultur unserer Väter.

Die Verwilderung der Völker ist eine Folge der Unter=
drückung durch einheimischen Despotismus oder durch einen
fremden Eroberer; mit ihr Hand in Hand geht immer stei=
gende Verarmung, Versiegung des öffentlichen Wohlstandes.
Freie, starke, den Interessen aller entsprechende Staatsformen
halten diese Gefahren fern, und die Zunahme der Kultur in
der Welt, die Mitwerbung in Arbeit und Austausch bringen
Staaten nicht herab, deren Gedeihen aus natürlicher Quelle
fließt. Das gewerbfleißige und handeltreibende Europa wird
aus der neuen Ordnung der Dinge, wie sie sich im spanischen
Amerika gestaltet, seinen Nutzen ziehen, wie ihm die Steige=
rung der Konsumtion zu gute käme, wenn der Weltlauf der
Barbarei in Griechenland, auf der Nordküste von Afrika und
in allen Ländern, auf denen die Tyrannei der Osmanen
lastet, ein Ende machte. Die einzige Gefahr, die den Wohl=
stand des alten Kontinents bedrohte, wäre, wenn die inneren
Zwiste kein Ende nähmen, welche die Produktion niederhalten
und die Zahl der Verzehrenden und zu gleicher Zeit deren
Bedürfnisse verringern. Im spanischen Amerika geht der
Kampf, der sechs Jahre, nachdem ich es verlassen, ausge=
brochen, allmählich seinem Ende entgegen. Bald werden wir
unabhängige, unter sehr verschiedenen Verfassungsformen
lebende, aber durch das Andenken gemeinsamer Herkunft,
durch dieselbe Sprache und durch die Bedürfnisse, wie sie
von selbst aus der Kultur entspringen, verknüpfte Völker
auf beiden Ufern des Atlantischen Ozeans wohnen sehen.
Man kann wohl sagen, durch die ungeheuren Fortschritte in
der Schiffahrtskunst sind die Meeresbecken enger geworden.
Schon jetzt erscheint unseren Blicken das Atlantische Meer
als ein schmaler Kanal, der die Neue Welt und die euro=
päischen Handelsstaaten nicht weiter auseinander hält, als in
der Kindheit der Schiffahrt das Mittelmeer die Griechen im
Peloponnes und die in Jonien, auf Sizilien und in Cyrenaika
auseinander hielt.

Allerdings wird noch manches Jahr vergehen, bis 17 Mil=
lionen, über eine Länderstrecke zerstreut, die um ein Fünftel
größer ist als ganz Europa, durch Selbstregierung zu einem
festen Gleichgewicht kommen. Der eigentlich kritische Zeit=
punkt ist der, wo es lange Zeit unterjochten Völkern auf
einmal in die Hand gegeben ist, ihr Leben nach den Erfor=

dernissen ihres Wohlergehens einzurichten. Man hört immer
wieder behaupten, die Hispano-Amerikaner seien für freie Institutionen nicht weit genug in der Kultur vorgeschritten. Es
ist noch nicht lange her, so sagte man dasselbe von anderen
Völkern aus, bei denen aber die Civilisation überreif sein
sollte. Die Erfahrung lehrt, daß bei Nationen wie beim
einzelnen das Glück ohne Talent und Wissen bestehen kann;
aber ohne leugnen zu wollen, daß ein gewisser Grad von
Aufklärung und Volksbildung zum Bestand von Republiken
und konstitutionellen Monarchieen unentbehrlich ist, sind wir
der Ansicht, daß dieser Bestand lange nicht so sehr vom
Grade der geistigen Bildung abhängt, als von der Stärke
des Volkscharakters, vom Verein von Thatkraft und Ruhe,
von Leidenschaftlichkeit und Geduld, der eine Verfassung aufrecht und am Leben erhält, ferner von den örtlichen Zuständen, in denen sich das Volk befindet, und von den politischen Verhältnissen zwischen einem Staate und seinen Nachbar-
staaten.

Wenn die heutigen Kolonieen nach ihrer Emanzipation
mehr oder weniger zu republikanischer Verfassungsform hin-
neigen, so ist die Ursache dieser Erscheinung nicht allein im
Nachahmungstrieb zu suchen, der bei Volksmassen noch mächtiger ist als beim einzelnen; sie liegt vielmehr zunächst im eigentümlichen Verhältnis, in dem eine Gesellschaft sich befindet,
die sich auf einmal von einer Welt mit älterer Kultur los-
getrennt, aller äußeren Bande entledigt sieht und aus Individuen besteht, die nicht einer Kaste das Uebergewicht im
Staate zugestehen. Durch die Vorrechte, welche das Mutterland einer sehr beschränkten Anzahl von Familien in Amerika
erteilte, hat sich dort durchaus nicht gebildet, was in Europa
eine Adelsaristokratie heißt. Die Freiheit mag in Anarchie
oder durch die vorübergehende Usurpation eines verwegenen
Parteihauptes zu Grunde gehen, aber die wahren Grundlagen
der Monarchie sind im Schoße der heutigen Kolonieen nirgends zu finden. Nach Brasilien wurden sie von außen her-
eingebracht zur Zeit, da dieses gewaltige Land des tiefsten
Friedens genoß, während das Mutterland unter ein fremdes
Joch geraten war.

Ueberdenkt man die Verkettung menschlicher Geschicke, so
sieht man leicht ein, wie die Existenz der heutigen Kolonieen,
oder vielmehr wie die Entdeckung eines halb menschenleeren
Kontinents, auf dem allein eine so erstaunliche Entwickelung

des Kolonialsystems möglich war, republikanische Staatsformen
in großem Maßstab und in so großer Zahl wieder ins Leben
rufen mußte. Nach der Anschauung berühmter Schriftsteller
sind die Umwandlungen auf dem Boden der Gesellschaft,
welche ein bedeutender Teil von Europa in unseren Tagen
erlitten hat, eine Nachwirkung der religiösen Reform zu An=
fang des 16. Jahrhunderts. Es ist nicht zu vergessen, daß
in diese denkwürdige Zeit, in der ungezügelte Leidenschaften
und der Hang zu starren Dogmen die Klippen der euro=
päischen Staatskunst waren, auch die Eroberung von Mexiko,
Peru und Cundinamarca fällt, eine Eroberung, durch die, wie
sich der Verfasser des Esprit des lois so schön ausdrückt, das
Mutterland eine unermeßliche Schuld auf sich genommen, die
es der Menschheit abzutragen hat. Ungeheure Provinzen
wurden durch kastilianische Tapferkeit den Ansiedlern aufge=
than und durch die Bande gemeinsamer Sprache, Sitte und
Gottesverehrung verknüpft. Und so hat denn durch das merk=
würdigste Zusammentreffen von Ereignissen die Regierung
des mächtigsten und unumschränktesten Monarchen Europas,
Karls V., die Keime ausgestreut zum Kampfe des 19. Jahr=
hunderts und den Grund gelegt zu den staatlichen Vereinen,
die, eben erst ins Leben getreten, uns durch ihren Umfang
und die Gleichförmigkeit der dabei herrschenden Grundsätze in
Erstaunen setzen. Befestigt sich die Emanzipation des spani=
schen Amerika, wie man bis jetzt mit allem Grund hoffen
darf, so sieht ein Meeresarm, der Atlantische Ozean, auf seinen
beiden Ufern Regierungsformen, die, so grundverschieden sie
sind, einander nicht notwendig feindselig gegenübertreten.
Nicht allen Völkern beider Welten mag dieselbe Verfassung
zum Heile gereichen; der wachsende Wohlstand einer Republik
ist kein Schimpf für monarchische Staaten, solange sie mit
Weisheit und Achtung vor den Gesetzen und öffentlichen Frei=
heiten regiert werden.

Seit die Entwickelung der Schiffahrtskunst und die sich
steigernde Thätigkeit der Handelsvölker die Küsten der beiden
Festländer einander näher gerückt haben, seit die Havana,
Rio Janeiro und der Senegal uns kaum entlegener vor=
kommen als Cadiz', Smyrna und die Häfen des Baltischen
Meeres, nimmt man Anstand, die Leser mit einer Ueberfahrt
von der Küste von Caracas nach der Insel Cuba zu behelligen.
Das Meer der Antillen ist so bekannt wie das Becken des
Mittelmeeres, und wenn ich hier aus meinem Seetagebuch

einige Beobachtungen niederlege, so thue ich es nur, um den Faden meiner Reisebeschreibung nicht zu verlieren und allgemeine Betrachtungen über Meteorologie und physische Geographie daran zu knüpfen. Um die wechselnden Zustände der Atmosphäre recht kennen zu lernen, muß man am Abhang der Gebirge und auf der unermeßlichen Meeresfläche beobachten; in einem Forscher, der seinen Scharfsinn im Befragen der Natur lange in seinem Studierzimmer geübt hat, mögen schon auf der kleinsten Ueberfahrt, auf einer Reise von den Kanarien nach Madeira, ganz neue Ansichten sich gestalten.

Am 24. November um 9 Uhr abends gingen wir auf der Reede von Nueva Barcelona unter Segel und fuhren um die kleine Felseninsel Borrachita herum. Zwischen derselben und Gran Borracha ist eine tiefe Straße. Die Nacht brachte die Kühle, welche den tropischen Nächten eigen ist und einen angenehmen Eindruck macht, von dem man sich erst Rechenschaft geben kann, wenn man die nächtliche Temperatur von 23 bis 24° des hundertteiligen Thermometers mit der mittleren Tagestemperatur vergleicht, die in diesen Strichen, selbst auf den Küsten, meist 28 bis 29° beträgt. Tags darauf, kurz nach der Beobachtung um Mittag, befanden wir uns im Meridian der Insel Tortuga; sie ist, gleich den Eilanden Coche und Cubagua, ohne Pflanzenwuchs und erhebt sich auffallend wenig über den Meeresspiegel. Da man in neuester Zeit über die astronomische Lage von Tortuga Zweifel geäußert hat, so bemerke ich hier, daß Louis Berthouds Chronometer mir für den Mittelpunkt der Insel 0° 49′ 40″ westwärts von Nueva Barcelona ergab; diese Länge ist aber doch wohl noch ein wenig zu weit westlich.

Am 26. November. — Windstille, auf die wir um so weniger gefaßt waren, da der Ostwind in diesen Strichen von Anfang November an meist sehr stark ist, während vom Mai bis Oktober von Zeit zu Zeit die Nordwest- und die Südwinde auftreten. Bei Nordwestwind bemerkt man eine Strömung von West nach Ost, welche zuweilen zwei, drei Wochen lang die Fahrt von Cartagena nach Trinidad beschleunigt. Der Südwind gilt auf der ganzen Küste von Terra Firma für sehr ungesund, weil er (so sagt das Volk) die faulichten Effluvien aus den Wäldern am Orinoko herführt. Gegen 9 Uhr morgens bildete sich ein schöner Hof um die Sonne, und im selben Moment fiel in der tiefen Luftregion der Thermometer plötzlich um 3¹/₂⁰. War dieses Fallen die Folge eines niedergehenden Luftstroms? Der 1⁰ breite Streif, der den Hof bildete, war nicht weiß, sondern hatte die lebhaftesten Regenbogenfarben, während das Innere des Hofes und das ganze Himmelsgewölbe blau waren ohne eine Spur von Dunst.

Wir verloren nachgerade die Insel Margarita aus dem Gesicht, und ich versuchte die Höhe der Felskuppe Macanao zu bestimmen. Sie erschien unter einem Winkel von 0⁰ 16′ 35″, woraus sich beim geschätzten Abstand von 112 km für den Glimmerschieferstock Macanao eine Höhe von etwa 1286 m ergäbe, und dieses Resultat läßt mich in einem Erdstrich, wo die irdischen Refraktionen so gleichförmig sind, vermuten, daß wir uns nicht so weit von der Insel befanden, als wir meinten. Die Kuppel der Silla bei Caracas, die in Süd 62⁰ West liegen blieb, fesselte lange unseren Blick. Mit Vergnügen betrachtet man den Gipfel eines hohen Berges, den man nicht ohne Gefahr bestiegen hat, wie er nach und nach unter den Horizont sinkt. Wenn die Küste dunstfrei ist, muß die Silla auf hoher See, den Einfluß der Refraktion nicht gerechnet, auf 55 km zu sehen sein. An diesem und den folgenden Tagen war die See mit einer bläulichen Haut bedeckt, die unter dem zusammengesetzten Mikroskop aus zahllosen Fäden zu bestehen schien. Man findet dergleichen Fäden häufig im Golfstrom und im Kanal von Bahama, sowie im Seestrich von Buenos Ayres. Manche Naturforscher halten sie für Reste von Molluskeneiern, mir schienen sie vielmehr zerriebene Algen zu sein. Indessen scheint das Leuchten der See durch sie gesteigert zu werden, namentlich zwischen dem 28. und 30. Grad der Breite, was allerdings auf tierischen Ursprung hindeutete.

Am 27. November. Wir rückten langsam auf die Insel Orchila zu; wie alle kleinen Eilande in der Nähe der fruchtbaren Küste von Terra Firma ist sie unbewohnt geblieben. Ich fand die Breite des nördlichen Vorgebirges 11⁰ 51′ 44″ und die Länge des östlichen Vorgebirges 68⁰ 26′ 5″ (Nueva Barcelona zu 67⁰ 4′ 8″ angenommen). Dem westlichen Kap gegenüber liegt ein Fels, an dem sich die Wellen mit starkem Getöse brechen. Einige mit dem Sextanten aufgenommene Winkel ergaben für die Länge der Insel von Ost nach West 15,6 km, für die Breite kaum 6 km. Die Insel Orchila, die ich mir nach ihrem Namen als ein dürres, mit Flechten bedecktes Eiland vorgestellt hatte, zeigte sich jetzt in schönem Grün; die Gneishügel waren mit Gräsern bewachsen. Im geologischen Bau scheint Orchila im kleinen mit der Insel Margarita übereinzukommen; sie besteht aus zwei, durch eine Landzunge verbundenen Felsgruppen; jene ist ein mit Sand bedeckter Isthmus, der aussieht, als wäre er beim allmählichen Sinken des Meeresspiegels aus dem Wasser gestiegen. Die Felsen erschienen hier, wie überall, wo sie sich einzeln steil aus der See erheben, weit höher als sie wirklich sind; sie sind kaum 155 bis 175 m hoch. Gegen Nordwest streicht die Punta rasa hinaus und verliert sich als Untiefe im Wasser. Sie kann den Schiffen gefährlich werden, wie auch der Mogote, der, 4 km vom westlichen Kap, von Klippen umgeben ist. Wir betrachteten die Felsen ganz in der Nähe und sahen die Gneisschichten nach Nordwest fallen und von dicken Quarzlagern durchzogen. Von der Verwitterung dieser Lager rührte ohne Zweifel der Sand des umgebenden Strandes her. Ein paar Baumgruppen beschatten die Gründe; oben auf den Hügeln stehen Palmen mit fächerförmigem Laub. Es ist wahrscheinlich die Palma de Sombrero der Llanos (Corypha tectorum). Es regnet wenig in diesen Strichen, indessen fände man auf der Insel Orchila wahrscheinlich doch einige Quellen, wenn man sie so eifrig suchte, wie im Glimmerschiefergestein auf Punta Araya. Wenn man bedenkt, wie viele dürre Felseneilande zwischen dem 16. und 26. Grad der Breite im Archipel der Kleinen Antillen und der Bahamainseln bewohnt und gut angebaut sind, so wundert man sich, diese den Küsten von Cumana, Barcelona und Caracas so nahe gelegenen Eilande wüste liegen zu sehen. Es wäre längst anders, wenn sie unter einer andern Regierung als unter der von Terra Firma ständen. Nichts kann Menschen veranlassen, ihre Thätigkeit auf den engen Bezirk einer Insel zu beschränken, wenn das nahe Festland ihnen größere Vorteile bietet.

Bei Sonnenuntergang kamen uns die zwei Spitzen der Roca de afuera zu Gesicht, die sich wie Türme aus der See erheben. Nach der Aufnahme mit dem Kompaß liegt der östlichste dieser Felsen 0° 19' westwärts vom westlichen Kap von Orchila. Die Wolken blieben lange um diese Insel geballt, so daß man ihre Lage weit in See erkannte. Der Einfluß, den eine kleine Landmasse auf die Verdichtung der 1560 m hoch schwebenden Wasserdünste äußert, ist eine sehr auffallende Erscheinung, aber allen Seefahrern wohl bekannt.

Durch diese Ansammlung von Wolken erkennt man die Lage der niedrigsten Inseln in sehr bedeutender Entfernung.

Am 29. November. Bei Sonnenaufgang sahen wir fast dicht am Meereshorizont die Kuppel der Silla bei Caracas noch ganz deutlich. Wir glaubten 175 bis 180 km davon entfernt zu sein, woraus, die Höhe des Berges (2630 m), seine astronomische Lage und den Schiffsort als richtig bestimmt angenommen, eine für diese Breite etwas starke Refraktion zwischen $\frac{1}{6}$ und $\frac{1}{7}$ folgte. Um Mittag verkündeten alle Zeichen am Himmel gegen Nord einen Witterungswechsel; die Luft kühlte sich auf einmal auf 22,8° ab, während die See an der Oberfläche eine Temperatur von 25,6° behielt. Während der Beobachtung um Mittag brachten daher auch die Schwingungen des Horizontes, der von schwarzen Streifen oder Bändern von sehr veränderlicher Breite durchzogen war, einen Wechsel von 3 bis 4 Minuten in der Refraktion hervor. Bei ganz stiller Luft fing die See an hoch zu gehen; alles deutete auf einen Sturm zwischen den Kaimanseilanden und dem Kap San Antonio. Und wirklich sprang am 30. November der Wind auf einmal nach Nord-Nord-Ost um und die Wogen wurden ausnehmend hoch. Gegen Nord war der Himmel schwarzblau, und unser kleines Fahrzeug schlingerte um so stärker, da man im Anschlagen der Wellen zwei sich kreuzende Seen unterschied, eine aus Nord, eine andere aus Nord-Nord-Ost. Auf 2 km weit bildeten sich Wasserhosen und liefen rasch von Nord-Nord-Ost nach Nord-Nord-West. So oft die Wasserhose uns am nächsten kam, fühlten wir den Wind stärker werden. Gegen Abend brach durch die Unvorsichtigkeit unseres amerikanischen Kochs Feuer auf dem Oberleuf aus. Es wurde leicht gelöscht; bei sehr schlimmem Wetter mit Windstößen, und da wir Fleisch geladen hatten, das des Fettes wegen ungemein leicht brennt, hätte das Feuer rasch um sich greifen können. Am 1. Dezember morgens wurde die See allmählich ruhiger, je mehr sich der Wind in Nordost festsetzte. Ich war zu dieser Zeit des gleichförmigen Ganges meines Chronometers ziemlich gewiß; der Kapitän wollte aber zur Beruhigung einige Punkte der Insel Domingo peilen. Am 2. Dezember kam wirklich Kap Beata in Sicht, an einem Punkte, wo wir schon lange Wolkenhaufen gesehen hatten. Nach Höhen des Achernar, die ich in der Nacht aufnahm, waren wir 118 km davon entfernt. In dieser Nacht beobachtete ich eine sehr interessante optische Erscheinung, die ich aber nicht zu erklären versuche. Es war über 12½ Uhr; der Wind wehte schwach aus Ost; der Thermometer stand auf 23,2°, der Fischbeinhygronometer auf 57°. Ich war auf dem Oberlauf geblieben, um die Kulmination einiger großen Sterne zu beobachten. Der volle Mond stand sehr hoch. Da auf einmal bildete sich auf der Seite des Mondes, 45 Minuten vor seinem Durchgang durch den Meridian, ein großer Bogen in allen Farben des Spektrums, aber unheimlich anzusehen. Der Bogen reichte über den Mond hinauf; der Streifen in den Farben des Regenbogens war gegen 2" breit und seine Spitze schien etwa 80 bis 85° über dem Meereshorizont zu liegen. Der Himmel war vollkommen rein, von Regen keine Spur; am auffallendsten war mir aber, daß die Erscheinung, die vollkommen einem Mondregenbogen glich, sich nicht dem Monde gegenüber zeigte. Der Bogen blieb 8 bis 10 Minuten, scheinbar wenigstens, unverrückt; im Moment aber, wo ich versuchte, ob er durch Reflexion im Spiegel des Sextanten zu sehen sein werde, fing er an sich zu bewegen und über den Mond und Jupiter, der nicht weit unterhalb des Mondes stand, hinabzurücken. Es war 12 Uhr 54 Minuten (wahre Zeit), als die Spitze des Bogens unter dem Horizont verschwand. Diese Bewegung eines farbigen Bogens setzte die wachhabenden Matrosen auf dem Oberlauf in Erstaunen; sie behaupteten, wie beim Erscheinen jedes auffallenden Meteors, „das bedeute Sturm". Arago hat die Zeichnung dieses Bogens in meinem Reisetagebuche untersucht; nach seiner Ansicht hätte das im Wasser reflektierte Bild des Mondes keinen Hof von so großem Durchmesser geben können. Die Raschheit der Bewegung ist ein weiteres Moment, das diese Erscheinung, die alle Beachtung verdient, ebenso schwer erklärlich macht.

Am 3. Dezember. Man war unruhig, weil sich ein Fahrzeug sehen ließ, das man für einen Kaper hielt. Als es auf uns zukam, sah man, daß es die Balandra del Frayle (Goelette des Mönchs) war. Was eine so seltsame Benennung sagen wollte, war mir unklar. Es war aber nur das Fahrzeug eines Missionärs vom Franziskanerorden (Frayle Observante), eines sehr reichen Pfarrers eines indianischen Dorfes in den Llanos von Barcelona, der seit mehreren Jahren einen kleinen, ziemlich einträglichen Schmuggelhandel mit den dänischen Inseln trieb. In der Nacht sahen Bonpland und mehrere andere Passagiere auf eine Viertelseemeile unter dem Wind eine kleine Flamme an der Meeresfläche, die gegen Südwest fortlief und die Luft erhellte. Man spürte keinen Erdstoß, keine Aenderung in der Richtung der Wellen. War es ein phosphorischer Schein, den eine große Masse faulender Mollusken verbreitete, oder kam die Flamme vom Meeresboden herauf, wie solches zuweilen in von Vulkanen erschütterten Seestrichen beobachtet worden sein soll? Letztere Annahme scheint mir durchaus unwahrscheinlich. Vulkanische Flammen können nur dann aus den Wellen hervorbrechen, wenn der feste Boden des Meeres bereits emporgehoben ist, so daß Flammen und glühende Schlacken aus dem oberen gewölbten und zerklüfteten Teil hervorkommen und nicht durch das Wasser selbst hindurchgehen.

Am 4. Dezember. Um 10 1/2 Uhr morgens befanden wir uns unter dem Meridian des Vorgebirges Vacco (Punta Abaccu), dessen Länge ich gleich 76° 7′ 50″ oder 9° 3′ 2″ von Nueva Barcelona fand. Im Frieden laufen, nach dem alten Brauche der spanischen Schiffer, die Fahrzeuge, die zwischen Cumana oder Barcelona und der Havana mit Salzfleisch Handel treiben, durch den Kanal von Portorico und über „den alten“ Kanal nördlich von Cuba; zuweilen gehen sie auch zwischen Kap Tiburon und Kap Morant durch und fahren an der Nordküste von Jamaika hin. In Kriegszeiten gelten diese Wege für gleich gefährlich, weil man zu lange im Angesicht des Landes bleibt. Aus Furcht vor den Kapern fuhren wir daher, sobald wir den Parallel von 17° erreicht hatten, gerade über die Bank Vibora hin, bekannter unter dem Namen Pedro Shoals. Diese Bank ist über 1000 qkm groß und ihr Umriß fällt dem Geologen stark ins Auge, weil derselbe mit dem des benachbarten Jamaika so große Aehnlichkeit hat. Es ist, als hätte eine Erhebung des Meeresbodens die Wasserfläche nicht erreichen können, um sofort eine Insel zu bilden, fast so groß wie Portorico. Seit dem 5. Dezember glaubten die Steuerleute in großer Entfernung nacheinander die Ranascilande (Morant Kays), Kap Portland und Pedro Kays zu peilen. Wahrscheinlich irrte man sich bei mehreren dieser Peilungen vom Mastkorbe aus; ich habe dieser Bestimmungen anderswo Erwähnung gethan,[1] nicht um sie gegen die Beobachtungen geübter englischer Seefahrer in diesen stark befahrenen Seestrichen aufzustellen, sondern allein,

[1] Observations astronomiques, T. I, p. XLIII, T. II, p. 7—10

um die Punkte, die ich in den Wäldern am Orinoko und im Archipel der Antillen bestimmt, zu einem System von Beobachtungen zu verknüpfen. Die milchige Farbe des Wassers zeigte uns an, daß wir uns am östlichen Rande der Bank befanden; der hundertteilige Thermometer, der an der Meeresfläche weit ab von der Bank seit mehreren Tagen auf 27° und 27,3° gestanden hatte (bei einer Lufttemperatur von 21,2°) fiel schnell auf 25,7°. Das Wetter war vom 4. bis zum 6. Dezember sehr schlecht; es regnete in Strömen, in der Ferne tobte ein Gewitter und die Windstöße aus Nord-Nord-West wurden immer heftiger. In der Nacht befanden wir uns eine Zeitlang in einer ziemlich bedenklichen Lage. Man hörte vor dem Vorderteil die See an Klippen branden, auf die das Schiff zulief. Bei phosphorischem Schein des schäumenden Meeres sah man, in welcher Richtung die Riffe lagen. Das sah fast aus wie der Raudal von Garcita und andere Stromschnellen, die wir im Bett des Orinoko gesehen. Der Kapitän schob die Schuld weniger auf die Nachlässigkeit des Steuermanns als auf die Mangelhaftigkeit der Seekarten. Es gelang das Schiff zu wenden, und in weniger als einer Viertelstunde waren wir außer aller Gefahr, das Senkblei zeigte zuerst 16,5, dann 22, dann 27 m. Wir legten die Nacht vollends bei; der Nordwind drückte den Thermometer auf 19,7° (15,7° Reaumur) herab. Am anderen Tage fand ich nach chronometrischer Beobachtung in Verbindung mit der korrigierten Schätzung vom vorigen Tag, daß jene Klippen ungefähr unter 16° 50' der Breite und 80° 43' 49'' der Länge liegen. Die Klippe, an der das spanische Schiff El Monarca im Jahre 1798 beinahe zu Grunde gegangen wäre, liegt unter 16° 44' der Breite und 80° 23' der Länge, also viel weiter gegen Ost. Während wir von Süd-Süd-Ost nach Nord-Nord-West über die Bank Vibora fuhren, versuchte ich es oft, die Temperatur des Meerwassers an der Oberfläche zu messen. Mitten auf der Bank war die Abkühlung nicht so stark als an den Rändern, was wir den Strömungen zuschrieben, die in diesen Strichen die Waffer verschiedener Breiten mischen. Südwärts von Pedro Kays zeigte die Meeresfläche bei 45 m Tiefe 26,4°, bei 27 m Tiefe 26,2°. Östlich von der Bank war die Temperatur der See 26,8° gewesen. Diese Versuche können in diesen Strichen nur dann genaue Resultate geben, wenn man sie zu einer Zeit anstellt, wo der Wind nicht aus Nord bläst und die Strömungen nicht so stark sind.

Die Nordwinde und die Strömungen kühlen nach und nach das Wasser ab, selbst wo die See sehr tief ist. Südwärts vom Kap Corrientes unter 20° 43' der Breite fand ich die Temperatur des Meeres an der Oberfläche 24,6°, die der Luft 19,8°. Manche amerikanische Schiffer versichern, zwischen den Bahamainseln merken sie oft, wenn sie in der Kajüte sitzen, ob sie sich über Untiefen befinden; sie behaupten, die Lichter bekommen kleine Höfe in den Regenbogenfarben und die ausgeatmete Luft verdichte sich zu sichtbarem Dunst. Letzteres Faktum ist denn doch wohl zu bezweifeln; unterhalb dem 30. Grad der Breite ist die Erkältung durch das Wasser der Untiefen nicht bedeutend genug, um diese Erscheinung hervorzubringen. Während wir über die Bank Vibora liefen, war der Zustand der Luft ganz anders, als gleich nachdem wir sie verlassen hatten. Der Regen hielt sich innerhalb der Grenzen der Bank, und wir konnten von ferne ihren Umriß an den Dunstmassen erkennen, die darauf lagerten.

Am 9. Dezember. Je näher wir den Kaimanseilanden[1] kamen, desto stärker wurde wieder der Nordostwind. Trotz des stürmischen Wetters konnte ich einige Sonnenhöhen aufnehmen, als wir uns auf 22 km Entfernung im Meridian des Gran-Kaiman, der mit Kokosbäumen bewachsen ist, zu befinden glaubten. Ich habe anderswo die Lage des Gran-Kaiman und der beiden Eilande ostwärts von demselben erörtert. Seit lange sind diese Punkte auf unseren hydrographischen Karten sehr unsicher, und ich fürchte, nicht glücklicher gewesen zu sein als andere Beobachter, die ihre wahre Lage ausgemacht zu haben glaubten. Die schönen Karten des Deposito zu Madrid gaben dem Ostkap von Gran-Kaiman zu verschiedenen Zeiten 82° 58' (von 1795 bis 1804), 83° 43' (1809), wieder 82° 59' (1821). Letztere Angabe, die auf der Karte von Barcaiztegui aufgenommen ist, stimmt mit der überein, bei der ich stehen geblieben war; aber nach der Versicherung eines ausgezeichneten Seefahrers, des Kontreadmirals Roussin, dem man eine ausgezeichnete Arbeit über die Küsten von Brasilien verdankt, scheint es jetzt ausgemacht, daß das westliche Vorgebirge von Gran-Kaiman unter 83° 45' der Länge liegt.

---

[1] Christoph Kolumbus hatte im Jahre 1503 den Kaimanseilanden den Namen Penascales de las tortugas gegeben, wegen der Seeschildkröten, die er in diesem Striche schwimmen sah.

Das Wetter war fortwährend schlecht und die See ging ungemein hoch; der Thermometer stand zwischen 19,2° und 20,3°. Bei dieser niedrigen Temperatur wurde der Geruch des Salzfleisches, mit dem das Schiff beladen war, noch unerträglicher. Der Himmel zeigte zwei Wolkenschichten; die untere war sehr dick und wurde ausnehmend rasch gegen Südost gejagt, die obere stand still und war in gleichen Abständen in gekräuselte Streifen geteilt. In der Nähe des Kap San Antonio legte sich der Wind endlich. Ich fand die Nordspitze des Kaps unter 87° 17′ 22″, oder 2° 34′ 14″ ostwärts vom Morro von Havana gelegen. Diese Länge geben demselben die besten Karten noch jetzt. Wir waren noch 5 km vom Lande, und doch verriet sich die Nähe von Cuba durch einen köstlichen aromatischen Geruch. Die Seeleute versichern, wenn man sich dem Vorgebirge Catoche an der dürren Küste von Mexiko nähere, sei kein solcher Geruch zu spüren. Sobald das Wetter heiterer wurde, stieg der Thermometer im Schatten nach und nach auf 27°; wir rückten rasch nach Norden vor mittels einer Strömung aus Süd-Süd-Ost, deren Temperatur an der Wasserfläche 26,7° betrug, während ich außerhalb derselben Strömung nur 24,6° gefunden hatte. In der Besorgnis, ostwärts von der Havana zu kommen, wollte man anfangs die Schildkröteninseln (Dry Tortugas) am Südwestende der Halbinsel Florida aufsuchen; aber seit Kap San Antonio in Sicht gewesen, hatten wir zu Louis Berthouds Chronometer so großes Zutrauen gefaßt, daß solches überflüssig erschien. Wir ankerten im Hafen der Havana am 19. Dezember nach einer 25tägigen Fahrt bei beständig schlechtem Wetter.

Inhalts-Verzeichnis.

Erster Band.